Frieder Wolf

Die Bildungsausgaben der Bundesländer im Vergleich

Policy-Forschung und Vergleichende Regierungslehre

herausgegeben von

Prof. Dr. Uwe Wagschal (Universität Heidelberg),
Prof. Dr. Herbert Döring (Universität Potsdam),
Prof. Dr. Adrian Vatter (Universität Konstanz),
Prof. Dr. Markus Freitag (HU Berlin)
und PD Dr. Herbert Obinger (Universität Bremen)

Band 2

LIT

Frieder Wolf

Die Bildungsausgaben der Bundesländer im Vergleich

Welche Faktoren erklären
ihre beträchtliche Variation?

LIT

Bibliografische Information der Deutschen Nationalbibliothek
Die Deutsche Nationalbibliothek verzeichnet diese Publikation in der
Deutschen Nationalbibliografie; detaillierte bibliografische Daten sind
im Internet über http://dnb.d-nb.de abrufbar.

ISBN 3-8258-0022-9
Zugl.: Heidelberg, Univ., Diss., 2006

© LIT VERLAG Berlin 2006
Auslieferung/Verlagskontakt:
Fresnostr. 2   48159 Münster
Tel. +49 (0)251–62 03 20   Fax +49 (0)251–23 19 72
e-Mail: lit@lit-verlag.de   http://www.lit-verlag.de

Vorwort

Der Verfasser vorliegender Arbeit, die im September 2006 von der Wirtschafts- und Sozialwissenschaftlichen Fakultät der Universität Heidelberg als Dissertation angenommen wurde, hat in den vergangenen drei Jahren von mannigfaltiger Unterstützung profitiert. Gedankt sei an dieser Stelle der Deutschen Forschungsgemeinschaft für die Finanzierung einer Qualifikationsstelle, Harald Eichstaedt vom Statistischen Bundesamt für datentechnische Hilfe, Clemens Jesenitschnig für diverse Dienstleistungen von Kopieren bis Korrekturlesen, Tobias Ostheim und Reimut Zohlnhöfer für geduldigen Rat und Stimmungsaufhellung, Ingeborg Zimmermann für Büroorganisatorisches, Nico Siegel für weichenstellende konzeptionelle Tipps in der Frühphase, Bernhard Kittel für seine hervorragende Lehre und persönliche Beratung zur Analyse gepoolter Zeitreihen im Rahmen der Essex Summer School, Matthias Lehnert und Andreas Pesch für ertragreiche Diskussionen, und nicht zuletzt den Projektkollegen Rita Nikolai und Marius Busemeyer für den Austausch in allen Bildungsausgabenangelegenheiten. Das Institut für Politische Wissenschaft der Universität Heidelberg war auch dank aller übrigen, hier nicht namentlich genannten Mitarbeiter ein überaus angenehmer Arbeitsplatz.

Besondere Hervorhebung verdient Prof. Dr. Manfred G. Schmidt. Sein Konzept des DFG-Forschungsprojekts 'Bildungsausgaben im Vergleich', in dessen Rahmen diese Arbeit entstand, sein Rat und seine

Art der Betreuung, die jedwede Unterstützung und Bestärkung mit großen Freiräumen kombinierte, schufen ideale Arbeitsbedingungen.

Gedankt sei auch dem Zweitgutachter, Prof. Dr. Uwe Wagschal, für seine Bereitschaft, als solcher zu fungieren, sowie für Hinweise zu den Ergebnissen der quantifizierenden Analysen.

Die Verantwortung für verbliebene Mängel der Arbeit liegt selbstverständlich allein beim Autoren. So sie denn des Widmens wert ist, sei sie meinen Großeltern und meiner Frau Sandra herzlich zugedacht.

Heidelberg, im Oktober 2006

Inhaltsverzeichnis

Tabellenverzeichnis

Abbildungsverzeichnis

Abkürzungsverzeichnis

AK VGR	Arbeitskreis Volkswirtschaftliche Gesamtrechnung der Statistischen Landesämter
AR1	Autoregressives Modell erster Ordnung
ARDL	Autoregressive Distributed Lags
BAföG	Bundesausbildungsförderungsgesetz
BB	Brandenburg
BE	Berlin
BEZ	Bundesergänzungszuweisungen
BiBB	Bundesinstitut für Berufsbildung
BLK	Bund-Länderkommission für Bildungsplanung und Forschungsförderung
BMA	Bundesministerium für Arbeit und Sozialordnung
BMBF	Bundesministerium für Bildung und Forschung
BMF	Bundesministerium der Finanzen
BVerfG	Bundesverfassungsgericht
BW	Baden-Württemberg
BY	Bayern
EG	Europäische Gemeinschaften
EGV	EG-Vertrag

EUZBLG Gesetz über die Zusammenarbeit von Bund und Ländern in Angelegenheiten der Europäischen Union

FAG Finanzausgleichsgesetz

FE Fixed Effects

FE(C) Fixed Effects (Country)

FE(CT) Fixed Effects (Country and Time)

FE(T) Fixed Effects (Time)

GEW Gewerkschaft Erziehung und Wissenschaft

GG Grundgesetz

GLS Generalized Least Squares

HB Bremen

HE Hessen

HH Hamburg

HRG Hochschulrahmengesetz

IUB International University Bremen

KMK Kultusministerkonferenz

LDV Lagged Dependant Variable

LFA Länderfinanzausgleich

MPIfBF Max Planck-Institut für Bildungsforschung

MV Mecklenburg-Vorpommern

NS Niedersachsen

NW   Nordrhein-Westfalen

OECD   Organisation for Economic Co-operation and Development

OLS   Ordinary Least Squares

PCSE   Panel-Corrected Standard Errors

PfH   Planungsausschuss für den Hochschulbau

PISA   Programme for International Student Assessment

PVS   Politische Vierteljahresschrift

RP   Rheinland-Pfalz

SA   Sachsen-Anhalt

SH   Schleswig-Holstein

SL   Saarland

SN   Sachsen

SBA   Statistisches Bundesamt

SLA   Statistisches Landesamt

TH   Thüringen

TSCS   Time-Series Cross-Section

UNESCO United Nations Educational, Scientific and Cultural Organization

WTO   World Trade Organization

1 Einleitung

Die Bundesländer finanzieren heute etwa zwei Drittel der öffentlichen und etwa die Hälfte der gesamtvolkswirtschaftlichen Bildungsausgaben von rund 125 Milliarden Euro in Deutschland. Die Kulturhoheit der Länder manifestiert sich jedoch nicht nur in diesem hohen Anteil am nach Sozialem und allgemeiner Finanzwirtschaft drittgrößten Ausgabenblock der öffentlichen Haushalte, sondern vor allem auch in der beträchtlichen Variation der Bildungsausgaben zwischen den Ländern und innerhalb der Länder über die Zeit. Eine systematische politikwissenschaftliche Untersuchung dieser Variation und ihrer Ursachen fehlt bislang. Es ist das Ziel der vorliegenden Arbeit, diese Lücke zu schließen. Zu diesem Zweck werden die in der vergleichenden Staatstätigkeitsforschung vor allem zur Analyse der Sozialausgaben entwickelten theoretischen Ansätze auf die Bildungsausgaben der Bundesländer bezogen.[1] Zur Abschätzung des jeweiligen Erklärungsbeitrages dieser Theorien werden sowohl quantifizierende (auch die Analyse gepoolter Zeitreihen einschließende) als auch qualitativ-analytische Methoden verwendet, um den bildungsausgabenpolitischen[2] Willensbildungs- und Entscheidungsprozess sowie seine in öffentlichen Ausgaben geronnenen Ergebnisse umfassend zu

---

1 Diese theoretische Orientierung lässt sich folgendermaßen begründen: Erstens ist die Theorieentwicklung auf dem Feld der Bildungspolitik bisher nicht sehr weit fortgeschritten („Eine Theorie der Bildungspolitik und spezifische Theorien politikwissenschaftlicher Bildungsforschung liegen nicht vor. Somit ist in der politikwissenschaftlichen Bildungsforschung auf die allgemeinen, für politikwissenschaftliche Fragestellungen geeigneten Theorieofferten zurückzugreifen." (Reuter 2002: 174)), was eine Orientierung an Analysen verwandter bzw. angrenzender Politikfelder nötig macht. Zweitens hat die Staatstätigkeitsforschung hinsichtlich der Bestimmungsgründe der Variation der Sozialausgaben in den letzten Jahrzehnten ein beachtliches Niveau erreicht, das eine Adaption ihrer Erkenntnisse für eine Untersuchung von Bildungsausgaben vielversprechend macht. In dieser Adaption und teilweisen Modifikation besteht der Beitrag der vorliegenden Arbeit zur Theoriebildung.

2 Der Begriff Bildungsausgabenpolitik ist sowohl in der Politik als auch der Politikwissenschaft kaum gebräuchlich, weshalb er hier knapp definiert sei: Er wird in dieser Arbeit als Überbegriff für die bildungsausgabenrelevanten Teilbereiche (in allen drei Dimensionen des Politischen, also Struktur, Prozess und Inhalt) der drei Politikfelder Bildungs-, Wissenschafts- und Finanzpolitik, die Interaktion derselben und ihre Ergebnisse verwendet.

beleuchten. Das Ergebnis dieses intranationalen Vergleichs liefert gleichzeitig auch einen Beitrag zur Erklärung der im internationalen Vergleich mittelmäßigen Höhe der Bildungsausgaben in Deutschland (vgl. Schmidt 2002b) und verbreitert die Wissensgrundlage, auf der künftige Analysen der Ziel-Mittel-Relation im Bildungswesen aufbauen können.

Der Untersuchungszeitraum reicht von 1992, dem ersten Jahr, für das für alle sechzehn Länder verlässliche Daten vorliegen, bis 2002, dem gegenwartsnächsten Jahr, für das die Jahresrechnungsstatistik verfügbar ist. Im deskriptiven Teil (Abschnitt 4.1) wird zudem die Entwicklung in den West-Ländern seit 1975 betrachtet. Neben den gesamten Bildungsausgaben werden auch die Ausgaben für den Hochschulbereich gesondert analysiert.

Die folgenden Abschnitte der Einleitung dienen einem ersten Blick auf die Variation der Bildungsausgaben im Ländervergleich und ihre Messung (1.1), der Würdigung des Forschungsstandes (1.2), der Auslotung des Verhältnisses von Bildungs- und Sozialpolitik (1.3) sowie einer eingehenderen Darstellung des weiteren Vorgehens (1.4).

1.1   Eine erklärungsbedürftige Variation

„Contrary to the usual view of the development of science, progress consists partly in improving and extending our ability to *picture* the world." (Sayer 1992: 63)

Erfolgreiche Erklärung setzt zuallererst eine möglichst exakte Beschreibung der zu erklärenden Phänomene voraus.[3] In diesem Abschnitt wird zunächst die Operationalisierung der unabhängigen Variable, also der öffentlichen Bildungsausgaben der Bundesländer, vorgestellt, auf der die Beschreibung ihrer Variation in der gesamten Arbeit beruht. Diese teils eher trockenen statistischen Ausführungen sind deshalb so bedeutsam, weil sie den Bereich dessen abgrenzen, worüber im weiteren Verlauf zulässige Aussagen gemacht werden können. Sodann folgt eine erste Betrachtung der Bundesländervariation in den zuvor erläuterten Messgrößen.

---

3   Damit soll nicht unterstellt werden, dass theoriefreie Beobachtung möglich sei (Näheres hierzu in Abschnitt 1.4). Der Punkt, um den es hier geht, ist pragmatischerer Natur und bezieht sich auf die Abfolge der Darstellungsschritte.

Die UNESCO definiert Bildung als „eine organisierte und dauerhafte Form der Kommunikation mit dem Ziel, Lernerfolg zu realisieren" (zitiert aus Brugger 1998: 249).[4] Die öffentlichen Ausgaben der Bundesländer für diesen Prozess werden für die Zwecke dieser Arbeit gemäß den in der Jahresrechnungsstatistik des Statistischen Bundesamtes (SBA) ausgewiesenen Ausgaben für das Bildungswesen handhabbar gemacht. Diese umfassen die öffentlichen Ausgaben für öffentliche und private allgemeinbildende und berufliche Schulen, die Schulverwaltung, öffentliche und private Hochschulen, die Förderung des Bildungswesens und der Bildungsteilnehmer sowie die unter der Sammelkategorie ‚Sonstiges Bildungswesen' zusammengefassten Berufsakademien, Weiterbildungs- und Lehrerausbildungseinrichtungen und Volkshochschulen. Ausgaben für vorschulische Bildung sind nur insofern berücksichtigt, als sie buchungstechnisch an Schulen anfallen.[5] Über ein eng definiertes Bildungsverständnis hinausgehend sind in den hier präsentierten und analysierten Zahlen dagegen die Ausgaben für die Forschung an Hochschulen enthalten. Diese sind deswegen kaum getrennt darstellbar, weil sich zumindest die Personal- und Baukosten im Hochschulbereich nicht eindeutig nur einer Komponente von Forschung und Lehre zuordnen lassen. Aus dieser Konsequenz des Humboldt'schen Wissenschaftsverständnisses folgt, dass „Hochschulbildung in dem hier verwendeten Sinne Hochschule inklusive universitärer Forschung [bedeutet]" (BLK 2003: 46). Die letzte hier nennenswerte (Näheres folgt in Abschnitt 3.1 und Kapitel 4) und gleichzeitig die in ihren Auswirkungen bedeutendste Lücke zwischen dem Bildungsprozess sachlogisch zuordenbaren Ausgaben und ihrer finanzstatistischen Erfassung betrifft die Beihilfeleistungen und Pensionen für die (im zweiten Fall ehemaligen) Beamten im Bil-

---

4 Weitere Definitionsmöglichkeiten diskutiert Edding 1985. Wenngleich nur eine auch ungeplante Einflüsse einschließende Bildungsdefinition Edding zufolge wertneutral ist (ibid.: 41), kann hier nur institutionelle und geplante Bildung berücksichtigt werden.

5 Die an Kindergärten anfallenden Vorschulausgaben (verstanden als Ausgaben für curriculare Aufgaben, vgl. Schmidt, P. 1999: 410) lassen sich aufgrund divergenter Buchungspraxis in den Bundesländern nicht aus den allgemeinen Ausgaben für Kindergärten, -tagesstätten und –horte herausisolieren. Wegen dieser Unterschiede in der Buchungspraxis und uneinheitlicher Aufgabenteilungen zwischen Land und Kommunen in den Ländern sowie des nur partiellen Bildungsauftrags der genannten Einrichtungen kam eine vollständige Einbeziehung dieses gesamten Bereiches nicht in Betracht. Grob geschätzt (auf der Basis von BMBF 2002) sinkt der Anteil der in dieser Arbeit erfassten an den tatsächlichen Bildungsausgaben der Bundesländer damit um ca. 2 %.

dungsbereich. Während die Sozialversicherungsbeiträge für Angestellte unter den Personalausgaben des jeweiligen Bereichs gebucht werden, werden diese Zahlungen in den Haushalten der Länder pauschal für alle Bereiche veranschlagt und stehen daher nicht sektorspezifisch zur Verfügung. Zum einen führt dies angesichts des hohen Personalkosten- und Beamtenanteils im Bildungsbereich zu einer beträchtlichen Unterbewertung der Bildungsausgaben der Länder[6], zum anderen und Gravierenderen aber entsteht eine Verzerrung zwischen den Ländern, da der Anteil der beamteten Lehrkräfte zwischen den Ländern stark variiert; insbesondere ist er in den ostdeutschen Ländern deutlich niedriger als im Bundesdurchschnitt. In Abschnitt 3.1 wird die Strategie zum Umgang mit diesem Problem diskutiert, ganz beheben lässt es sich aber leider nicht.

Als Messgröße der Bildungsausgaben dienen die sogenannten Grundmittel. Diese errechnet man durch Subtraktion der einem Aufgabenbereich zurechenbaren unmittelbaren Einnahmen von seinen Nettoausgaben (Brugger 1998: 250). Sie entsprechen dem Zuschussbedarf an öffentlichen Mitteln bzw. „zeigen die aus allgemeinen Haushaltsmitteln [...] zu finanzierenden Ausgaben eines bestimmten Aufgabenbereichs an" (SBA 2001: S.4 der Erläuterungen). Als zu erklärende Variable werden sie in dieser Arbeit nicht in absoluten Zahlen verwendet, sondern entweder als Anteil am Bruttoinlandsprodukt (BIP) des jeweiligen Landes – dieser misst die bildungspolitischen Anstrengungen relativ zur wirtschaftlichen Leistungsfähigkeit – oder preiskorrigiert[7] pro Kopf zur Messung des bildungspolitischen Outputs je Einwohner. Ergänzend wird im deskriptiven Bereich die abhängige Variable auch als Ausgabenelastizität aufbereitet, d.h. die Veränderung der Bildungsausgaben gegenüber dem Vorjahr in Relation zur Veränderung des jeweiligen Gesamthaushalts gesetzt. So kann die Entwicklung des relativen finanzpolitischen Gewichts der Bil-

---

6   „Im Schulbereich machen die Personalausgaben etwa 70 % der Gesamtausgaben aus, so dass bei einer Vernachlässigung des Versorgungsaufwands für Beamte mit einer substantiellen Unterzeichnung der Bildungsausgaben zu rechnen ist." (Lünnemann 1997: 858) Für Zwecke der international vergleichenden Statistik (etwa die OECD-Reihe ‚Education at a Glance') werden von Seiten des SBA entsprechende Zusetzungen berechnet, bisher allerdings nicht länderspezifisch.

7   Zur Preiskorrektur wird aufgrund der in den 1990er Jahren im Bundesgebiet uneinheitlichen Preisentwicklung für die westdeutschen Länder der Preisindex für die Lebenshaltung für Westdeutschland herangezogen, für die ostdeutschen derjenige für Ostdeutschland, für Berlin ab 1991 der gesamtdeutsche.

dungspolitik anschaulich gemacht werden. Wichtig ist spätestens an dieser Stelle aber der Hinweis, dass die unterschiedliche Höhe der Bildungsausgaben der Bundesländer in dieser Arbeit lediglich beschrieben und erklärt, nicht aber bewertet werden soll. Höhere Bildungsausgaben werden also nicht per se als normativ erstrebenswerter Selbstzweck betrachtet (wie z.B. von Ewerhart 2003: 6ff.).

Die folgende Graphik zeigt die Variation der Bildungsausgaben zwischen den Bundesländern im Jahr 2002 in den beiden Hauptmessgrößen. Sie reichen von 2,06 (Hamburg) bis 4,72 % (Thüringen) des BIP bzw. 453 (Brandenburg) bis 829 € (Bremen) pro Kopf. Eine erste Betrachtung macht deutlich, dass die Bildungsausgabenquote in den Ostländern höher ist als im Westen, während die Bandbreite der Pro-Kopf-Ausgaben in Ost und West ähnlich ausfällt (453-721 € vs. 516-829 €).

Abbildung 1-1:   Die Bildungsausgaben der Bundesländer 2002

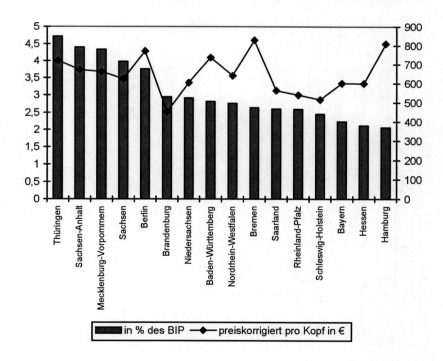

Dies weist bereits darauf hin, dass die bundesstaatlichen Finanzausgleichsmechanismen es den Bundesländern ermöglichen, trotz unterschiedlicher Wirtschaftskraft zumindest zwischen Ost und West vergleichbare Verhältnisse zu schaffen. Des Weiteren sticht die hohe positive Korrelation der
beiden Messreihen für die Ostländer im Kontrast zu ihrer divergenten Streu-
ung über die Westländer ins Auge.

Abbildung 1-2 zeigt die Veränderung der Bildungsausgabenquote (also der
Bildungsausgaben in Prozent des jeweiligen BIP), Abbildung 1-3 die Veränderung der preisbereinigten Pro-Kopf-Bildungsausgaben[8] der einzelnen Bundesländer in beiden Messgrößen über den Untersuchungszeitraum. Angeord-
net sind die Länder darin nach der Höhe ihrer Bildungsausgaben 2002, also
wie in Abbildung 1-1.

Abbildung 1-2:   Die Veränderung der Bildungsausgabenquote
                  1992-2002

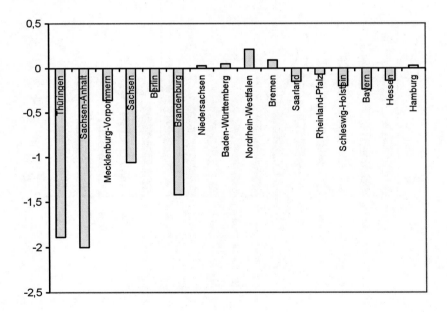

---

8   Wann immer in der Folge von Pro-Kopf-Ausgaben die Rede ist, sind damit die
    preisbereinigten Werte derselben gemeint.

Während die Veränderungen zum Teil sehr groß sind, liegt ihrer Verteilung über die Länder kein eindeutiges Muster zu Grunde. Die Bildungsausgabenquote war im Untersuchungszeitraum in den meisten, aber nicht allen Ländern rückläufig, und die größten Rückgänge sind in den Ost-Ländern zu verzeichnen – der Ost-West-Unterschied war also zu Anfang des Untersuchungszeitraums hier noch größer –, fallen dort aber stark unterschiedlich aus. Bei
den Pro-Kopf-Bildungsausgaben halten sich Länder mit positiven und negativen Veränderungen nahezu die Waage (mit sieben zu acht bei unverändertem
Wert in Sachsen-Anhalt), und mit Ausnahme Mecklenburg-Vorpommerns
sind die Veränderungen in den Ost-Ländern nicht bedeutend größer als in den
West-Ländern.

Abbildung 1-3:   Die Veränderung der Pro-Kopf-Bildungsausgaben
1992-2002

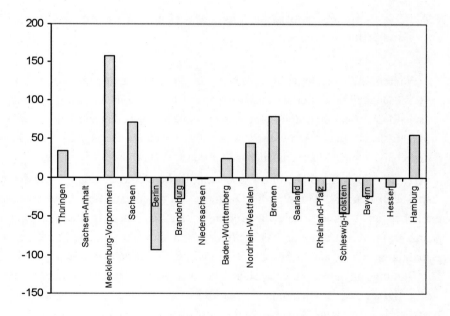

Bezüglich der Ausgaben der Stadtstaaten ist an dieser Stelle eine Erläuterung der Vorgehensweise im Rahmen der vorliegenden Arbeit vonnöten: Da
die Stadtstaaten sowohl Kommunen als auch Bundesländer sind, erfüllen sie
die Aufgaben dieser beiden Ebenen. Die Kommunen finanzieren als Schulträ-

ger bundesdurchschnittlich ca. 19 % der öffentlichen Bildungsausgaben in
Deutschland (BMBF 2002: 330f.). Aus diesem Grund sind Vergleiche zwischen den Bundesländern, die diesen Faktor nicht berücksichtigen (z.B. Stern
2000: 222), bezüglich der Stadtstaaten nach oben verzerrt. Deshalb wurden
sämtliche Ausgabendaten der Stadtstaaten für die Zwecke dieser Arbeit um
ihren (fiktiven) Kommunalanteil bereinigt, indem sie um den Anteil der kommunalen Ausgaben an der Summe der Ausgaben der Länder und Kommunen
in den Flächenländern für den jeweiligen Sachbereich im betreffenden Jahr
nach unten korrigiert wurden.[9]

Die Quellen aller verwendeten Daten finden sich im Anhang. Bei den Bil-
dungsausgaben in Prozent des BIP und als preisbereinigte Pro-Kopf-
Ausgaben handelt es sich jeweils um eigene Berechnungen auf der Basis von
Daten des Statistischen Bundesamts.

1.2   Die bisherige politikwissenschaftliche Analyse der Bildungs-
ausgaben

„Während die Soziologie in den letzten Jahrzehnten im Bildungswesen und in
der Pädagogik eine Leitwissenschaft geworden ist und auch geschichtswissen-
schaftliche Analysen breites Interesse gefunden haben, hat die Politikwissenschaft sowohl in der Analyse wie in der öffentlichen Rezeption von Forschungs-
ergebnissen noch einen großen Nachholbedarf." (Thränhardt 1990: 199)

Obschon die öffentliche und wissenschaftliche Debatte bildungspolitischer
Aspekte in den seit Thränhardts Diagnose vergangenen Jahren nicht stehen
geblieben ist – insbesondere die Bildungsökonomie findet in Zeiten knapper
Staatskassen erneut breitere Beachtung – hat sich an der stiefmütterlichen
Behandlung des Feldes durch die Politikwissenschaft seither wenig geändert.
Die Bildungsausgaben blieben zudem auch von Seiten der dem Bildungswesen
stärker zugewandten Disziplinen Soziologie und Geschichte unterbelichtet. Es
bestehen jedoch einige Ausnahmefälle, auf die sich die hier vorgelegte Arbeit
stützend (und bisweilen auch kritisch) beziehen kann und die daher hier in
knapper Form vorgestellt werden sollen. Da die Erträge von international
vergleichenden Studien und Betrachtungen der bundesweit aggregierten Bil-

---

9 Dabei wurden für Bremen und Hamburg die westdeutschen Flächenländer
   zugrunde gelegt, für Berlin bis 1991 die westdeutschen und ab 1992 alle Flächenländer.

dungsausgaben Orientierungsmarken für den Bundesländervergleich vorgeben können, werden sie ebenfalls berücksichtigt. Allerdings kann bezüglich des internationalen Vergleichs keine vollständige Abdeckung beansprucht werden.

Eine Betrachtung des allgemeinen Trends der Bildungsausgabenentwicklung in den Industrieländern in den 1970er und 1980er Jahren lieferte 1992 der OECD-Bericht ‚Public Educational Expenditure':

„At the beginning of the 1970s, all OECD countries were still influenced by the euphoria of the late 1950s and the 1960s which had resulted from the conviction that education contributed both to economic growth and the equitable distribution of income and that public investment in human capital should therefore be a high priority of public policy. At the same time, the findings that more schooling produced greater lifelong earnings, although inconclusive and often contradictory, convinced parents that education was a good investment for their children. This confidence, allied with free access for all, boosted social demand for every type and level of education, which governments, for their part, strove their best to match." (OECD 1992: 12)

Die Trendwende zu abnehmenden Zuwachsraten der realen Bildungsausgaben datiert die OECD auf 1975 (ibid.: 21). In den 1980er Jahren gingen die realen Bildungsausgaben in allen Industrieländern in mehreren Jahren zurück, in Deutschland, Belgien und Schweden sogar im Durchschnitt der Jahre 1980-88, und mit Ausnahme Frankreichs verzeichneten alle OECD-Mitglieder in diesem Zeitraum sinkende BIP-Anteile (ibid.: 22f.). In deskriptiver Hinsicht wurde der Industrieländervergleich in den letzten Jahren von der OECD durch ihre Berichts- und Indikatorenreihe ‚Bildung auf einen Blick' (OECD 2000a, 2001a, 2002, 2003a, 2004, 2005) weiter vorangebracht. Die Determinanten der Bildungsausgaben werden dabei allerdings nur in Form der Gestaltungsparameter des Bildungswesens (z.B. Klassengröße, Stundentafeln, zahlenmäßiges Schüler/Lehrer-Verhältnis, Bezahlung von Lehrkräften) beachtet. Diese Größen beeinflussen zwar die Bildungsausgaben eines Landes, man sollte sie aber in Anlehnung an Olsons Analogie[10] eher als Quellen denn als Ursachen derselben verstehen, da ihre eigene Variation von anderen, in der Kausalkette

---

10 Olson differenziert in seiner Analyse des Wirtschaftswachstums zwischen oberflächlichen Quellen und tiefer liegenden Ursachen und verdeutlicht deren Reihung anhand des Wassers, das aus Quellen fließt, die wiederum vom Regen gespeist werden (Olson 1982: 4). Zur Adaption der Olsonschen Unterscheidung für die Staatstätigkeitsforschung siehe Schmidt 1999: 231ff.

hinter ihnen stehenden Faktoren wie etwa dem sozioökonomischen Entwicklungsstand oder der parteipolitischen Färbung der Regierung verursacht wird.

Castles hat, ebenfalls in international vergleichender Perspektive, als Erster systematisch aus der Erforschung der Determinanten von Sozialausgaben abgeleitete Hypothesen auf die öffentlichen Bildungsausgaben übertragen. Dabei hat er den Einfluss von Programmträgheit, demographischen und damit verbundenen Veränderungen, Wirtschaftswachstum, rechten Regierungsparteien und des Katholizismus auf Niveau und Veränderung der öffentlichen Bildungsausgaben untersucht und für die letztgenannten vier erklärenden Variablen einen bedeutenden Effekt festgestellt (Castles 1989). In eine spätere Analyse der Bildungsausgaben, die Teil einer umfassenderen Staatsausgabenbetrachtung ist, bezog er auch Gewerkschaftsmacht, internationale Verflechtung und institutionelle Größen mit ein, wobei lediglich Erstere einen beachtenswerten zusätzlichen Erklärungsbeitrag lieferten (Castles 1998). Parteipolitische Einflüsse auf die Höhe der öffentlichen Bildungsausgaben in den OECD-Ländern untersuchte und identifizierte auch Boix (Boix 1997, 1998). Heidenheimers Arbeiten zu Bildungsexpansion und Bildungspolitik in Deutschland, der Schweiz und Japan (Heidenheimer 1993, 1994, 1997) bzw. Europa und Amerika (Heidenheimer 1981) lieferten wertvolle Erkenntnisse über die Aus- und Wechselwirkungen politischer und institutioneller Variablen in verschiedenen Konstellationen und Kontexten sowie die Herausbildung nationaler Bildungspolitikprofile. Die Bildungsausgaben sind allerdings nicht sein zentraler Forschungsgegenstand, sondern werden lediglich nebenbei berücksichtigt.

Die öffentlichen Bildungsausgaben Deutschlands im internationalen Vergleich sowie die Ursachen für ihr mit einer Bildungsausgabenquote von 4,35 % im Jahr 1999 mittelmäßiges Abschneiden darin analysierte Schmidt 2002b. Als ausschlaggebend dafür identifizierte er

„1. eine überdurchschnittlich hohe private Bildungsausgabenquote [die vor allem durch die betrieblichen Ausgaben für das duale System der Berufsbildung bedingt ist],

2. die unterdurchschnittliche Stärke der Altersklassen im Ausbildungsalter,

3. die gedämpfte Bildungsbeteiligung im tertiären Bildungsbereich,

4. mittelbare Effekte der konfessionellen Zusammensetzung der Bevölkerung,

5. die mittlere Gewerkschaftsmacht und die (von Gewerkschaften und Arbeitgebern) gepflegte Tradition, vor allem den mittleren Qualifikationssektor im Schulwesen und in der beruflichen Bildung zu fördern,

6. die parteipolitische Färbung der Regierungen,

7. die Konkurrenz zweier Sozialstaatsparteien, die bei knappen Finanzmitteln Vorfahrt vor allem für die Sozialpolitik geben,

8. ein Föderalismus, der die Bildungsfinanzen aufgrund der Finanzierungsstruktur der Länderhaushalte am kurzen Zügel führt, und

9. die Programmkonkurrenz um knappe öffentliche Mittel, in der das Bildungswesen aufgrund geringer Marktmacht, geringer Verbändemacht und geringer Wählerstimmenmacht oft den kürzeren zieht." (Schmidt 2002b: 17f.)

In einer späteren Studie verweist er zudem auf die schon im 19. und frühen 20. Jahrhundert vergleichsweise geringen Bildungsausgaben in Deutschland. Diese Situation verschärfte sich unter der NS-Diktatur und versetzte das Bildungswesen der Bundesrepublik in eine ungünstige Startposition. Noch 1960 wies die BRD mit 2,85 % die drittniedrigste Bildungsausgabenquote der westlichen Industrienationen auf. Nach schnellem Wachstum in den 1960er und frühen 1970er Jahren stagnierte die Finanzierung des Bildungswesens bald wieder, wodurch sich der Rangplatz im internationalen Vergleich zur Jahrtausendwende gegenüber 1960 kaum verbessert hat. (Schmidt 2004: 11ff.).[11]

Die früheste Monographie zu den öffentlichen Bildungsausgaben in der Bundesrepublik legte 1966 Palm vor. Er beschrieb ihre Entwicklung in den Jahren 1950-62 (preisbereinigt stiegen die Gesamtausgaben für Schulen und Hochschulen in diesem Zeitraum um 83 %, während ihr Anteil am BSP[12] von 3,04 % auf 2,33 % zurückging) und untersuchte den relativen Einfluss der Bestimmungsfaktoren Preisveränderungen, Schülerzahlen, Anzahl der Lehrkräfte sowie Verbesserungen der Ausbildung auf diese (Palm 1966: 57, 71 u.

---

11 Für eine umfassende Analyse der Variation der Bildungsausgaben und ihrer Determinanten im internationalen Vergleich, auf deren Erkenntnisse im Verlauf dieser Arbeit noch mehrfach verwiesen werden wird, siehe Schmidt/Busemeyer/Nikolai/Wolf 2006 (und hier insbesondere die Kapitel von Busemeyer und Nikolai), das Ergebnis des Mutterprojekts der vorliegenden Arbeit.

12 Palm verwendet nicht wie inzwischen üblich das Bruttoinlandsprodukt als Bezugsgröße, sondern das Bruttosozialprodukt. Auch hat die entsprechende Quote für ihn insofern einen geringeren Stellenwert, als er den relativen Einfluss der im Folgenden genannten Größen nicht auf diese, sondern auf die (nominalen) absoluten Bildungsausgabenzahlen untersucht.

77ff.). Sein Konzept einer bildungsbereichsspezifischen Preissteigerung ist
zwar prinzipiell beachtenswert (wenn auch durch die auf der Schüler-Lehrer-
Relation aufbauende Konstruktion als Mengenindex (ibid.: 28ff.) in der Aus-
führung fragwürdig), da er es allerdings nicht zur Korrektur der abhängigen
Variable einsetzt, sondern als unabhängige Variable verwendet, dominiert es
mit einem Erklärungsbeitrag von 79,4 % sein ohnehin schmales Modell (ibid.:
144). 17,8 % der (nominalen) Ausgabensteigerungen führt er auf verbesserte
Ausbildung und nur 2,8 % auf die Entwicklung der Schülerzahlen zurück
(ibid.: 145). Ebenfalls 1966 bezifferte Freund den Beitrag verschiedener Faktoren zum Wachstum der nominalen Bildungsausgaben von 1952 bis 1964
auf das Zweieinhalbfache wie folgt:

> „Rund 8% ergeben sich aus Stellenvermehrungen, rund 9% aus Besoldungs-
> und Gehaltserhöhungen zum Ausgleich eingetretener Kaufkraftminderung,
> rund 28% aus effektiven (also von Preiserhöhungen unbeeinflussten) Besol-
> dungs- und Gehaltsverbesserungen, rund 11% aus erhöhten Investitionen für
> Schul- und Hochschulbauten usw., rund 14% aus Mehrkosten im Investitionsbe-
> reich durch Preissteigerungen, rund 20% aus erhöhten laufenden Beschaffungen
> und rund 10% aus Preiserhöhungen der beschafften Güter und Dienste."
> (Freund 1966: 368)[13]

Während dies zumindest einen – auf der Ebene der Quellen verhafteten –
Eindruck von der Situation vor der Bildungsexpansion in den späten 1960er
und frühen 1970er Jahren liefert, existiert leider keine vergleichbare Analyse
für nämlichen Folgezeitraum. Offensichtlich band die Planungseuphorie die
vorhandene Forschungsenergie in anderer Hinsicht. Selbst rein deskriptive
Arbeiten sind nach 1966 jahrzehntelang dünn gesät.[14] Eine Ausnahme stellt
allein Albers Länderstudie zur Sozialpolitik in Deutschland von 1986 dar, in
der er auch die Bildungsausgaben analysiert. Zur Entwicklung der Bildungsausgabenquote[15] notiert er:

---

13 Freunds Ergebnisse kontrastieren mit denjenigen von Palm insofern, als er eine
   Zunahme der Bildungs- und Wissenschaftsausgabenquote – ebenfalls am BSP –
   von 2,7 auf 3,1 % im Zeitraum von 1952 bis 1963 annimmt (Freund 1966:
   367).
14 Jägers 1993 sowie Hetmeier/Weiß 2001 lieferten solche zu den Bildungsausgaben des Bundes von 1975 bis 1990 bzw. zum Budget für Bildung, Wissenschaft
   und Forschung von 1975 bis 1998.
15 Abweichungen zwischen den Bildungsausgabenquoten für dieselben Jahre in
   den verschiedenen hier vorgestellten Studien sind in unterschiedlichen Mess-

„[I]n 1965 the GDP share of expenditure surpassed the 3 percent level for the first time. [...] For several years educational spending had the highest priority in public budgets. Between 1969 and 1974, its GDP share rose from 3.4 to 5 percent. [...] Between 1975 and 1977 aggregate expenditure on education declined in real terms. Although it started to grow again in 1978, its GDP share has since remained stagnant." (Alber 1986: 35f.)

Zudem korreliert Alber die jährlichen realen Wachstumsraten des BIP und der Bildungsausgaben und stellt einen mittelstarken positiven Zusammenhang fest. Aus einer Betrachtung der durchschnittlichen jährlichen Entwicklung der Bildungsausgaben des Bundes unter den verschiedenen Bundesregierungen von 1949 bis 1983 schließt er, dass beide großen Parteien zu ungefähr gleichen Anteilen zu ihrem Wachstum beigetragen haben (Alber 1986: 100).

1995 legte Weiß eine Zusammenfassung der vom Bundesbildungsministerium veröffentlichten Zahlen zu den Bildungsausgaben der öffentlichen Hand und der Privatwirtschaft für die Jahre 1970 bis 1990 in Fünfjahresschritten vor. Nach Bundesländern differenziert er ebenfalls nicht, zeigt aber eine Zunahme des Länderanteils an den öffentlichen Bildungsausgaben von 68,1 % 1970 auf 75,8 % 1990. Den Höhepunkt der Bildungsausgabenquote am Bruttosozialprodukt mit 5,5 % datiert er ebenfalls auf 1975. Bis 1990 sinkt der entsprechende Wert auf 4,2 % (Weiß 1995a: 30ff.). Klemm nennt in seiner Übersicht über die Bildungsfinanzierung in Deutschland von 2003 für die öffentlichen Bildungsausgaben allein (die Weiß nicht ausweist) eine BIP-Quote von 5,09 %. Dieser nach Klemms Daten ebenfalls höchste je in der Bundesrepublik erreichte Wert sinkt danach bis 1990 auf 3,68 %, steigt bis 1995 auf 4,19 % an und sinkt danach bis 1999 wieder auf 3,95 % ab (Klemm 2003: 231). Die Differenz dieser Zahl zur oben zitierten, von Schmidt genannten Quote von 4,35 % 1999 rührt daher, dass Klemm eine ältere Abgrenzung verwendet, um die Vergleichbarkeit der Daten über die Zeit zu gewährleisten. Die höhere Quote kommt vor allem durch die Zusetzungen für die Beamtenversorgungsaufwendungen zustande (siehe FN 6). Klemm widmet sich (wie auch Hetmeier 2000a) zudem dem Bundesländervergleich. Beide verbleiben aber auf der Ebene der institutionellen Quellen, indem sie monetäre Kennzahlen wie nach Schul- und Hochschularten sowie Kostenarten differenzierte und auf die Zahl der Schüler/Studierenden bzw. der Unterrichtsstunden bezogene

---

grundlagen bzw. definitorischen Abgrenzungen begründet, die hier nicht vereinheitlicht werden können.

Ausgaben der einzelnen Bundesländer aus den Beständen des SBA aufbereiten (Für Details hierzu siehe Abschnitt 3.4.3).[16] Auf die Suche nach möglichen Ursachen für die Variation der Länderzahlen begeben sie sich aber nicht. Einen diesbezüglichen Versuch unternahmen Böttcher/Budde/Klemm 1988 mit der Untersuchung der ihres Erachtens sehr plausiblen Hypothese (und, in ihrer Bewertung: Gefahr), dass sich die Unterschiede der Bundesländer hinsichtlich ihrer wirtschaftlichen Leistungskraft und deren Entwicklung auf die finanzielle Ausstattung des Bildungswesens auswirken. Verwundert mussten sie bei der Analyse von Daten für 1985 aber feststellen, dass die ökonomisch stärkeren Länder „diese Stärke nicht in Spitzenpositionen bei den Schulausgaben umsetzen, während ökonomisch weniger starke Länder [...] sehr hohe Schulausgaben leisten" (Böttcher/Budde/Klemm 1988: 65). Da den Autoren die erklärende Größe Länderfinanzausgleich nicht in den Sinn kam, blieb dieses empirische Phänomen unerklärt. Block/Ehsmajor-Griesmann/Klemm widmeten sich 1993 erneut der Frage nach dem Zusammenhang zwischen der Wirtschaftskraft der Bundesländer und ihren Bildungsausgaben, dieses Mal mittels einer Analyse von Daten für 1975-1989. Ihr Fazit fällt noch eindeutiger aus:

> „Je problematischer die ökonomischen Rahmenbedingungen, desto weniger relevant werden diese für Budgetierungsentscheidungen im Bildungsbereich. Dies gilt zumindest für den Zeitraum bis 1989." (Block/Ehsmajor-Griesmann/Klemm 1993: 7)

Nunmehr stellten die Pädagogen zu Recht fest, dass diese relative Unabhängigkeit der Bildungsfinanzierung von der ökonomischen Situation durch den Länderfinanzausgleich ermöglicht wird und dass eine Revision desselben die bisherige Bildungsausgabenpolitik der wirtschaftlich schwächeren Länder stark gefährden würde (ibid.: 9).

---

16 Hetmeier präsentiert außerdem die öffentlichen Bildungsausgaben nach Ländern in absoluten Zahlen, pro Einwohner, als Anteil am Gesamtetat sowie als Anteil am BIP für die Jahre 1995 und 1996. Er arbeitet in dieser Übersicht aber mit der Summe der Ausgaben von Ländern und Gemeinden, sodass seine Daten mit dem hier vorgelegten reinen Ländervergleich nicht kompatibel sind. (Hetmeier 2000a: 37) Interessant ist immerhin, dass sich durch die Einbeziehung der kommunalen Ausgaben die relative Vergleichsposition der Bundesländer (genauer: der Flächenländer; da Hetmeier keine Stadtstaatenkorrektur vornimmt, können selbige nicht berücksichtigt werden) untereinander gegenüber dem reinen Ländervergleich durchaus signifikant verschiebt. Daraus folgt, dass auf der Basis der hier vorgelegten Arbeit nicht umstandslos Rückschlüsse auf die Situation auf kommunaler Ebene möglich sind.

Die Auswirkungen des demographischen Wandels auf die Pro-Kopf-Schulausgaben der westdeutschen Flächenländer von 1978 bis 1999 (gemessen im 3-Jahres-Rhythmus) haben zudem jüngst Baum/Seitz 2003 und Kempkes/Seitz 2005 mittels eines ökonometrischen Modells untersucht, in dem auch die Einnahmen der Länder, Zuweisungen an die Kommunen, die Arbeitslosenquote und der Anteil ausländischer Schüler berücksichtigt wurden. Sie kommen zu dem Ergebnis, dass auf der Landes- im Gegensatz zur Gemeindeebene „das absolute Niveau der (realen) Bildungsausgaben nur geringfügig auf die Schülerzahlen reagiert" (Baum/Seitz 2003: 218). Für Generationskonflikte gebe es keine eindeutigen Hinweise (ibid.).

Bereits anhand dieser kurzen Zusammenfassung der bisherigen Forschung zu den Bildungsausgaben im inter- und intranationalen Vergleich wird ersichtlich, in welcher Hinsicht analytische Defizite bestehen: Die Datenbasis ist ausbaufähig, die Möglichkeiten der kombinierten Quer- und Längsschnittsanalyse (Technik gepoolter Zeitreihen) bleiben weitestgehend ungenutzt und das Theorieangebot der vergleichenden Staatstätigkeitsforschung wird bei der Hypothesenbildung nur teilweise ausgeschöpft (Schmidt 2003a: 5ff.), wodurch zugleich die durch die vorliegende Arbeit im innerdeutschen Bereich zu schließende Forschungslücke weitgehend umrissen ist. Und während der Bildungsprozess selbst (wenn auch nicht dezidiert politikwissenschaftlich) ein stark beackertes Forschungsfeld darstellt, sind die Willensbildungs- und Entscheidungsprozesse im Bereich der Bildungs(ausgaben)politik bisher kaum (bzw. überhaupt nicht) untersucht worden. Auch dies soll sich mittels dieser Arbeit für den intranationalen Vergleich ändern.

Der von verschiedener Seite geäußerten Einschätzung, dass aufgrund der Besonderheiten des Politikfeldes Bildung und der großen Bedeutung qualitativer Unterschiede eine quantitative Analyse der Bildungsausgaben wenig Sinn ergebe (Stern 2000: 26, 65 u. 227f. und Wild 1997: 41), sei hier explizit widersprochen: Erstens ist ein so bedeutender Kostenblock wie die Bildungsausgaben aus der Perspektive der Staatstätigkeitsforschung ein lohnendes Forschungsobjekt, zweitens spricht vieles dafür, dass die entsprechenden Erkenntnisse die Betrachtung qualitativer Unterschiede bereichern können sollte.[17]

---

17 Die grob klassifizierende Gegenüberstellung von ‚quantitativen' und ‚qualitativen' Methoden wird im weiteren Verlauf der vorliegenden Arbeit absichtlich weitestgehend vermieden. Zum einen beinhaltet aufgrund des Untersuchungsgegenstandes jedes Versatzstück quantitative Elemente, zum anderen gehen

Eine bisher nicht erwähnte Erkenntnis aus der Durchsicht international vergleichender Studien besteht darin, dass in diesen öffentliche Bildungsausgaben (vor allem im angelsächsischen Raum) meist zur Sozialpolitik gezählt, im deutschen Sprachraum überwiegend aber als eigenständiges bzw. andersartiges Politikfeld betrachtet und behandelt werden (vgl. auch Wilensky et al. 1987: 381 u. Wilensky 1975: 3ff.). Da für die Zwecke dieser Arbeit theoretische Erkenntnisse aus dem Bereich der Sozialpolitikforschung adaptiert werden sollen, erfolgt im folgenden Abschnitt eine Auslotung der Gemeinsamkeiten und Unterschiede von Bildungs- und Sozialpolitik anhand der diesbezüglichen Debatte in der Literatur.

1.3   Bildungs- und Sozialpolitik: Eine Abgrenzung

„In the German tradition the core of social policy is defined in a limited way by ‚social insurance plus labour legislation'. This definition pervades most of the standard literature on social policy which usually excludes education [...]." (Alber 1986: 4)

Bildungspolitik wird in Deutschland nur selten der Sozialpolitik zugerechnet.[18] Dies ist zum einen mit ursächlich für die im vorangegangenen Abschnitt deutlich gewordene geringe Zahl an politikwissenschaftlichen Studien zu den Bildungsausgaben hierzulande – der Fokus der Staatstätigkeitsforschung liegt

---

immer auch qualitative Erwägungen mit ein, z.B. in die Operationalisierung der erklärenden und zu erklärenden Größen. Daher wird für die korrelativen Methoden (die auch die Regressionsanalysen einschließen) der Begriff ‚quantifizierend' verwendet, für die in der Betrachtung der Willensbildungs- und Entscheidungsprozesse angewandten Methoden der Oberbegriff ‚historiographischvergleichend', was nach Auffassung des Verfassers die unterschiedlichen Herangehensweisen bzw. die jeweilige Aufbereitung der Ergebnisse treffender erfasst.

18 Eine Ausnahme stellt in dieser Hinsicht die von BMA und Bundesarchiv herausgegebene Geschichte der Sozialpolitik in Deutschland dar, die die Bildungspolitik mit einbezieht. (vgl. zur Begründung Kaufmann 2001: 972: Das Bildungswesen sei eine der wichtigsten Institutionen zur Verteilung von Lebenschancen und daher ein zentraler Faktor zur Bekämpfung von sozialer Ungleichheit. „Aber zum einen ist ‚Soziale Gleichheit' ein untergeordnetes Moment der sozialpolitischen Rhetorik in der Bundesrepublik, und zum anderen ist das Bildungswesen von alters her Aufgabe der Gliedstaaten im Rahmen ihrer Kulturhoheit.")

bisher ja hauptsächlich auf der Sozialpolitik – zum anderen wird dadurch die Frage aufgeworfen, inwiefern sich Bildungs- und Sozialausgaben und damit auch Analysen derselben in Perspektive und Vorgehen systematisch unterscheiden bzw. unterscheiden sollten. Eine Klärung dieser Frage für die Zwecke vorliegender Arbeit wird mit diesem Abschnitt angestrebt.

Zunächst gilt es festzuhalten, dass die gesellschaftliche Bedeutung und Funktion der Ergebnisse des Bildungssystems beträchtlich ist. Abgesehen von der umstrittenen Frage, ob es ein objektiv-leistungsbezogenes Bewertungssystem ist, nimmt es eine „Schlüsselfunktion bei der Verteilung von Lebenschancen" (Thränhardt 1990: 179) ein. Solange in Deutschland nichts schärfer zwischen den sozialen Schichten trennt als (schulische und hochschulische) Bildung (vgl. Schneider 1992: 67), ist Bildungspolitik „in beträchtlichem Ausmaß Verteilungspolitik" (Stern 2000: 32).[19] Was die Bildungspolitik und ihre Verwirklichung in öffentlichen Bildungsausgaben in ihrem Verteilungsaspekt von den (anderen) Feldern der Sozialpolitik hauptsächlich unterscheidet, ist, dass sie vor allem die Chancen von Individuen in zukünftigen Marktprozessen zu beeinflussen sucht und weniger auf die Kompensation der Ergebnisse vergangener Marktprozesse abzielt.[20]

---

19 Dies wird umso folgenreicher, als Bildungsdefizite, die sich u.a. in der hohen Zahl der Schulabgänger ohne Hauptschulabschluss manifestieren und bis hin zum funktionalen Analphabetismus auf dem Vormarsch sind, sich massiv auf die beruflichen Integrationschancen auswirken, „im Generationenverband schnell Spuren hinterlassen und vergleichsweise leicht ‚weitergegeben' werden" (Allmendinger/Leibfried 2002: 291). Der damalige Bundeskanzler Schröder identifizierte in diesem Zusammenhang einen „Teufelskreis der Chancenlosigkeit", den sich Deutschland nicht leisten könne (Schröder 2002).

20 Selbstverständlich kann man der Bildungspolitik weitaus umfassendere Funktionen zuschreiben, Mickel zufolge liegen ihre Ziele etwa „generell 1) in der nat. Enkulturation und Sozialisation der jungen Menschen, 2) in der Ausbildung von Fähigkeiten und Fertigkeiten , 3) im Erwerb von Qualifikationen (z.B. Methoden, Arbeitstechniken) und Kompetenzen sowie in der Vorbereitung auf eine berufliche und gesellschaftl. Position, 4) in der Vermittlung von Erkenntnismethoden und Formen der Selbständigkeit und Eigentätigkeit sowie in Erfahrungen des sozialen Lernens und Lebens im internat. Vergleich [...], 5) ferner in der Einübung von Loyalität und Kritik, Anpassung und Widerstand, Individualität und Solidarität, von Freiheit und Gleichheit, von privaten und öffentl. Tugenden, von Akzeptanz und Distanz usw." (Mickel, 2003: 32). Für die hier interessierende Abgrenzung der Verteilungsaspekte von Bildungs- und Sozialpolitik sind sie aber nicht alle gleichermaßen relevant. Damit soll jedoch keines-

Leibfried zufolge ist bezüglich der Schwerpunktsetzung zwischen Bildungs- und (sonstiger) Sozialpolitik die angelsächsische Position „Bildungs- *statt* Sozialstaat", die skandinavische „Bildungs- *und* Sozialstaat" und die deutsche „Sozial- *statt* Bildungsstaat", wobei letzterer Pfad eine nicht zukunftsfähige Sackgasse sei (Leibfried 2003: 12). Die normative Frage der Gewichtung der Investitionen in die betreffenden Bereiche kann und soll im Rahmen der vorliegenden Arbeit weder im Zentrum stehen noch beantwortet werden. Das entsprechende Konkurrenzverhältnis um öffentliche Mittel ist aber im deutschen Kontext aufgrund der mäßigen Abgabenbereitschaft der Bürger, die Staatstätigkeit in skandinavischem Ausmaß verunmöglicht, besonders virulent und wird im weiteren Verlauf als erklärende Größe in die Analyse miteinbezogen. Eine deutsche Besonderheit ist überdies, dass die Arbeiterbewegung hierzulande Bildung nie vorrangig thematisiert hat. Alber begründet dies damit, dass zu dem Zeitpunkt, als sie im letzten Viertel des 19. Jahrhunderts in Schwung kam, zumindest in Preußen schon der Kulturkampf ausgefochten sowie die allgemeine Schulpflicht eingeführt war und bereits nahezu alle Arbeiterkinder öffentliche Schulen besuchten (Alber 1986: 6). Noch heute ist in Deutschland, so befindet der Bildungssoziologe Geißler,

> „der Widerstand der oberen Schichten gegen den sozialen Abstieg ihrer Kinder [...] stärker ausgeprägt als der Wille der unteren Schichten zum sozialen Aufstieg" (Geißler 2002: 357).

Der vor allem in der angelsächsischen Debatte einflussreiche, aber auch in Deutschland öfters rezipierte Nationalökonom und Soziologe T.H. Marshall plädierte mit einer bürgerrechtlichen Argumentation für weitreichende öffentliche Bildungsdienstleistungen. Das soziale Element des Staatsbürgerstatus umfasst für ihn das Recht auf Bildung,

> „weil während der Kindheit das Ziel der Erziehung die Formung des zukünftigen Erwachsenen ist. Grundsätzlich sollte es nicht als das Recht des Kindes auf den Besuch der Schule gesehen werden, sondern als das Recht des erwachsenen Staatsbürgers, eine Erziehung genossen zu haben." (Marshall 1949: 51)[21]

---

wegs bestritten werden, dass es sich verbietet, „Bildung auf den Erwerb kognitiver Qualifikationen zu reduzieren" (Avenarius et al. 2003b: 1).

21 Das Erziehungswesen nennt Marshall in seiner Aufzählung der mit der sozialen Dimension der Bürgerrechte verbundenen Institutionen bezeichnenderweise noch vor den sozialen Diensten (ibid.: 40).

Nur wenn dieses Recht garantiert sei, sei die Rolle der Bildung als Instrument der sozialen Schichtung nicht beklagenswert (ibid.: 81).[22] Eine dergestalt integrierte Sichtweise von Bildungs- und Sozialpolitik stand Allmendinger/Leibfried zufolge „Pate für die angelsächsische Reform des Wohlfahrtsstaats nach dem Zweiten Weltkrieg, die dort zugleich massiv Bildungsreform war", wohingegen die gleichzeitige Sozialreform in Deutschland unter verengter Perspektive und die „nachholende" Bildungsreform der 1970er Jahre unabhängig von dieser stattgefunden habe (Allmendinger/Leibfried 2002: 288). Allerdings hatte bereits Picht in seiner Warnung vor der in Deutschland drohenden Bildungskatastrophe, in der er vor allem auch die extrem ungleichen regional-, schicht- und konfessionsspezifischen Bildungschancen im Deutschland der frühen 1960er Jahre aufzeigte, ebenfalls mit der sozialen Dimension der Bildung argumentiert:

> „In der modernen ‚Leistungsgesellschaft' heißt soziale Gerechtigkeit nichts anderes als gerechte Verteilung der Bildungschancen; denn von den Bildungschancen hängen der soziale Aufstieg und die Verteilung des Einkommens ab." (Picht 1964: 31)

Bereits ein Jahr zuvor hatte Bundeskanzler Erhard erklärt, „die Aufgaben der Bildung und Forschung besäßen für unsere Zeit den gleichen Rang wie die soziale Frage für das 19. Jh." (Gauger 2002: 434). Die gegenseitige Information und Vernetzung von Bildungs- und Sozialpolitik ist in Deutschland jedoch bis heute eher sporadisch als systematisch (vgl. Allmendinger 1999: 37ff.). Auch die öffentliche Diskussion in der Folge der PISA-Ergebnisse hat daran wenig geändert:

> „Die ‚verspätete Nation' ist seit Mitte des 19. Jahrhunderts auf ihren internationalen Rang, auf das Einholen, Gleichziehen und ggf. aufs Selber-Überholen (‚Modell Deutschland') geeicht, wobei historisch zunächst England und dann

---

22 Selbst wenn das „Recht auf Bildung im Sinne eines Individualanspruchs gegen den Staat nach Maßgabe von Begabung und Interesse", welches das Grundgesetz nicht kennt, wohl aber die EU-Charta und andere Pakte, denen die Bundesrepublik angehört (Leschinsky 2003: 188), vollständig verwirklicht ist, bleibt natürlich die Frage, wie sozialpolitisch mit denjenigen Bürgern zu verfahren ist, welche aufgrund ihres Bildungsstands nur geringen oder keinen Erfolg auf dem Arbeitsmarkt haben. Das Betreiben von Bildungs- statt Sozialpolitik ist diesem Problemkomplex gegenüber blind. „[U]nderlying inequalities in the distribution of income, wealth and power seem to place limits on the redistribution which can be achieved through expenditure on education" (OECD 1985: 57). Bisherige Erfolge Letzterer würden der OECD zufolge „over-rated" (ibid.:58).

die USA in den Blick kamen – und bis heute im Blick geblieben sind. Die Ungleichheit in Bayern oder die zwischen den Bundesländern interessiert diese
Nation weit weniger und ist auch im Föderalismus in den Landespolitiken
schwerer zu politisieren als das Überholtwerden des ganzen Landes – so bei
PISA – etwa durch Finnland oder (Süd-)Korea." (Allmendinger/Leibfried 2002:
297)

Während die Leistungsvergleiche zwischen den Bundesländern entgegen
dieser Auffassung durchaus öffentliche Aufmerksamkeit fanden, sind die sozialen Bildungs-Ungleichheiten im öffentlichen Raum tatsächlich unterbelichtet geblieben. Zwei ausgabenrelevante Schnittstellen von Bildungs- und Sozialpolitik stellen in dieser Hinsicht Ausnahmen dar: Die Tatsache, dass insbesondere der relative Hochschulbesuch weiterhin stark ungleich zwischen Kin-
dern aus verschiedenen sozialen Schichten verteilt ist (in Bezug auf die regionalen und konfessionellen Unterschiede war die Bildungsexpansion bedeutend
wirkungsvoller), während Hochschulabsolventen stark überproportional
Nutznießer öffentlicher Bildungsinvestitionen sind (vgl. Klemm 2003: 242ff.),
führte in den letzten Jahren zu einer Debatte darüber, ob die Gebührenfreiheit
des Studiums eine sozial gerechte Regelung sei. Im Schulbereich ist das Thema Lernmittelfreiheit nach diesbezüglichen Kürzungen einiger Landesregierungen wieder verstärkt in die Diskussion geraten:

„Das System der Lernmittelfreiheit läuft Gefahr, unter der Hand aufgehoben zu
werden. Die öffentlichen Ausgaben für Lernmittel stagnieren, der privat finanzierte Anteil nimmt zu. Es ist zu prüfen, ob für sozial Schwache das zumutbare
Maß inzwischen schon erreicht oder überschritten ist." (Avenarius et al. 2003b:
6)

Wilensky sieht das Spannungsverhältnis zwischen der seines Erachtens e-
her von meritokratischen Werten dominierten Bildungspolitik und der eher
egalitär orientierten (sonstigen) Sozialpolitik für so groß an, dass er Bildungsausgaben getrennt von den übrigen Sozialausgaben untersucht. Dies sei deswegen angezeigt, weil sie entweder gar nicht oder negativ korrelierten. Seine
empirische Argumentationsbasis ist allerdings nicht eine Korrelation der Bildungsausgaben, sondern der Schulbesuchsquoten im Sekundarbereich mit den
Sozialausgaben in 19 reichen Demokratien (siehe die Zusammenfassung der
Wilenskyschen Studien bei Wilensky et al. 1987: 402). Es ist erstens nicht
unmittelbar einleuchtend, weshalb die Schulbesuchsquote das beste verfügba-
re Maß für eine derartige Beziehungsanalyse sein soll. Zweitens aber spräche
das Vorhandensein einer negativen Korrelation zwischen den Ausgaben für

zwei Politikbereiche zwar eventuell tatsächlich für eine getrennte Betrachtung derselben, nicht aber dafür, dass die Analysen grundverschieden aufgebaut sein müssen. Ein Vorzeichenwechsel ist bei der Formulierung von Hypothesen bzw. Schlussfolgerungen weder kompliziert noch unzulässig, er kränkt allenfalls akademische Eitelkeiten, insofern sie sich an korrekten Vorhersagen festmachen und Widerlegungen von Erwartungen nicht auch als Wissensfortschritt ansehen. Castles, der die Bildungsausgaben in seiner Analyse der Sozialausgaben mit analysiert hat, macht hingegen die Frage nach der analytischen Behandlung von Bildungs- und Sozialausgaben von der Frage abhängig, ob sie von denselben Bestimmungsfaktoren beeinflusst werden, was er bejaht:

> „[T]here seems to be a strong case for arguing that, in respect of the factors shaping spending outcomes, and with the obvious exception of the negative influence of Catholicism, education is not really so very different from the rest of the welfare state after all." (Castles 1998: 185)

Es erscheint daher nicht nur aufgrund der diesbezüglichen Forschungslücke interessant, sondern auch zulässig und vielversprechend zu sein, das von der Sozialpolitikforschung entwickelte Theorieangebot auf die Bildungsausgaben (der Bundesländer) zu beziehen. Angezeigt ist es allerdings, die in diesem Abschnitt besprochenen Besonderheiten des Politikfeldes Bildung bei der Adaption der Theorien zu beachten (siehe Kapitel 3).

Der relativ weit fortgeschrittene Stand der wissenschaftlichen Literatur zur Sozialpolitik verdankt sich laut Amenta neben der vergleichsweise guten Operationalisierbarkeit, Informations- und Datenverfügbarkeit sowie fruchtbaren Dissensen über mögliche Erklärungen bei Konsens über das zu Erklärende vor allem der großen methodischen Offenheit der in diesem Bereich Forschenden (Amenta 2003: 114ff.). Ein Weg zu weiterem Fortschritt ist seines Erachtens

> „examining policies and programs outside the usual understanding of social policy. There has been an abundance of comparative and historical work showing that programs other than the standard ones have impacts on poverty and inequality of different sorts, and this research has shed new light on social policies and theoretical claims about them." (Amenta 2003: 121)

Während ein kleiner Beitrag in dieser Richtung ein Nebenprodukt vorliegender Arbeit sein könnte, sollen zunächst im folgenden Abschnitt ihre methodischen Grundlagen dargelegt werden, wobei die diesbezügliche Vielfalt der Sozialpolitikforschung durchaus Vorbildcharakter hat.

1.4 Methodische Grundlagen und Aufbau der Arbeit

"When you cannot measure it, when you cannot express it in numbers, your knowledge is of a meagre and unsatisfactory kind." (William Kelvin)

"When you can measure it, when you can express it in numbers, your knowledge is still of a meagre and unsatisfactory kind." (Jacob Viner)[23]

Diese beiden unterschiedlichen Ansichten des großen britischen Physikers des 19. Jahrhunderts einerseits und des zwischen den Weltkriegen einflussreichen Chicagoer Ökonomen andererseits stehen stellvertretend für die gegensätzlichen Positionen in der wissenschaftstheoretischen Grundsatzdebatte um die Frage, ob quantifizierbares Wissen anderen Formen des Wissens überlegen ist und damit das erstrebenswerteste Ziel für die Wissenschaft darstellt. Im Folgenden sollen die Vor- und Nachteile verschiedener Formen des Wissens bzw. seiner Generierung diskutiert werden, wobei dem Sujet dieser Arbeit entsprechend die Angemessenheit für die Erforschung sozialer Phänomene besonderes Gewicht erhält. Dies geschieht nicht mit dem Ziel, eine bestimmte Anschauung als die allein selig machende zu identifizieren, sondern in dem Bemühen, auf der Basis dieser Erörterung im weiteren Verlauf der Arbeit dem Zustand des Unwissens durch zweckmäßige Kombination verschiedener Methoden möglichst weitgehend entrinnen zu können. Zum Fortschritt in dieser Hinsicht mögen nach Ansicht des Verfassers durchaus auch in der Einzelbetrachtung magere und unbefriedigende Wissensbausteine beitragen.

Quantifizierende Analysen, insbesondere Korrelationsanalysen und Regressionsmodelle, weisen vor allem folgende Vorteile auf: Sie erlauben es, eine große Zahl von (über Raum und Zeit verteilten) Beobachtungen zu verarbeiten und dies in einer Weise zu tun, die die erzielten Ergebnisse für das wissenschaftliche Publikum – zumindest für das entsprechend geschulte – reproduzierbar macht. Schlussfolgerungen und Generalisierungen werden so aus der hermeneutischen Erleuchtung des sie treffenden Gelehrten herausgelöst, dadurch demokratisiert und vor allem der systematischen Kritik und Weiterentwicklung zugänglich gemacht.[24] Zudem werden statistischen Methoden oft überlegene Eigenschaften hinsichtlich des Ziehens kausaler Inferenzschlüsse

---

23 Beide Zitate sind hier zitiert aus Sayer 1992: 175.

24 Die Vielzahl der methodologischen Beiträge, in denen Re-Analysen der Arbeiten anderer Autoren durchgeführt werden, legt davon Zeugnis ab (vgl. z.B. Beck/Katz 1995, 1996 u. 2001, Green/Kim/Yoon 2001, Kittel/Winner 2002, Plümper/Troeger/Manow 2005, Wilson/Butler 2004).

und der Prognose zukünftiger Entwicklungen sowie deren Überprüfung zugeschrieben. Befürworter ihrer Anwendung schätzen außerdem die sich bei Regressionsanalysen bietende Gelegenheit, Hypothesen systematisch zu testen und diese und die Theorien, aus denen sie abgeleitet wurden, auf ihren relativen Erklärungsbeitrag hin gegeneinander abzuschätzen. Insbesondere in der Folge der Fortschritte auf dem Gebiet der elektronischen Datenverarbeitung erfuhr die Entwicklung der quantifizierenden Methoden und ihre Anwendungshäufigkeit in den Sozialwissenschaften, gerade auch der Politikwissenschaft, einen Schub. Da die Regressionsanalyse auf eine gewisse Mindestzahl an Beobachtungspunkten angewiesen ist und die Robustheit ihrer Ergebnisse tendenziell mit deren Zahl wächst, nahm mit ihrem Aufschwung auch die Häufigkeit kombinierter Quer- und Längsschnittsanalysen zu, den gepoolten oder Panel[25]-Analysen:

> „During the 1990s, advances in the statistical methodologies used for assessing hypotheses on the interrelations between economic developments and political institutions have been impressive. [...] It is no exaggeration to say that it has become difficult to defend the decision not to use panel data in the analysis of comparative political economy." (Kittel/Winner 2002: 5; vgl. auch Hall 2003: 381.)

Den einfacheren Spezifikationen der Regressionsanalyse liegt die Annahme zugrunde, dass die untersuchten Wirkungszusammenhänge an allen Messpunkten identisch sind. Die daraus resultierenden konstanten Schätzterme ergeben für die Zwecke dieser Arbeit nur Sinn, wenn „auch bei Policy-

---

25 Die Begriffe Pool und Panel werden (vor allem in der politikwissenschaftlichen Diskussion) oft synonym verwendet. Beiden ist auch in einer jeweils engeren Definition gemeinsam, dass sie aus Kombinationen von Daten im Quer- und Längsschnitt bestehen. Panel-Analysen im engeren Sinn, die z.B. in der Umfrage- und Konsumentenforschung dominieren, beziehen sich aber auf Designs mit sehr vielen Untersuchungseinheiten und eher wenigen Messzeitpunkten (z.B. argumentiert Wawro 2002: 47, ein T > 3 bringe kaum zusätzlichen Nutzen) und die entsprechenden Methoden sind auf die dabei spezifischen Probleme ausgerichtet (vgl. hierzu z.B. Baltagi 1995 u. Wawro 2002). Gepoolte oder TSCS- (für Time Series Cross Section) Analysen im engeren Sinne und die einschlägigen Methoden sind dagegen auf große T orientiert. Beck betont, dass sie mit asymptotischem T gerechtfertigt würden und daher ein T < 10 verdächtig sei (Beck 2001: 274). Da das Untersuchungsdesign der vorliegenden Arbeit mit N = 16 eine eher im niedrigeren Bereich anzusiedelnde Zahl von Untersuchungseinheiten aufweist (und Becks T-Anforderung gerade erfüllt), wird der Begriff Panel im Folgenden soweit als möglich vermieden und ist, wenn er z.B. in Zitaten auftaucht, im weiteren Sinne gemeint.

Analysen über Ländergrenzen und längere Zeiträume hinweg konstante Ursa-
che-Folge-Relationen postuliert werden können" (Siegel 2002: 171). Dies ist,
wie auch für soziale Prozesse im Allgemeinen, eine sehr weitreichende Annahme, denn zum einen sind Veränderungen derselben über die Zeit, zum
anderen Besonderheiten derselben in Untersuchungsfällen wie Staaten oder
subnationalen Einheiten ob der Wandelbarkeit und   Kontextgebundenheit
menschlichen Handelns ein ständiges Thema der Sozialwissenschaften und
zumindest phänomenologisch eine plausible Eigenschaft der sozialen Welt.
Sicher ist die Suche nach universalen Gesetzmäßigkeiten auch in den Sozialwissenschaften ein legitimes Forschungsziel, doch Sayer steht mit seiner rhe-
torischen Frage „Why should anyone want to make a universal [...] claim
about contingencies?" (Sayer 1992: 227) stellvertretend für viele Kritiker
dieser Grundhaltung.[26] Zur Verteidigung der Anwendung der entsprechenden
Modelle kann jedoch auch eine Trennung zwischen ihren Grundannahmen und
der Interpretation der Ergebnisse angeführt werden: Ein partieller Regressionskoeffizient muss nicht zwingend so interpretiert werden, dass er für alle
untersuchten Fälle bzw. Zeitpunkte exakt den Einfluss der entsprechenden
erklärenden Größe auf die abhängige Variable angibt. Die vorsichtigere und
zugleich sinnvollere Interpretation wäre, dass innerhalb der Gruppe der
Messpunkte durchschnittlich eine entsprechende Tendenz besteht. Eine sorg-
fältige ‚Regressionsdiagnostik' (Bollen/Jackman 1985), die Standard jeder
Studie sein sollte, die diese Analysemethode verwendet, identifiziert zudem
Ausreißer unter den Beobachtungspunkten, -jahren und -fällen. Iterative
Durchführungen der Regressionen unter deren Ein- und Ausschluss helfen
dabei, den vernünftigen Geltungsanspruch von Ergebnissen und ihrer Interpretation zu bestimmen. Ein solches Vorgehen korrespondiert mit dem Streben
nach der Entwicklung und Prüfung von Theorien mittlerer Reichweite. Letztere werden zwar von Kritikern wie Coleman und Stinchcombe als unterspezifi-
zierte ‚bits of sometimes true theory' (zitiert aus Rueschemeyer 2003: 328)
geringgeschätzt, stellen aber im Bereich der Sozialwissenschaften, die schon
allein aufgrund ihres Untersuchungsobjektes nie besonders erfolgreich beim
Identifizieren gesetzmäßiger Zusammenhänge waren und wohl auch sein wer-

---

26 Mit der vorliegenden Arbeit wird eher das von Ragin definierte Ziel diversität-
   sorientierter Forschung verfolgt „to find a middle path between treating analytic
   objects as members of fixed, homogeneous populations, on the one hand, and
   focusing exclusively on the specificity of individual cases, on the other" (Ragin
   2000: 35).

den[27], durchaus „real advances in knowledge" dar (ibid.: 329).[28] Fortgeschrittenere Techniken der Regressionsanalyse (insbesondere von Paneldaten) bieten zudem die Möglichkeit, räumliche und zeitliche Sonderfaktoren in eigenen Parametern zu binden.[29]

Sowohl die zuweilen schablonenhaft-mechanische Anwendung quantifizierender Methoden in Verbindung mit überzogenen Schlussfolgerungen seitens mancher ihrer Verfechter (vgl. für kritische Diskussionen von Beispielen dafür Kittel/Winner 2002 u. Plümper/Troeger/Manow 2005) als auch die bei manchen Kritikern anzutreffende Darstellung nur besonders undifferenzierter Vorgehensweisen (vgl. Ragin 2000 u. Mahoney/Rueschemeyer 2003: 18) werden ihrem tatsächlichen Potential nicht gerecht. Nicht ignoriert werden soll hier die Gefahr, dass „regression models make it all too easy to substitute technique for work" (David A. Freedman zitiert aus Kittel/Winner 2002: 5). Betont sei aber, dass die Beurteilung der Nützlichkeit quantifizierender Studien hinsichtlich vieler Aspekte stärker an der Art und Weise ihrer Durchführung und Einbettung als an ihrer grundsätzlichen Orientierung festgemacht werden sollte. Einige Gesichtspunkte betreffen dagegen die Methode als Ganze: Erstens beruht sie auf der ‚Inspektion von Kovarianz über die Fälle von einigen erklärenden Variablen und den zu erklärenden Ergebnissen' (Hall 2003: 389) bzw. der ‚Anpassung von Modellen an einen Datensatz' (Sayer 1992: 184). Weder bezüglich der beobachteten Phänomene noch hinsichtlich etwaiger Prognosen zukünftiger Ereignisse kann dadurch ein Kausalzusammenhang bewiesen werden (vgl. hierzu auch Mayntz 2002: 12.). Gemeinsames Auftreten bestimmter Variablenausprägungen genügt nicht zur Etablierung von Kausalität; wie die Phänomene zustande kommen, wird dadurch nicht erklärt. Zweitens wird in der Regel davon ausgegangen, dass jede einzelne erklärende Variable sowohl ein notwendiger als auch ein hinreichender

---

27 „At the most, social systems can only be quasi-closed, producing regularities that are only approximate and spatially and temporally restricted" (Sayer 1992: 124).

28 „The most important advances in social and political theory, I submit, are not found in empirically testable and tested specific propositions of universal applicability but in theoretical frameworks of tested usefulness for the study of particular areas of analysis" (Rueschemeyer 2003: 330).

29 Allerdings absorbieren diese tendenziell auch einen Großteil der Variation und sind an sich zunächst einmal theorielos. Die prozeduralen Einzelheiten solcher Verfahren werden in Kapitel 4 näher behandelt, wobei auch genauer auf weitere Grundannahmen, Testverfahren und verschiedene Spezifikationsmöglichkeiten sowie Detailkritik daran eingegangen wird.

Grund für die Variation der abhängigen Variable ist (vgl. Ragin 2000: 117).
Durch Inklusion von Interaktionstermen können Regressionsmodelle zwar für
die Interdependenz einzelner erklärender Variablen sensibilisiert werden, eine
Berücksichtigung der Interdependenzen zwischen allen oder auch nur einer
größeren Zahl derselben würde aber mangels Freiheitsgraden die Kapazität
der allermeisten Modelle sprengen, insbesondere wenn gleichzeitig auch
Dummy-Variablen für zeitliche und/oder räumliche Teileinheiten eingefügt
werden.[30] Zudem stellt sich öfter die Schwierigkeit ein, dass die Interaktionsterme untereinander hochgradig korreliert sind und verschiedene Interakti-
onsmodelle gleich gut zu einem Datensatz passen (Ragin 2000: 72). So bleibt
das Problem bestehen, dass in Regressionsmodellen die zu erklärenden Variationen hauptsächlich Einzeleffekten verschiedener erklärender Größen zugeschrieben werden und die eventuelle Notwendigkeit ihres Zusammenwirkens
unterbelichtet bleibt.[31] Drittens stehen Anwender statistischer Methoden nicht
selten vor dem Problem, dass verschiedene Modellspezifikationen bei einem
gegebenen Datensatz zu Ergebnissen von gleicher Qualität – bemessen am
(korrigierten oder unkorrigierten) Determinationskoeffizienten, den Signifikanzniveaus der einzelnen unabhängigen Variablen und des Gesamtmodells
sowie den entsprechenden Standardfehlern – führen. Dies weist auf ein zwei-
tes Problem mit der gängigen Interpretation des Determinationskoeffizienten
R^2 als ‚erklärte Variation' (neben der angesprochenen Unmöglichkeit, kausale
Erklärungen modellintern zu generieren) hin: Insofern Einflussgrößen mit
gegensätzlicher Wirkungsrichtung und ähnlicher Wirkungsintensität nicht in
der Spezifikation enthalten sind, wird R^2 systematisch überschätzt.[32] Auch

---

30 Diesbezüglich gilt weiterhin, was Wallace/Hussain bereits 1969 feststellten:
„[T]he subtleties of our [...] hypotheses are pressing on the bounds of our ability
to discriminate among them" (Wallace/Hussain 1969: 55).

31 Man muss die Konzentration auf einzelne Effekte nicht so rigoros ablehnen wie
Sayer („Attempting to explain the effects of an object which has emergent po-
wers in terms of the relative contribution of its constituents is like attributing a
certain percentage of the behaviour of water to hydrogen effects and the rest to
oxygen effects!" (Sayer 1992: 181)), um dies für eine Schwachstelle zu halten,
die es so weit wie eben möglich modellintern und darüber hinaus durch entsprechende Einbettung zu bearbeiten gilt.

32 Hier liegt nebenbei bemerkt die Achillesferse der weit verbreiteten Bestrebung,
einen möglichst großen Anteil der Variation der abhängigen Variable mit möglichst schlanken Modellen zu erklären. Für King/Keohane/Verba etwa ist es
„one of the most important achievements of all social science: explaining as
much as possible with as little as possible. Good social science seeks to increase
the significance of what is explained relative to the information used in the

aus diesem Grund ist eine Grundannahme der Regressionsanalyse, dass kein Spezifizierungsirrtum vorliegt, also u.a. keine relevante erklärende Variable ausgeschlossen wurde. Abgesehen von der Schwierigkeit zu definieren, wo die Schwelle zur Relevanz einer Variable liegt, ist es aufgrund der komplexen Kausalitätsstrukturen sozialer Phänomene (vgl. Ragin 2000: 41f. u. 93) allerdings fraglich, ob alle relevanten Größen überhaupt theoretisch hergeleitet werden und aufgrund der begrenzten Freiheitsgrade in das jeweilige Modell inkludiert werden können. Letzteres Problem träte spätestens bei einem Versuch der Berücksichtigung aller plausiblen räumlichen und zeitlichen Sondereffekte und Interaktionsterme auf. Viertens sind quantifizierende Methoden durch ihre Ausrichtung auf die Identifikation von allgemeinen Mustern ungeeignet dafür, dem Besonderen in bestimmten Kontexten gerecht zu werden. Das ‚Hinwegrechnen' (Beyme) über viele Fälle droht bei alleiniger Anwendung Vieles unbeachtet zu lassen, was sich zwar nicht zur Generalisierung eignet, aufgrund der Vielgestaltigkeit sozialer Phänomene aber gerade von großem sozialwissenschaftlichem Interesse sein könnte. Alle diese Schwachstellen der quantifizierenden Methoden sprechen aber keinesfalls gegen ihre Anwendung[33], sondern für eine Ergänzung durch Methodenwerkzeuge, die zumindest einen Teil dieser blinden Flecken aufhellen können.

Als methodischer Kontrapunkt zu den quantifizierenden Analysen bieten sich aus diesen Gründen möglichst tiefschürfende vergleichende Fallstudien zu den entsprechenden Willensbildungs- und Entscheidungsprozessen (im Falle der vorliegenden Arbeit in den Bundesländern und ihrer Bedingtheit auf der gesamtstaatlichen Ebene) an.[34] In diesen können der Verlauf kausaler Prozesse, die Wirkungsbedingungen einzelner Variablen, die Bedeutung von Sonderfaktoren und die Interaktion derselben gebührender gewürdigt werden,

---

explanation" (King/Keohane/Verba 1994: 29). Zwar diskutieren diese Autoren später die Folgen des ‚omitted variable bias' (ibid.: 168ff.), erwähnen aber den trade-off zwischen dem Ziel seiner Vermeidung und dem Ziel möglichst schlanker Erklärungsmodelle nicht.

33 „Some argue that statistical analysis should invariably be combined with in-depth investigation of the cases, careful attention to how cases distribute themselves across the relevant cells in a tabular analysis, and greater effort to account for the residuals […]. Statistical analysis that is attentive to such matters certainly has a role to play in the understanding of causal complexities." (Hall 2003: 388f.)

34 „In many studies, statistical techniques may be useful for assessing some aspects of the causal relations specified by a theory, while systematic process analysis is employed to test other aspects of those relations." (Hall 2003: 397).

da sie eine größere Tiefe der Analyse erlauben.[35] Mit ihrer Hilfe können nicht nur zusätzliche Hypothesen generiert, sondern auch Hypothesen getestet und Erklärungen verbessert werden (vgl. Rueschemeyer 2003: 307). Außerdem bieten sie die Gelegenheit, strukturelle Faktoren mit Akteurshandeln zu verknüpfen. Dadurch sollte es möglich sein, besser zwischen auch in quantitativen Hypothesentests rivalisierenden Erklärungsansätzen abwägen zu können und, allgemeiner, zu besseren Interpretationen der Ergebnisse quantifizierender Analysen zu kommen:

> „[A] sensitive interpretation of the findings obtained by advanced statistical methodology in comparative political economy is still dependent on small-N comparative analysis." (Kittel 1999: 225)

Des Weiteren kann in vergleichenden Betrachtungen weniger Fälle der dichten Beschreibung breiterer Raum eingeräumt und ‚conceptual stretching' (Sartori), d.h. die mangelhafte Anwendung eines Konzepts auf die jeweiligen Fälle in Analysen vieler Fälle (vgl. Collier 1993: 109ff.), eher vermieden werden. Auch die Sequenz von Grund-Folge-Abläufen kann so detaillierter durchdacht werden (vgl. Eliason et al. 1987: 251 u. Hall 2003: 393ff.), was auch die quantitative Analyse informieren sollte.[36] Zu wappnen gilt es sich bei einer historiographischen Analyse von Fallstudien gegen die in solchen Arbeiten häufige Unterbelichtung der Kausalität bzw. Verwischung von temporaler Abfolge und Kausalität (vgl. hierzu Sayer 1992: 260), die ein bloßes Nacherzählen von Prozessen mit sich zu bringen droht.

---

35 „Für die kausale Rekonstruktion von Zusammenhängen im Bereich sozialer Makrophänomene ist auch deren Prozesscharakter wichtig. [...] In der Politikwissenschaft sind die Explananda allerdings selten allein durch Prozesse zu erklären, die unmittelbar vom massenhaften Individualhandeln zu Ereignissen auf der Makroebene führen; die Aufmerksamkeit richtet sich deshalb besonders auf Prozesse, in denen (einige wenige) Institutionen und korporative Akteure die zentrale Rolle spielen" (Mayntz 2002: 24 u. 26).

36 Den Aspekt der Bereicherung der quantifizierenden Analyse durch Erkenntnisse aus Fallstudien vernachlässigen Mahoney/Rueschemeyer bei ihrer ansonsten zutreffenden Beschreibung des Forschungsablaufs: „By employing a small number of cases, comparative historical researchers can comfortably move back and forth between theory and history in many iterations of analysis as they formulate new concepts, discover novel explanations, and refine preexisting theoretical expectations in light of detailed case evidence." (Mahoney/Rueschemeyer 2003: 13) Vermutlich liegt dies an der in den Sozialwissenschaften insgesamt relativen Seltenheit methodenverbindender Arbeiten (vgl. hierzu Amenta 2003: 112), die allerdings gerade in der vergleichenden Staatstätigkeitsforschung erfreulicherweise in den letzten Jahren abgenommen hat.

Im Rahmen der Analyse der Willensbildungs- und Entscheidungsprozesse sind zudem die politikfeldspezifischen Problemartikulationen und Agenda-Setting-Vorgänge bzw. das Besetzen und Vorantreiben bestimmter Themen durch die relevanten Akteure sowie personale Faktoren wie die Problemwahrnehmungen und Informationslagen dieser Akteure von Bedeutung. Daher ist eine Betrachtung der einschlägigen Diskurse vonnöten. Dabei gilt es, „das ‚Gesagte' eines solchen Diskurses dem vergänglichen Augenblick zu entreißen" und die

> „Vorstellungsstrukturen, die die Handlungen unserer Subjekte bestimmen [...] aufzudecken und [...] die typischen Eigenschaften dieser Strukturen [...] gegenüber anderen Determinanten menschlichen Verhaltens herauszustellen." (Geertz 1983: 30 u. 39)

Zurückhaltung ist allerdings hinsichtlich der Verallgemeinerbarkeit der Erkenntnisse aus Fallstudien angezeigt. Bei einer Auswahl möglichst ähnlicher Fälle können eben nur für die durch die Auswahlkriterien definierte Gruppe berechtigterweise Inferenzschlüsse gezogen werden, bei kontrastiver Fallauswahl hingegen sind Fallstudien, zumindest solange ihre Zahl eng begrenzt bleibt, eher von illustrativ-heuristischem Charakter. Ihre Stärke liegt dann eher darin zu illustrieren, ob und wie sich (vermutete) allgemeine Tendenzen im Besonderen auswirken und wie verschiedene Wege zu ähnlichen oder unterschiedlichen Ergebnissen führen (vgl. zu letzterem Punkt Ragin 2000: 13). Vorsicht geboten ist in jedem Fall bei der Auswertung von Interviews, „because we usually need to rely on actors' accounts which may confuse the effects of different structures" (Sayer 1992: 95). Auch die Analyse von Quellentexten erfordert kritische Distanz.[37]

> „The texts are the product of compromises at various stages (at points of initial influence, in the micropolitics of legislative formulation, in the parliamentiary process and in the politics and micropolitics of interest group articulation). They are typically the cannibalised products of multiple (but circumscribed) influences and agendas." (Ball 1994: 5)

---

37 Ihre Interpretation stellt unausweichlich eine politisch aufgeladene Aktivität dar (Peters/Marshall 1996: 67f.). Die ‚politics of interpretation' bilden einen Kerngegenstand postmoderner Strömungen in der (Politik-) Wissenschaft (ibid.: 68), die hier jedoch nicht weiter ausgeführt werden sollen. (Bei Interesse siehe den Fragenkatalog zur textuellen Dekonstruktion politischer Quellen bei Peters/Marshall 1996: 74ff. sowie die Vorschläge zur einschlägigen Analyse von bildungspolitischen Dokumenten bei Codd 1988 und Ball 1994.)

Neben den genannten unterschiedlichen Vorteilen und Schwächen der quantifizierenden und historiographisch-vergleichenden Methoden und dem aus diesen folgenden je spezifischen bei der Anwendung zu Beachtendem bestehen aber auch Gemeinsamkeiten hinsichtlich Problemen und deren Behandlung:

> „In both quantitative and qualitative research, we engage in the imperfect application of theoretical standards of inference to inherently imperfect research designs and empirical data. Any meaningful rules admit of exceptions, but we can ask that exceptions be justified explicitly, that their implications for the reliability of research be assessed, and that the uncertainty of conclusions be reported. We seek not dogma, but disciplined thought." (King/Keohane/Verba 1994: 7)

Auf das offene Eingeständnis von Einschränkungen hinsichtlich der Sicherheit der gezogenen Schlussfolgerungen und Hinweise auf die Grenzen ihres vernünftigerweise zu erhebenden Geltungsanspruchs wird in der vorliegenden Arbeit daher besonderer Wert gelegt.

Ein polyperspektivisches Vorgehen bzw. die Kombination verschiedener Analysemethoden hat den Vorteil, am ehesten ein gleichzeitiges Erreichen der verschiedenen Ziele des Vergleichs in der Politikwissenschaft zu ermöglichen. Erleichtert wird dies bezüglich der vorliegenden Arbeit von der durch die deutsche Staatsorganisation vorgegebene Anzahl der Untersuchungsfälle:

> „[A]lthough an ‚N' of 15 [16 dürfte keine entscheidene Abweichung darstellen, Anm. d. Verf.] might often be approached through qualitative small-N comparison, it can likewise be subjected to statistical analysis, with interesting results" (Collier 1993: 115).[38]

Das methodenverbindende Vorgehen bringt aber allerdings auch die Gefahr mit sich, den Vorwurf des Eklektizismus auf sich zu ziehen, insbesondere da in der Methodendebatte die epistemologischen Probleme, die bei dem Versuch auftreten, gleichzeitig der historischen Partikularität und der Komplexität sozialer Phänomene sowie dem Bemühen um theoretische Generalisierung Gerechtigkeit widerfahren zu lassen, keineswegs als gelöst gelten (vgl. etwa Mahoney/Rueschemeyer 2003: 5ff.).

---

[38] „In this way, the foundation can be laid for an eclectic practice of small-N analysis that takes advantage of opportunities that present themselves on both sides of what could otherwise be a major intellectual divide" (Collier 1993: 117). Auch können so Elemente von problem- und interaktionsorientierter Politikforschung (nach Scharpf, z.B. 2000c: 762f.) und sowohl x- als auch y-zentrierte Analysebausteine (nach Ganghof 2005) kombiniert werden.

An dieser Stelle bietet es sich an, kurz auf einige Besonderheiten des Vergleichs subnationaler Einheiten zu sprechen kommen: Er verschafft dem Forschenden unter Umständen die Möglichkeit zu einer höheren Zahl von Beobachtungen, zur besseren Bildung von Kontrollgruppen, zur höheren Qualität der Inferenzschlüsse und zur genaueren Beobachtung regional ungleichmäßig verteilter Phänomene, so urteilt zumindest Richard Snyder in seinem 2001 erschienenen Aufsatz ‚Scaling Down: The Subnational Comparative Method' (Snyder 2001). Schmidt nennt weitere Vorteile, die speziell der Vergleich von Bundesländern bietet:

> „Die Länder sind vergleichbare Basiseinheiten. Die Datenqualität ist für alle Länder nahezu gleich gut oder gleich schlecht. Theoretische Begriffe, die sich z.B. auf politische Systemstrukturen beziehen, bedeuten in Schleswig-Holstein in etwa dasselbe wie in Baden-Württemberg. Die korrelativen Zusammenhänge können mit gut begründeten Annahmen mit gutem [(Ge-), Ergänzung. d. Verf.] Wissen interpretiert werden." (Schmidt 1980: 90)[39]

Probleme kann allerdings, darauf weist Snyder ebenfalls hin, die Interdependenz der Fälle bereiten (ibid.: 95). Bei einem Bundesländervergleich kann schon allein wegen der Finanzausgleichsmechanismen von einer Unabhängigkeit der Fälle keine Rede sein. Dies ist bei der Diskussion der Ergebnisse unbedingt zu berücksichtigen. Möchte man die Ergebnisse eines Vergleichs subnationaler Einheiten aus einem Staat mit denjenigen aus einem anderen in Beziehung setzten, ist dagegen die Vergleichbarkeit wegen unterschiedlicher Kompetenzen bzw. Staatsqualitäten der Untersuchungsobjekte eingeschränkt. Dies gilt selbst bei der Betrachtung verschiedener Gliedstaaten föderaler Systeme aufgrund der unterschiedlichen Föderalismen, man nehme nur die USA, Deutschland und die Schweiz als Beispiele.

Unerlässliche Basis des Vergleichs von subnationalen Einheiten ist eine Darlegung der politischen Strukturen (bzw. des Institutionengefüges und der Kompetenzverteilung) und Prozesse im Gesamtstaat, vor deren Hintergrund bzw. unter deren Einwirkung die Willensbildungs- und Entscheidungsprozesse in den einzelnen Untersuchungseinheiten, hier also den Bundesländern, ablaufen. Daher wird in Kapitel 2 vorliegender Arbeit dieser Analyseschritt dem eigentlichen Bundesländervergleich vorangestellt, wobei relativ weit bis in die Gründungsphase der Bundesrepublik zurück geblickt wird, um damals (und

---

39 Galli/Rossi gehen sogar so weit, Folgendes zu bemerken: „The policy areas the literature suggests as more easily suited to political manipulation are mainly Länder domain [...]" (Galli/Rossi 2002: 284).

dann vor allem auch während der Bildungsexpansion) erfolgte Weichenstellungen deutlich zu machen. In Kapitel 3 werden dann auf der Basis der etablierten Theorien der Staatstätigkeit Hypothesen zum Zusammenhang zwischen
diversen potenziell erklärenden Faktoren und der abhängigen Variable, den
Bildungsausgaben der Bundesländer, generiert. Kapitel 4 dient der genaueren
Beschreibung der Bildungsausgabenvariation, der eingehenderen Methoden-
diskussion im Hinblick auf die Analyse gepoolter Zeitreihen (welche von daran weniger interessierten Lesern durchaus übersprungen werden darf) und vor
allem der Darstellung der Ergebnisse des quantifizierenden Tests der vorgenannten Hypothesen.[40] Außerdem enthält es ein Unterkapitel zur Residuendiagnostik, das die Regressionsanalysen weiter differenziert und als Binde-
glied zu den in Kapitel 5 folgenden Erkenntnissen aus der Analyse der Wil-
lensbildungs- und Entscheidungsprozesse in sechs Ländern fungiert, indem sie
die Verteilung des relativen Erklärungserfolgs über Raum und Zeit aufzeigt
und so weitere Fragen hinsichtlich besonderer Fälle aufwirft. Für Fallstudien
ausgewählt wurden die Länder Baden-Württemberg, Brandenburg, Bremen,
Hessen, Niedersachsen und Thüringen. (Zur Begründung der Fallauswahl und
dem dabei gewählten Vorgehen siehe die ersten Seiten von Kapitel 5). Durch
die Rückbindung der quantifizierenden Ergebnisse an die historiographisch-
vergleichende Betrachtung wird zum einen angestrebt, der Bedeutung der
parlamentarischen Budgetentscheidung und dem politischen Prozess in ihrem
Vorfeld gerecht zu werden. Zum anderen bietet dieser Analyseschritt die Gelegenheit, den methodischen Zugang zum Thema breiter anzulegen.[41]

Es soll im Rahmen vorliegender Arbeit also versucht werden, verschiedene
Erkenntnismethoden nicht, wie so häufig in der Literatur, gegeneinander in

---

40 Um die Leserfreundlichkeit dieser Darstellung zu erhöhen, sind weite Teile der
   Korrelations- und Regressionsanalysen in den Anhang ausgelagert, wo sie
   nichtsdestoweniger das Nachvollziehen der Schlussfolgerungen ermöglichen
   sollen.

41 Vorbildhaften Charakter für dieses Vorgehen hat unter anderem die Studie von
   Huber/Stephens zur Entwicklung des Wohlfahrtsstaates in Zeiten globalisierter
   Märkte (Huber/Stephens 2001): „[W]e have argued for the necessity of bringing
   comparative historical and quantitative work into a dialogue with one another.
   [...] We start with theory based on previous studies, subject the hypotheses to
   statistical analysis, identify robust patterns of association, and then examine
   historical evidence to establish causal sequences that explain these patterns" (i-
   bid.: 8; vgl. insbesondere auch 321ff.).

Stellung zu bringen, sondern möglichst gewinnbringend zu kombinieren.[42] Der Charakter des Untersuchungsgegenstandes, d.h. die Zahlenform der Bildungsausgaben, legt als ersten Schritt die Anwendung quantifizierender Methoden wie der Regressionsanalyse nahe. Diese soll jedoch wie gesagt nur eine sehr wichtige unter mehreren angewandten Methoden sein:

„We perceive the world only dimly, and all techniques for testing causal theories are imperfect. In this context, we need more, not fewer, weapons in our methodological arsenal, including those based on case studies, small-N comparisons, and historical analysis." (Hall 2003: 399)

---

42 Während z.B. King mit seinem Plädoyer für „representing more interesting political contexts in quantitative analyses" und „using more sophisticated stochastic modelling", da abstrakte Repräsentationen der politischen Welt klarer als andere Methoden seien (King 1990: 1 u. 24), die Hochkonjunktur für quantifizierende Methoden gerade - aber beileibe nicht nur - in der US-amerikanischen Politikwissenschaft einläutete, steht Sartori mit seiner Suada gegen die seiner Ansicht nach ‚anti-institutionalistische', ‚quantitativistische' und ‚nutzlose' „American-type political science" (Sartori 2004: 785f.) stellvertretend für die entgegengesetzte Position.

2   Bildungspolitik in Deutschland: Ein Überblick

Angesichts der Vielgestaltigkeit und eigentümlichen Struktur des bildungspolitischen Subsystems in Deutschland ist die Rede von einer, der deutschen
Bildungspolitik eine weitreichende Abstraktion. Im jüngsten Bildungsbericht
etwa schlussfolgern die Autoren:

> „In der Vielfalt schulstruktureller Ausprägungen in den deutschen Ländern
> noch ein deutsches Schulsystem zu erkennen fällt schwer." (Avenarius et al.
> 2003a: 18)

Ausgangspunkt einer tiefergehenden Analyse kann deshalb nur die Kompetenzverteilung und Institutionenlandschaft des deutschen Bildungsföderalismus (und der sich daraus ergebenden Vorstrukturierungen der einschlägigen
Willensbildungs- und Entscheidungsprozesse) sein, die in Abschnitt 2.1 erfolgt. Daran schließt sich in Abschnitt 2.2 eine in sechs Phasen aufgeteilte
Betrachtung der Entwicklung der Bildungspolitik in Deutschland als Gesamtstaat in den sechzig Jahren seit 1945 an. Da der Beobachtungszeitraum für
dieses Kapitel 2005 endet, wird die Föderalismusreformdebatte zwar kurz
gestreift, ihr zum Zeitpunkt der Abfassung noch nicht feststehendes Ergebnis
bleibt aber unberücksichtigt.

Besondere Aufmerksamkeit gilt schon hier dem eigentlichen Titelthema
vorliegender Arbeit, den Bildungsausgaben der Bundesländer, diese werden
jedoch in Kapitel 2 im Kontext des gesamten bildungspolitischen Prozesses
behandelt.

2.1   Kompetenzverteilung und Institutionenlandschaft

Das Grundgesetz weist dem Bund kaum alleinige Kompetenzen im Bildungsbereich zu. Gegenstand der konkurrierenden Gesetzgebung des Bundes
sind lediglich der betriebliche Teil des dualen Systems der Berufsbildung, der
unter das in Art. 74 Abs. 1 Nr. 11 GG genannte Recht der Wirtschaft fällt,
sowie „die Regelung der Ausbildungsbeihilfen und die Förderung der wissenschaftlichen Forschung" (Art. 74 Abs. 1 Nr. 13 GG), wobei der erste dieser
letzten beiden Punkte erst 1969 hinzugefügt wurde. 1969 erhielt der Bund

außerdem durch Ergänzung von Art. 75 das Recht zur Rahmengesetzgebung über die allgemeinen Grundsätze des Hochschulwesens.[43] Davon abgesehen haben gemäß Art. 70 Abs. 1 GG allein die Länder das Recht zur Gesetzgebung in der Bildungspolitik.[44] Zu beachten haben sie dabei allerdings die in Art. 7 festgeschriebenen Grundsätze zur staatlichen Schulaufsicht, zum Religionsunterricht (inklusive Teilnahme und Erteilung) und zur Privatschulfreiheit, die Aufhebung von Vorschulen sowie – zentral und international beispiellos, was den Verfassungsrang angeht – den Vorrang der Eltern bei Pflege und Erziehung der Kinder (nach Art. 6 Abs. 2). Bis zur Finanzreform 1969 oblag den Ländern gemäß Art. 30 auch allein die Ausübung der staatlichen Befugnisse und die Erfüllung der staatlichen Aufgaben im Bildungsbereich. Damals wurden mit Art. 91a und b die Gemeinschaftsaufgaben dem Grundgesetz hinzugefügt. Laut Art. 91a wirkt der Bund auf verschiedenen Gebieten bei der Erfüllung von Aufgaben der Länder mit, „wenn diese Aufgaben für die Gesamtheit bedeutsam sind und die Mitwirkung des Bundes zur Verbesserung der Lebensverhältnisse[45] erforderlich ist" (Art. 91a Abs.1 Satz 1 GG). Für den Bildungsbereich relevant ist dabei der Aus- und Neubau von Hochschulen und Hochschulkliniken.[46] Abs. 4 regelt die Kostenverteilung, indem er dem Bund die Hälfte der Ausgaben in jedem Land aufbürdet. Gemäß Art. 91b können Bund und Länder zudem bei der Bildungsplanung und Forschungsförderung zusammenwirken. Während die Formulierung des Art. 91a einen Ver-

---

43 Laut Artikel 75 darf der Bund nur dann Rahmengesetze erlassen, wenn die Voraussetzungen des Artikels 72 erfüllt sind, d.h. „wenn und soweit die Herstellung gleichwertiger Lebensverhältnisse im Bundesgebiet oder die Wahrung der Rechts- oder Wirtschaftseinheit im gesamtstaatlichen Interesse eine bundesgesetzliche Regelung erforderlich macht" (Art. 72 Abs. 2 GG).

44 Die landesrechtliche Aufgabenverteilung zwischen Ländern und Gemeinden ist nicht ganz einheitlich. In der Regel sind aber die Kommunen die Schulträger und damit für die Mehrzahl der baulichen und sonstigen Investitionen sowie der laufenden Sachausgaben im Schulbereich verantwortlich, erhalten dafür aber auch Zuschüsse von den Ländern. (Für eine Aufstellung von unterschiedlichen Regelungen bis 1980 siehe Staupe 1980, für eine weitaus knappere Darstellung jüngeren Datums Leschinsky 2003: 173ff.)

45 Interessanterweise ist hier nicht wie an anderen Stellen im GG von der Herstellung gleichwertiger Lebensverhältnisse, sondern von ihrer Verbesserung die Rede.

46 Mit dieser grundgesetzlichen Regelung wurde die zuvor schon praktizierte (und in den Mitfinanzierungsabkommen von 1964 und 1968 nicht für alle Beteiligten dauerhaft befriedigend kodifizierte) Mitfinanzierung dieser Aufgabe durch den Bund verfassungsrechtlich verankert.

fassungsauftrag („wirkt mit") beinhaltet, ist dieses letztere Zusammenwirken (und die Aufteilung seiner Finanzierung) ins Belieben von Bund und Ländern (bzw. derer Vereinbarungen) gestellt. Ein weiterer Unterschied zwischen den Gemeinschaftsaufgaben nach Art. 91a und b ist, dass Erstere ausschließlich Aufgaben der Länder betreffen, an denen der Bund mitwirkt, während Letztere bei der Forschungsförderung auch Kompetenzbereiche des Bundes beinhalten.[47]

Die Bundesländer haben von ihren alleinigen Gesetzgebungskompetenzen im Schulbereich derart Gebrauch gemacht, dass ein vielgestaltiges Bildungswesen entstanden ist, dessen Strukturen z.B. in puncto Dauer der Grundschule, Anzahl und Organisation der weiterführenden Schularten, Übergangsmöglichkeiten zwischen diesen und pädagogischen Ausrichtungen in kaum je zwei Bundesländern identisch sind (für eine gute Übersicht siehe Avenarius et al. 2003a: 51ff.) und waren. Zugleich aber erkannten die bildungspolitischen Akteure in den Ländern schon früh einen beträchtlichen Koordinationsbedarf. Schon vor der Gründung der Bundesrepublik schlossen sich 1948 die Kultusminister der Bundesländer zur ‚Ständigen Konferenz der Kultusminister der Länder' (welche 1949 den Zusatz ‚in der Bundesrepublik Deutschland' erhielt, meist knapp als Kultusministerkonferenz bezeichnet und hier mit KMK abgekürzt wird) zusammen.[48] Die Dichte der von der KMK geschlossenen Abkommen[49] zu so diversen Themen wie gegenseitige Anerkennung von Abschlüssen, Beginn und Dauer der Schulpflicht, einheitliche Notenbezeichnungen, Feriendauer und -termine und Richtlinien zur Behandlung bestimmter

---

47 Zu „ungeschriebenen Finanzierungskompetenzen" des Bundes, die sich aus der Natur der Sache, dem sogenannten Flurbereinigungsabkommen von 1971 und „weiterentwickelte[r] Staatspraxis" ergeben können, siehe außerdem Maier 2003: 800ff: „Beispielhaft nennt das Bundesverfassungsgericht die Finanzierungskompetenz des Bundes für zentrale Einrichtungen, deren Wirkungsbereich sich auf das Bundesgebiet als Ganzes erstreckt, bei gesamtdeutschen und internationalen Aufgaben. Neben diesen nur beispielhaft aufgeführten Fällen sind folglich auch weiter gehende Anwendungsfälle anerkannt." (ibid.: 801)

48 Der KMK gehören alle Landesminister an, die für die Bereiche Bildung, Erziehung, Hochschulen, Forschung und Kultur zuständig sind. Jedes Land kann von mehreren Ministern bzw. Ministerien vertreten werden, hat aber nur eine Stimme. (Derzeit existieren in fünf Bundesländern integrierte Ministerien für schulische Bildung/Kultus und Wissenschaft, die Arrangements wechseln aber, z.B. aus koalitionsarithmetischen Gründen nach Regierungswechseln, immer wieder.)

49 Thränhardt zählte bereits 1990 über tausend in Landesrecht umgesetzte KMK-Vereinbarungen (Thränhardt 1990: 182).

Themen in verschiedenen Fächern ist inzwischen so hoch, dass das Ergebnis in mancherlei Hinsicht trotz aller Vielfalt unitarischer als in vielen Zentralstaaten ist.[50] Die Stärke dieses unitarisierenden Strangs, der die Vielfalt der Länderarrangements zu einem dadurch überhaupt erst (mehr oder weniger, je nach dem Urteil verschiedener Beobachter) funktionierenden Ganzen zusammenbindet, ist deswegen umso überraschender, weil die KMK mit Einstimmigkeit entscheidet und sich so tendenziell gemäß dem Geleitzugprinzip nach dem langsamsten und schwerfälligsten Mitglied richten muss. Gleichwohl verlangsamt das Einstimmigkeitserfordernis den Entscheidungsprozess und bringt häufig Nicht-Entscheidungen über umstrittene Themen mit sich (vgl. hierzu Stern 2000: 81).

Zugleich mit seinen ihm neu erwachsenen Zuständigkeiten richtete der Bund 1969 selbst ein Bildungsministerium ein. Die erste große Reform, die unter seiner Ägide entstand, war die Verabschiedung des Bundesausbildungsförderungsgesetzes (BAföG) 1971. Dieses löste die zuvor praktizierte, nicht auf Gesetz, sondern auf Vereinbarungen zwischen Bund und Ländern beruhende Förderung nach dem Honnefer Modell von 1957 ab. Seit 1971 tragen der Bund 65 und die Länder 35 Prozent der finanziellen Lasten der Ausbildungsförderung, zuvor waren diese hälftig aufgeteilt. Die Ausbildungsförderung, gelegentlich auch als „Bildungsausgaben 2. Grades" (Lünnemann/Hetmeier 1996: 170) bezeichnet[51], stellt institutionell den bedeutendsten Berührungspunkt von Bildungs- und Sozialpolitik dar, was sich auch darin manifestiert, dass das BAföG besonderer Teil des Sozialgesetzbuchs ist. Erst 1975 erfolgte die Einigung auf ein Hochschulrahmengesetz (HRG). Seine lange und konfliktreiche Entstehungsgeschichte (siehe Abschnitt 2.2.4) kann als Beispiel für die im kooperativen Föderalismus bei grundlegenden Auffassungsunterschieden möglichen Blockadetendenzen dienen.

---

50 Übers Ziel hinaus schießt allerdings Erk, der die These vertritt, die nicht-föderale Gesellschaft habe so starken Druck auf das föderale Entscheidungssystem ausgeübt, dass das Bildungswesen in Deutschland nationalisiert worden sei (Erk 2003). Vielmehr sind die Anforderungen an die föderalen Koordinationsgremien in Deutschland, wie der ehemalige KMK-Präsident Maier bemerkt, ambivalent: „In Deutschland nämlich erwartet man vom Kulturföderalismus paradoxerweise nicht nur, wie anderswo, die Bewahrung föderaler Eigenheiten der Länder, sondern auch, und fast im selben Atemzug, die Stiftung kultureller Einheit und politischer Homogenität im Gesamtstaat." (Maier 1998: 23)
51 Bildungsausgaben 1. Grades wären nach dieser Aufteilung Ausgaben für den Bildungsprozess (Lünnemann/Hetmeier 1996: 170).

In den Teilbereichen der Bildungspolitik, in denen neben den Ländern auch der Bund Kompetenzen hat, existieren mehrere Koordinationsgremien: Zur Umsetzung des Verfassungsauftrags zur Gemeinschaftsaufgabe Hochschulbau in Artikel 91a GG wurde mit dem Hochschulbauförderungsgesetz 1969 der Planungsausschuss für den Hochschulbau (PfH) eingesetzt. Ihm gehören der den Vorsitz führende Bundesbildungsminister, der Bundesfinanzminister und je ein Minister jedes Bundeslandes an. Von diesem Ausschuss wird ein auf vier Jahre angelegter Rahmenplan für den Aus- und Neubau von Hochschulen erstellt und jährlich um ein Jahr fortgeführt, welcher mit der mehrjährigen Finanzplanung von Bund und Ländern abzustimmen ist. Die für das jeweils nächste Jahr bereitzustellenden Mittel werden darin verbindlich festgeschrieben. 1970 schlossen Bund und Länder ein Verwaltungsabkommen über die Einrichtung einer gemeinsamen Kommission zur Bildungsplanung, die hinsichtlich der Wahrnehmung der entsprechenden Gemeinschaftsaufgabe nach Artikel 91b GG als Gesprächsforum dient und den Regierungschefs beider Ebenen Empfehlungen gibt. 1975 folgte die Einigung auf eine zusätzliche Rahmenvereinbarung zur Gemeinschaftsaufgabe Forschungsförderung, die dieser Kommission weitere Aufgaben in diesem Bereich übertrug. In der Folge erhielt die Kommission ihren endgültigen Namen: Bund-Länder-Kommission für Bildungsplanung und Forschungsförderung (BLK). Der BLK gehören acht Vertreter des Bundes und je ein Vertreter jedes Landes an. Der Bund führt in PfH und BLK seit 1990 sechzehn Stimmen und jedes Land eine Stimme, Entscheidungen sind theoretisch mit einer Mehrheit von 25 Stimmen, also bei Zustimmung des Bundes und einer einfachen Mehrheit der Länder möglich. (Ausnahmen bilden im Planungsausschuss die vordringlichen Vorhabenprogramme, die einstimmig verabschiedet werden müssen, und die Festsetzung von verbindlichen Obergrenzen für einzelne Vorhaben, denen das diese beantragende Land zustimmen muss.) Da ein Ergebnis einem nicht zustimmenden Land nicht aufgezwungen werden kann, werden in der Praxis aber einhellige Entscheidungen angestrebt. Immerhin kann die Regelung in bestimmten Fällen jedoch ein Druckmittel sein, einzelne Länder doch zur Zustimmung zu bewegen, da kein Land gerne auf Bundesmittel verzichtet und sich ohne Einstimmigkeitserfordernis die übrigen Länder theoretisch auch auf ein Aussparen von zu beharrlichen Abweichlern einigen könnten. Bereits 1957 hatten sich Bund und Länder in einem Verwaltungsabkommen darauf verständigt, ein gemeinsames Beratungsgremium zu schaffen, das „Empfehlungen zur inhaltlichen und strukturellen Entwicklung der Hochschulen, der Wissenschaft und der Forschung" (Artikel 2 des Verwaltungsabkommens) erarbeitet. Diese auf den Namen Wissenschaftsrat getaufte Institution, zur damaligen Zeit europaweit einmalig, teilt sich in eine Wissenschaftliche Kommission, in der 24 Wissenschaftler und acht Persönlichkeiten des öffentlichen Lebens sitzen, und eine mit Vertretern der Bundes- und Landesregierungen bestückte 22-köpfige Verwaltungskommission auf. Empfehlungen und Stellungnahmen fassen beide Kommissionen gemeinsam mit Zweidrittelmehrheit. Der Wissenschaftsrat entsendet Vertreter mit beratender Stimme in die BLK und hat auch die Aufgabe, auf Anforderung dieser, der KMK, des Bundes oder eines einzelnen Landes gutachterlich Stellung zu nehmen. Außerdem überträgt das Hochschulbauförderungsgesetz dem Wissenschaftsrat die Aufgabe, beratend an der Arbeit der PfH mitzuwirken (und dem PfH die Pflicht, ihn anzuhören).[52]

Die Vielfalt der Koordinations- und Beratungsgremien im deutschen Bildungswesen kann man sowohl als Folge als auch als Ursache des darin bestehenden ständigen Abstimmungsbedarfs ansehen (vgl. Leschinsky 2003: 152).[53] Dabei „besteht ein enger Zusammenhang von Finanzierungsfragen und Steuerungsproblemen" (Bodenhöfer 1985: 21) – diese Diagnose ist auch zwanzig Jahre später noch zutreffend und wird exemplarisch deutlich am Schicksal des weiter unten in Abschnitt 2.2.3 näher betrachteten Bildungsgesamtplans. Gleich alt und ebensowenig veraltet ist Scharpfs Analyse der Politikverflechtung, die explizit auf den Bildungsbereich eingeht und derzufolge eine Pathologie des deutschen Exekutivföderalismus die strukturelle Bevorzugung von Regierungsinteressen gegenüber denen der Parlamente[54] ist (Scharpf

---

52 Kritiker sehen in der in diesem Gremiengeflecht praktizierten Forschungsförderung „ein strukturkonservatives, überverflochtenes, Innovationen blockierendes System [...], das die Handlungsfähigkeit der einzelnen Akteure schwächt und die ‚ins' gegenüber den ‚outs' privilegiert" und dezentrale Experimente erschwere (Thränhardt 1990: 183, sich beziehend auf Bentele).

53 Auch an die Koordination und Arbeitsteilung zwischen diesen Instanzen, deren Besetzung und Aufgaben teilweise überlappen, ist dabei zu denken. Tidick moniert beispielsweise, dass das Verhältnis zwischen KMK und BLK klärungsbedürftig sei und schlägt eine strikte Trennung zwischen der Behandlung von Länderangelegenheiten in der KMK und Bundesangelegenheiten in der BLK vor (Tidick 1998: 157).

54 Die Umsetzung der Vereinbarungen der Koordinierungsgremien in (Landes- bzw. Bundes-)Recht erfolgt selbstverständlich in den Parlamenten, die Abgeordneten sind jedoch einem starken Druck zur Annahme der oft erst nach langen Verhandlungen erzielten Ergebnisse ausgesetzt und ihre Einflussmöglich-

1985: 327ff. u. 334ff.). Profiteure dieser Konstellation seien vor allem „verti-
kale ,Ressortkumpaneien' und die mit ihnen verbündeten Politiker und Inte-
ressenvertreter" sowie (im Zusammenwirken mit dem bundesstaatlichen Finanzausgleich) die „Politik-Generalisten [...] in den Empfängerländern" (ibid.:
349).[55] Des Weiteren erschweren die Aushandlungsprozesse auf der dritten
Ebene des deutschen Föderalismus, wie die Koordinationsgremien auch oft
genannt werden, die Zurechnung von Entscheidungen zu politische Akteuren
durch die Öffentlichkeit und geben den zuständigen Politikern die Gelegenheit
zur ,blame-avoidance': Schuld an mangelhafter Problembearbeitung hat im
Zweifel niemand. Mäding identifiziert (hinsichtlich der Bildungsplanung, aber
auf den gesamten kooperativen Bildungsföderalismus beziehbar) drei Konflikttypen: vertikal zwischen den Ebenen, parteipolitisch und sektoral zwischen ,Bildungspartei' und Finanzpartei' (Mäding 1994: 154ff.). Wie und mit
welchen Folgen sich diese Konflikttypen miteinander verschränken und im
bildungspolitischen Prozess auswirken, ist eine der Fragen, denen in Abschnitt
2.2 nachgegangen werden wird. Beispielsweise kommt es vor, dass Kultusminister in der KMK absichtsvoll den Blick auf Schwächen des eigenen Landes
lenken, um vom eigenen Finanzminister zusätzliche Ressourcen freizube-
kommen (vgl. Maier 1998: 26). Finanzielle Auswirkungen haben die KMK-
Entscheidungen aber nur mittelbar, insofern sie z.B. die Mindestzahl der Unterrichtsstunden festschreiben, die Schüler bis zu einem Abschluss absolviert
haben müssen, was dann (ceteris paribus) einen Sockel an Ausgaben definiert,
den kein Land unterschreiten kann. Die KMK und ihre statistische Aufbereitung der Schulstrukturen der Länder bietet jedoch eine Bühne zum Vergleich
diverser Kennzahlen.

Instruktiv ist ein Vergleich der föderalen Strukturen der Bildungspolitik im
deutschen Bundesstaat mit denjenigen der Sozialpolitik. Letztere ist weitaus
zentralisierter: „The welfare state was [...] established as, and continues to be,
the great national unifying institution of the German state."

---

keiten auf diese Verhandlungen sind begrenzt. In den 1950er Jahren kam es allerdings „durchaus noch zur Nichtverwirklichung von Beschlüssen" (Thränhardt 1990: 182), z.B. als der bayerische Landtag den einheitlichen Schuljahresbeginn zu Ostern ablehnte (und langfristig seine Präferenz für den Herbst in
ganz Deutschland übernommen wurde).

55 Der Konsenszwang erzeugt außerdem mitunter ein Nebeneinander von kooperativen Handlungsorientierungen und antagonistischer Legitimationsrhetorik
(Scharpf 1993: 36).

(Leibfried/Castles/Obinger 2005: 314) Hieraus verdeutlicht sich noch einmal der strukturelle (Start-)Vorteil der Sozial- gegenüber den Bildungsausgaben.

Bevor nun der gesamtstaatliche bildungspolitische Prozess genauer beleuchtet wird, ist noch die Frage zu klären, welche Veränderungen sich im Bildungsbereich durch die Europäisierung ergeben haben. Die bildungspolitische Kompetenzverteilung hat sich unter dem Einfluss der Europäisierung im engeren Sinne, verstanden als vertragsbasierte Politik im Rahmen der Europäischen Union, kaum verändert. Mit dem Maastrichter Vertrag wurde ein zwei Artikel umfassendes Bildungskapitel in den EG-Vertrag eingefügt. Hinsichtlich der allgemeinen Bildung gibt Artikel 149 (in der mit dem Amsterdamer Vertrag geänderten Nummerierung) der EG den Auftrag, „unter Ausschluss jeglicher Harmonisierung der Rechts- und Verwaltungsverfahren der Mitgliedstaaten" (Art. 149 Abs. 4 EGV) und „unter strikter Beachtung der Verantwortung der Mitgliedstaaten für die Lehrinhalte und die Gestaltung des Bildungssystems" (Art. 149 Abs. 1 EGV) zur „Entwicklung einer hochstehenden Bildung" (ibid.) erforderlichenfalls die Zusammenarbeit der Mitgliedstaaten im Bildungsbereich fördernd zu unterstützen und zu ergänzen. Ähnlich, aber etwas stärker formuliert ist Artikel 150 zur beruflichen Bildung, wo die EG unter den gleichen Einschränkungen wie bei der allgemeinen Bildung die Kompetenz erhält, eine eigene Politik zu ‚führen' (Art. 150 Abs. 1 EGV). Während gemäß Artikel 149 der Rat (auf Vorschlag der Kommission) nur Empfehlungen (mit qualifizierter Mehrheit) geben darf, erlaubt Artikel 150 das Beschließen von Maßnahmen. In dieser unterschiedlichen Behandlung der allgemeinen und beruflichen Bildung spiegelt sich das für die Schaffung eines europäischen Wirtschaftsraumes bedeutsame Ziel der Sicherstellung der Arbeitnehmerfreizügigkeit wider (Leschinsky 2003: 157). Gemäß Art. 23 Abs. 4 des Grundgesetzes und dem Gesetz über die Zusammenarbeit von Bund und Ländern in Angelegenheiten der Europäischen Union (EUZBLG) wirken die Länder über den Bundesrat an der Willensbildung des Bundes in den innerstaatlich in ihren Kompetenzbereich fallenden Politikfeldern mit. Werden in der EU-Kommission und im Ministerrat Themen behandelt, die in die alleinige Kompetenz der Bundesländer fallen, soll die Bundesregierung laut §6 EUZBLG die Verhandlungsführung auf einen Landesminister übertragen. Die Position des Bundesrats zu bildungspolitischen Fragen wird in der KMK vorbereitet, wo der jeweils zur Vertretung im EU-Ministerrat benannte Minister als Berichterstatter für EU-Angelegenheiten fungiert. Unitarisierend wirkt dieses Arrangement insofern, als nur eine gemeinsame Position der Länder in den Prozess auf europäischer Ebene eingespeist werden kann. Wird Deutschland im Rat mit qualifizierter Mehrheit überstimmt, bleibt auch eine Blockadehaltung von Seiten aller oder einzelner Bundesländer folgenlos.

Die bisher bedeutendsten bildungspolitischen Programme der EU sind *SOKRATES* (bekannter ist wohl das Teilprogramm *ERASMUS*) und *LEONARDO*, die die allgemeine bzw. berufliche Ausbildung in Europa u.a. durch Austauschmaßnahmen fördern und für die im Zeitraum 2000-2006 1,85 bzw. 1,15 Mrd. € zur Verfügung stehen (BLK 2003: 13).[56] Daneben erhält Deutschland aus dem Europäischen Sozialfonds für das der Diskriminierungsbekämpfung am Arbeitsplatz dienende Programm EQUAL im selben Zeitraum 0,51 Mrd. €, mit denen unter anderem auch Ausbildungsmaßnahmen finanziert werden (ibid.: 15). Die bildungspolitischen Kompetenzen der EU manifestieren sich bisher zwar in einigen interessanten zusätzlichen Opportunitäten für europäische Bildungsteilnehmer, aber praktisch nicht in Einschränkungen der Gestaltungsfreiheit der Bildungspolitik der Mitgliedsstaaten bzw. derer subnationalen Einheiten. Diese sind, wenn überhaupt, stärker durch die Effekte anderer europäisierter Politikbereiche (insbesondere Spill-Over-Effekte der Marktintegration) herausgefordert: Durch die Arbeitnehmerfreizügigkeit entstand die Notwendigkeit, berufsqualifizierende Abschlüsse gegenseitig anzuerkennen (was mittlerweile vollzogen ist) und kompatibel zu machen. Ferner wurde das hohe Berufseinstiegsalter deutscher Arbeitnehmer, insbesondere solcher mit Hochschulabschluss, zunehmend thematisiert (vgl. Mickel 1990: 259f.), was sicherlich mit zu der Einführung des Abiturs nach zwölf Schuljahren in den meisten Bundesländern geführt hat. In das europarechtliche Diskriminierungsverbot wurden mit der ,Gravier-Entscheidung' durch den Europäischen Gerichtshof (EuGH) auch „Studenten in den Anwendungsbereich der Arbeitnehmerfreizügigkeit einbezogen" (Fechner 2002: 342). Zudem ergibt sich aus Artikel 12 der Freizügigkeitsverordnung und dazu ergangenen EuGH-Urteilen, dass Kinder von Wanderarbeitnehmern Anspruch auf Gleichbehandlung bei der Ausbildungsförderung haben. Das bedeutet, dass z.B. die Kinder in Deutschland arbeitender EU-Bürger (selbstverständlich nur bei Erfüllung der allgemeinen Voraussetzungen) Anspruch auf BAföG-Leistungen haben. Dies gilt unabhängig davon, ob sie selbst jemals ihren Aufenthalt oder ihren Studienort im leistenden Staat hatten oder

---

56 Zu der Ausdehnung dieser Programme auf die Beitrittsländer sowie weiterer Maßnahmen zur Bekämpfung von Rassismus und Fremdenfeindlichkeit sowie der Ausgrenzung vom Arbeitsmarkt vgl. Uebersohn 2001: 94f.

haben. Das BAföG-Gesetz musste entsprechend angepasst werden. (ibid.: 345f.) Fechner sieht als Auswirkung des Diskriminierungsverbots zwar keinen „faktischen Druck zur Harmonisierung", aber doch einen starken Impuls, „kompatible (nicht identische!) Bildungssysteme" zu schaffen (ibid.: 348).

Zur Europäisierung im weiteren Sinne zu zählen ist der Bologna-Prozess. An diesem 1998 von den Bildungsministern Frankreichs, Deutschlands, Italiens und Großbritanniens mit ihrer Sorbonne-Erklärung angestoßenen Koordinierungsprozess beteiligen sich mittlerweile 45 europäische Staaten mit dem Ziel, einen gemeinsamen europäischen Hochschulraum zu schaffen.[57] Zu den konkreteren Maßnahmen auf dem Weg dorthin gehören unter anderem die Entwicklung und Einführung eines Leitpunktesystems, das die Mobilität der Studierenden erleichtern soll, und die Vereinheitlichung der hochschulischen Ausbildungssysteme zu einem Zwei-Zyklen-Modell. Die von den deutschen Ländern angestrebte Umstellung auf das Bachelor-/Master-System bis 2009/10 (siehe hierzu Wex 2005) stellt sicherlich die spürbarste Auswirkung des Bologna-Prozesses auf die deutsche Bildungspolitik dar.[58] Eine weitere manifestiert sich in veränderten Steuerungsstrukturen an den Hochschulen:

„Die Universitätsleitung erhält per Gesetz eine Fülle von Planungs- und Steuerungsrechten, die darauf ausgerichtet sind, die Hochschulen wie ein Wirtschaftsunternehmen zu leiten und auf neue Aufgaben umstellen zu können. Um dies voranzutreiben, erhält die Universitätsleitung selber Organe, die von außen besetzt werden, [...] vor allem mit Personen, die nicht wissenschaftlich tätig sind. Fakultät und Senat als die zentralen Organe bisheriger universitärer Selbststeuerung verlieren dagegen Zuständigkeiten sogar im Allerheiligsten universitärer Selbstbestimmung, der Auswahl künftiger Professoren." (Langewiesche 2005)[59]

---

57 Für die EU-Kommission steht der Bologna-Prozess im weiteren Zusammenhang der Lissabon-Ziele.

58 Die Voraussetzungen hierfür hat der Bund mit der Novellierung des Hochschulrahmengesetzes 1998 geschaffen, die Ausgestaltung der Studiengänge im Einzelnen fällt dagegen in die Kompetenz der Länder, die wiederum über die KMK zahlreiche gemeinsame Beschlüsse zu Strukturvorgaben, Qualitätssicherung, Akkreditierung u. ä. der neuen Studiengänge gefasst haben.

59 Des Weiteren kritisiert Langewiesche die mit dieser Entwicklung einhergehende Tendenz zur „Programmforschung, deren Schwerpunkte außerhalb der Universität festgelegt werden. [...] Forschung, bei der der einzelne bestimmt, worüber er forschen will, ist in der Politik, aber auch im Wissenschaftsmanagement inzwischen nicht mehr gerne gesehen. Sie paßt nicht mehr in die Universität der

Hervorzuheben ist aber, dass dieser Prozess weder unter dem Dach der EU stattfindet noch rechtsverbindliche Verpflichtungen generiert. Die Unterzeichnerstaaten der Bologna-Erklärung bekunden lediglich ihre Absicht, auf die gemeinsamen Ziele hinzuarbeiten und treffen sich bisher in zweijährigem Abstand, um die Fortschritte zu begutachten und eventuell die Ziele zu erweitern und zu konkretisieren.

Es kann also der Schluss gezogen werden, dass die Auswirkungen der informellen Europäisierung im weiteren Sinne auf die Bildungspolitik Deutschlands und seiner Länder bzw. deren Handlungsspielräume im Hochschulbereich größer ist als diejenigen der formellen Europäischen Integration im engeren Sinne. Der von den Entscheidungsträgern in Bund und Ländern empfundene Handlungsbedarf erwuchs hier weniger aus dem Schatten der kompetenzbewehrten Hierarchie als aus der bottom-up-Wahrnehmung und -Konstruktion von Notwendigkeiten. Im Schulbereich gilt Ähnliches für den – ohne überstaatliche Koordination erfolgten – Ausbau des Fremdsprachenunterrichts in der Grundschule und europabezogener Lerninhalte in allen Stufen schulischer Bildung.

2.2   Bildung als politischer Prozess in sechs Phasen

„Den bildungspolitischen Entscheidungsprozess gibt es nicht. Die Prozesse unterscheiden sich in erster Linie nach der Ebene, der Struktur der Entscheidungsinstanz, dem Entscheidungsgegenstand (nach Bildungsteilsystem- und Problemstellung), der Intention und dem Anspruchsniveau der Problemlösung. Die Kompetenzverteilung macht in ihnen zumeist das Zusammenwirken mehrerer Entscheidungsträger nötig." (Mäding 1979: 52)

Die Bildungspolitik in der Bundesrepublik in Phasen einzuteilen, ist auf Grund von Ungleichzeitigkeiten der Debatten und Entscheidungen in der Schul- und Hochschulpolitik, bei Ersterer zwischen den Ländern und bei Letzterer zwischen diesen und dem Bund, eine Aufgabe, die kaum in allseits befriedigender Weise eindeutig gelöst werden kann. In der Literatur finden sich denn auch diverse unterschiedliche Vorgehensweisen.[60] Die im Folgenden

---

Zukunft, deren Markenzeichen ein scharfes Profil sein soll" (Langewiesche 2005).

60 Massing 2003b beispielsweise handelt die Jahre 1945-49, 1949-53, 1953-64, 1964-69, 1969-71, 1971-74, 1974-82, 1982-87, 1987-95 und 1995-2002 in ei-

gewählte Abgrenzung geschieht schon allein deshalb ohne den Anspruch alleiniger Begründbarkeit, und unter mancherlei Aspekten mögen innerhalb der Phasen bedeutendere Umbrüche geschehen sein als zwischen ihnen. Ohne Zweifel von allergrößter Tragweite sind aber die Gründung der Bundesrepublik 1949 und die Herstellung der staatsrechtlichen Einheit der beiden deutschen Staaten 1990. Bildungsbereichsinterne Vorkommnisse bestimmen die anderen drei Trennlinien: Das Erscheinen von Pichts Warnung vor der ‚Bildungskatastrophe' 1964, die Verabschiedung des Bildungsgesamtplans 1973 und die Veröffentlichung der PISA-Ergebnisse 2001 versinnbildlichen Trendwenden in der gesamtstaatlichen bildungspolitischen Debatte.

2.2.1 Weichenstellungen und Reformversuche vor der Staatsgründung: 1945-1949

Die Nachkriegssituation des deutschen Bildungswesens war von der dreifachen Herausforderung des moralischen Bankrotts, weitreichender physischer Zerstörung und der Notwendigkeit der Eingliederung von Millionen Flüchtlingen geprägt. In den ersten Jahren des (Wieder-) Aufbaus wurden in den unter alliierter Oberhoheit (wieder) gegründeten Ländern bereits vor der Gründung der Bundesrepublik bildungspolitische Weichen gestellt und Reformdebatten ausgetragen. Vor allem in Hessen und den Stadtstaaten wurden reformpädagogische Ansätze aus der Weimarer Zeit wieder aufgegriffen.[61] Im Vordergrund stand dabei die Verlängerung der Grundschulzeit bzw. die Etablierung einer Stufe zwischen der Grundschule und den weiterführenden Schulen. (vgl. Raschert 1980: 107) Während Linksparteien, Gewerkschaften und amerikanische Militärregierung auf der einen Seite für egalitäre Reformen eintraten, setzten sich auf der anderen Kirchen, CDU/CSU, Universitäten und

---

genen Unterkapiteln ab, Thränhardt 1990 die Phasen 1945-1953, 1953-63, 1964-73 und 1974-87, Raschert 1980 1949-59, 1959-65, 1965-73 und 1973ff., Anweiler i.E. schließlich (allerdings durch den sozialpolitischen Fokus seiner Herausgeber bestimmt) 1949-57, 1958-66, 1966-74, 1975-82, 1982-89 und 1989-94.

61 In den ostdeutschen Ländern wurde eine zentralisierende Bildungspolitik verfolgt. Im Rahmen der vorliegenden Arbeit kann die Bildungspolitik in der sowjetischen Besatzungszone und der DDR allerdings nicht ausführlich betrachtet werden (vgl. hierzu bei Bedarf Anweiler 1988, Hearnden 1977 und Rodden, John 2002), weshalb die weiteren Ausführungen zum Bildungsprozess bis 1990 ausschließlich Westdeutschland betreffen.

die organisierte Gymnasiallehrerschaft für eine Begrenzung höherer Bildung, ein gegliedertes Schulsystem, Konfessionsschulen und gegen Lernmittelfreiheit ein (vgl. Thränhardt 1990: 188f.). Entscheidend für die Richtung der in den einzelnen Ländern getroffenen Entscheidungen waren Anweiler zufolge die parteipolitischen Kräfteverhältnisse (Anweiler i.E., Band 3). Im Ergebnis diagnostizieren die meisten Beobachter für die Jahre vor und nach 1949 überwiegend restaurative Tendenzen. Friedeburg schreibt von einem „versäumte[n] Neubeginn" nach 1945 (Friedeburg 1989: 281ff.), Schmidt von „Nicht-Reform" (Schmidt 1980: 94ff.), Kaufmann von im hohen Entwicklungsstand des deutschen Bildungswesens in der Weimarer Republik begründet liegender Restauration (Kaufmann 2001: 974). Führ zufolge gab es dagegen nach 1945 zahlreiche Neuansätze, zu denen er z. B. den flächendeckenden Ausbau der Realschulen und die Schaffung des zweiten Bildungsweges zählt, sodass man im Rückblick feststellen könne: „Der Wiederaufbau des Bildungswesens im Westen glich eher einem Neuaufbau als einer Restauration." (Führ 1998: 11)[62] Im hochschulischen Bereich seien besonders die 1946 bzw. 1948 gegründeten Universitäten in Mainz, Saarbrücken und Berlin (FU) reformerischen Ideen gegenüber offen gewesen (Führ 1997: 203). Nach und nach unentgeltlich wurde nach dem zweiten Weltkrieg die Gymnasial- und Hochschulausbildung (Kaufmann 2001: 974). Die Währungsreform 1948 brachte jedoch in dieser Hinsicht sowie bei der Verwirklichung der Lernmittelfreiheit und bei den Stipendiensätzen für Studierende einen vorübergehenden, aber empfindlichen Rückschritt mit sich (Anweiler i.E., Band 3). Vorreiter bei der endgültigen Abschaffung des Schulgeldes für alle Schularten waren – auf Betreiben der Militäradministration – die Länder der amerikanischen Besatzungszone (Thränhardt 1990: 190).[63]

---

62 Zumindest bei einigen Kommentatoren (z.B. Friedeburg, Führ) scheint das Urteil von den persönlichen bildungspolitischen Präferenzen, die sich (auch aus gegensätzlicher Perspektive) nicht zur jeweiligen Genüge in den Entscheidungen widerspiegeln, begründet zu sein. Ob beispielsweise das dreigliedrige Schulsystem (prinzipiell und ohne differenzierte Betrachtung seiner (Un-)Durchlässigkeit in den einzelnen Ländern) tatsächlich wie von Kaufmann als den Idealen der Aufklärung entgegen stehend (Kaufmann 2001: 973) bezeichnet werden kann, sei dahingestellt.

63 In den meisten Ländern erfolgte sie dagegen erst zum Schuljahr 1958/59 (Massing 2003b: 17), in Nordrhein-Westfalen sogar erst in den 1960er Jahren (Thränhardt 1990: 190).

Mit der Aufforderung „zu prüfen, inwieweit wir gemeinsame Grundlagen für den Neuaufbau unseres Schul- und Bildungswesens schaffen oder wenigstens unsere Maßnahmen aufeinander abstimmen können" (zitiert aus Fränz/Schulz-Hardt 1998: 179), eröffnete der württemberg-badische Kultusminister Bäuerle im Februar 1948 eine Konferenz, zu der er die Kultusminister aller damals 17 deutschen Länder eingeladen hatte.[64] (Vertreter von 16 Kultusministerien waren nach Stuttgart gekommen.) Auf der Tagesordnung standen bereits die meisten der Themen, die die KMK bis heute bearbeitet. Am zweiten derartigen Treffen im Juli des selben Jahres nahmen die Kultusminister der Länder der sowjetischen Zone auf Veranlassung derer Militärverwaltung nicht mehr teil. Ihre westdeutschen Kollegen dagegen gründeten damals formell die KMK. (ibid.: 177) Obwohl die KMK vor dem 23. Mai 1949 nur wenige Beschlüsse und kaum grundlegende strukturelle Vereinbarungen traf (ibid.: 180ff.), sieht Anweiler darin für die Bildungspolitik „eine tiefere Zäsur als [in der] Gründung beider deutscher Staaten im Laufe des Jahres 1949" (Anweiler i.E., Band 3). Die offiziellen Kontakte zwischen den west- und ostdeutschen Bildungspolitikern jedenfalls endeten mit der KMK-Gründung. Wie im Folgenden zu sehen sein wird (und aus der Darstellung der verfassungsrechtlichen Situation in Abschnitt 2.1 hervorging), änderte sich mit der Verabschiedung des Grundgesetzes dennoch Einiges.

2.2.2   Gedämpfter Reformeifer und koordinierte Konsolidierung: 1949-1964

In den ersten Landtagswahlkämpfen der jungen Bundesrepublik waren die bereits vor 1949 begonnenen bildungspolitischen Auseinandersetzungen von großer Bedeutung. Das bürgerliche Lager wurde nicht zuletzt durch gemeinsame Positionen in Bildungsfragen zusammen gehalten, und nach seinen Wahlerfolgen in Hamburg, Schleswig-Holstein und Berlin wurden dort die Schulreformen der Nachkriegsjahre revidiert. In Baden-Württemberg und Bayern entstanden im Streit um die Bekenntnisschule 1952 bzw. 1954 Koali-

---

64 Angeknüpft wurde damit an die ins Kaiserreich und die Weimarer Republik zurückreichende Selbstkoordinierungstradition der deutschen Länder. Allerdings hatte damals auch die Reichsebene daran teilgenommen (Fränz/Schulz-Hardt 1998: 178), und Lehmbruch gibt zu bedenken, dass sich nach 1945 durch den Wegfall der Führungsrolle Preußens die Balance in der Selbstkoordinierung der Länder verschoben habe (Lehmbruch 2000: 98ff.).

tionen gegen die Union, die allerdings nur von kurzer Dauer waren (vgl. Massing 2003b: 15f. und Thränhardt 1990: 189). Insgesamt packte die SPD in den 1950er Jahren Friedeburg zufolge auch in den Ländern, in denen sie allein an der Macht war, die Schulreform nicht an. „Vorübergehend wollte die SPD mit ihrer Bildungspolitik nicht mehr identifiziert werden. Sie strich die Schulreform aus ihrem Programm" (Friedeburg 1989: 326).

Dieser Entwicklung hinsichtlich der großen Konfliktlinien stand eine Auseinanderentwicklung der Schulorganisation im Kleinen gegenüber. In der öffentlichen Wahrnehmung wurde das ‚Schulchaos' zunehmend gemäß dem häufig zitierten Diktum ‚Vater versetzt, Kind sitzen geblieben' als Mobilitätshindernis angesehen. Vor dem Hintergrund der dadurch aufflammenden Debatte über das Bund-Länder-Verhältnis intensivierten die Länder ihre Selbstkoordinierungsbemühungen. Der im Februar 1954 gegebene Auftrag der Ministerpräsidentenkonferenz an die KMK, Vereinheitlichungsvorschläge für das Schulwesen zu erarbeiten, mündete ein Jahr später in das Düsseldorfer Abkommen (vgl. Anweiler i.E., Band 3). Für das allgemeinbildende Schulwesen mit Ausnahme der Volksschulen wurden darin „Schuljahresbeginn, Gesamtdauer der Ferien und Zeitraum für die Sommerferien, Bezeichnungen, Organisationsformen und Schultypen der Mittelschule und der Gymnasien (mit Regelung der Sprachenfolge), Anerkennung der Prüfungen und Bezeichnung der Notenstufen, darüberhinaus auch eine besondere Härtefallklausel für den Schulwechsel von Land zu Land bei Oberstufenschülern" (Fränz/Schultz-Hardt 1998: 186) einheitlich geregelt.[65] Novelliert wurde das Düsseldorfer 1964 durch das Hamburger Abkommen, welches in weiten Teilen bis heute gilt. Neu aufgenommen wurden darin unter anderem Vereinbarungen zum Grund- und Hauptschulwesen, Aufbauformen der weiterführenden Schulen und der Anerkennung von Lehramtsprüfungen (ibid.: 193f.).

Institutionelle Neuerungen in den 1950er Jahren waren der Wissenschaftsrat (siehe Abschnitt 2.1) und der ‚Deutsche Ausschuss für das Erziehungs- und Bildungswesen'. Dieses von Bund und Ländern 1953 als Kompromiss im Streit um Kompetenzen eingerichtete Beratungsgremium aus Experten und Interessenvertretern, das 1965 schon wieder aufgelöst wurde, entfaltete ledig-

---

65 Wenn auch nicht alle Bestandteile des Abkommens in allen Bundesländern umgesetzt wurden, so genügte es immerhin zur Abwehr von Kompetenzverlagerungsvorschlägen. Die Idee, ein Bundeskultusministerium einzurichten, wies der Bundestagsausschuss für Kulturpolitik im November 1956 ab (Anweiler, i.E. Band 3).

lich mit seinem ‚Rahmenplan zur Umgestaltung und Vereinheitlichung des allgemeinbildenden und öffentlichen Schulwesens' 1959 und seiner ‚Empfehlung zum Aufbau der Hauptschule' 1964 nachhaltige Wirkung auf die politische Diskussion und Beschlussfassung in den Ländern (vgl. Leschinsky 2003: 167f. u. Massing 2003b: 18f.).[66] Größeren Anklang fand der Wissenschaftsrat, dessen Empfehlungen zum Hochschulausbau 1960 die Welle der Universitätsneugründungen einläuteten (vgl. Führ 1997: 204). Eine weitere Innovation in der Hochschulpolitik stellte die Studienförderung nach dem Honnefer Modell von 1957 dar. Dieses bei der Auswahl der Berechtigten Bedürftigkeit und Eignung kombinierende Modell blieb in Finanzierung und Leistungsumfang bis zu seiner Ablösung durch das BAföG 1971 umstritten, ergänzte aber immerhin die (öffentlich bezuschussten) privaten Stipendienwerke um eine verlässliche vollstaatliche Säule und ermöglichte Tausenden ein zumindest sorgenfreieres Studium. (vgl. Anweiler i.E., Band 3)

Die späten 1950er und frühen 1960er Jahre markieren außerdem den Beginn der „Bildungsexpansion von unten" (Lenhardt 1991: 395): Die Besuchsquoten von weiterführenden Schulen und Hochschulen stiegen bereits lange vor den (im folgenden Abschnitt beleuchteten) einschlägigen wissenschaftlichen und politischen Planungsinitiativen stark an.[67]

2.2.3   Expansion, Planungseuphorie und nie gekanntes Engagement des Bundes: 1964-1973

1964 veröffentlichte Georg Picht in der Zeitschrift *Christ und Welt* eine (später in Buchform publizierte) Artikelserie zu einem Themenkomplex, den er als „die deutsche Bildungskatastrophe" (Picht 1964) bezeichnete. Kern seiner Argumentation war, dass in der Bundesrepublik die Bildungschancen extrem ungleich verteilt seien und dadurch Begabungsreserven in großem Ausmaß brach lägen, dass durch zu geringe Bildungsinvestitionen in Zukunft „der Bestand des Ganzen in Gefahr" sei (ibid.: 57), dass weder Bund noch Länder bildungspolitisch ausreichend aktiv seien, und dass außerdem beide

---

66 Das ähnlich wie der Wissenschaftsrat aufgebaute Nachfolgegremium, der Deutsche Bildungsrat, überlebte ebenfalls nur ein Jahrzehnt.

67 So wuchs der Anteil der 13-Jährigen, die Realschulen oder Gymnasien besuchten, zwischen 1955 und 1965 um zehn Prozentpunkte.

Ebenen nicht über ausreichende Planungskapazitäten verfügten.[68] Im Hinblick auf das Eintreten der geburtenstarken Jahrgänge in den Bildungsprozess prognostizierte er, dass alleine zur Aufrechterhaltung des 1964 gegebenen, im internationalen Vergleich aus seiner Sicht rückständigen Ausbaustands des Bildungswesens in den folgenden zehn Jahren zusätzlich laufende jährliche Ausgaben von vier Milliarden DM und einmalige Investitionen von 50 Milliarden DM ebenso nötig seien wie die Ausbildung von 300.000 Lehrern (eine Zahl, die sogar etwas größer war als die der 1965 an allen Universitäten und Pädagogischen Hochschulen eingeschriebenen Studierenden) (ibid.: 64). Picht war nicht der Erste, der sich mit dieser Thematik beschäftigte (so konnte er auf die Bedarfsfeststellung 1961-1970 der KMK von 1961 zurück greifen), doch seine Zuspitzung katalysierte die bildungspolitische Debatte. Es folgte das bildungspolitisch aktivste Jahrzehnt der deutschen Geschichte: Das Schul- und Hochschulwesen expandierte in enormem Tempo, die Bildungsplanung erlebte ihre Blütezeit, die grundgesetzliche Kompetenzverteilung im Bildungsbereich wurde (wie in Abschnitt 2.1 gesehen) novelliert, und in der Folge engagierte sich der Bund in zuvor nie gekanntem Ausmaß in der Bildungspolitik.[69] Der Anteil der Bildungs- an allen Sozialausgaben stieg zwischen 1965 und 1980 von 11 auf 16 % an (Alber 1986: 20), wodurch auch der Anteil der Ausgaben von Ländern und Gemeinden an den öffentlichen Gesamtausgaben deutlich wuchs (ibid.: 16f.). (Zur Entwicklung der Bildungsausgaben auch des Bundes siehe ansonsten Abschnitt 4.1.)

---

68 Die öffentliche Rezeption von Pichts Thesen betonte zunächst hauptsächlich ökonomische Aspekte, die Erwägungen zur sozialen Gerechtigkeit rückten erst später in den Mittelpunkt, so Alber 1986: 34. Sicherlich beigetragen hat zu diesem Umschwung auch Dahrendorfs Forderung nach einer aktiven Bildungspolitik, die Bildung als Bürgerrecht und Kernkomponente der Chancengleichheit behandelte (Dahrendorf 1965). Während Dahrendorf die meisten Forderungen Pichts teilte, wandte er sich vehement gegen den von den (vermeintlichen) ökonomischen Folgen ihrer Nichtberücksichtigung her (und nicht auf der Basis von Bürgerrechten) argumentierenden Teil der Begründung dafür (ibid: 13ff.).

69 Geprägt war diese Phase des Weiteren von einer außergewöhnlich einflussreichen Rolle der Wissenschaft, einer Publikationsflut zu Bildungsthemen, zumindest rhetorisch nahezu ubiquitärem Reformimpetus (zu davon abweichenden pädagogischen und soziologischen Argumentationen gegen die Bildungsexpansion (Stichwort ‚Begabungspyramide') siehe Thränhardt 1990: 190) und einer vorherrschenden Betrachtung des Bildungswesens als Funktionsganzem. Außerdem sorgte die Studentenbewegung (deren Meriten und historische Bewertung ansonsten hier nicht weiter diskutiert werden sollen) für die Thematisierung der internen Hochschulorganisation.

Die Zahl der Schüler erhöhte sich zwischen 1965 und 1975 um gut ein Drittel von knapp 7,5 auf über 10 Millionen. Gleichzeitig verdoppelten sich die Anteile von Realschülern und Gymnasiasten an allen Schülern nahezu (Baumert/Cortina/Leschinsky 2003: 76ff.). Dennoch sank die Zahl der Schüler je Lehrer in diesem Zeitraum leicht – die Länder stellten sehr viele Lehrer ein, was die Haushalte dank niedrigem Schuldenstand, großem Wirtschaftswachstum und der Konjunktur der Bildungspolitik in den Wählerpräferenzen ermöglichten. Sogar beinahe verzweieinhalbfacht hat sich zwischen 1965 und 1975 die Zahl der Studierenden. Der 1960 begonnene Ausbau des Hochschulwesens wurde durch Erweiterung bestehender Einrichtungen und zahlreiche Neugründungen fortgesetzt[70], konnte allerdings nicht mit der Entwicklung der Studierendenzahlen Schritt halten, wodurch sich hier die Betreuungsrelation verschlechterte. Das ‚katholische Arbeitermädchen vom Lande', ein soziologisches Konstrukt, in dem die bildungsbenachteiligten Sozialkategorien Deutschlands zusammenflossen, profitierte in seinen verschiedenen Eigenschaften (auch nach 1975) in unterschiedlichem Maße von der Expansion und der damit einhergehenden „Demokratisierung des Ausbildungssektors" (Schmidt 1980: 94): Zuvorderst hinsichtlich des Geschlechts, nach dem heute im deutschen Bildungswesen – mit Ausnahme des dualen Berufsbildungssystems – rein zahlenmäßig keine Diskriminierung mehr feststellbar ist, dann weitgehend als Katholikin und Landbewohnerin und zuletzt – deutlich weniger – als Arbeiterkind.[71] Etwas verzögert erstreckte sich die Expansion auch auf den vorschulischen Bereich. 1965 besuchte mit etwa einem Drittel ein ebenso hoher Anteil der entsprechenden Altersgruppe Kindergärten und vergleichbare Einrichtungen wie zwanzig Jahre zuvor, wobei nach dem Ende der NS-Herrschaft der Anteil der Plätze in kirchlicher Obhut wieder auf rund achtzig

---

70 Auch wurden ab 1968 die meisten höheren Fachschulen und Ingenieursschulen in Fachhochschulen umbenannt bzw. umgewandelt und nunmehr dem Hochschulsektor zugeordnet.

71 Schichtzugehörigkeit ist noch immer sehr hoch mit der Nachfrage nach höherer Bildung korreliert und heute neben Migrationshintergrund der wichtigste Prädikator von Bildungserfolg (vgl. Klemm 2001). Für eine detailliertere Nachzeichnung der Bildungsexpansion siehe Klemm 2001: 331ff., für Diskussionen ihres Erfolges bei der Beseitigung von Ungleichheiten bzw. die in mancherlei Hinsicht zu diagnostizierende Persistenz derselben Ehmann 2001, Eigler/Hansen/Klemm 1980, Geißler 2004, Müller 1998 sowie Müller/Haun 1994. Vergleichende Fallstudien zur Bildungsexpansion in Deutschland und den USA bietet Hokenmaier 2002: 197ff.). Zur Expansion der Universitäten in Deutschland von 1870 bis 1985 siehe außerdem Windolf 1990.

Prozent angestiegen war. In den 1970er Jahren wuchsen die Nachfrage und auch das Angebot dann deutlich an, die Rolle des öffentlichen Sektors und von Ganztagesangeboten blieb aber untergeordnet (Morgan 2002: 139).[72]

Die Verfassungsänderungen von 1969 waren das Produkt einer formalen Großen Koalition im Bundestag und einer informellen Großen Koalition zwischen der Bundesregierung und der Mehrheit der Landesregierungen. In allen Parteien – freilich in unterschiedlichem Ausmaß mit der FDP als aus der Opposition treibender und der Union als zurückhaltendster Kraft – standen die Zeichen auf Expansion des Bildungswesens und größerem Engagement des Bundes.[73] Der Anteil des Bundes an den gesamten öffentlichen Bildungsausgaben wuchs in der Folge auf ein gutes Zehntel an, und es wurden mit dem Berufsbildungsgesetz (BBiG), dem Hochschulbauförderungsgesetz und dem Bundesausbildungsförderungsgesetz drei weichenstellende Bundesgesetze erlassen (die beiden Ersteren noch unter der Großen Koalition; zu den beiden Letzteren siehe Abschnitt 2.1). Das BBiG regelt den Teil der beruflichen Bildung, der außerhalb der unter Länderkompetenz fallenden Berufsschulen stattfindet, insbesondere das Ausbildungsverhältnis und die Berufsbildungsordnung. Außerdem etablierte es das Bundesinstitut für Berufsbildung, dem zahlreiche Aufgaben in der einschlägigen Forschung, Dienstleistung und Beratung obliegen.[74]

Willy Brandt betonte in seiner Regierungserklärung 1969 die Bedeutung der Bildungspolitik mit den Worten „die Schule der Nation ist die Schule". Das Bundestagsprotokoll verzeichnet als Reaktion darauf Beifall bei SPD und FDP, Lachen bei der Union (Stenographischer Bericht 6/5, S. 27A).

Im Juli 1973 legte die BLK unter dem von planerischem Selbstvertrauen strotzenden Titel ‚Bildungsgesamtplan' den langfristigen gemeinsamen Rah-

---

72 Der Versorgungsgrad war und ist dabei regional stark unterschiedlich, der aufgrund eines BVerfG-Urteils zum Abtreibungsrecht seit 1996 bestehende Rechtsanspruch auf einen Kindergartenplatz hat inzwischen allerdings einen (nicht immer erreichten) theoretischen Versorgungssockel mit Halbtagesplätzen für alle Kinder von drei bis sechs Jahren definiert.

73 Die Bildung der großkoalitionären Bundesregierung 1966 an sich stellte Anweiler zufolge für die Bildungspolitik keine Zäsur dar, vielmehr entfaltete sich der Reformeifer erst gegen Ende ihres Bestehens (Anweiler i.E., Band 5).

74 Zwar wird die Berufsbildungsreform von Kritikern als in verschiedenerlei Hinsicht gescheitert angesehen (vgl. Offe 1975: 51ff.), aber ohne Zweifel gingen mit ihr eine weitreichende Rechtsvereinheitlichung und ein konkretisierender Bedeutungszuwachs der Rolle des Bundes einher.

menplan vor, den zu erstellen und dadurch „eine abgestimmte Entwicklung des gesamten Bildungswesens vorzubereiten" laut Artikel 2 des sie begründenden Verwaltungsabkommens ihre erste Aufgabe war. Dass es drei Jahre dauerte, bis die BLK ihrer Hauptaufgabe nachkam, lag vor allem an der Diskrepanz zwischen dem hohen planerischen Anspruch und Planungsoptimismus einerseits und dem ab 1971 erodierenden (zuvor schon nur partiellen) überparteilichen Konsens in Bildungsfragen bei fortgesetzten unterschwelligen Kompetenzrivalitäten zwischen Bund und Ländern und geringer Konfliktverarbeitungskapazität des Gremiums andererseits. Im Ergebnis sind im Bildungsgesamtplan einige allgemeinere Ziele wie die Verbesserung der Durchlässigkeit in der Sekundarstufe I und im Tertiärbereich, quantitative Expansion und verbesserte Ausstattung sowie einige konkrete Maßnahmen zur Erreichung struktureller Vereinheitlichungsziele festgeschrieben. Konflikthaftere Themen aber wurden entweder ausgespart wie die inhaltliche Ausrichtung der alternativen Bildungsgänge in der Sekundarstufe II (was besonders kurios anmutet, da zugleich Zielquoten für die Beteiligung daran vereinbart wurden) oder die Nicht-Einigung wurde durch die Aufnahme von Minderheitsvoten wie denen der unionsgeführten Landesregierungen zu Gesamtschule, Orientierungsstufe und Lehrerbildung kaschiert (vgl. BLK 1973, Mäding 1979, 65ff. u. Poeppelt 1978). Immerhin kann aber das Zustandekommen des Bildungsgesamtplanes an sich als einer der letzten Erfolge der dynamischsten Jahre im deutschen Bildungswesen angesehen werden[75], und entsprechend „wurde er euphorisch als Höhepunkt der Bildungsreform gefeiert" (Massing 2003b: 22).

---

75 „Nach drei Jahren Planungsarbeit hatte sich der Nutzen des Plans verlagert: Er bestand nicht mehr in einer Handlungsorientierungsfunktion des Planinhalts für Entscheidungsträger. Die Existenz des Plans war vordringliches politisches Ziel geworden." (Mäding 1979: 76)

2.2.4   Stagnation oder ‚business as usual'? 1973-1990

Ab 1973 verlor die Dynamik der Bildungspolitik in Deutschland an Fahrt,
wobei sich mehrere Entwicklungen überschnitten und gegenseitig beeinfluss-
ten: Die parteipolitischen Differenzen, besonders über curriculare Aspekte
und die Gesamtschulfrage, nahmen deutlich zu, in der Folge davon entwickelte sich die Bildungspolitik der Länder eher wieder auseinander, und die Finanzierungsprobleme verschärften sich mit der ersten Öl- und der darauf folgenden Wirtschaftskrise. Bereits in den Finanzierungsprognosen des Bildungsgesamtplans ist davon die Rede, dass die veranschlagten Kosten „selbst bei ge-
samtwirtschaftlich optimalen Rahmenbedingungen eine Anhebung der Steuer-
lastquote und eine Ausdehnung der staatlichen Verschuldung erfordern"
(BLK 1973: 14). Die Finanzminister von Bund und Ländern mochten die
eingeplanten Mittel nicht aufbringen und erhielten für diese Position Rückendeckung von der Ministerpräsidentenkonferenz.[76] Als hellsichtig erwies sich
diesbezüglich Pichts Einschätzung von 1964:

> „Die Zukunft der [...] Schule wird von den Finanzministern entschieden. Den
> Finanzministern sind aber die Hände gebunden, solange die Wähler nicht bereit
> sind, an anderer Stelle die Opfer zu bringen, ohne die ein Ausbau des Bil-
> dungswesens nicht möglich ist." (Picht 1964: 42)

Im Schulbereich war 1976 aus demographischen Gründen ein Höhepunkt
der Schülerzahlen erreicht. Die Studierendenzahlen wuchsen indes weiter[77],
was wegen abflachender Investitionen in das Hochschulwesen zu Überlast-
symptomen führte. Der Anteil der gesamten öffentlichen Bildungsausgaben

---

76 Zur Stellung des Bildungsbudgets im Bildungsgesamtplan und der Rolle des
   sogenannten (Finanz-) ‚Staatssekretärsgutachtens' bei der Entscheidungsfindung der Ministerpräsidenten siehe Wilhelmi 1977: 101ff. Bereits zu diesem
   Zeitpunkt waren die Hoffnungen, dass ein verbindlicher Plan den Bildungsbereich von der allgemeinen Finanzentwicklung abschotten könne (vgl. Rudolph
   1969: 34), obsolet geworden.

77 Ebenfalls noch auf dem Expansionspfad befand sich das berufliche Bildungswesen: „Die Zahl der jährlich neu abgeschlossenen Ausbildungsverträge stieg in
   der Zeit von 1974 bis 1984 um mehr als fünfzig Prozent von 450.000 auf
   705.000, die Zahl der Auszubildenden insgesamt von 1,3 auf 1,8 Millionen, relativ noch mehr als die der Studierenden von knapp 800.000 auf 1,3 Millionen
   [...]. Mit dieser drastischen Bildungsexpansion gelang es trotz des Andrangs,
   den Wiederanstieg der Ungelernten abzuwenden und die Jugendarbeitslosigkeit
   im internationalen Vergleich in Grenzen zu halten, allerdings vielfach mit Ab-
   strichen an der Qualität der Berufsbildung." (Friedeburg 1989: 433)

am Sozialprodukt erreichte 1975 mit 5,1 % (gegenüber 2,85 % 1960) seinen Spitzenwert (Schmidt 2004: 12f.). Die absoluten Ausgaben hatten sich – preiskorrigiert! – im selben Zeitraum mehr als verdoppelt.

Der letzte Punkt auf der mit den Grundgesetzänderungen von 1969 gesetzten Agenda, das Hochschulrahmengesetz, wurde 1975 eher lustlos und nach zähen Verhandlungen zwischen der sozial-liberalen Bundesregierung und der Mehrheit unionsregierter Länder im Bundesrat verabschiedet. Das „längst allseitig ungeliebte Gesetz" (Friedeburg 1989: 423) schuf Rahmenregelungen für die Möglichkeit der Schaffung von Gesamthochschulen, die interne Hochschulorganisation (sowohl Entscheidungsstrukturen als auch das Personalwesen und die Studienorganisation betreffend) sowie die Zulassung zum Studium und gab den Ländern drei Jahre Zeit, ihre Gesetzgebung entsprechend anzupassen bzw. den vom Bund definierten Rahmen auszufüllen.

Mit dem Verlust des expansiven und reformerischen Schwungs stellte sich (nicht nur in Deutschland) in der zweiten Hälfte der 1970er Jahre eine wachsende Steuerungsskepsis ein (vgl. Recum 1991: 19ff.)[78], und das Wachstum der Bildungsausgaben flachte ab bis zur Stagnation. Auch der Bildungsgesamtplan kam dabei unter die Räder: 1977 begann die BLK zwar mit der Arbeit an seiner Fortschreibung, stellte diese aber mangels Fortschritten 1982 wieder ein.[79] Bundesforschungsministerin Wilms erklärte 1983 in ihrer Eigenschaft als BLK-Vorsitzende gar: „Umfassende Gesamtplanungen sind nicht

---

78 Grundsätzliches zur bildungspolitischen Steuerung und ihren Konjunkturen und Leitbildern bietet ebenso sprachmächtig wie meinungsfreudig Recum 1997.

79 1978 hatte die Bundesregierung einen Bericht „über die strukturellen Probleme des föderativen Bildungssystems" (Deutscher Bundestag 1978a), den später sogenannten ‚Mängelbericht', veröffentlicht und darin die Frage aufgeworfen, ob die aus ihrer Sicht zu uneinheitliche Struktur des deutschen Bildungswesens in Anbetracht der „Notwendigkeit einheitlicher Lebensverhältnisse" (ibid.: 5) weiterreichender bundesgesetzlicher Regelungen und einer „Neuordnung der Aufgabenverteilung im Bundesstaat" (ibid.: 64) bedürfe. Dieser Vorstoß führte zu wütenden Reaktionen von Unions- und Länderseite, wobei laut Große-Oetringhaus/Hetzel/Schlünder 1979: 34, welche auch eine Chronologie des Konflikts bieten (ibid.: 25ff.), einige CDU-Länder schon die Vorlage des Berichts an sich für verfassungswidrig hielten. Die Debatte um den Mängelbericht (vgl. hierzu auch die Stellungnahme der KMK (KMK 1978) und die Ergänzungen der Bundesregierung (Deutscher Bundestag 1978b)) war Stern zufolge „die letzte große Diskussion über die Probleme des Bildungsföderalismus" (Stern 2000: 106). Die in der Folge verschlechterte Atmosphäre jedenfalls war den ohnehin nicht übergroßen Erfolgschancen der Planungsarbeit in der BLK nicht zuträglich.

mehr vorgesehen" (BLK-Pressemeldung 3/1983, zitiert aus Mäding 1985: 209).[80] In der Folge stand die BLK kurzzeitig vor der Auflösung, was zum einen mit der Erosion des bildungspolitischen Grundkonsenses in Deutschland, zum anderen mit strukturellen Schwächen der BLK erklärt werden kann: Lediglich das Bundesfinanzministerium, nicht aber die Länderfinanzministerien sind regelmäßig in ihr vertreten (vgl. hierzu die Kritik von Tidick 1998: 157). Finanzfragen einschließende und verlässlich regelnde Planungsleistungen sind daher kaum erreichbar gewesen. Laut Selbstdarstellung ist die BLK heute nurmehr ein Gesprächsforum und berät die Regierungschefs von Bund und Ländern. Im Bereich der Bildungsplanung beschäftigt sie sich mit einer Vielzahl kleinerer Projekte und Modellversuche.

In den 1980er Jahren wurde es eher zum Mainstream, alle Bildungsplanung für unsinnig zu erklären. Klemm fasst die veränderte Grundstimmung ironisierend wie folgt zusammen:

„Wie konnte man annehmen, Bildungserwartungen Einzelner ließen sich vorausberechnen, Geburtenentwicklungen vorhersehen, wirtschaftliche Konjunkturen voraussagen? Sind nicht die Bundes- und Landesregierungen der letzten Jahre ‚realistischer': Längst haben sie aufgehört, langfristige Vorstellungen über die Entwicklung des Bildungswesens vorzulegen. Allenfalls die Finanzminister äußern und betätigen sich gelegentlich noch bildungsplanerisch, indem sie über ihre Finanzplanung der Entwicklung des Bildungswesens Grenzen setzen – enge zumeist." (Klemm 1986: 51)

Auch die (politik-)wissenschaftliche Diskussion stagnierte in den 1980er Jahren:

„Seit dem Scheitern der gesamtstaatlichen Bildungsplanung Ende 1981 gibt es bis zum Ende der 80er Jahre keine *großen Themen* politikwissenschaftlicher Bildungsforschung mehr. Die Literatur spiegelt die Stagnation der staatlichen Bildungspolitik [...] wider." (Reuter 2002: 177)

---

80 Friedeburg zufolge ist damit das Gesetz des Handelns an die Länder zurück gefallen (Friedeburg 1989, 464). Stern bemerkt dazu: „Mit dem Rückzug aus einer gesamtstaatlichen Bildungsplanung wurden indirekt auch die Kompetenzbereiche von KMK und BLK beschnitten, deren Beschlüsse in der Regel per Erlaß der Kultusministerien umgesetzt wurden. Bundesweit einheitliche bildungspolitische Reformen hatten ab den achtziger Jahren bereits keine Erfolgsaussichten mehr, da Strukturveränderungen innerhalb der bestehenden Koordinationsgremien bundeseinheitlich nicht mehr durchsetzbar waren und sich die parteipolitischen Gräben in bildungspolitischen Fragen als zu tief erwiesen." (Stern, 2000: 106)

Unter Verweis auf die beschwerlichen Einigungsprozesse in den Koordinationsgremien reduzierte die Regierung Kohl in den 1980er Jahren peu à peu die für Gemeinschaftsaufgaben bereit gestellten Mittel (Braun 2002: 355), und die Bildungsausgaben des Bundes gingen zunächst zurück:

> „Der Bedeutungsrückgang, den die Bildungspolitik seit 1980 erlebte und der [...] sich während der ersten Jahre der Regierung Kohl auch in massiven Kürzungen der Bildungsfinanzen ausdrückte, scheint 1987 sein Ende erreicht zu haben." (Thränhardt 1990: 199)

Insgesamt keinen drastischen bildungspolitischen Kurswechsel, sondern eher einen Klimawechsel sieht dennoch Anweiler in der ‚Wende' von 1983 (Anweiler i.E., Band 7). Die einzige hochumstrittene und folgenreiche Maßnahme der neuen Bundesregierung war die Umstellung der BAföG-Leistungen auf Darlehen und die Kürzungen bei denjenigen für Schüler.[81] Der Anteil der geförderten Studierenden fiel zudem durch restriktivere Berechtigungsgrenzen um gut die Hälfte auf unter 20 % (Lenhardt 1991: 397). Mit der Bestallung von Jürgen Möllemann als Bildungsminister 1987 wurde die (Bundes-) Bildungspolitik zwar lautstärker, zu den prominentesten Themen der Politik in den 1980ern gehörte sie aber auch danach nicht.

Die Schulpolitik in den Ländern verharrte in diesem Jahrzehnt meist in den ideologischen Gräben der späten 1970er, einzig im Saarland und in Hessen kam es nach Regierungswechseln zu forciertem Aus- bzw. Rückbau von Gesamtschulen. Fortgesetzt hat sich die ‚Flucht aus der Hauptschule', was die GEW in der Hoffnung begrüßte, dies werde zur Einführung der Gesamtschule beitragen. Die unionsgeführten Regierungen von Baden-Württemberg und Bayern hingegen versuchten, diesem Trend durch qualitative Verbesserungen entgegen zu wirken. (Anweiler i.E., Band 7) An den Hochschulen führte der sog. ‚Öffnungsbeschluss' der Regierungschefs von Bund und Ländern von 1977, nach dem der Hochschulzugang für die stark besetzten Jahrgänge weitestmöglich offen gehalten werden sollte, in Kombination mit den durch Überlastprogramme nur geringfügig angehobenen Mitteln zu zunehmender Überfüllung; die Überlast wurde zur Dauerlast (Fränz/Schulz-Hardt 1998: 214). Lobbyisten des Ausbaus und der Reform des Bildungswesens sehen die Jahre

---

81 Letztere waren Teil des knapp einen Monat nach dem konstruktiven Misstrauensvotum beschlossenen Haushaltbegleitgesetzes vom 1.10.1982. Die westdeutsche Rektorenkonferenz bezeichnete diese Maßnahmen als sozial ungerechtfertigt und ökonomisch unvernünftig (vgl. Gellert 1984: 222). Kritik aus FDP und CDA führte lediglich zu einer Härtefallregelung (vgl. Zohlnhöfer 2001: 70ff.)

zwischen 1973 und 1990 eher als eine Phase der Stagnation an. Macht man
sich aber bewusst, dass die bildungspolitische Dynamik und Mobilisierung
der Öffentlichkeit im Jahrzehnt zuvor eher ein historisches Ausnahmephäno-
men war[82], so kann man eher von ‚business as usual' sprechen.

2.2.5   Bewältigung der Wiedervereinigung: 1990-2001

Kein ‚business as usual' war dagegen die Bewältigung der Wiedervereinigung der beiden deutschen Staaten auch im Bildungsbereich. Die „Neugestal-
tung des Schulwesens" oblag nach Artikel 37 Abs. 4 des Einigungsvertrags
den neuen Bundesländern, wobei der Bestand an Vereinbarungen der KMK
als Basis derselben festgeschrieben wurde. Das DDR-Schulsystem war so
diskreditiert, dass von den neuen Ländern ohne große Diskussion das westdeutsche Grundmodell übernommen wurde, jedoch nicht ohne Unterschiede
und mit einer Innovation, die inzwischen auch in Westdeutschland Nachahmer
gefunden hat: Während Mecklenburg-Vorpommern zunächst das klassische
dreigliedrige Schulsystem einführte, setzte Brandenburg (unter der Paten-
schaft Nordrhein-Westfalens) anstelle der Hauptschule auf die integrierte
Gesamtschule und die zehnjährige Schulpflicht, baute aber parallel auch
Gymnasien und (wenige) Realschulen auf.[83] In den drei übrigen neuen Ländern wurden Haupt- und Realschule zu der neuen Schulart ‚Schule mit mehreren Bildungsgängen' (in Sachsen Mittelschule, in Thüringen Regelschule und
in Sachsen-Anhalt Sekundarschule genannt) zusammengefasst[84] (vgl. Bau-
mert/Cortina/Leschinsky 2003: 70f.). Diese Schulform, mehr aus Einsicht in
die Nachfrage bzw. Demographie als aus Ideologie geboren, wurde inzwi-

---

82 Castles bemerkt dazu: „[W]e must conclude that the educational transformation
    of the 1960s and 1970s was so considerable that it completely obviated normal
    patterns of incremental development" (Castles 1989: 440). Recum warnt eben-
    falls vor einer Verwechslung der Sondersituation in den 1960er und frühen
    1970er Jahren mit der Norm (Recum 1991: 109f.).

83 Mit Schuljahresbeginn 2005/06 werden die Gesamtschulen ohne gymnasiale
    Oberstufe und die Realschule in Brandenburg zur ‚Oberschule' (zumindest dem
    Namen nach eine Reminiszenz an die Zeit vor 1990) verschmolzen.

84 Mecklenburg-Vorpommern hat inzwischen ergänzend sowohl die Schule mit
    mehreren Bildungsgängen als auch die Gesamtschule eingeführt und mit sei-
    nem nun fünfgliedrigen System die institutionelle Vielfalt des deutschen Schul-
    systems um eine weitere Kombinationsvariante bereichert.

schen auch in Rheinland-Pfalz und dem Saarland eingeführt.[85] Auch aus finanzpolitischen Erwägungen relativ lange, nämlich bis 1995, hingezogen hat
sich die besoldungsrechtliche Gleichstellung der Lehrkräfte mit DDR-
Abschlüssen (vgl. hierzu auch Futász 1995). Im Zusammenhang mit Letzterer
stiegen in allen neuen Ländern außer Brandenburg (zu den Gründen für diese
Ausnahme siehe Unterkapitel 5.4) auch die Personalausgaben an, in Mecklenburg-Vorpommern beispielsweise 1995 um 66,6 Millionen DM (Landtag
Mecklenburg-Vorpommern 1997: 41). Der „notwendigen Erneuerung von
Wissenschaft und Forschung", die Artikel 38 Abs. 1 des Einigungsvertrags
postuliert, sollte demselben Artikel zufolge eine Begutachtung der betreffenden öffentlichen Einrichtungen durch den Wissenschaftsrat dienen. Dieser
spielte bei der „Einpassung" (ebenfalls Art. 38 Abs. 1) der ostdeutschen in die
bundesdeutsche Hochschullandschaft eine kaum zu überschätzende Rolle: Die
Landesregierungen folgten seinen Empfehlungen weitgehend, und oft entschieden somit wenige Gutachter über die Zukunft ganzer Institute (vgl. Heidenheimer 1997: 286f.).[86] Schluchter zufolge betonten die Ost-Länder aber
auch ihre Eigenständigkeit, weshalb Planungskooperationen über ihre Grenzen hinweg scheiterten und es zu Konflikten zwischen den Hochschulstruktur-
kommissionen der Länder und dem Wissenschaftsrat kam (Schluchter 1996:
76ff.). Die Ausbauziele der einzelnen Länder waren nicht immer realistisch:
Hätte Thüringen alle zunächst gefassten Pläne umgesetzt, wären dafür doppelt so hohe Pro-Kopf-Hochschulausgaben als diejenigen Baden-
Württembergs notwendig gewesen (ibid.: 77; vgl. zur Relation auch Abbildung 4-1-4 der vorliegenden Arbeit).

> „Es scheint, als habe Thüringen deshalb die zunächst vorgesehene Fortführung
> der Medizinischen Hochschule Erfurt aufgegeben, freilich auch, um den vom
> Wissenschaftsrat angemahnten finanziellen Spielraum für die gewünschte und
> von der Hochschulstrukturkommission unterstützte Gründung der Universität
> Erfurt zu erweitern. Bei dieser Entscheidung dürfte die Drohung des Wissen-
> schaftsrates nachgeholfen haben, bei Fortführung der Medizinischen Hochschu-

---

85 Im Saarland ersetzte sie als ‚Erweiterte Realschule' die Hauptschule, in Rheinland-Pfalz ergänzt sie als ‚Regionalschule' die Optionen der kommunalen Bildungspolitik. Genutzt wird diese Möglichkeit dort vor allem in ländlichen Gebieten.

86 Zum Umbauprozess an den ostdeutschen Hochschulen siehe auch Schluchter
1996, insbesondere 60ff.

le die Universität Erfurt jedenfalls nicht in absehbarer Zeit ins Hochschulbau-
förderungsprogramm aufzunehmen." (Schluchter 1996: 77)

An den Schulen wurde der großzügige Personalbestand nach je länderspezifischen Vorgehensweisen durch Nichtübernahme belasteter und Deputatsre-
duzierungen verbleibender Lehrkräfte deutlich reduziert. Im Hochschulbereich
wurde ebenfalls an vielen Institutionen Personal abgebaut[87], durch die Neugründung und Erweiterung von Hochschulen wurden aber auch neue Stellen
geschaffen, die in der Mehrheit an Bewerber aus dem Westen vergeben wurden.[88]

Das duale System der Berufsbildung konnte in den neuen Ländern trotz
weitgehender Übernahme der westdeutschen Strukturen und starker Subventi-
onierung wegen der geringeren Leistungsfähigkeit der Wirtschaft bisher nicht
mit vergleichbarem Erfolg etabliert werden. Auch zehn Jahre nach der Wiedervereinigung wurden noch über zwei Fünftel der ohnehin knapperen Ausbil-
dungsplätze durch diverse Programme staatlich finanziert. (vgl. Baethge
2003: 553ff.) Die vorschulischen Bildungs- und Betreuungsangebote hingegen
wurden in Ostdeutschland zwar wegen des massiven Geburtenrückgangs ab
1989 in den 1990er Jahren reduziert, wiesen aber immer noch weitaus höhere
Abdeckungsquoten als in den alten Ländern auf. So gab es in den 1990er
Jahren einen Platz in einer entsprechende Einrichtung im Westen für 2 % der
0-2-Jährigen und 78 % der 3-6-Jährigen, im Osten dagegen für 50 bzw. 100
% bei im Durchschnitt längeren Öffnungszeiten (Morgan 2002: 115). Das
unterschiedliche Nachfrageverhalten der Bürger und die unterschiedliche
Responsivität der Politik in dieser Frage zeugt von einem der stärksten und
anhaltendsten soziokulturellen Unterschiede zwischen den alten und den neuen
Ländern.

---

87 Besonders im sozialwissenschaftlichen und juristischen Bereich war der Anteil
   derjenigen Beschäftigten hoch, die wegen zu großer Nähe zur SED-Diktatur
   nicht weiterbeschäftigt wurden.
88 Schluchter befand dazu: „Der große Verlierer des Einigungsprozesses im Hochschulbereich ist der, im übrigen überalterte, ostdeutsche Mittelbau" (Schluchter
   1996: 81). Zur Transformation des DDR-Hochschulsystems und seiner Bedeutung als wirtschaftlicher und kultureller Standortfaktor siehe im Übrigen Fichter-Wolf 2005. Sie diagnostiziert im Zusammenhang damit „in Ostdeutschland
   in Bezug auf Innovationsfähigkeit und wirtschaftliche Wettbewerbsfähigkeit
   sehr unterschiedliche räumliche Entwicklungen", ein „Süd-Nord-Gefälle" und
   eine Tendenz zur „Abwanderung der gut ausgebildeten jungen Leute in [...]
   wirtschaftsstärkere Regionen" (ibid.: 30f.).

Auch hinsichtlich der Bildungspolitik ist die Bewältigung der Wiedervereinigung rückblickend eine staunenswerte und in atemberaubendem Tempo durchgeführte Leistung der beteiligten legislativen und vor allem exekutiven Organe. Der bundesstaatliche Finanzausgleich (inklusive des Fonds Deutsche Einheit) und ein von Bund und Ländern 1991 aufgelegtes, 1,76 Mrd. DM schweres Sonderprogramm zur Erneuerung von Hochschulen und Forschung (vgl. hierzu Führ 1997: 213) ermöglichten in den ostdeutschen Bundesländern in den 1990er Jahren im Verhältnis zum Sozialprodukt weit überdurchschnittliche Bildungsausgaben, die in eine mindestens gleichwertige, in Teilen des Hochschulbereichs[89] aus westlicher Sicht beneidenswerte Infrastruktur mündeten.

Die Schüler-Lehrer-Relation präsentierte sich 1992 gegenüber 1975 verbessert, die Relation zwischen Studierenden und Hochschullehrern hatte sich dagegen verschlechtert, obwohl der Anteil der Hochschulausgaben gewachsen war, was in der demographischen Entwicklung und derjenigen der Beteiligungsquote begründet lag (Weiß 1995a: 35ff.). Fünf Jahre später „entfielen in den neuen Bundesländern 1997 auf jede Stelle des wissenschaftlichen und künstlerischen Personals der Hochschulen etwa halb so viele Studierende wie im früheren Bundesgebiet." (Hetmeier/Weiß 2001: 52). In der zweiten Hälfte der 1990er Jahre gewannen in der bildungspolitischen Debatte die Qualitätsentwicklung und die Frage der Effizienz des Einsatzes öffentlicher Mittel und im Zusammenhang damit Forderungen nach mehr Dezentralisierung (nicht im Sinne von verstärkter Länderautonomie, sondern mehr Eigenverantwortung einzelner Bildungseinrichtungen) an Prominenz (vgl. Baumert/Cortina/Leschinsky 2003: 136ff.), und es „ist nicht mehr anstößig, über die Rationalität des Einsatzes öffentlicher Mittel nachzudenken." (ibid.: 138). Stern konstatiert darüber hinaus eine „rückläufige Inanspruchnahme bundesweit vereinheitlichender Koordinierungsleistungen", korrespondierend mit „einer verstärkten Nutzung landeseigener bildungspolitischer Gestaltungsspielräume" (Stern 2000: 105). In Anbetracht der Krise der öffentlichen Haushalte setzte zudem die Finanzpolitik der Bildungspolitik engere Grenzen.[90] Angestiegen ist in den 1990er Jahren die Teilnahme an Weiterbildungs-

---

89 Besonders bemerkenswert ist die Neugründung zahlreicher (bis 1992 bereits 23) Fachhochschulen, einem in der DDR nicht vorhandenen Hochschultyp (Führ 1997: 212).

90 „Heute [...] sind die Finanzminister die wahren Bildungsminister." (Tidick 1998: 159)

veranstaltungen. Dieses Wachstum ging vornehmlich auf das Konto verstärkter betrieblicher Weiterbildung und vermehrter Fortbildungs- und Umschu-
lungsmaßnahmen der Bundesanstalt für Arbeit (Faulstich 2003: 648ff.). Eine
Mehrzahl der Bundesländer hat sich in diesem Zeitraum Weiterbildungsgesetze gegeben oder diese grundsätzlich novelliert. Der Trend ging dabei zu einer
– ressourcensparenden – „Entkoppelung von staatlicher Anerkennung und
finanzieller Förderung" (Kuhlenkamp 2003a: 129)[91] und zu Projekt- statt
Dauerbezuschussung von Einrichtungen.

Die SPD versprach im Bundestagswahlkampf 1998 eine Verdopplung der
Investitionen in Bildung, Wissenschaft und Forschung bis 2003. Zwar klang
darin Blairs im Jahr zuvor in Großbritannien so erfolgreiche Kampagne an,
jedoch war die Bedeutung des Themas für Schröder und seine Wähler nicht
einmal annähernd so groß. Tatsächlich wurden unter Rot-Grün alsbald die
Bundesbildungs- und -forschungsausgaben schrittweise erhöht[92], die BAföG-
Regeln großzügiger gestaltet und Vorbereitungen für eine HRG-Novelle begonnen, aber bis zum PISA-Schock im Jahr 2000 verblieb die Bildungspolitik
eher im Mittelfeld der bundespolitischen Agenda.

2.2.6   Der PISA-Schock und seine Folgen: 2001-2005

Im Jahr 2000 wurde erstmals das ‚Programme for International Student
Assessment' (PISA), das der „zyklischen Erfassung basaler Kompetenzen der
nachwachsenden Generation" (Deutsches PISA-Konsortium 2003: 12) dient,
in 32 Staaten (von denen 28 der OECD angehören) durchgeführt. Die deutschen 15-Jährigen schnitten im internationalen Vergleich in den drei getesteten

---

91 „Es ist kein Zufall, dass in den letzten Jahren Aufgaben der Qualitätssicherung
   zu einem wichtigen Bestandteil staatlicher Weiterbildungspolitik geworden
   sind. Sarkastisch ausgedrückt: sie kosten den Staat in der Regel nichts und können doch als teilnehmerorientierte Interventionen des Staates zugunsten der
   Weiterbildung gelten und politisch ausgegeben werden. [...] Die starken quantitativen und qualitativen Angebotszuwächse wurden weitgehend von den finanziellen Aufwendungen der Teilnehmerinnen und Teilnehmer, der Bundesanstalt
   für Arbeit und des Europäischen Sozialfonds gespeist. Die weiterbildungspoliti-
   schen Entwicklungen der neunziger Jahre zeigen die Tendenz zur Marginalisierung der Weiterbildungsgesetze." (Kuhlenkamp 2003a: 136ff.)
92 Dies geschah vor allem durch die Nutzung der durch die UMTS-Milliarden, die
   in die Schuldentilgung wanderten, frei gewordenen Zins-Mittel (vgl. Egle 2006:
   161).

Kategorien Lesekompetenz, mathematische und naturwissenschaftliche Grundbildung unterdurchschnittlich ab.[93] Insbesondere das Leistungsniveau von Schülern mit Migrationshintergrund ist in Deutschland schwach.[94] Außerdem weist eine nach Bundesländern differenzierte Betrachtung auf bedeutende Leistungsunterschiede zwischen den Bundesländern hin: Bayern und Baden-Württemberg liegen leicht über dem OECD-Durchschnitt, Bremen, Brandenburg und Sachsen-Anhalt schneiden dagegen deutlich schwächer ab (ibid.: 61).[95] Auch ein Parteiendifferenzeffekt deutet sich hier an: Unter den westdeutschen Ländern schnitten diejenigen mit langjährigen Unions-Regierungen klar besser ab als sozialdemokratisch geprägte.[96]

Auf die Veröffentlichung der Ergebnisse im Dezember 2001 folgte eine lebhafte Debatte in Wissenschaft, Politik und Öffentlichkeit. Während sich darin ein Konsens über die Notwendigkeit höherer Bildungsinvestitionen[97], vor allem in mehr vorschulische Bildungsangebote, Ganztagsbeschulung und integrationsfördernde Maßnahmen wie zusätzlichen Deutschunterricht, abzeichnete[98], verlief die Diskussion über Schulstrukturen größtenteils entlang

---

93 TIMSS, eine internationale Vergleichsstudie der mathematischen und naturwissenschaftlichen Schülerkompetenzen, hatte bereits im Laufe der 1990er Jahre mit ebenfalls mageren Ergebnissen für Deutschland die Fachöffentlichkeit beschäftigt, das breite Publikum aber kaum erreicht.

94 Zum bildungssoziologischen Konzept der Bildungsarmut siehe Allmendinger 1999. Solcherlei Perspektivlosigkeit aufgrund fehlender Schulabschlüsse trifft in Deutschland überproportional Angehörige bildungsferner Schichten, vulgo die Nachkommen ebenfalls bildungsarmer Eltern, und Menschen mit Migrationshintergrund.

95 Für Berlin und Hamburg wurden aufgrund unzureichender Beteiligungsraten keine Ergebnisse veröffentlicht (Deutsches PISA-Konsortium 2003: 32f.).

96 Bundeskanzler Schröder versuchte, die Debatte darüber in einem Beitrag für die ZEIT wie folgt abzuwenden: „Wie kleinmütig kommt angesichts dieser Ergebnisse doch der Streit einiger Ministerpräsidenten daher, wer warum im oberen oder unteren Drittel der zweiten Liga platziert ist." (Schröder 2002)

97 Der Präsident des Deutschen Lehrerverbandes, Kraus, merkte in seiner Reaktion auf Schröders Regierungserklärung zur Bildungspolitik an, wenn Deutschland denselben BIP-Anteil wie PISA-Primus Finnland für das Bildungswesen aufwenden wolle, müsse man 50 Mrd. € zusätzlich im Jahr in die Bildung stecken (West 2003: 245).

98 Beigetragen zur Herausbildung dieses Konsenses haben auch die Empfehlungen des Forum Bildung (Forum Bildung 2001), eines auf Initiative der Bundesbildungsministerin von 1999 bis 2002 bestehenden Beratungsgremiums, in dem Vertreter der Kultus- und Wissenschaftsministerien, der Sozialpartner, der Wissenschaft, der Kirchen sowie von Schüler-, Studierenden-, Eltern- und Lehrerverbänden mitarbeiteten.

der altbekannten Gräben. Da Länder mit Gesamtschulen im internationalen Vergleich überdurchschnittliche, innerhalb Deutschlands aber unterdurchschnittliche Ergebnisse aufwiesen, konnte jede Seite sich die ihr genehmen Argumente aussuchen.[99] Die KMK beschloss als Reaktion auf den PISA-Schock, künftig regelmäßig Bildungsberichte vorzulegen (erstes Produkt dieses Beschlusses ist Avenarius et al. 2003a) und nationale Bildungsstandards entwickeln zu lassen. Letztere hat sie mittlerweile nach und nach für die Abschlussklassenstufen in Primar- und Sekundarstufe verabschiedet, und zum Schuljahr 2005/2006 gelten erstmals in ganz Deutschland einheitliche Regelstandards als erwarteter Leistungsmaßstab. Ob die bisher de facto nach Bundesländern und Schularten unterschiedlichen Leistungsanforderungen für gleichwertige Abschlüsse (vgl. hierzu Baumert/Cortina/Leschinsky 2003: 96) einander dadurch angeglichen werden können, wird allerdings erst die Anwendung der Standards in der Praxis zeigen.[100]

Bundeskanzler Schröder, der nationale Bildungsstandards vehement eingefordert hatte, stellte zunächst zudem sogar die föderale Organisation des Schulwesens in Frage:

> „Eigentlich ist es Aufgabe der Kultusministerkonferenz, ein Schulwesen für alle Schüler zu garantieren, das uns aus der internationalen Zweitklassigkeit herausführt und das regionale Auseinanderdriften der Schulsysteme korrigiert. Aber ist die Kultusministerkonferenz für diese Aufgabe überhaupt noch geeignet? [...]Wir müssen die deutsche Schule retten und nicht die Kultusminister. [...] Wir brauchen kein 16faches Glücksversprechen." (Schröder 2002)

---

99   Kurioserweise kam insgesamt eher selten zur Sprache, was in den Schulen (und noch viel weniger in Elternhaus und Gesellschaft) – ganz unabhängig von der Struktur – an Leistungsförderung und –forderung für bessere Ergebnisse nötig wäre.

100 Die OECD stellt zu den Charakteristiken des deutschen Bildungswesens fest (und dies in Zusammenhang mit den PISA-Ergebnissen), dass Deutschland der föderale Staat mit den höchsten Bildungsausgaben pro Schüler und den schlechtesten Ergebnissen bei Leistungstests ist (OECD 2003b: 89). Außerdem seien die kurze durchschnittliche Jahresunterrichtszeit und große Probleme vieler Schüler bei der Beherrschung der deutschen Sprache mit ursächlich dafür (ibid.: 90); zudem gelte: „In Germany schools are subject to tighter regulation than in almost any other country within the OECD" (ibid.: 89). Im Hochschulbereich wird im Übrigen bei längeren Studiendauern im internationalen Vergleich durchschnittlich viel pro Absolvent ausgegeben (Mayer 2003: 554).

In seiner Regierungserklärung 2002 zur Bildungs- und Innovationspolitik am 13.Juni 2002 – der ersten eines Bundeskanzlers zu diesem Thema in der Geschichte der Bundesrepublik – bezeichnete er Bildung als „eines der zentralen Themen moderner Gesellschaftspolitik" und zählte Bildungschancen und Bildungsqualität „zu den wichtigsten Fragen des beginnenden 21. Jahrhunderts" (Stenographischer Bericht 14/242 S. 24181A). Bei Teilen der Tagespresse kam die Betonung noch stärker an: Sie unterstellten, Schröder habe Bildung als die zentrale „soziale Frage des 21. Jahrhunderts" (Tagesspiegel und tageszeitung vom 14.06.2002) gewürdigt, was dann als (unzutreffendes) Sekundärzitat relativ weite Verbreitung fand. Sogar Kanzler Schröder selbst verwendete die Formulierung in seiner Rede auf dem SPD-Parteitag im November 2003 in Bochum.

Auch in der nicht unmittelbar von PISA betroffenen Hochschulpolitik wollte die Regierung Schröder neue Akzente setzen. Konnte man in der ersten Legislaturperiode von Rot-Grün aber insgesamt noch eine weitgehende Umsetzung der selbstgesetzten bildungspolitischen Agenda (und damit einen Parteiendifferenzeffekt) diagnostizieren (vgl. Henkes/Kneip 2002: 301), so gilt dies weit weniger für die Initiativen des Bundes in der Folge des PISA-Schocks und in der zweiten Legislaturperiode der Regierung Schröder[101]: In der Debatte über Bildungsstandards blieben die Landeskultusminister (in der KMK) wie in der gesamten Schulpolitik die bestimmenden Akteure, das Ganztagsschulprogramm des Bundes endete als reiner Zuschusstopf[102], und

---

101 Für eine genauere Analyse der Bildungspolitik der rot-grünen Bundesregierung in ihrer zweiten Legislatur siehe Wolf/Henkes (i.E.).

102 Hier kann allerdings vermutet werden, dass durch die goldenen Zügel ein gewisser Lenkungseffekt insofern eintrat als mehr Kommunen Ganztagesbetreuungseinrichtungen planten, als dies ohne die Initiative des Bundes der Fall gewesen wäre. Auf Dauer werden außerdem die Länder zusätzliche (Personal-) Ressourcen für den Betrieb derselben einplanen müssen und daher stärker als bisher in ihren Entscheidungen festgelegt sein. Das – wegen aus ihrer Sicht zu geringem Engagement in diesem Bereich von Bundesbildungsministerin Bulmahn getadelte – Hessen hat beispielsweise nach Darstellung des Kultusministeriums für sein „Ganztagsprogramm nach Maß" seit 2002 „rund 260 zusätzliche Lehrerstellen geschaffen", was jährliche Kosten von 260 Mio. € bedeutet (Presseerklärung vom 23.03.2005). Die öffentliche Darstellung der Ganztagsschulprogramme durch Landesregierungen anderer politischer Couleur kommt im Übrigen des Öfteren ganz ohne Hinweis auf die Förderung durch den Bund aus (z. B. Presseerklärungen des baden-württembergischen Kultusministeriums vom 25.10.2005 und des hessischen Kultusministeriums vom 23.03.2005 und 8.11.2005).

das Bundesverfassungsgericht kassierte sowohl die hochschulrahmengesetzliche Regelung der Juniorprofessur[103] als auch des Verbots von Studiengebühren.[104] Zwischenzeitlich schien es, als würde zudem das von ihr initiierte Eliteuniförderprogramm namens Exzellenzinitiative von den Unions-Ministerpräsidenten mit Roland Koch an der Spitze ausgebremst werden und sich so zu der Serie von Bildungsministerin Bulmahns Misserfolgen gesellen. Doch auch aufgrund des massiven Protests aus den Hochschulen gelang hier schließlich im Juni 2005 eine Einigung: Bis 2011 werden 1,9 Mrd. € (von denen der Bund drei Viertel finanziert) für 40 Graduiertenschulen, 30 ‚Exzellenzcluster' (in denen Universitäten, Wissenschaftsorganisationen und außeruniversitäre Einrichtungen kooperieren sollen) und ‚Zukunftskonzepte zu universitärer Spitzenforschung', die der Forschungsprofilschärfung von bis zu zehn Universitäten dienen sollen, an im Rahmen eines Wettbewerbs noch auszuwählenden Hochschulen bereit stehen. Zudem verpflichten sich laut dem zugleich beschlossenen ‚Pakt für Forschung und Innovation' Bund und Länder, bis 2010 ihre Zuwendungen an die großen Forschungseinrichtungen jährlich um mindestens drei Prozent zu erhöhen.[105]

Als im Dezember 2004 die Kommission von Bundestag und Bundesrat zur Modernisierung der bundesstaatlichen Ordnung (in der öffentlichen Diskussion meist Föderalismuskommission genannt) ihre Arbeit beendete, ohne sich auf gemeinsame Vorschläge geeinigt zu haben, wurde von Teilnehmern und

---

103 Batt schlussfolgert aus diesem ersteren BVerfG-Urteil zum HRG: „Mit seiner engen Grenzziehung für die rahmensetzende und konkurrierende Gesetzgebung hat das BVerfG im Streit um die Modernisierung des Bundesstaates ein deutliches Zeichen für eine größere Klarheit der Zuständigkeitsverteilung gesetzt und sich damit auch als Teilnehmer an der Debatte über die Reform des Föderalismus positioniert. Und in der Tat hat das Gericht die legislativen Gestaltungsspielräume des Bundes durch seine Rechtsprechung so stark beschnitten, dass eine Beibehaltung des Status Quo im Machtverhältnis zwischen Bund und Ländern in der Gesetzgebung zwischen Bund und Ländern kaum noch möglich ist." (Batt 2004: 760)
104 Auch wurden versprochene Ausgabenerhöhungen wie die Festschreibung der jährlichen Etatsteigerung für die DFG nicht eingehalten.
105 Eine kleine, aber ob ihrer Kuriosität erwähnenswerte Zusatzeinnahme bescherte dem Bund 2005 die Rückforderung von 250 Millionen € von 63.000 Studierenden, die in dem Verdacht standen, sich BAföG-Leistungen durch unzutreffende Angaben über ihr Vermögen erschlichen zu haben. Ans Licht kam dieser tausendfache Betrug durch Datenabgleich zwischen dem Bundesamt für Finanzen und den BAföG-Ämtern, der in der Folge der Änderungen der Zinsbesteuerung möglich wurde.

Beobachtern nahezu einhellig die Bildungspolitik als der Zankapfel identifiziert, an dem das Projekt einer umfassenden Föderalismusreform (vorerst) gescheitert war.[106] Während die (unionsregierte) Mehrheit der Bundesländer als Kompensation für die deutliche Reduktion der zustimmungspflichtigen Gesetzgebungsbereiche die alleinige Zuständigkeit für die Bildungspolitik forderte, war die (rot-grüne) Bundesregierung nicht zu einem völligen Verzicht auf ihre Kompetenzen in der Forschungsförderung und Bildungsplanung bereit. Akzeptiert hätte die Bundesregierung allerdings damals schon die Streichung der Gemeinschaftsaufgabe Hochschulbau. Ob die Landespolitiker (beileibe nicht nur der ärmeren Länder) ihrem jeweiligen Hochschulwesen damit einen Gefallen getan hätten, darf zumindest bezweifelt werden.[107] Nach der in einem neuen Art. 125 (2) GG vorgesehenen Übergangsregelung sollten die Bundesmittel für die Gemeinschaftsaufgaben bis 2019 weiterlaufen, ihre Höhe und Zweckbindung bis 2012 fortgeschrieben werden. Insbesondere nach deren Wegfall im Jahre 2013 wäre die Hochschulbaufinanzierung gefährdet, aber auch schon zuvor bestünde für die Länder die Möglichkeit, ihr Engagement für die frühere Gemeinschaftaufgabe zurückzufahren. Das Verbot von Finanzhilfen des Bundes für Gegenstände der ausschließlichen Ländergesetzgebung sowie die Abschaffung der Gemeinschaftsaufgabe Bildungsplanung und der Rahmengesetzgebung, die der im Koalitionsvertrag der neuen Bundesregierung enthaltene Entwurf zur Föderalismusreform vom November 2005 im neuen Artikel 104 GG enthält, stellen einen über die Konzessionen von Rot-Grün hinausgehenden Schritt zum Kompetenzverzicht des Bundes dar. Ersterer mag den Ländern zwar als Befreiung vom goldenen Zügel des Bundes erscheinen, da etwa das Ganztagsschulprogramm so nicht mehr möglich wäre.[108] Der finanziellen Ausstattung des Bildungswesens kann das cete-

---

106 Vermutlich wird diese Einschätzung der Wirklichkeit nicht ganz gerecht, da auch im Bereich der Inneren Sicherheit, des Umweltrahmenrechts und der Finanzbeziehungen noch Fragen offen waren und zudem auch parteipolitisch-strategische Erwägungen eine nicht unerhebliche Rolle gespielt haben dürften. Dennoch war die Bildungspolitik eines der zentralen Konfliktfelder in der Föderalismusreformdebatte.

107 Daher rührte auch die einhellige massive Kritik der (im zweiten Falle damaligen) Vorsitzenden von Wissenschaftsrat und Hochschulrektorenkonferenz, Einhäupl und Gaehtgens, an der anvisierten Neuordnung der Kompetenzen (Interview mit Max Einhäupl in der Stuttgarter Zeitung vom 25.11.2005 bzw. Presseerklärung Nr. 62/05 der Hochschulrektorenkonferenz vom 10.11.2005).

108 Hochschulforschungsförderprogramme wie die Exzellenzinitiative wären gemäß dem im Koalitionsvertrag der großen Koalition vorgesehenen Art. 91b

ris paribus aber nur abträglich sein. Die Folgen einer Abschaffung der Hoch-
schulrahmengesetzgebung können hier nicht ausführlich diskutiert werden,
Kritiker warnen aber vor einem Rückfall in die hochschulpolitische Kleinstaa-
terei. Zur schrittweisen Aufweichung der Haltung des Bundes in dieser Frage
mag auch die Sorge beigetragen haben, dass das Bundesverfassungsgericht in
Fortsetzung des mit dem Urteil zur Juniorprofessur eingeschlagenen Kurses
die Rolle des Bundes ohne eine klare Kompetenzneuverteilung tendenziell
auch in anderen Bereichen (nicht nur der Bildungspolitik) enger einhegen
würde: In besagtem Urteil hatte das Gericht die 1994 in Art. 72 Abs. 2 GG
eingefügte Erforderlichkeitsklausel restriktiv ausgelegt (BVerfG, 2 BvF 2/02
vom 27.02.2004, Absatz 87ff.) – und da diese nicht nur für die Rahmengesetzgebung, sondern vor allem auch für die konkurrierende Gesetzgebung
einschlägig ist, musste der Bund nun auch deren Bestand als potenziell gefährdet ansehen.[109]

Obgleich wohl auch sachfremde parteipolitische Motive mit im Spiel wa-
ren und auch in anderen Bereichen, etwa dem Umweltrahmenrecht und der
Inneren Sicherheit, noch keine Einigung erzielt war und somit die alleinige
Zuspitzung auf die Bildungspolitik den tatsächlichen Sachverhalt über Ge-
bühr vereinfacht, so manifestierte sich in dem Geschehen in der Föderalis-
muskommission doch ein Kerncharakteristikum des Politikfeldes Bildung in
Deutschland: In keinem anderen Bereich haben die Bundesländer so große
Kompetenzen, und in keinem anderen werden diese so eifersüchtig verteidigt.
Die Bedeutung der folgenden Analysen zu den Bildungsausgaben der Bundes-
länder wird dadurch zumindest nicht verringert.

---

(1) 2 GG neu dagegen in Zusammenarbeit von Bund und Ländern weiterhin
möglich.

109 Den Hinweis darauf verdankt der Autor einem Vortrag von Fritz W. Scharpf
mit dem Titel ‚Das Quadrilemma der Föderalismusreform' am 30. November
2005 in Heidelberg.

3 Was zu erwarten wäre: Theoriegestützte Hypothesengenerierung

Das hiermit begonnene Kapitel dient der Vorbereitung der empirischen Analyse, insbesondere ihrer theoretischen Grundlegung. Auf der Basis bestehender Theorien der Staatstätigkeitsforschung werden Hypothesen hinsichtlich des Bildungsausgabenverhaltens der Bundesländer formuliert. Dabei wird angestrebt, ein Set an Kausalprozessen zu spezifizieren, die mit der Wirkung bestimmter Variablen assoziiert sind, wie Hall seine Anforderungen an gutes Theoretisieren formuliert hat (Hall 2003: 393). Selbstverständlich müssen die Hypothesen so beschaffen sein, dass sie falsifiziert werden können. Allerdings ist, so argumentieren King/Keohane/Verba überzeugend, die Poppersche Asymmetrie zwischen Verifikation und Falsifikation bei der Evaluation existierender sozialwissenschaftlicher Theorien weniger relevant:

> „The question is less whether, in some general sense, a theory is false or not – virtually every interesting social science theory has at least one observable implication that appears wrong – than *how much of the world the theory can help us explain.*" (King/Keohane/Verba 1994: 101)

Es gilt also zu bedenken, dass Theorien in den Sozialwissenschaften kaum universell anwendbar und gültig sein können und daher jeder Theorietest sowohl die Einschätzung ihrer Validität als auch die Unsicherheit dieser Einschätzung (graduell) beeinflusst (ibid.: 103). Jedes Ergebnis sollte dabei – angemessene Durchführung vorausgesetzt – unser Wissen vergrößern und insofern wissenschaftlichen Fortschritt darstellen.

Bei der Auswahl der Theorien wird zunächst eine größtmögliche Offenheit angestrebt, um das Problem, an dem sich die vorliegende Arbeit orientiert (also die Variation der Bildungsausgaben der Bundesländer zwischen denselben und über die Zeit) aus möglichst vielen verschiedenen Blickwinkeln betrachten und so weit als möglich erklären zu können. Hier gilt mit den Worten Balls:

> "[I]n the analysis of complex social issues – like policy – two theories are probably better than one. To put it another way, the complexity and scope of policy analysis – from an interest in the workings of the state to a concern with contexts of practice and the distributional outcomes of policy – precludes the possi-

bility of successful single-theory explanations. What we need in policy analysis is a toolbox of diverse concepts and theories – an applied sociology rather than a pure one." (Ball 1994: 3)

Zwei Ausnahmen allerdings beschränken die Theorienauswahl. Erstens werden normative Theorien nicht berücksichtigt[110], da normative Urteile abzugeben weder Zweck der vorliegenden Arbeit noch, zumindest nach Ansicht des Verfassers, Aufgabe empirisch arbeitender Wissenschaftler ist. Zweitens bleiben systemtheoretische Ansätze Luhmannscher Prägung unbeachtet. Zum einen liegt dies darin begründet, dass die Systemtheorie in der bestehenden Literatur zur vergleichenden Staatstätigkeitsforschung wenig Berücksichtigung fand (vgl. z.B. Siegel 2002: 37). Zum anderen – und daher rührt wohl die bisherige Vernachlässigung – ist sie kaum mit einer stärker akteurszentrierten Sichtweise der Staatstätigkeit vereinbar[111], welche für die Untersuchung von Staatsausgaben fruchtbarer zu sein scheint, müssen Letztere doch in jedem Haushaltsjahr wieder neu von den zuständigen Parlamentariern beschlossen werden. Damit sollen jedoch keinesfalls Probleme politischer Steuerung ausgeklammert werden, vielmehr werden diese an verschiedenen Stellen im weiteren Verlauf der vorliegenden Arbeit thematisiert werden.

Letztendlich ausgewählt und daher im Folgenden besprochen werden das Politikerbtheorem (in Abschnitt 3.2), die Theorien der sozioökonomischen und -demographischen Determination (3.3) und des Einflusses politischer Institutionen (3.4; unter dieser Überschrift werden auf der Basis eines weiten Institutionenbegriffs auch die Gestaltungsparameter des Bildungswesens, die Programmkonkurrenz zwischen verschiedenen Politikfeldern sowie die Finanzierungsbedingungen der Bildungspolitik behandelt), der Machtressourcenansatz (3.5), die Parteiendifferenztheorie (3.6), die sich mit den Auswirkungen soziokultureller Faktoren (3.7) und internationalen Einflüssen (3.8) befassenden Theorien sowie der Piersonsche Ansatz von der in Zeiten knapper Kassen von den sonst gültigen Mustern abweichenden Logik der (Sozial-)Staatstätigkeit

---

110 Dem Verfasser ist bewusst, dass jedem einzelnen Blickwinkel und der Auswahl und Verknüpfung verschiedener Analyseperspektiven immer normative Grundlagen zugeschrieben werden können bzw. dabei unterbewusst einfließen mögen. Zumindest aber wird normative Neutralität der Beobachtung angestrebt.

111 Für eine ausführlichere Kritik der funktionalistischen Engführung der Luhmannschen Theorie siehe Scharpf 1989 und 1988: 64ff., zur (fehlenden) Anschlussfähigkeit der (deutschen) Systemtheorie an die Policy-Analyse auf der Meso-Ebene siehe Braun 1993: 199f.

(3.9). Die potenzielle Erklärung der Bildungsausgaben-Situation mittels dieser Parameter beruht auf der Grundannahme, dass die gemessenen Unterschiede in den zu erklärenden (und auch den erklärenden) Größen die reale Situation widerspiegeln. Demgegenüber besagt die statistische Hypothese, dass die Variation der gemessenen Werte zumindest teilweise im Messverfahren begründet liegt. Diese grundsätzliche Problematik jeder empirisch-quantitativen Arbeit wird daher als erster der zu untersuchenden Erklärungsansätze behandelt (3.1).

Länderspezifische Sonderkonstellationen stellen eine letzte Gruppe von potenziell erklärungskräftigen Faktoren dar, die zum Verständnis der relativen Situation einzelner Bundesländer im Vergleich mit ihrer ‚peer group' beitragen. Sie können in die quantifizierende Analyse nicht einfließen, spielen dafür aber bei der Interpretation der Ergebnisse (inklusive der Residuendiagnostik) eine Rolle und werden vor allem im Rahmen der Analyse der Willensbildungs- und Entscheidungsprozesse in Kapitel 5 gewürdigt. Auf eine Auflistung dieser Faktoren an dieser Stelle wird wegen ihrer Detailfülle und Diversität verzichtet.

Die bildungspolitische Staatstätigkeit und hier vor allem die Bildungsausgaben sind, wie bereits weiter oben in Abschnitt 1.3 ausgeführt, ein bisher wenig bearbeitetes Feld. Daher gilt es im Folgenden besonders darauf zu achten, inwiefern sich die Adaption des bestehenden Theoriekorpus an das hier untersuchte Politikfeld bei der Hypothesenformulierung auswirken muss.[112] In einigen Bereichen, etwa bei der Machtressourcen- und Parteiendifferenztheorie, kann auf Arbeiten anderer Autoren zurückgegriffen werden, während in anderen Bereichen, etwa beim New-Politics-Ansatz, Neuland betreten wird. Insbesondere diesbezüglich hat die vorliegende Arbeit also stärker explorativen Charakter und werden angesichts eventuell den zunächst formulierten

---

112 Vgl. die Warnung vor zu ehrgeiziger Generalisierung bei Schmidt 2003d: 274f., derzufolge Politikfelder nicht unbedingt nach derselben Logik funktionieren: „Was für die Sozialpolitik gilt, bewährt sich nicht notwendig in der Forschung über Umwelt-, Forschungs-, Bildungs- oder Telekommunikationspolitik [...] Schließlich ist vor einer schnellen Verallgemeinerung der zahlreichen Hypothesen, die in der Policy-Forschung mittlerweile gehandelt werden, auch aus einem anderen Grund zu warnen. Zum Teil widersprechen sich die Hypothesen, zum Teil variieren sie stark nach untersuchten Politikbereichen, Ländern und Perioden. Ein Teil dieser Variabilität spiegelt die turbulente Realität, die Vielfältigkeit und Individualität einzelner politischer Entscheidungen wider. Ein Teil der Variabilität reflektiert jedoch unterschiedliche – mehr oder minder problematische – Weichenstellungen im Forschungsdesign" (ibid.).

Hypothesen widersprechender Ergebnisse der späteren empirischen Analyse Rekalibrierungen der theoretischen Argumentation vorgenommen werden müssen.[113] Aber auch in den ersteren Bereichen ist die Frage zu beachten, inwieweit die „programmspezifische institutionelle Konfiguration" (Siegel 2002: 115) in Deutschland und seinen Bundesländern Anpassungen der meist im internationalen Vergleich entwickelten Hypothesen an den Untersuchungsfall erforderlich macht. Auch auf Fragen der Sequenz und eventuellen Kumulation kausaler Wirkfaktoren (vgl. hierzu Huber/Stephens 2001: 61f. u. 75ff.) soll, soweit möglich, bereits in der Phase der Hypothesenformulierung eingegangen werden. Ebenfalls schon berücksichtigt werden sollen im Folgenden die Möglichkeiten (und eventuell Grenzen) der späteren Verknüpfung der verschiedenen potenziellen Erklärungsbausteine, denn „their separation in this work, as in the literature, is artificial" (Wilensky et al. 1987: 383).

3.1   Die statistische Hypothese

In welcher Weise und in welchem Umfang könnte nun die Messung und nicht die tatsächliche Situation für die festgestellte Variation der abhängigen Variable verantwortlich sein? Der im Folgenden unternommene Versuch, diese Frage zu beantworten, dient zweierlei Zwecken: Erstens soll eine realistische Einschätzung davon gegeben werden, unter welchem Unsicherheitsvorbehalt die in dieser Arbeit später präsentierten Ergebnisse stehen[114], und zweitens folgen darauf Erläuterungen dazu, wie das Messproblem in der Analyse der Daten bearbeitet wurde. Insofern stellt dieses erste Unterkapitel von Kapitel 3 gegenüber den übrigen eine Ausnahme dar, da hier zur besseren Orientierung der Leser über eine bloße Hypothesenformulierung hinausgegangen wird.

Zunächst zum Schulbereich: Bereits in Abschnitt 1.1 wurde angesprochen, dass der unterschiedlich hohe Beamtenanteil im Schulwesen der Bundesländer

---

113 Das von Scharpf beklagte „Defizit an empirisch bewährten Partialtheorien, die man nur noch zu komplexeren Modellen zu kombinieren brauchte" (Scharpf 1988: 63) soll dabei möglichst bezüglich des Feldes der Bildungsausgabenpolitik verringert werden.

114 Viele Autoren unterlassen das und opfern damit die Befolgung einer Grundregel guter Sozialwissenschaft (vgl. King/Keohane/Verba 1994: 7) für eine vermeintlich weniger angreifbare Position.

zu unterschiedlicher Abdeckung der Bildungsausgaben in der Jahresrechnungsstatistik führt, weil die Altersvorsorge- und Beihilfeleistungen für Beamte in einer gesonderten Haushaltsfunktion gebucht werden und den einzelnen Bereichen, in denen sie anfallen, nicht zugeordnet werden können, während die Sozialversicherungsbeiträge für Angestellte im jeweiligen Bereichshaushalt gebucht werden und so auch in die durch die Grundmittelzahlen gemessenen Bildungsausgaben einfließen (vgl. Lünnemann 1997: 857f.). Da der Beamtenanteil an den Beschäftigten im Schulbereich z.B. im Jahr 2001 zwischen 0,15 % (in Mecklenburg-Vorpommern) und 94,2 % (in Hessen) lag[115], entstehen hier deutliche Verzerrungen der tatsächlichen Ausgabensituation. Für den internationalen Vergleich werden von Seiten des SBA entsprechende Zusetzungen berechnet, allerdings nicht länderspezifisch.[116] Je nach Berücksichtigung entweder der aktuell verursachten oder zu leistenden Zahlungen lagen diese für das Berichtsjahr 1995 bundesweit für den Schulbereich zwischen 5 und 6,5 Milliarden Euro (Lünnemann 1997: 863)[117], also rund 10 % der Bildungsausgaben der Bundesländer. Diese wären – gemäß den unterschiedlichen Beamtenanteilen an den aktiven bzw. sich im Ruhestand befindenden im Schulbereich Beschäftigten der Bundesländer – stark asymmetrisch auf die Bundesländer zu verteilen. Das bayerische Kultusministerium hat (nach Kenntnisstand des Verfassers als einziges) für die Jahre 2002 und 2003 Zahlen veröffentlicht, wonach der (in Bezug auf unsere Datenbasis hinzuzusetzende) Anteil von dem Schulbereich zuzurechnenden Versorgungs- und Beihilfeleistungen an den Schulausgaben bei 22,4 bzw. 23,1 % liegt (Bayerisches Staatsministerium für Unterricht und Kultus 2002: 19 u. 2003: 15). In Ländern mit niedrigem Beamtenanteil wie etwa Mecklenburg-Vorpommern

---

115 Der höchste Wert eines Ost-Landes lag bei 53 % in Brandenburg, der niedrigste eines West-Landes bei 67,4 % in Bremen.

116 Diese Lücke soll (neben anderen Verbesserungen der deutschen Bildungsausgabenstatistik) ab dem Berichtsjahr 2004 geschlossen werden – leider zu spät für die Zwecke vorliegender Arbeit.

117 Nach Berechnungen von Hetmeier lag letzterer Wert 1997 bei 7,2 Milliarden € (Hetmeier 2000b: 242). Für 1964 nennt Freund die Zahl von 1,43 Milliarden DM (Freund 1966: 369). Die Tatsache, dass in der Zwischenzeit offenbar keine entsprechende Berechnung vorgenommen wurde, macht aber den lange vernachlässigten Zustand der Bildungsausgabenstatistik in Deutschland deutlich.

dürfte der entsprechende Wert dagegen verschwindend gering sein.[118] Als Konkretisierung der statistischen Hypothese[119] lässt sich formulieren:

H₁: Je höher die Beamtenquote eines Bundeslandes im Schulbereich ist, desto geringer erscheinen aufgrund der Besonderheiten der Datenbasis seine Bildungsausgaben.

Zum Test dieser Hypothese bietet sich die Integration der Beamtenquote als erklärende Variable in entsprechende Regressionsmodelle an. Zwei Schwierigkeiten bei der Bearbeitung dieser Hypothese seien hier allerdings bereits genannt: Zum einen wurden die Daten zum Beamtenanteil von der KMK nicht jedes Jahr erhoben, sodass die zeitliche Variation nicht genau abgebildet werden kann. Zum anderen gibt die jeweils aktuelle Beamtenquote zwar die relative Größenordnung der momentan verursachten Versorgungsausgaben ziemlich genau wieder, besonders bei Veränderungen der Beamtenquote in den vergangenen Jahren und Jahrzehnten aber nicht unmittelbar die gerade tatsächlich geleisteten Versorgungsausgaben.[120] Sie ist daher nur eine unvollkommene Annäherung an das eigentlich zu Messende, in Anbetracht des Aufwandes, den die Berechnung von länderspezifischen Versorgungs-Zusetzungen bedeutet (vgl. hierzu Lünnemann 1997 u. Hetmeier 2000b), aber die bestmögliche im Rahmen dieses Forschungsprojektes erreichbare.

Eine weitere Datenkomplikation besteht hinsichtlich der mikroskopischeren Betrachtung der Schulausgaben. Ihre Zuschreibung zu den einzelnen Schulsektoren und –stufen ist laut SBA aufgrund divergenter Buchungspraxis in den Ländern uneinheitlich. In allen Studien, die solche differenzierten Analysen vornehmen, wird

"[a]ufgrund der Heterogenität der Schulsysteme und der im Haushaltswesen üblichen schwerpunktmäßigen Zuordnung von Haushaltstiteln zu den Ausgabenbereichen [...] lediglich angenommen, dass die Schulausgaben insgesamt für

---

118 Da die ostdeutschen Bundesländer durchweg niedrigere Bildungsbereichs-Beamtenanteile als die westdeutschen aufweisen, ist ein nicht unerheblicher Teil ihrer im Durchschnitt höheren Bildungsausgaben vermutlich auf diesen statistischen Effekt – schlicht die umfassendere Abdeckung der tatsächlichen Bildungsausgaben in der Statistik – zurückzuführen.

119 In Tabelle 6-1 sind alle Hypothesen und die entsprechenden Ergebnisse zusammengefasst dargestellt.

120 Genau genommen deckt sie dadurch nicht nur Unterschiede in der statistischen Messung der Bildungsausgaben ab, sondern zu einem Teil auch in die Zukunft verschobene Lasten.

die einzelnen Länder in vergleichbarer Form in den Finanzstatistiken dargestellt werden." (Hetmeier 2000b: 232)

Datenvergleichbarkeit zwischen den Bundesländern ist aber nur für den
gesamten Schulbereich gegeben. (ibid.: 238) Deshalb werden die Bildungsausgaben in der vorliegenden Analyse, von einzelnen dennoch begründet interessierenden Ausnahmen abgesehen, nicht sektor- und stufenspezifisch betrachtet.

Im Hochschulbereich ist die Vergleichbarkeit der Daten aus der Jahresrechnungsstatistik dadurch eingeschränkt, dass das Rechnungswesen der
kaufmännisch buchenden Hochschulen von demjenigen der kameralistisch
buchenden abweicht. „Somit ist sowohl der Vergleich zwischen den Hochschulen als auch mit anderen Bildungsbereichen eingeengt." (BLK 2003: 74).
Zunächst betrifft dies vor allem die Untergliederung der Ausgaben im Hochschulbereich nach Personal-, Bau- und sonstigen Sachinvestitionen sowie
laufenden Sachausgaben und darunter insbesondere die investiven Ausgaben.
Die kaufmännisch buchenden Hochschulen schreiben Investitionen über längere Zeiträume ab, während die kameralistisch buchenden sie voll im Jahr der
Bezahlung buchen. Das bedeutet, dass Investitionsausgaben im Hochschulbereich nur im letzteren Fall tatsächlich in dem Jahr in vollem Umfang in der
Statistik auftauchen, in dem das entsprechende Bundesland die Ausgaben
getätigt hat. Investitionsausgaben für kaufmännisch buchende Hochschulen
dagegen verteilen sich durch die Abschreibungen, wodurch die direkte Zuordnung zu den Landeshaushaltsentscheidungen eines Jahres nicht mehr möglich
ist. Deshalb ist eine vergleichende Betrachtung der Investitionsausgaben der
Bundesländer für den Hochschulbereich seit dem Zeitpunkt nicht mehr sinnvoll, an dem die Einführung der kaufmännischen Buchungsweise an den ersten Hochschulen begann. Die Sprünge in der entsprechenden Statistik zeigen,
dass dies in Hamburg 1996 der Fall war, in Hessen 1997, in Brandenburg
2000 und in allen anderen Bundesländern 1998, also sollte 1995 oder spätestens 1997 das letzte Jahr der gesonderten Betrachtung der Investitionsausgaben sein.

Von den genannten buchungstechnischen Problemen verschont bleiben die
Grundmittelzahlen für den gesamten Hochschulbereich, da sie den tatsächlichen Zuschussbedarf des jeweiligen Haushaltsjahres abdecken. Aber auch
diese aggregierte Datenebene bliebt von den Folgen des parallelen Existierens
der zwei grundverschiedenen Buchungssysteme nicht unberührt: Die kaufmännisch buchenden Hochschulen werden als Landesbetriebe geführt und

leisten die Versorgungszahlungen für ihre Beamten, die bei den kameralistisch buchenden Hochschulen aus dem Haushalt des Finanzministers fließen (vgl. die obigen Ausführungen zum Schulbereich[121]), aus den ihnen aus dem Bildungshaushalt zufließenden Mitteln, weshalb diese hinsichtlich des Blocks der Personalausgaben für Beamte im Durchschnitt (aber bei großer Varianz um diesen Wert je nach Hochschulstruktur) 30 % über denjenigen für kameralistisch buchende Hochschulen liegen. Dadurch erscheinen die Ausgaben derjenigen Bundesländer, die zu einem bestimmten Zeitpunkt einen größeren Teil ihrer Hochschulen auf kaufmännisches Buchungswesen umgestellt haben, in den Grundmittelzahlen für dieses Jahr gegenüber denjenigen der anderen Bundesländer künstlich überhöht. Zwar existieren interne Berechnungen mancher Länderministerien, wie stark die ländervergleichenden Statistiken dadurch verzerrt werden. Diese sind aber leider nicht öffentlich zugänglich (und ihre Aufstellung mit am Außendarstellungsbedarf des jeweiligen Hauses orientiert, was sie ohnehin zu problematischen Datenquellen macht). Weil eine selbständige Erarbeitung einer realistischen Einschätzung äußerst aufwändig wäre, da man dafür jedes einzelne Kapitel des Haushalts jeder kaufmännisch buchenden Hochschule durchgehen und dazu Abschläge berechnen müsste, bleibt als gangbarer Weg für die vorliegende Arbeit nur, die Hochschulausgaben auch getrennt nur für die Jahre vor der Umstellung auf das kaufmännische Buchungswesen zu analysieren und dann die jeweiligen Ergebnisse auf charakteristische Abweichungen und Gemeinsamkeiten hin zu prüfen.

Die Haushaltssystematik, die den Haushaltsrechnungen des Bundes, der Länder und der Gemeinden zugrunde liegt, wurde von der Finanzministerkonferenz im Oktober 1999 revidiert. In den Jahren 2001 bis 2003 erfolgte die Umstellung auf einen neuen Funktionenplan für die öffentlichen Haushalte, auf dem auch die für diese Arbeit verwendeten SBA-Bildungsausgabendaten für 2002 basieren. Erstens wird damit die Zeitreihe auch der Grundmitteldaten der Bildungsausgaben durchbrochen und die intertemporale Vergleichbarkeit beeinträchtigt, zweitens ist während der Umstellungsphase auch die

---

121 Die Vergleichbarkeit der Ausgaben für den Hochschulbereich (und alle übrigen Bildungsbereiche) ist wie im Schulbereich von der unterschiedlichen Buchung der Ausgaben für Angestellte und Beamte betroffen, allerdings in viel sanfterer Weise, denn erstens sind die Personalausgaben in allen Bereichen außer dem Schulbereich ein kleinerer Kostenblock und zweitens ist die Variation der Beamtenquote hier weitaus geringer, weshalb dieses Problem bei der Betrachtung der Hochschulausgaben in vorliegender Arbeit nicht eingehender behandelt wird.

Querschnitts-Vergleichbarkeit betroffen. Ein (keineswegs vollständig befriedigender) Ausweg aus dieser Situation wäre es gewesen, den Beobachtungszeitraum mit dem Jahr 2000 abzuschließen. Die Ergebnisse für die Jahre danach wichen aber nicht so stark von denen zuvor ab, dass dies für angezeigt erachtet wurde.

Diverse kleinere Defizite der Datenqualität, die vor allem die Abdeckung der tatsächlichen Bildungsausgaben vermindern, aber unter der Annahme asymmetrischer Verteilung über die Bundesländer ebenfalls die Vergleichbarkeit belasten, jedoch wegen ihres geringeren Umfangs keine besonderen Maßnahmen notwendig machen, seien der Vollständigkeit halber aufgezählt: Nicht in den Grundmittelzahlen der Jahresrechnungsstatistik enthalten sind die Ausbildungskosten für Beamtenanwärter und die öffentlichen Ausgaben für Schulen des Gesundheitswesens (Schmidt, P. 1999: 413f.). Die Ausgaben für bestimmte Leistungen, die für Schulen und Hochschulen von anderen öffentlichen Bereichen, z.B. den Besoldungsstellen und staatlichen Bauämtern, erbracht werden, werden in der Regel nicht dem Schulbereich zugerechnet (Hetmeier 2000a: 30 u. 2000b: 233). Unterschiede in der Buchungspraxis bei verschiedenen Ebenen können die Ausgabensituation verzerrt darstellen: Z.B. werden manche bildungsbezogene Zuweisungen der Länder an die Kommunen von Ersteren im Bereich Allgemeine Finanzwirtschaft gebucht, von letzteren aber als Einnahmen im Bildungsbereich (Brugger 1998: 251).

Hinsichtlich der Aufbereitung der Bildungsausgaben als preisbereinigte Pro-Kopf-Ausgaben stellt die Wahl eines geeigneten Preisindikators ein besonderes statistisches Problem dar. Der verwendete Indikator beeinflusst stark die gemessene Variation dieser Größe über die Zeit.[122] Für die vorliegende Arbeit wurde der Preisindex für die allgemeine Lebenshaltung (mit Basisjahr 1995) zur Preiskorrektur herangezogen. Dies kann begründet kritisiert werden, ging doch etwa die OECD in früheren Jahren davon aus, dass ‚Bildungspreise' schneller als die allgemeine Preisentwicklung steigen (OECD 1985: 29). Doch in der Tabelle der von ihr geschätzten bereichsspezifischen Preisindices für die 1960er und 1970er Jahre blieb die für Bildung reservierte Zeile leer (ibid.: Annex C). Offensichtlich wurde das Vorhaben eines speziellen

---

122 In einer Anwendung der drei verschiedenen in der Volkswirtschaftlichen Gesamtrechnung üblichen Preisindices für das BSP, die Staatsinvestitionen und den Staatsverbrauch auf die Hochschulausgaben zeigte Hetmeier die teilweise beträchtlichen resultierenden Unterschiede (Abweichungen bis zu drei Prozentpunkte) auf (Hetmeier 1987: 792f.).

Indikators von der OECD inzwischen aufgegeben, wohl weil selbst sie den Aufwand für ein solches Verfahren im Verhältnis zum Ertrag für zu groß hält, verwendet sie doch in den ‚Education at a Glance'-Bänden die allgemeinen Kaufkraftäquivalente zum US-Dollar zur Preiskorrektur (vgl. u.a. OECD 2003a: 195f.).[123] Geht man jedoch weiterhin von einer relativ zum allgemeinen Preistrend schnelleren Preissteigerung der Gegenleistungen aus, die die Bundesländer für ihre Bildungsausgaben erhalten (was in Zeiten knapperer Kassen und im Gefolge davon langsamerer Gehaltsentwicklung im Staatssektor sowie den in jüngster Zeit erhöhten Lehrdeputaten weniger plausibel ist als zuvor), muss man auch von einer (tendenziell zunehmenden) Überschätzung der Bildungsausgaben in den Jahren nach dem Basisjahr des Indikators und einer ebensolchen Unterschätzung in den Jahren davor ausgehen.

Selbstverständlich sind nicht nur die Daten zu den Bildungsausgaben, sondern auch diejenigen zu ihren Bezugsgrößen und den erklärenden Variablen von Vergleichbarkeitsproblemen betroffen. Es würde den Rahmen dieser Arbeit und die Kapazität des Autors sprengen, bezüglich jedes einzelnen dieser Parameter die Datendefizite zu recherchieren, darzustellen und zu bearbeiten. Hier (wie auch bei den bisher ausgeführten Punkten nach ihrer Bearbeitung) muss – und kann bei vertretbarer Irrtumswahrscheinlichkeit – die heroische Annahme getroffen werden, dass die Ergebnisse der folgenden Analysen davon nicht entscheidend in ihrer Aussagekraft gemindert werden. Selbstverständlich bleibt es dem Leser selbst überlassen, diesen Schritt mit zu vollziehen oder nicht. Auf keinen Fall aber können die statistischen Probleme alleine die Bildungsausgabenvariation oder auch nur einen Großteil von ihr erklären, weshalb die übrigen Erklärungsfaktoren weiterhin von Interesse sind.

---

123 Auch die Bemühungen von Palm um die Konstruktion eines Preisindexes für die Bildungsausgaben (vgl. Palm 1966: 35ff.) scheinen nicht fortgeführt worden zu sein.

3.2 Das Theorem vom Politik-Erbe

Studien des Ausgabenverhaltens der öffentlichen Hand haben schon seit Langem die Erkenntnis erbracht, dass die Staatsausgaben in einer Periode hinsichtlich Umfang und Struktur stark an denjenigen der Vorperiode angelehnt sind:

> „Once enacted, a budget becomes a precedent; the fact that something has been done once vastly increases the chances that it will be done again." (Wildavsky 1964: 3)

Man kann dies zum einen auf bürokratische Routinen in der Exekutive zurückführen (wie Wilensky 1975: 113), da Politiker und vor allem Beamte in den Ministerien sich bei der Haushaltsaufstellung und –bewirtschaftung an der Praxis der Vorjahre orientieren. Dies wurde auch in vielen der für diese Arbeit geführten Interviews bestätigt. Zum anderen aber liegt diesem Trend etwas viel Grundsätzlicheres zu Grunde: Parteien und ihre Politiker, die eine Regierung bzw. ein Regierungsamt übernehmen, sind nicht frei in der Gestaltung der politischen Wirklichkeit, sondern können nur ausgehend von den bestehenden Gesetzen (und den Institutionen, zu denen diese oft geronnen sind) Veränderungen vornehmen.

> „Policymakers are heirs before they are choosers. [...] The statute book consists of laws made by past generations yet binding upon each new incumbent. For the moment, at least, a policymaker must accept the legacy of past administrations – and all the constraints that go with it. Policy-makers are thus rooted in time. An inheritance is not chosen; it is given by history. Past events and past choices create the situation to which policymakers are heirs." (Rose/Davies 1994: 1)

Zudem hätten die politischen Entscheider gar nicht die zeitliche Kapazität, alle bestehenden Gesetze auch nur zu lesen, geschweige denn zu verstehen und zu verändern. Ein Großteil der bestehenden Programme läuft daher in der Regel schlicht unverändert weiter[124], und bei Veränderungen ist der Status Quo die erste Referenzgröße (ibid.: 2ff. u. 22ff.).[125] Aus diesen Gründen ist

---

124 Im britischen Fall (der aufgrund des mehrheitsdemokratischen Systems vergleichsweise stärkere Reformaktivitäten erwarten lässt) werden durchschnittlich 90% der ‚ererbten' Gesetze einer Regierung wiederum unverändert an die Nachfolgeregierung weitergegeben, weshalb Rose/Davies von einem „moving consensus" sprechen (Rose/Davies 1994: 137).

125 Nahezu alle für diese Arbeit Interviewten äußerten die Ansicht, dass ihrer Erfahrung nach in den Haushaltsberatungen in den Parlamenten und dem

die zuverlässigste Prognosegröße des Ausgabenniveaus für einen bestimmten Sachbereich oder die Staatsausgaben als Gesamtblock meist der jeweilige Vorjahreswert, wie die Autokorrelationstendenz vieler entsprechender Zeitreihen zeigt (vgl. Siegel 2002: 84 u. 146ff.). In Analysen der Bestimmungsgründe des Niveaus der Sozialausgaben (exklusive der Bildungsausgaben) in wirtschaftlich entwickelten Demokratien im Zeitraum von 1960 bis 1992 bzw. 1995 erwies sich der jeweilige Vorjahreswert sowohl bei der Messung der Quote am BIP als auch bei den Pro-Kopf-Ausgaben als (eine der) erklärungskräftigste(n) unabhängige(n) Variable(n) (Schmidt 2001: 40 u. 1997: 162).

Auf den Bereich der Bildungsausgaben (und den intranationalen Untersuchungsgegenstand) lässt sich das Politikerbtheorem ohne Einschränkungen, eher sogar mit einem Ausrufezeichen übertragen. Denn gerade in personalintensiven staatlichen Leistungsbereichen wie dem Bildungswesen (der Anteil der Personalausgaben liegt bei knapp 70%) sind die jährlichen Veränderungsspielräume bei der Ausgabengestaltung zumindest nach unten gering, vor allem wegen der Unkündbarkeit von Beamten und langjährigen Angestellten im öffentlichen Dienst. Dies trifft stärker noch auf den Schul- als auf den Hochschulbereich zu, da die Personalfluktuation in Letzterem deutlich größer ist und damit Gestaltungsspielräume (vulgo die Möglichkeit verzögerter oder ganz unterbleibender Neubesetzungen freiwerdender Stellen) eröffnet, während die meisten Interviewten den jährlichen Veränderungsspielraum im schulischen Bereich auf höchstens 5 % der Ausgaben bezifferten. Auf der Basis dieser Überlegungen lässt sich die folgende Hypothese formulieren:

H_2: *Die Bildungsausgaben einer Periode sind mit ihrem Vorjahreswert – gleich welche Messgröße jeweils verwendet wird – stark positiv assoziiert.*

Eine besondere Spielart von Politikerbeffekten sind die sogenannten ‚catch-up'- oder Aufholprozesse. Sie werden in der Literatur zu den Sozialausgaben bei (manchen) ‚Nachzüglerstaaten' identifiziert und besagen, dass Staaten mit niedrigeren Ausgangsniveaus höhere Zuwachsraten verzeichnen und sich damit dem Niveau der im sozialstaatlichen Ausbauprozess weiter fortgeschrittenen Staaten annähern. Letzteren wird von verschiedener Seite eine Stagnation bzw. ein langsameres Wachstum der Sozialausgaben aufgrund der Ausreifung der (meisten) einzelnen Programme zugeschrieben (z.B.

Haushaltsausschüssen selten die großen Linien thematisiert oder gar verändert würden, sondern sich die Debatte nahezu ausschließlich um kleinere Veränderungen einzelner Ansätze gegenüber dem Vorjahr drehe.

Flora 1986: xii und Castles 1998: 185). In Castles' Analyse der Bestimmungsgründe der Veränderung des Anteils der Transferausgaben für Soziale Sicherheit am BIP in 20 demokratischen Industriestaaten zwischen 1960 und 1993 wird dieser Anpassungseffekt insofern bestätigt, als eine deutliche negative Assoziation zwischen dem Wert für 1960 und seiner Veränderung bis 1993 regressionsanalytisch aufgezeigt wird (Castles 1998: 190). Bei seiner Betrachtung der Bildungsausgaben im selben Band stellt er zwar zunächst fest, dass eine Betrachtung ihres Verlaufs vor seinem Ausgangsjahr 1960 und die Konstellation zu diesem Zeitpunkt dafür sprechen, dass der Bildungsbereich sich stark vom (Rest des) Wohlfahrtsstaat(es) unterscheidet (ibid.: 176), weist aber ebenso einen Anpassungseffekt nach (ibid.: 194). Die von verschiedenen Seiten beschriebenen unitarisierenden Tendenzen im deutschen Bildungsföderalismus (vgl. Kapitel 2) und die Intensität des Bezugnehmens auf die Situation anderer Bundesländer in der jeweiligen politischen Auseinandersetzung sprechen dafür, dass auch in der Bundesrepublik ein ähnliches Anpassungsphänomen zu erwarten ist:

H_3: Die längerfristige Veränderung der Bildungsausgaben in einem bestimmten Zeitraum ist negativ mit ihrem Ausgangswert assoziiert.

Außergewöhnlich großer Nachholbedarf hinsichtlich der Bildungsausgaben wird im internationalen Vergleich Staaten zugeschrieben, die Mitte des 20. Jahrhunderts diktatorisch, insbesondere faschistisch, regiert wurden. Die relativ geringen Bildungsausgaben Nachkriegsdeutschlands und die spätere Bildungsexpansion kann man (neben anderen Gründen) darauf zurückführen (vgl. Alber 1986: 4-15 u. 33-35 sowie Schmidt 2004: 11ff.). Im Bundesländervergleich ist diese These aufgrund der von allen Ländern geteilten NS-Vergangenheit nicht sinnvoll zu untersuchen. Die DDR-Vergangenheit der neuen Bundesländer (und Ost-Berlins) hingegen bietet sich zur näheren Beleuchtung an, insbesondere da diese Länder wie in Abschnitt 1.1 bereits gesehen ein von den übrigen abweichendes Bildungsausgabenprofil aufweisen. Unter dem Vorbehalt der problematischen Verlässlichkeit der offiziellen statistischen Angaben der DDR zu den Bildungsausgaben und den Bezugsgrößen (siehe hierzu detaillierter SBA (Hg.) 1994: 6f.) lassen sich zu den Bildungsausgaben der DDR folgende Aussagen treffen: Für die Kategorie ‚Bildung insgesamt' wendete die DDR 1975 1,55 % ihres ‚gesellschaftlichen Gesamtprodukts' auf. Dieser Wert stieg bis 1988 auf 1,91 % (Eigene Berechnungen auf der Basis von Staatliche Zentralverwaltung für Statistik 1989: 1, 100 u.

261).[126] Haase berechnete 1985 für 1975 eine höhere Quote von 3,2 % für ‚Volksbildung' und 1,9 % für Wissenschaft (Haase 1985: 1296). Diese höheren Werte beruhen vermutlich auf einer Korrektur des DDR-Sozialprodukts nach unten. Auf der Basis der erstgenannten Zahlen (und auch angesichts des Zustands vieler Bildungseinrichtungen zum Zeitpunkt der Wiedervereinigung) könnte man den neuen Ländern einen Aufholbedarf diagnostizieren, auf der Basis der letzteren die überdurchschnittlichen Werte eher auf die Fortschreibung einer Tradition großer Bildungsanstrengungen zurück führen. Kein Widerspruch zu beiden Sichtweisen ist, dass der im Vergleich zum Westen hohe Personalbestand des Bildungswesens (Vesper 1992: 33f.) bei Annäherung an den West-Tarif zu erhöhten Bildungsausgaben zumindest in einer Anpassungsphase geführt hat. In beiden Fällen ließe sich auch die folgende Hypothese formulieren:

H_4: *Die Bildungsausgaben der ostdeutschen Länder sind höher als die der westdeutschen, insbesondere in den ersten Jahren nach 1990.*

Zweierlei Missverständnissen über die Auswirkungen des politischen Erbes sollte man nicht unterliegen: Erstens verschließt es nicht die Möglichkeit der politischen Entscheider, zwischen Alternativen zu wählen[127] und sich gegebenenfalls weit vom vorgefundenen Status quo zu entfernen, sondern definiert lediglich den Ausgangspunkt und die Ausgangsbedingungen dieser Wahl. Allerdings können durchaus auch relativ rigide, politikerbbedingte und eventuell durch Einstellungen einflussreicher Akteure verstärkte Pfadabhängigkeiten bestehen. So sah Wilensky die Tendenz „for social security systems to mature in the directions from which they start" (Wilensky 1975: 105), d.h. grundlegende sozialstaatliche Strukturentscheidungen werden selten revidiert. Einige Autoren sprechen dabei von ‚ratchet-Effekten', also politisch-strukturellen Fallen (vgl. Flora 1986: xvi, Scharpf 1988: 71 und Huber/Stephens 2001: 36, 191ff. für Beispiele u. 322f. für die Wirkungsweise des Mechanismus). Etwas weniger pejorativ spricht Pierson von sich selbst verstärkenden Effekten:

---

126 Berechnungen der realen Pro-Kopf-Ausgaben unterbleiben wegen der Schwierigkeiten der Bewertung der Ost-Mark und der Definition eines Preisindikators. Länderspezifische Werte lassen sich wegen der zentralistischen Struktur der DDR bzw. ihrer Aufteilung in mit den heutigen Ländern nicht identische Bezirke nicht berechnen.

127 „[P]olicy legacies clearly do influence future choices, but they do not determine policy patterns" (Huber/Stephens 2001: 190).

„Once established, specific patterns of political mobilization, the institutional 'rules of the game', and even citizens' basic ways of thinking about the political world will often generate self-reinforcing dynamics." (Pierson 2003: 196)

Zweitens führt die bewusste oder unbewusste Fortschreibung des gesetzgeberischen Erbes (z.B. durch Nichtentscheidung über Reformen) nicht unbedingt zu konstanten Ergebnissen. In Kombination mit Veränderungen von Parametern wie der demographischen Struktur der Bevölkerung kann diese Trägheit gerade zu starken Ausgabenveränderungen führen, etwa wenn eine größere Zahl von Senioren unveränderte gesetzliche Leistungsansprüche geltend machen kann oder für kleinere Studierendenjahrgänge bei gleichbleibenden Regelungen geringere BAföG-Ausgaben anfallen. Rose/Davies sprechen in diesem Zusammenhang von ‚change without choice' (siehe Rose/Davies 1994: insbesondere 221ff.).

Zu beachten ist zudem schließlich, dass (nicht nur, aber vor allem auch) hinsichtlich des Politikerbes der Untersuchungszeitraum bzw. die Fokussierung auf eher kurz- oder langfristige Entwicklungen zu unterschiedlichen Ergebnissen führen kann. Pierson und Huber/Stephens warnen davor, sich nur auf den kurzfristigen Wandel zu kaprizieren, da sonst verzerrte Einschätzungen entstünden, die gerade sich langsam und kumulativ auswirkende Faktoren wie das Politikerbe (und politische Institutionen) unterbelichteten (Pierson 2003: 191ff. u. Huber/Stephens 2001: 8f.).[128] Daher werden in Kapitel 4, soweit es der relativ kurze Beobachtungszeitraum zulässt, Veränderungen über verschieden lange Zeiträume analysiert werden.

3.3 Die Theorien von der sozioökonomischen und -demographischen Determination

Die Theorie der Staatstätigkeit mit den wohl am weitesten zurückreichenden Wurzeln ist diejenige, welche insbesondere die Entwicklung der Staatsausgaben auf die wirtschaftliche Entwicklung der Gesellschaft zurückführt. Ihr Grundgedanke ist, dass der Staat im Zuge der fortschreitenden Modernisierung von Wirtschaft und Gesellschaft vor neuen Aufgaben steht, deren Erfüllung einerseits aus der Gesellschaft von ihm erwartet wird, während

---

128 Pierson zufolge sollte historisch fundierte Politikanalyse deshalb auch den Prozesscharakter politischen Wandels und, genauer, wie sich dieser über die Zeit entfaltet, betonen (Pierson 1996: 179).

andererseits das wirtschaftliche Wachstum dazu notwendige Ressourcen verfügbar macht. Luzide prognostizierte der Nationalökonom Adolph Wagner bereits 1893 das Anwachsen der Staatstätigkeit mit dem wirtschaftlichen Fortschritt. Sein Gesetz der wachsenden Staatsausgaben bleibt bis heute ein allgegenwärtiger Bezugspunkt der vergleichenden Politischen Ökonomie. Scharpf reformulierte den dahinter stehenden Kausalmechanismus unter den Bedingungen der demokratischen Industriegesellschaft 1976 so:

> „[G]erade die Zunahme des ökonomischen Lebensstandards [hat] auch das Anspruchsniveau für die nicht-marktvermittelten Güter und Leistungen ansteigen und zugleich auch die Toleranz für die Ungerechtigkeiten der marktwirtschaftlichen Zuteilung von Einkommenschancen und für ihre Indifferenz gegenüber individuellen Lebensrisiken und Notlagen weiter abnehmen lassen. [...] Die damit bezeichneten Probleme werden auch in den grundsätzlich marktwirtschaftlich organisierten westlichen Gesellschaften wie selbstverständlich dem politisch-administrativen System zur Verarbeitung zugewiesen." (Scharpf 1976: 13)[129]

In der Sozialpolitikforschung haben zahlreiche vergleichende Studien den Zusammenhang zwischen der Höhe der Sozialausgaben und dem wirtschaftlichen Entwicklungsstand (gemessen als BIP pro Kopf) verdeutlicht (für eine Übersicht älterer Texte siehe Wilensky et al. 1987: 384ff., für neuere Belege vgl. Castles 1989: 436ff. u. Schmidt 2001: 41). Allerdings sind die Ergebnisse der empirischen Überprüfung differenzierter als die universelle These: Erstens ist die Erklärungskraft[130] der Theorie hinsichtlich des Vergleichs von wirtschaftlich deutlich unterschiedlich entwickelten Staaten weitaus größer als bei Staaten, welche sich auf einem ähnlichen Entwicklungsstand befinden. Dies rührt vermutlich von der Blindheit der Theorie der sozioökonomischen Determination für politische Institutionen und Akteure bzw. die Folgen von deren Entscheidungen her, d.h. anders formuliert von ihrer funktionalistischen Engführung (vgl. hierzu Schmidt 1993: 374). Zweitens erweist sich Wagners Gesetz bei der Betrachtung des absoluten finanziellen sozialpolitischen Outputs – gemessen als preisbereinigte Pro-Kopf-Ausgaben – als weitaus zutref-

---

129 In Bezug auf die Ausgaben für hochschulische Bildung formulierten Castles/Marceau 1989: „Insofar as access to tertiary education is valued for the intrinsic satisfaction it provides, we have to assume that, as incomes increase, both individuals and the collectivity as a whole seek and are able to afford an ever greater degree of such access." (Castles/Marceau 1989: 497)

130 Eine schöne Darlegung des Begriffs Erklärungskraft findet sich bei Popper 1969: 118.

fender als bei der Untersuchung der sozialpolitischen Anstrengung in Relation zur wirtschaftlichen Leistungskraft, also dem Anteil der Sozialausgaben am BIP. Dies gilt insbesondere für die Gruppe der OECD-Staaten, die wirtschaftlich ähnlich weit entwickelt sind. (Castles 1989: 437)

Einen ähnlichen Befund liefert Castles bezüglich der Bildungsausgaben, deren BIP-Quote zwar durch großes Wirtschaftswachstum die Möglichkeit zur Expansion habe, aber nicht automatisch daran gekoppelt sei, zumindest „not to such a degree that it offset national differences in educational effort that owed nothing to economic factors" (ibid.: 441).[131] Die weichere Variante des Wagner'schen Gesetzes hinsichtlich der preisbereinigten Pro-Kopf-Ausgaben sei dagegen eindeutig nachzuweisen (ibid.). Im intranationalen Vergleich der Bildungsausgaben der Bundesländer ist die These vom positiven Zusammenhang zwischen der Bildungsausgabenquote und der wirtschaftlichen Entwicklung ebenfalls zurückgewiesen worden (vgl. Stern 2000: 221, Böttcher/Budde/Klemm 1988: 62ff., Block/Ehsmajor-Griesmann/Klemm 1993: 7).[132] Die zu prüfende Hypothese zum Zusammenhang zwischen Wirtschaftskraft und Bildungsausgaben muss deshalb zwischen den beiden Messgrößen differenziert werden[133]:

> H_5: Die preisbereinigten Pro-Kopf-Bildungsausgaben der Bundesländer steigen mit deren wirtschaftlicher Leistungskraft. Für die Bildungsausgabenquote am BIP ist dagegen ein inverser Zusammenhang zu erwarten.

Bezüglich des Zusammenhangs zwischen Bildungsausgabenquote und BIP pro Kopf ist zu bedenken, dass die Variation des BIP beide Größen beeinflusst. Zieht man die oben angesprochene starke Trägheit der Staatsausgaben in Betracht, ist davon auszugehen, dass ein Gutteil der zeitlichen Variation

---

131 Castles umfassendere Studie der Staatstätigkeit in den Industrieländern von 1998 bestätigt diesen früheren Befund (Castles 1998: 193ff.).

132 In jüngster Zeit wurden wieder gegenteilige Prognosen gestellt (ohne diese allerdings empirisch entsprechend zu untermauern): „Die Unterschiede in der ökonomischen Kraft 'reicher' und 'armer' Bundesländer verstärken auch im Bildungsbereich Tendenzen der Auseinanderentwicklung der Regionen. Die Wahrung gleichwertiger Lebensverhältnisse überall in Deutschland wird schwieriger." (Avenarius et al. 2003b : 4f.) Dagegen spricht allerdings der bundesstaatliche Finanzausgleich (siehe Abschnitt 3.4.1).

133 Selbstverständlich werden alle Hypothesen für beide Messgrößen der Bildungsausgaben getrennt untersucht, in diesem Fall divergieren aber schon die theoretischen Erwartungen.

der Bildungsausgabenquote von wirtschaftlichen Zyklen bestimmt ist. Bei Analysen kürzerer Zeiträume von wenigen Jahren ist daher zu erwarten, dass im Abschwung die Bildungsausgabenquote höher, im Aufschwung niedriger ausfällt und auch aus diesem Grund eine negative Assoziation denkbar ist. Eine weitere Komplikation der Betrachtung kurzfristiger Entwicklungen ist die unklare Dauer des Kausalprozesses, der Wirtschaftswachstum mit höheren Staatsausgaben verbindet. Alber verglich 1986 die Korrelationen der Ausgaben Deutschlands zwischen 1951 und 1983 für verschiedene Bereiche und zeitliche Verzögerungen. Die Sozialausgaben waren dabei am höchsten mit dem BIP des vorvergangenen Jahres, die Bildungsausgaben mit dem BIP des Vorjahres assoziiert, wobei in allen Bereichen die Korrelationen mit den um ein und zwei Jahre verzögerten BIP-Werten höher waren als mit den nicht verzögerten, welche wiederum ähnliche Werte aufwiesen wie die um drei Jahre verzögerten (Alber 1986: 93). Bei der Datenanalyse in Kapitel 4 gilt es also, verschiedene Verzögerungsstufen zu testen.

Den Einfluss der soziodemographischen Situation in einer Gesellschaft auf ihre Bildungsausgaben kann man in zwei Komponenten aufgliedern: Erstens werden trotz der in letzter Zeit verstärkten Bemühungen um lebenslanges Lernen öffentliche Bildungsdienstleistungen ganz überwiegend von jungen Menschen nachgefragt (vgl. u.a. Becker/Gretschmann/Mackscheidt 1992: 144f.). Daher lässt ein höherer Anteil junger Menschen höhere Bildungsausgaben erwarten, vorausgesetzt allerdings, die dazu notwendige wirtschaftliche Leistungskraft ist vorhanden. Im internationalen Vergleich ist die hier in Abschnitt 3.4 näher betrachtete Bildungsbeteiligung positiv mit den Bildungsausgaben assoziiert, die Größe der jungen Altersgruppe aber nicht (Castles 1998: 193f. u. 1989: 442).[134] Castles schließt daraus, dass „the very fact of having a large youthful population might have been an impediment to adequate educational provision" (ibid.). Im Längsschnitt hingegen deuten Castles Ergebnisse auf einen eindeutigen negativen Zusammenhang zwischen der Veränderung der Altersgruppengröße und derjenigen der Bildungsausgaben hin: Mit dem Geburtenrückgang wuchsen die Bildungsausgaben. Diese Ergebnisse beziehen sich allerdings auf die Jahre 1960 bis 1981 bzw. 1993, deren erste Hälfte stark von der Bildungsexpansion geprägt war. Unter den

---

134 Erklärungskräftig (mit positivem Einfluss) erwies sich diese Größe nach seinen Studien im Bestands-Querschnitt für die Jahre 1960, 1974 und 1981, nicht aber 1993 und hinsichtlich der Veränderung der Bildungsausgaben über die Zeit.

Bedingungen der Vollendung Letzterer und ähnlicher wirtschaftlicher Leistungskraft dürfte im Bundesländervergleich späterer Jahre eine positive Kausalbeziehung zwischen den Bildungsausgaben und der Größe der jugendlichen Bevölkerung vorherrschen.[135] Allerdings relativieren die Ergebnisse von Baum/Seitz und Kempkes/Seitz zu den Pro-Kopf-Bildungsausgaben der West-Flächenländer diese Erwartung, da sie nur einen geringfügigen Einfluss feststellen (Baum/Seitz 2003: 218 u. Kempkes/Seitz 2005: 21). (Die Bildungsausgabenquote wurde von diesen Autoren nicht untersucht.)

Aufgrund der uneinheitlichen Ergebnisse und Erwartungen ist bei der Analyse nicht nur besonders auf eventuelle Unterschiede zwischen der Bestands- und der Veränderungsperspektive zu achten, sondern auch der Anteil der jüngeren, besonders bildungsrelevanten Altersgruppe von 6 bis 24 Jahren und die Bildungsbeteiligung (also die Schüler- bzw. Studierendenquote) getrennt zu untersuchen.

H_6: Die Bildungsausgaben sind mit dem Anteil der bildungsrelevanten Bevölkerung im Alter von 6 bis 24 Jahren an der Gesamtbevölkerung sowie mit der Bildungsbeteiligung positiv assoziiert.

Zweitens geht mit der Entwicklung zu einer alterslastigeren Bevölkerungsstruktur ein erhöhter Problemdruck in den anderen, klassischen Feldern der Sozialpolitik einher (einen positiven Effekt der Seniorenquote, d.h. des Bevölkerungsanteil von Menschen von 65 und mehr Lebensjahren, auf die Sozialausgabenquote zeigt Schmidt 1997: 162; siehe hierzu auch Wilensky 1975: 90), der den Verteilungsspielraum zuungunsten der Bildungsausgaben verengen könnte (vgl. Bonin/Raffelhüschen 2000: 271f., zu den für die Bildungsausgaben besonders relevanten wachsenden Pensionslasten der öffentlichen Hand siehe Wild 1997: 51ff.). Castles/Marceau sprechen in diesem Zusammenhang von 'politischer Demographie', da die älteren Mitbürger nicht nur eine Bevölkerungsgruppe mit besonderen Bedürfnissen bzw. Bedarfen, sondern auch mit zunehmendem wahlpolitischem Gewicht darstellen (Castles/Marceau 1989: 498), was insbesondere auch im Vergleich zu den großteils noch nicht wahlberechtigten Bildungsteilnehmern gilt. Fernández/Rogerson stellen im inneramerikanischen Vergleich fest: „[T]he

---

135 Die OECD verweist zurecht implizit auf die Notwendigkeit, demographische Größen nicht isoliert, sondern im Zusammenhang mit der Entwicklung der Strukturen des jeweils interessierenden Programms zu analysieren, da demographische Entwicklungen allein weit weniger erklärungskräftig seien (OECD 1985: 41).

fraction of the population older than 65 has a negative impact on resources devoted to education" (Fernández/Rogerson 1997: 3). Auch dieser These laufen allerdings die Ergebnisse von Baum/Seitz und Kempkes/Seitz entgegen, die keine Anzeichen für systematische Generationenkonflikte wahrnehmen (Baum/Seitz 2003: 218 u. Kempkes/Seitz 2005: 21).[136] Dennoch sei die folgende Hypothese formuliert:

> H_7: *Die Seniorenquote und die Relation zwischen Seniorenquote und dem Anteil der jungen Bevölkerung ist negativ mit den Bildungsausgaben assoziiert.*

Eine weitere demographische Größe, welche die Bildungsausgaben der Bundesländer beeinflussen könnte, ist der Ausländeranteil an der Bevölkerung. Zunächst könnte man einen erhöhten Bedarf an Integrationsleistungen[137] des Bildungssystems erwarten, die die Bildungsausgaben erhöhen könnten. Da entsprechende Maßnahmen (bis auf Ausnahmen in allerjüngster Zeit, welche aber nicht mehr in den erfassten Zeitraum fallen) in der Bundesrepublik aber keine signifikante Größenordnung erreicht haben, ist im Gegenteil aufgrund der geringeren Beteiligung an höherer Sekundar- und Tertiärbildung unter der ausländischen Bevölkerung mit einer negativen Assoziation zu rechnen[138]:

> H_8: *Der Ausländeranteil und die Bildungsausgaben weisen einen negativen Zusammenhang auf.*

Während ökonomischen und demographischen Variablen neben dem Politikerbe in den meisten vergleichenden Studien zu den Sozial- und mehreren zu

---

136 Zahlreiche theoretische Argumente, denen zufolge eine alternde Bevölkerung ein ökonomisches Interesse an höheren Bildungsinvestitionen hat, liefert Kemnitz 2000. Mit Kaufmann kann man hinsichtlich des demographischen Problems Deutschlands zwischen der Alterung der Bevölkerung und dem Fehlen von ausreichendem Nachwuchs differenzieren. Kaufmann zufolge ist Letzteres gravierender – und erhöht die Bedeutung der Bildungsanstrengungen: „[W]enn die Einschätzungen dieser Schrift zutreffen, so bedarf es einer massiven Umverteilung öffentlicher Mittel zu Gunsten des Bildungswesens" (Kaufmann 2005: 179). Schon bisher sei die – schichtenasymmetrische - mangelnde Ausschöpfung der Begabungsreserven in Deutschland sittlich bekümmernd, nun werde sie auch ökonomisch gefährlich (ibid.: 180ff.).

137 Zur Situation von Migrantenkindern im deutschen Bildungssystem und der nach Bundesländern unterschiedlichen Integrationslast siehe Karakasoglu-Aydin 2001.

138 Die (noch nicht wirklich in Fahrt gekommene) Einwanderung hochqualifizierter Ausländer könnte in diesem Zusammenhang als Substitut für Bildungsinvestitionen in Deutschland gesehen werden.

den Bildungsausgaben die größten Erklärungsbeiträge zugeschrieben werden (vor allem hinsichtlich der Langzeitentwicklung und bei stark unterschiedlichen Untersuchungsfällen), sind die aussichtsreichsten Kandidaten für die Erklärung der verbleibenden unerklärten Variation insbesondere unter Staaten mit ähnlichem Entwicklungsstand institutionelle, machtressourcenbezogene und parteipolitische Größen. Die Theorien hierzu werden in den folgenden drei Abschnitten beleuchtet.

3.4   Institutionalistische Ansätze

Institutioneller Wandel ist Douglass North zufolge „der Schlüssel zum Verständnis historischen Wandels" (North 1992: 3). Während zu bezweifeln ist, ob der in dieser Aussage enthaltene Ausschließlichkeitsanspruch haltbar ist, stellen politische Institutionen sicher einen wichtigen Erklärungsfaktor hinsichtlich der Unterschiede in der Staatätigkeit in Raum und Zeit dar. Im Rahmen von Untersuchungen der Staatätigkeit wie der vorliegenden, die auf ein bestimmtes Politikfeld fokussieren, ist es unerlässlich, zu beachten, wie „programmspezifische institutionelle Konfigurationen" (Siegel 2002: 115) Prägekraft ausüben. Drei besonders wichtige institutionelle Aspekte, die sich auf die Bildungsausgabenpolitik der Bundesländer auswirken, sind ihre Finanzierungsbedingungen, die Programmkonkurrenz insbesondere zur Sozialpolitik, aber auch zu anderen Politikbereichen, sowie strukturelle Besonderheiten der jeweiligen Bildungssysteme selbst. Bevor diese drei Gruppen von erklärenden Größen jedoch in eigenen Unterabschnitten (3.4.1 bis 3.4.3) behandelt werden, sollen hier noch einige allgemeine bedenkenswerte Punkte zu den Theorien von den politischen Institutionen und ihren Auswirkungen sowie einige den drei genannten Bereichen nicht zuordenbare möglicherweise erklärungskräftige institutionelle Determinanten angesprochen werden. Zunächst sei der hier zugrundegelegte, von Scharpf übernommene Institutionenbegriff expliziert: Institutionen sind danach

„Regelsysteme [...], die einer Gruppe von Akteuren offen stehende Handlungsverläufe strukturieren. Diese Definition soll jedoch nicht nur formale rechtliche Regeln umfassen, die durch das Rechtssystem und den Staatsapparat sanktioniert sind, sondern auch soziale Normen, die von den Akteuren im allgemeinen beachtet werden und deren Verletzung durch Reputationsverlust, soziale Missbilligung, Entzug von Kooperation und Belohnung oder sogar durch soziale Ächtung sanktioniert wird." (Scharpf 2000a: 77)

Es wird dabei von der Prämisse ausgegangen, dass politische Institutionen einen „stimulierenden, ermöglichenden oder auch restringierenden [...] Handlungs*kontext*" (Mayntz/Scharpf 1995: 43) bilden, in dem die beteiligten individuellen, kollektiven und vor allem korporativen Akteure, Letztere definiert als „handlungsfähige Organisationen" (ibid.), (Bildungsausgaben-) Politik beeinflussen und betreiben. Als handlungsleitend werden neben den subjektiv definierten Interessen auch die Problemwahrnehmungen der Akteure verstanden, die sich zum einen auf deren Perzeption der Realität, zum anderen auf Ideen oder diskursive Konstruktionen stützen. Das intentionale Handeln der Akteure auf dem durch die politischen Institutionen vorstrukturierten Spielfeld wird somit als „begrenzt rational und sozial konstruiert" (Scharpf 2000a: 47) definiert. Zu beachten ist zudem, dass Institutionen nicht nur politische Entscheidungen beeinflussen können, sondern (vor allem im Falle der formellen Institutionen) auch durch diese veränderbar sind. In der Regel sind sie dauerhafter als die parlamentarischen Machtverhältnisse (Siegel 2002: 68), aber Rückkopplungsschleifen des politischen Prozesses mit der Institutionenkonstellation sind durchaus zu berücksichtigen.

Ein Teil der im internationalen Vergleich von Staatstätigkeit und insbesondere Sozialpolitik herangezogenen institutionellen erklärenden Variablen kann und muss im Bundesländervergleich zwar als kontextprägend beachtet werden (wie in den Abschnitten 3.4.1 bis 3.4.3), kann aber schon allein deshalb die zu interessierende Variation der Bildungsausgaben im intranationalen Vergleich nicht wie im internationalen erklären, weil die fraglichen Institutionen in bzw. für alle(n) Bundesländer(n) identisch sind und/oder in der Untersuchungsperiode über die Zeit nicht variieren. Beispiele dafür sind die Unabhängigkeit der Zentralbank, die Kompetenzverteilung im Bundesstaat[139], die Stellung des Verfassungsgerichts und die Vetodichte (mit Ausnahme der Zahl der Koalitionsparteien).

---

139 Im internationalen Vergleich hingegen ist gerade die föderale Struktur Deutschlands eine bedeutsame erklärende Variable (vgl. Kapitel 2 von Busemeyer/Nikolai in Schmidt/Busemeyer/Nikolai/Wolf 2006). Von Interesse ist in diesem Zusammenhang auch Landons Erkenntnis aus dem kanadischen Fall (genauer gesagt dem Vergleich dortiger Regionen), dass die Gesamtbildungsausgaben unter einem moderat dezentralisierten Ausgabenkontrollregime am geringsten sind, wohingegen sie bei stark zentralisierten und dezentralisierten Systemen höher ausfallen (Landon 1998: 416).

Ein in allen Bundesländern und über den gesamten Beobachtungszeitraum potenziell wirksamer institutioneller Effekt könnte vom Zyklus der Landtagswahlperioden ausgehen. In seiner Analyse der deutschen Sozialpolitik auf der Bundesebene diagnostizierte Alber:

> „Welfare state extensions clearly cluster in election years, whereas cutbacks are predominantly enacted in post-election years. Only the enactment of organizational regulations is distributed fairly evenly throughout the legislative period." (Alber 1986: 111)

In Untersuchungen der Budgetzyklen der Bundesländer haben Galli/Rossi für die westdeutschen Länder von 1974 bis 1994 und Rodden für die West-Länder von 1975 bis 1995 sowie die ostdeutschen von 1992 bis 1995 Wahljahreseffekte im Sinne höherer Ausgaben, Rodden auch im Sinne höherer Neuverschuldung festgestellt (Galli/Rossi 2002: 283 u. Rodden, Jonathan 2001: 27). Zu prüfen sein wird also die Hypothese:

H_9: *Die Bildungsausgaben sind in Wahljahren überdurchschnittlich hoch, in den Jahren nach Wahlen dagegen geringer.*

Einwenden könnte man allerdings, dass die Bildungspolitik erstens nicht immer und überall über das notwendige Wählermobilisierungspotential verfügen könnte, das eine derartige Behandlung durch die entscheidenden Politiker plausibel machen würde. In der historiographisch-vergleichenden Analyse und hier vor allem in den Länderfallstudien wird deshalb differenziert zu betrachten sein, unter welchen Bedingungen die elektorale Bedeutung und Bedingung der Bildungsausgaben mehr oder weniger ausgeprägt ist.

3.4.1 Die Finanzierungsbedingungen der Bildungspolitik in Deutschland

Viele empirische Studien der Staatstätigkeit beziehen die Einnahmeseite der öffentlichen Haushalte nicht in die Analyse mit ein (für eine Kritik hieran siehe Kirchgässner/Pommerehne 1997: 192). Dieser Fehler soll hier nicht begangen werden:

H_{10}: *Es besteht ein positiver Zusammenhang zwischen den Steuereinnahmen eines Bundeslandes und seinen Bildungsausgaben.*[140]

---

140 Da beide Größen als Anteil am BIP und als preiskorrigierte Pro-Kopf-Werte aufbereitet werden können, werden diese Aufbereitungen jeweils aufeinander

Im Rahmen eines Vergleichs der (Bildungs-)Ausgaben der Bundesländer würde diese Unterlassung einen noch folgenschwereren Fehler als in den meisten anderen Fällen darstellen, da zwei Faktoren die finanzielle Lage der Bundesländer und damit ihre Ausgabenkapazität besonders beeinflussen: Erstens besitzen die Länder „keinerlei selbständigen Spielraum, die drei wichtigsten Einkommensarten [nämlich die Einkommens-, Verbrauchs- und Körperschaftssteuern] zu variieren" (Braun 2002: 345)[141], und zweitens manifestiert sich im bundesstaatlichen Finanzausgleich, dass „die Gleichwertigkeit der Lebensverhältnisse eindeutig das höchste Ziel der Finanzverfassung" (ibid.) ist.[142] Der erstgenannte Sachverhalt wird dadurch noch prekärer, dass die Länder angesichts ihrer chronisch knappen Kassenlage im Gegensatz zum Bund nicht über die Alternative verfügen, die Erfüllung ihrer (sozial-)politischen Aufgaben über Sozialversicherungsbeiträge zu finanzieren. So ist der Anteil der Steuereinnahmen am BIP seit den 1960er Jahren mit Werten um die 23 % nahezu konstant geblieben bzw. in den jüngsten Jahren leicht gesunken, während der entsprechende Anteil der Sozialversicherungsbeiträge im selben Zeitraum von ca. 10 % auf ca. 18 % deutlich angestiegen ist.[143] Zwar stieg der Anteil der Länder am Gesamtsteueraufkommen ebenfalls an, aber damit korrespondiert auch ein Aufgabenzuwachs.[144] Festzuhalten bleibt jedenfalls, dass die rein steuerfinanzierten Länderaufgaben wie die Bildung durch die skizzierte Entwicklung vermutlich sukzessive (relativ) schlechter ausgestattet wurden (vgl. Schmidt 2004: 19f. u. 2002b: 15f.; Weiteres hierzu in Abschnitt 3.4.2.). Eine Querverbindung besteht zwischen Steuereinnahmen

---

bezogen. Insofern nicht anders vermerkt, gilt dies für alle monetären Größen. Steuereinnahmen meint präziser: Steuereinnahmen nach Finanzausgleich.

141 Steuererhöhungen von Gemeinschaftssteuern muss (im Gegensatz zu Sozialversicherungsbeitragserhöhungen) neben dem Bundestag auch der Bundesrat zustimmen, jedenfalls in den hier interessierenden Fällen, in denen „das Steueraufkommen ganz oder zum Teil den Ländern zufließt" (BMF 2002: 2).

142 Eine umfassende Analyse der bundesdeutschen Finanzverfassung bietet Wachendorfer-Schmidt 2003. Neben einem detaillierten historischen Abriss über die Regelungen der Materie werden hier auch die Verhandlungsstrategien der Akteure und die Rolle des Bundesverfassungsgerichts beleuchtet.

143 Wagschal nennt „die Verlagerung der öffentlichen Einnahmen in die Sozialversicherungskassen" eine Strategie, mittels derer „Vetospieler zu umgehen sind" (und so der durch diese beförderten Reformträgheit entgegengewirkt werden kann) (Wagschal 2005: 419).

144 Zudem ist der Anteil der Ländereinnahmen, der aus reinen Ländersteuern stammt, kontinuierlich gesunken (eigene Berechnungen auf der Basis von Daten des SBA).

und Wirtschaftswachstum, mit dessen Ausmaß klassischerweise die Entwicklung Ersterer in Verbindung gebracht wird: „[r]apid rates of growth together with high revenue elasticity greatly increase the capacity of comitted elites to collect and spend for welfare purposes" (Wilensky 1975: 56).

Allerdings könnte zumindest zeitweise ein direkter Zusammenhang zwischen Steuereinnahmen und Bildungsausgaben dadurch aufgehoben worden sein, dass Landesregierungen verstärkt zur Kreditfinanzierung ihrer Aufgaben griffen. Daraus folgt die Hypothese

H_{11}: *Es besteht ein positiver Zusammenhang zwischen der Nettokreditaufnahme und den Bildungsausgaben eines Bundeslandes.*

Längerfristig sinkt im OECD-Ländervergleich dagegen die Investitionsquote mit steigenden Budgetdefiziten (Boix 1997: 831). (Näheres zu Verschuldungsfolgen folgt in Abschnitt 3.9.)

Eine finanzpolitische Institution von enormer Auswirkung ist der bundesstaatliche Finanzausgleich. Für Max Weber galt schon 1918: „Die Finanzverhältnisse sind in einem Bundesstaat das, was die wirkliche Struktur am entscheidendsten bestimmt" (Weber 1988: 480). Andere apostrophierten die Frage der Verteilung und Umverteilung der staatlichen Finanzmittel als die ‚Gretchenfrage des Bundesstaates' (K.M. Hettlage, hier zitiert aus Hidien 1999: 478). In der Bundesrepublik besteht ein – im Laufe ihrer Geschichte mehrfach revidierter – dreistufiger Finanzausgleichsmechanismus.

Das Ausgleichsvolumen der ersten Stufe des bundesstaatlichen Finanzausgleichs – der Umsatzsteuerverteilung – lag im Jahr 2000 bei ca. 8,6 Mrd. €, das der zweiten Stufe – des Länderfinanzausgleichs – bei ca. 8,3 Mrd. €, was jeweils knapp 0,4 % des gesamtdeutschen BIP entspricht. Die dritte Stufe des Finanzausgleichs stellen die Bundesergänzungszuweisungen (BEZ) dar, deren Umfang im Beobachtungszeitraum bei rund 10 Mrd. € im Jahr lag. Insgesamt führen die bundesstaatlichen Finanzausgleichsmechanismen zu einer fast vollständigen Nivellierung der Steuerkraft der Bundesländer, in einigen Fällen durch die Sonderbedarfs-BEZ gar zu einer Umkehr der ursprünglichen Reihenfolge (für eine tabellarische Aufstellung der Werte für 2000 siehe Sachverständigenrat 2001: 336). Als Hypothesen für die Zwecke der vorliegenden Arbeit könnte man daraus Zweierlei ableiten: Zum einen ist zu erwarten, dass der Zusammenhang zwischen der Wirtschaftskraft der Bundesländer und ihren Bildungsausgaben durch den Finanzausgleich abgeschwächt (oder gar umgekehrt) wird. Dies müsste sich, sollte es zutreffen, beim Test der Hypothese 5 (siehe Abschnitt 3.3) auswirken. Zum anderen könnte man darüber hinausgehend begründet vermuten, dass diejenigen Bundesländer, die per Saldo aus dem Finanzausgleich mehr Mittel erhalten als andere, sich höhere Staatsausgaben leisten können. Diese Vermutung kann man erstens mit der teilweisen Überkompensation der Leistungskraftunterschiede durch den Finanzausgleich begründen, und zweitens mit der durch das großzügig definierte Deckungsquotenprinzip bei der Umsatzsteuerverteilung entstehenden ,free rider'-Problematik.[145] Über das Zutreffen dieser Vermutung sei hier explizit keine Prognose gestellt, geprüft werden soll aber die Hypothese

H_{12}: *Der Finanzausgleichssaldo eines Bundeslandes hat einen positiven Einfluss auf seine Bildungsausgaben.*

3.4.2   Programmkonkurrenz

Aber selbst im von den Restriktionen (und, für die Leistungsempfänger im Finanzausgleich: Ermöglichungen) der Einnahmeseite gesetzten Rahmen sind die Bundesländer nicht völlig frei in der Gestaltung ihrer Aufgaben. Ein großer Teil ihrer Ausgaben besteht aus fremdbestimmten Kostenblöcken:

„Die Länderhaushalte sind in hochgradiger Weise durch rechtliche und faktische Verpflichtungen gebunden. Ein Landtag kann effektiv nur noch über einen minimalen Teil der Budgetmittel verfügen. Insbesondere wegen der von den Ländern auszuführenden (sozialpolitisch veranlassten) Bundesgesetze können die Länder über große Teile ihrer Einnahmen nicht frei verfügen. Finanzielle Handlungsspielräume ergeben sich dagegen bei der Zukunftsvorsorge vom Kindergarten bis zur Hochschule, da die Länder nur bei den Aufgaben sparen können, die sie selbst definieren. Anders formuliert: Die deutsche Bildungsmisere ist das Ergebnis der Auf- und Ausgabenverteilung im deutschen Bundesstaat." (Renzsch 2004: 104)

Renzsch spricht hier ein spezifisches finanzielles Konkurrenzverhältnis zwischen denjenigen Politikfeldern an, welche die Landespolitik selbständig gestalten kann (worunter die Bildungspolitik den bedeutendsten Posten darstellt) und denjenigen, in welchen sie stark an bundespolitische Vorgaben

---

145 Rodden zufolge schafft das deutsche Finanzausgleichssystem Anreize für Politiker in ärmeren Ländern, die Kosten der laufenden Budgets auf andere Länder, den Bund und zukünftige Generationen abzuwälzen. Empirische Ergebnisse zeigten: „In the long run within and across states, increasing dependence on grants is associated with higher spending and larger deficits" (Rodden, Jonathan 2001: 28).

gebunden ist (worunter die Sozialpolitik herausragt). Dieses und das allgemeinere Konkurrenzverhältnis zwischen der Bildungs(ausgaben)politik und anderen Politikfeldern wird im nächstfolgenden Abschnitt betrachtet. Zu bedenken ist hierbei allerdings, dass alle Politikbereiche auf Landesebene steuerfinanziert sind und somit insgesamt in einem umfassenderen Konkurrenzverhältnis zur beitragsbasierten Sozialpolitik des Bundes stehen, das sich tendenziell nachteilig auf Erstere auswirkt. Auf jeden Fall gilt:

„[D]as Gewicht, das die staatlichen Haushalte dem Bildungswesen und innerhalb dieses Bildungssystems einzelnen seiner Teilbereiche zumessen [...], eröffnet oder verschließt Entwicklungsspielräume für Bildung." (Avenarius et al. 2003b : 3)

Eine Analyse eines Teilbereichs der öffentlichen Ausgaben bleibt unvollständig, wenn sie nicht das relative Gewicht dieses Teilbereichs im Verhältnis zu anderen staatlichen Leistungsprogrammen als erklärende Variable berücksichtigt. Im internationalen Vergleich der Staatstätigkeit ist dies seit Mitte der 1970er Jahre schon in Bezug auf den Bildungsbereich ertragreich beherzigt worden[146]: Wilensky diagnostizierte 1975 neben dem negativen Effekt hoher Militärausgaben auf die sozialpolitische Performanz[147], dass

„heavy spending on social security may bring neglect of higher education (Austria, Italy). And neglect of social security may be linked to an extremely generous development of higher education (U.S., Israel, USSR, Canada, Australia)." (Wilensky 1975: 105)

Bezüglich der Pro-Kopf-Ausgaben gebe es unter den Industrieländern Anzeichen für einen trade-off zwischen den Leistungen für ältere Menschen und denjenigen (in der Hauptsache bildungsbezogenen) für Jüngere (ibid.: 106). Während der ersten Versuche, das Wachstum der Staatsausgaben nach der

---

146 Für eine Literaturübersicht hierzu bezüglich der Stellung Deutschlands und der USA siehe Hokenmaier 2002: 303ff. Die Schwierigkeiten, die bei der Untersuchung des Konkurrenzverhältnisses von Sozial- und Bildungspolitik aufgrund der föderalen Strukturen auftreten, diskutiert er auf den Seiten 305ff.

147 Vgl. hierzu Schmidt 1990: 62, wonach die Wahl zwischen ‚Kanonen und Butter' in der Bundesrepublik vor dem Hintergrund der gegenteiligen Erfahrung im NS-Staat auf ‚Butter' fiel. Lindert zufolge sind (im OECD-Ländervergleich seit den 1960er Jahren) höhere Militärausgaben tendenziell auf Kosten von Gesundheits- und Bildungsausgaben gegangen: „What kinds of social spending do[es] a military commitment displace? The results [...] say that the main victims are public health and public education" (Lindert 2004, Band II: 72).

ersten Ölkrise von 1973 zu dämpfen, wurde der OECD zufolge in derselben Staatengruppe vor allem bei Bildung, Gesundheit und Arbeitslosen gespart, während die Renten und Pensionen deutlich glimpflicher davon kamen (OECD 1985: 41ff.). In einer jüngeren Arbeit zur These vom trade-off zwischen Bildungs- und (sonstigen) Sozialausgaben untersuchten Hega/Hokenmaier 18 demokratische Industrieländer unter besonderer Berücksichtigung des deutschen Falls, wobei sie nur reale Pro-Kopf-Ausgaben und nicht die jeweiligen Anteile am BIP analysierten. Ihr Ergebnis lautet, dass die öffentlichen Ausgaben für Bildung und Soziales gegenseitig gute Prädiktorvariablen sind, und zwar mit negativem Vorzeichen (Hega/Hokenmaier 2002: 162ff.). Deutschland entspricht dem in konservativen Wohlfahrtsstaaten üblichen Muster relativ hoher Sozial- und relativ niedriger Bildungsausgaben[148], wobei es bei den Ausgaben für berufliche Bildung gemeinsam mit Österreich an der Spitze des Ländersamples steht (ibid.: 161). Die Relation zwischen den öffentlichen Ausgaben für Bildung und denjenigen für Soziales ist mit ca. 1 zu 6 in Deutschland so asymmetrisch wie sonst in der OECD nur in Griechenland (Schmidt 2002b: 16; vgl. zum Thema auch Schmidt 2004: 19ff.).

Was aber sind neben der simplen Wahrheit, dass jeder den öffentlichen Haushalten zur Verfügung stehende Euro, Dollar oder Yen nur einmal ausgegeben werden kann, die Gründe für die Programmkonkurrenz und vor allem für ihre je spezifischen Ergebnisse? Vier miteinander verbundene Ursachenkomplexe (die jeweils Anknüpfungspunkte zu anderen Theoriefamilien bzw. in der Kausalkette vorgelagerten Faktoren bieten) lassen sich unterscheiden: Machtpotentiale und Präferenzen gesellschaftlicher Interessengruppen, Pfadabhängigkeiten der institutionellen Entwicklung, Finanzierungsmodalitäten und Wählerorientierungen. Flora zufolge ist nur in Europa die industrielle Arbeiterklasse für längere Zeit die dominante soziale Kategorie gewesen, daher hätten sich auch nur hier früh Sozialversicherungssysteme entwickelt.[149] Bis heute dominierten in Europa daher die sozialen Sicherungssyste-

---

148 Dieses Ergebnis ist konform mit dem Befund von Schmidt, wonach Deutschland (neben Italien und den Niederlanden) anders als die skandinavischen Staaten, aber auch Frankreich einer der Sozialstaaten ist, die ausgebaute Sozialstaatlichkeit bisher nicht mit einer starken Zukunftsorientierung (bemessen an den Ausgaben für Bildung, Forschung und Familienleistungen sowie der Staatsverschuldung) verbinden (Schmidt 1998b: 196).

149 Mit Bezug auf Wilensky et al. könnte man hinzufügen, dass die Sozialpolitik in jenen Ländern früh stärker ausgebaut wurde, die noch keine liberalen demokratischen Institutionen entwickelt hatten und deren Monarchien folglich

me den Wohlfahrtsstaat, wohingegen die Entscheider in den USA ein rudimentäres soziales Sicherungssystem mit früherem und größerem Enthusiasmus für die Ausweitung von Bildungsmöglichkeiten kombiniert hätten (Flora 1986: xv). (Das Nebeneinander ausgebauter Sozial- und Bildungsstaatlichkeit in Skandinavien könnte in Kompatibilität mit dieser Argumentation darauf zurückgeführt werden, dass die Arbeiterbewegung dort im Gegensatz zum kontinentalen Europa Bildung nicht nachrangig behandelt hat.) Aufgrund der Tendenz institutioneller Arrangements zu Pfadabhängigkeiten (via Politikerbeffekten, Schaffung selbstverstärkender Nachfrage und Lock-in-Konstellationen[150]; vgl. hierzu Abschnitt 3.2 dieser Arbeit, Huber/Stephens 2001: 190ff. u. Pierson 2001a: 414) können die anfänglich geprägten sozialstaatlichen Gewichtungen langfristig wirksam sein:

> „As different aspects of life chances may gain or lose in significance, the boundaries of the welfare state can also shift, but its historical core – the system of income maintenance and the public provision of certain services, especially in health and education – is very unlikely to change substantially." (Flora 1986: xvi)

Dies kann insbesondere für politische (Sub-)Systeme (bzw. Politikfelder) erwartet werden, die stark verflochten sind, wie etwa die Bundesrepublik (bzw. ihre Bildungs-, Sozial- und Finanzpolitik), denn ihr ist

> „eine spezifische Selektivität eigen: sie ist durchlässig für Politiken mit geringen Konsensbildungskosten (z.B. Fortschreibung älterer Verteilungsschlüssel), aber nur wenig durchlässig für Politiken, die vorausschauend, umverteilend und langfristig sind" (Schmidt 1990: 42).

Die Finanzierungsmodalitäten verschiedener staatlicher Leistungsbereiche beeinflussen ebenfalls das Ergebnis ihres Konkurrenzverhältnisses, vor allem auch in Deutschland. Weniger sichtbare Belastungen der Bürger wie Sozialversicherungsbeiträge sind in der Regel leichter zu erheben und zu erhöhen als

---

unter stärkerem (Output-)Legitimationsdruck standen (Wilensky et al. 1987: 409f.).

150 Die Einschätzung, ob man von einem „mutually enabling fit" (Huber/Stephens 2001: 315) verschiedener Programme oder einem deren Konstellation perpetuierenden „ policy ratchet effect" (ibid.: 322) sprechen möchte, mag von der persönlichen normativen Beurteilung des konkret betrachteten Falles abhängen. Vgl. auch folgendes Zitat von Pierson: „The channeling of from one-fifth to over one-third of GDP through public social policies profoundly influences the distribution of resources, patterns of interests, and prospects for forming or reshaping social coalitions" (Pierson 2001b: 2).

(v.a. direkte) Steuern (Wilensky et al. 1987: 411f.). Zudem sind sie aus der Sicht politischer Entscheider elektoral verträglicher, da sie zu (im Falle der Renten sogar dynamisierten) Rechtsansprüchen seitens der sie leistenden Bürger führen und deswegen bei den Wählern beliebter (oder vielmehr weniger unbeliebt) sind. Kurzfristig ebenfalls oft widerstandsfreier durchsetzbar ist eine Kreditfinanzierung staatlicher Leistungen. Daher verwundert es nicht, dass das Wachstum der Staatsausgaben in der Bundesrepublik überproportional über diese beiden Kanäle finanziert wurde (Schmidt 2002b: 16). Allerdings stellt sich die Konkurrenz zwischen Bildungs- und Sozialausgaben auf Landesebene insofern anders dar als auf gesamtstaatliche Ebene, als die Landessozialausgaben nicht über Sozialversicherungsbeiträge finanziert werden. Sie werden aus den selben Finanzierungsquellen wie die Landesbildungsausgaben gespeist, wobei zunächst unklar ist, ob dies die relative Position der Bildungspolitik stärkt oder weiter schwächt. Ceteris paribus sollte sich die privilegierte Stellung der Sozialausgaben auf Landesebene aber schwächer darstellen. Zudem dürften die (durch die politischen Entscheider wahrgenommenen) Wählerpräferenzen bei der Bearbeitung des Konkurrenzverhältnisses an relativem Einfluss gewinnen. Für Vorteile auf Seiten der Sozialpolitik spricht hier, dass die Zahl der „natürlichen Anhänger des Wohlfahrtsstaats", also der Leistungsempfänger und Beschäftigten des Sozialsystems, tendenziell zugenommen hat (Schmidt 1990: 62) und aus demographischen Gründen zunimmt, wohingegen insbesondere die Schülerzahlen (und damit verbunden und elektoral wirksamer, die Zahl der Schülereltern) etwas vereinfacht gesprochen seit Mitte der 1980er Jahre im Fallen begriffen war und ist. Letzten Endes reflektiert die Gewichtung zwischen den staatlichen Leistungsbereichen grundlegende gesellschaftliche Auffassungen:

> „A nation's social programs [...] say much about the meaning and value of citizenship, about society's view of the state and the responsibility of the political community to the individual." (Hega/Hokenmaier 2002: 144)

Wenn auch diese und einige der vorgenannten erklärenden Faktoren im internationalen Vergleich aufgrund ihrer dort größeren Variation eine stärkere Erklärungskraft beanspruchen können sollten als im innerdeutschen Bundesländervergleich und die empirisch feststellbare negative Korrelation zwischen den Bildungs- und Sozialausgaben keinesfalls eine theoretisch notwendige ist (vgl. hierzu Hega/Hokenmaier 2002: 166), so ist nichtsdestoweniger die Programmkonkurrenz zur Sozialpolitik eine eingehendere Untersuchung wert –

H_{13}: *Die Bildungsausgaben der Bundesländer sind negativ mit ihren Sozialausgaben assoziiert.*

Der dritte größere Ausgabenblock (und Personalposten) der Bundesländer, die Innere Sicherheit, wurde in der bestehenden Literatur bisher kaum auf eventuelle Wechselbeziehungen mit den Bildungsausgaben untersucht.[151] Dies soll aus explorativem Interesse in dieser Arbeit ebenfalls getan werden:

H_{14}: *Es besteht ein Konkurrenzverhältnis zwischen den Bildungsausgaben der Bundesländer und denjenigen für Innere Sicherheit.*

3.4.3   Strukturelle Eigenschaften der Bildungssysteme

Eine besondere Art von institutionellen Erklärungsfaktoren der Bildungsausgaben stellen die Strukturen der jeweiligen Bildungssysteme dar. Sie verkörpern nahezu idealtypisch Olsson'sche Quellen (siehe Abschnitt 1.2 dieser Arbeit) der Bildungsausgaben, da sie in der Kausalkette zwischen den Bildungsausgaben und den (meisten) anderen unabhängigen Variablen positioniert sind: Sie leisten einen Beitrag zur Erklärung der Variation Ersterer, lassen sich in ihrer eigenen Variation aber zugleich auf den Einfluss Letzterer zurückführen. Ihre Einbeziehung in die quantitative Analyse wird sich daher insofern von der anderer Größen unterscheiden, als auch versucht werden wird, ihre tiefer liegenden (z.B. parteipolitischen) Ursachen offen zu legen.

In ihrer Analyse der Sozialausgabenentwicklung in ihren Mitgliedsländern verwies die OECD erstmals 1985 auf den Ausbau der Bildungssysteme in struktureller Hinsicht wie etwa durch die verlängerte Schulpflicht, die Verbesserung der Schüler-Lehrer-Relation durch zur Entwicklung der Schülerzahlen überproportionale Lehrereinstellungen und die Gründung neuer Hochschulen als Grund für die zunehmenden Bildungsausgaben der 1960er und frühen 1970er Jahre (OECD 1985: 41f.), ohne allerdings detaillierter in die empirische Analyse einzusteigen. In der Folge lieferte sie für den internationalen Bereich bedeutende Beiträge zur Verbesserung der deskriptiven Datenlage durch ihre Berichts- und Indikatorenreihe ,Bildung auf einen Blick' (OECD 2000a, 2001a, 2002, 2003a, 2004, 2005), die analytische Verknüpfung mit dem Niveau der Bildungsausgaben verblieb aber auf der methodischen Ebene

---

151 Schmidt diagnostizierte in seiner Studie zum Regierungshandeln von SPD- und CDU-geführten Bundesländern den SPD-regierten Ländern eine stärkere Betonung der Sicherheit gegenüber der Bildung (Schmidt 1980: 75ff.).

des Nebeneinanderstellens von Indikatoren. Im intranationalen Vergleich der Bundesländerausgaben wurde auf die Frage nach den Ursachen für die unterschiedlich hohen Bildungsausgaben immer wieder auf verschiedene strukturelle Größen verwiesen (vgl. etwa Freund 1969: 672, Böttcher/Weiß 1997: 64ff., Hetmeier 2000b: 243 u. Stern 2000: 223), ihre absoluten und relativen Erklärungsbeiträge wurden bisher aber nicht systematisch eruiert.

Potenziell als erklärende Variablen in Frage kommen zahlreiche Strukturparameter der Bildungssysteme der Bundesländer: Unter sonst gleichen Bedingungen steigen die Bildungsausgaben mit der Zahl der Schülerpflichtstunden, der Dauer des Schul- und Hochschulbesuchs, der Lehrer-Schüler-Relation und ihrem Äquivalent im Hochschulbereich, der Anzahl derjenigen Berufsschüler, die ihre Berufsqualifikation in voll staatlichen Ausbildungsprogrammen erwerben[152], der Besoldung der Lehrkräfte und dem Alterungszyklus der Kollegien, dem Grad der gewährten Lernmittelfreiheit, dem Anteil der an den besonders kostenintensiven Sonder- bzw. Förderschulen unterrichteten Schüler sowie der Dichte an Hochschulen und der Präsenz überproportional ausgabeninduzierender Fächer wie etwa der Medizin. Geringer fallen die Bildungsausgaben ceteris paribus mit steigenden Lehrerdeputaten und Klassengrößen aus.[153]

In allen diesen Kategorien besteht eine teilweise erhebliche Variation zwischen den Bundesländern und über die Zeit. Aufgrund der Vielzahl der genannten Faktoren ist es nicht sinnvoll, hier für jeden Einzelnen eine eigene Hypothese aufzuführen. Zusammenfassend sei daher die folgende simplifizierte Hypothese formuliert:

H_{15}: *Je kostenintensiver die strukturellen Parameter des Bildungssystems ausfallen, desto höher sind auch die Bildungsausgaben eines Bundeslandes.*

---

152 Insbesondere durch die Krise des dualen Ausbildungssystems in Ostdeutschland (vgl. Heidenheimer 1997: 142) haben Umfang und Anzahl solcher Maßnahmen zugenommen.

153 Einschränkend zu beachten ist allerdings, dass die Kausalkette zumindest kurzfristig und in Zeiten knapper Kassen auch umgekehrt verlaufen könnte: Bei vorgegebenen abnehmenden oder unterproportional wachsenden Ressourcen und (Pflicht-)Leistungsumfang könnte die Variation zumindest mancher der genannten Parameter auch eine Folge und keine Quelle der Ausgabenentwicklung sein.

3.5   Der Machtressourcenansatz

Eine weitere Theorieschule führt Unterschiede in der Staatstätigkeit auf unterschiedliche Machtressourcen verschiedener gesellschaftlicher Gruppen zurück. Eindrucksvoll demonstriert hat das Potential dieses Erklärungsansatzes Gösta Esping-Andersen in seinem schnell zu einem Klassiker der Sozialpolitikforschung avancierten Opus magnum über die drei Welten des Wohlfahrtskapitalismus (Esping-Andersen 1990). Während sich daran besonders die Stärke des Ansatzes zur Erklärung langfristig strukturprägender Entwicklungen in ursprünglich historisch offenen Situationen und stark vom Interessengegensatz von Arbeit und Kapital geprägten Politikfeldern zeigt (Schmidt 1993: 378), ist der Stand der Debatte bezüglich der Erklärungskraft des Ansatzes im Bereich der Bildungsausgaben weniger eindeutig. Im internationalen Vergleich am häufigsten untersucht wurde der Einfluss der Gewerkschaftsmacht, gemessen am gewerkschaftlichen Organisationsgrad, auf Umfang und Struktur der Staatsausgaben. Sowohl hinsichtlich der Sozial- als auch der Bildungsausgaben finden sich Belege für einen positiven Zusammenhang (Siegel 2002: 49, Castles 1998: 181, Boix 1997: 836f. u. Schmidt 2002b: 12f.). Allerdings wird gegen die Annahme eines positiven Einflusses der Gewerkschaftsmacht auf die Bildungsausgaben das Argument ins Feld geführt, dass vermehrte Bildungsanstrengungen gar nicht im Interesse der Gewerkschaften lägen, da sie zu einer Erosion der Basis der Arbeiterbewegung führten (vgl. Wilensky et al. 1987: 402f.).[154] Aufgrund der unterschiedlichen Umverteilungswirkung der Bildungsinvestitionen in verschiedene Bildungsbereiche seien Gewerkschaften – wenn überhaupt – deutlich stärker an Ausgaben für primäre und insbesondere berufliche sekundäre Bildung interessiert als für tertiäre, deren öffentliche Finanzierung de facto einem Transfer von den weniger Begüterten an die Kinder der Wohlhabenderen gleichkomme (ibid. u. Wilensky 1975: 5).[155] Während dies eher für eine Differenzierung der zu formu-

---

154 Insofern man sich auf das nicht unproblematische Konzept der gesellschaftlichen ‚Klassen' einlassen möchte, liefern Ishida/Müller/Ridge Belege für die starke Rolle, welche die Bildung für die Reproduktion derselben und die Mobilität zwischen ihnen spielt (Ishida/Müller/Ridge 1995: 178f.).

155 Vgl. hierzu auch das folgende Zitat von Huber/Stephens: „[T]he essence of the social democratic welfare state is not decommodification, but rather high qualification for and participation in the labor market" (Huber/Stephens 2001: 184). Mit zunehmenden Qualifikationserfordernissen auf dem Arbeitsmarkt

lierenden Hypothese spricht, stellt Albers Diagnose einer nachrangigen Thematisierung des Bildungsthemas durch die deutschen Gewerkschaften (Alber 1986: 5f., siehe auch Abschnitt 1.3 vorliegender Arbeit) ihren Erklärungsbeitrag insgesamt in Frage. Die Erwartungen zum Zusammenhang zwischen Gewerkschaftsmacht und Bildungsausgaben sind also uneindeutig. Hinzu kommt, dass der übliche (und einzige im Rahmen dieser Arbeit in Frage kommende) Indikator zur Messung gewerkschaftlichen Einflusses, nämlich der Organisationsgrad (also der Anteil der gewerkschaftlich organisierten an allen Arbeitnehmern) in einem allenfalls mittelbaren Zusammenhang mit dem Konzept, dass er messen soll, steht. Deshalb wird die folgende Hypothese vorsichtig und offen formuliert:

H_{16}: *Die Bildungsausgaben der Bundesländer stehen in einem systematischen Zusammenhang mit dem jeweiligen gewerkschaftlichen Organisationsgrad.*

Ein anderer Einflusskanal für (vor allem fach-)gewerkschaftliche und verbandliche Interessen, nämlich jener über ihre Verankerung bzw. Berücksichtigung in den Reihen der öffentlichen Verwaltung, ist schwer quantifizierend zu untersuchen. Umso mehr wird bei der Betrachtung der Willensbildungs- und Entscheidungsabläufe in Kapitel 5 hierauf zu achten sein, zumal die Verbände im Bildungswesen in Deutschland stark ideologisiert sind (Thränhardt 1990: 187) und daher große Interessengegensätze aufweisen.

Ein zweiter Zweig der Machtressourcentheorie bezieht sich auf den ,frauenfreundlichen Wohlfahrtsstaat' (Hernes 1989). Die im Zuge seines Ausbaus größer gewordenen Bildungs- und Berufschancen von Mädchen und Frauen lassen einen positiven Effekt auf die Bildungsausgaben erwarten, und zwar vermittelt durch zwei verschiedene Wirkungsketten: Zum einen steigen durch egalitärere Bildungsbeteiligung die Schüler- und Studierendenzahlen an, zum anderen verstärkt die Zunahme der Erwerbstätigkeit von Frauen tendenziell die Nachfrage nach Kinderbetreuung auch durch das Bildungswesen (z. B. durch verlässliche (Halbtags-)Grundschule und Ganztagsschulen).[156] Daraus folgen zwei getrennte Hypothesen:

---

müsste also auch das Interesse von Gewerkschaften und Linksparteien an Investitionen in ,höhere' Bildung wachsen.

156 Interessanterweise sind die Fertilitätsraten in Europa in den Ländern mit der geringsten Erwerbsbeteiligung von Frauen (und den schlechtesten Möglichkeiten, Familie und Beruf zu vereinbaren) am niedrigsten (vgl. Pierson 2001b: 96f.). Dies konterkariert Floras These vom ,demographic release', wonach die

H_{17}: *Die Bildungsausgaben der Bundesländer steigen mit der Bildungs-*
beteiligung der weiblichen Bevölkerung an.

H_{18}: *Die Bildungsausgaben der Bundesländer sind positiv mit der Frau-*
enerwerbsquote assoziiert.

Bei beiden Hypothesen bleibt die Frage interessant, welche Faktoren die zunehmende Gleichberechtigung verursacht bzw. zumindest ermöglicht haben. Lange Zeit vertraten Gewerkschaften und Sozialdemokratie in Deutschland in dieser Frage eher traditionelle als emanzipatorische Positionen:

„Even the unions and the SPD took the view that women should work only in case of real economic necessity. […] It was only in the late 1960s that a new independent feminist movement emerged that pushed for gender equality. At the same time, the women's group in the SPD began to adopt clearly feminist positions and achieved the adoption of a commitment to women's equality in the 1975 party program […]." (Huber/Stephens 2001: 153)

In einer Untersuchung der Determinanten von Bestand und Veränderung der Geschlechterrelation im tertiären Bildungssektor in der OECD zwischen 1960 und 1981 kamen Castles/Marceau zu dem Ergebnis, dass die (relative) Hochschulbildungsbeteiligung von Frauen vor allem mit der zuvor bestehenden Frauenerwerbsbeteiligung, dem Pro-Kopf-Einkommen und der Größe der Altersgruppe unter 25 Jahren wächst und von der Stärke des politischen Konservatismus sowie der Größe des Dienstleistungssektors gebremst wird (Castles/Marceau 1989: 501ff.).

Generell war in Deutschland nach der Bildungsexpansion ab Mitte der 1970er Jahre eine eher geringe gesellschaftliche Mobilisierung für Belange des Bildungswesens festzustellen (Stern 2000: 53f.), seine Lobby ist vergleichsweise schwach. Von für diese Arbeit interviewten Bildungspolitikern wurde verschiedentlich beklagt, dass in ihrem Politikfeld gerade aus der Wirtschaft eher Desinteresse zu verzeichnen sei. Wenn doch Interessen artikuliert würden, dann gehe es um eng begrenzte, berufsqualifikationsbezogene Anliegen. Im internationalen Vergleich hat die Popularität der meisten sozialpolitischen Programme zu einer stärkeren Entkopplung der Ausgaben für sie von der Wirtschaftsentwicklung geführt als dies im Bildungsbereich der Fall ist (Hega/Hokenmaier 2002: 166). Als besonders durchsetzungsstark gelten die Interessen der sogenannten ‚middle mass' (Wilensky), deren Bedeutung als

---

zunehmende Berufstätigkeit von Frauen vor allem auf die geringeren Geburtenzahlen zurückzuführen sei (Flora 1986: xxvii).

wahlentscheidende Wechselwählerschicht zugenommen habe. Diese Gruppe der vergleichsweise gut ausgebildeten (zumeist abhängig) Beschäftigten ist in Deutschland relativ groß. Ihr Interesse an öffentlichen Bildungsausgaben ist weniger auf generelle Expansion gerichtet als auf spezifische statussichernde Berufsbildungsangebote (vgl. Geißler 2002: 362). Der skizzierten Interessenkonstellation entspricht, dass der Staat (hier verkörpert durch den Bund und die einzelnen Länder) in Deutschland neben im internationalen Vergleich geringeren Subventionen an Industrien im Abwärtstrend und höheren Investitionen in Forschung und Entwicklung in Wachstumsbranchen durch große Berufsbildungsanstrengungen das hierzulande vorherrschende ‚high-skill-high-wage employment regime' immer zu unterstützen und zu perpetuieren versucht hat (vgl. Huber/Stephens 2001: 155). Eine gesonderte Analyse des Sektors der beruflichen Bildung wäre auch deshalb angezeigt, scheitert aber leider an der mangelnden Tiefengliederung der Bildungsausgabendaten der Jahresrechnungsstatistik.

3.6   Die Parteiendifferenztheorie

Do parties matter? Machen Parteien einen Unterschied? So lautet, im Deutschen weniger elegant als im Englischen, die vielleicht am genuinsten politikwissenschaftliche Fragestellung der vergleichenden Staatstätigkeitsforschung. Zwei miteinander verbundene Aspekte sprechen dafür, dass verschiedene Parteien ihre Regierungsmacht in unterschiedliche politische Entscheidungen umsetzen: Erstens haben Parteien oft bestimmte Ideologien oder höhere Ziele, nach deren Verwirklichung sie streben. Diese grundsätzlichen Ziele lassen sich unter anderem den Grundsatzprogrammen der Parteien entnehmen. Zweitens stellen Parteien vor Wahlen meist Wahlprogramme auf, deren Durchführung sie ihren Wählern für die Zeit nach einem eventuellen Wahlsieg versprechen. Sich unterscheidende Grundsatz- und Wahlprogramme können daher als Indizien für die Absichten von Parteien angesehen werden, unterschiedliche Politik zu betreiben. Allerdings steht dieser naiven Form der Parteiendifferenzhypothese entgegen, dass es zu unterscheiden gilt zwischen dem, was Akteure programmatisch generell wollen und dem, was sie aus strategischen Gründen unterstützen, insbesondere im Rahmen spezifischer institutio-

neller Opportunitäten (Huber/Stephens 2001: 192).[157] Denn (Wahl-
)Programme sind oft auch Ansammlungen von zumindest kurzfristig inkom-
patiblen Zielen, und so gilt:

> „In politischen Programmen postulierte Prioritäten sind so lange nicht mehr als
> Lippenbekenntnisse, wie sie sich in Verhandlungen über die Verwendung der
> grundsätzlich knappen, wenn auch nicht völlig starr fixierten Finanzmittel noch
> nicht behauptet haben." (Rudolph 1969: 35)

Es überrascht deshalb nicht, dass die empirischen Ergebnisse des internationalen Vergleichs der Sozialpolitik differenziert ausfallen. Linke Parteien an
der Regierung gehen mit höheren Sozialausgaben einher, signifikant ist dieser
Effekt aber nur in Westeuropa und bei längerer Vorherrschaft (Wilensky et al.
1987: 404). In Mehrheitsdemokratien fallen Parteieneffekte stärker aus als in
Konsensdemokratien bzw. solchen mit vielen gegenmajoritären Institutionen,
in unitarischen größer als in föderalen (Schmidt 1995: 8ff. u. 1996: 155).

Die Ergebnisse fallen zudem je nach Abgrenzung der Parteiengruppen unterschiedlich aus. Während säkular-konservative Regierungsparteien den
Ausbau des Wohlfahrtstaats eher bremsen, wirken christdemokratische eher
expansiv, besonders wenn sie mit sozialistischen oder sozialdemokratischen
Parteien um die Regierungsmacht konkurrieren (Huber/Stephens 2001: 193).
Der Hauptunterschied zwischen sozial- und christdemokratischen Regierungsparteien liegt im internationalen Vergleich vor allem darin, dass Letztere
zwar ebenso stark wie Erstere mit dem Umfang der Sozialtransfers assoziiert
sind, weniger aber mit Dekommodifizierungsindices und öffentlichen Dienstleistungen (Siegel 2002: 60). Stärker fallen die Parteieneffekte hinsichtlich der
Pro-Kopf-Sozialausgaben als bei der Sozialausgabenquote aus (Schmidt
2001: 40 vs. 1997: 162). Schließlich ist zu bedenken, dass in ausgereiften
Sozialstaaten parteipolitisch verursachte Veränderungen oft eher qualitative
als quantitative Folgen haben:

> „[T]he partisan effects of current decisions are less amenable to quantitative
> analysis because they have little impact on the aggregate level of social expendi-
> ture. More important are qualitative differences and preferred programme foci,
> which either tend to turn up at the disaggregated level or have little impact in

---

157 Ein Beispiel aus der deutschen Bildungspolitik ist die Konsensstrategie, die
die SPD gegenüber der CDU trotz beträchtlicher programmatischer Differenzen bis weit in die 1960er Jahre hinein verfolgte (vgl. Schmidt 1980: 93).

terms of expenditure levels at all. This is the point at which the merits of case studies become obvious." (Kittel/Obinger 2003: 40)

Parteiendifferenz könnte sich also stärker darin äußern, wofür Staatsausgaben in einem bestimmten Politikfeld eingesetzt werden bzw. wie sie eingespart werden, als in der Größe der quantitativen Unterschiede. (Darauf wird in Kapitel 5 eingegangen werden.) Besonders wirksam waren Parteieneffekte dagegen bei der historischen Entwicklung verschiedener Wohlfahrtsstaatstypen (Garrett/Mitchell 2001: 168). Kurzfristig sind Parteieneffekte wohl eher hinsichtlich der Veränderungen der Ausgaben festzustellen, hinsichtlich der Bestände erst nach Kumulation derselben über mehrere Jahre (vgl. Rose/Davies 1994: 17 u. 26ff.).

Auch im internationalen Vergleich der Bildungsausgaben wurden signifikante Parteiendifferenzeffekte festgestellt: In Castles Analysen erwies sich die Regierungsbeteiligung rechter Parteien[158] im Querschnitt 1960, 1974, 1993 und hinsichtlich der Veränderung von 1960 bis 1993 als negativ mit der Höhe der Bildungsausgabenquote assoziiert (Castles 1998: 193f., frühere Ergebnisse in Castles 1989: 442 bestätigend).[159] Boix zeichnet in seiner Untersuchung angebotsseitiger Investitionsstrategien der OECD-Länder ein leicht abweichendes Bild. Ihm zufolge erklärt der unterschiedliche Regierungsanteil von linken Parteien 1970 im Querschnitt mehr als 40 % der Variation der Bildungsausgabenquote, verliert während der Stagflationsperiode in den 1970er Jahren stark an Bedeutung und ist danach (Boix bezieht sich auf den Querschnitt für 1989/90) wieder die einflussreichste erklärende Größe (Boix 1997: 836ff.). In einer späteren Arbeit führt Boix aus, dass seines Erachtens angebotsseitige wirtschaftspolitische Strategien (einschließlich der Investitionen in (Humankapital-)Bildung), die gegenüber nachfrageseitigen Programmen stark an Bedeutung gewonnen hätten, „have become over time the key policy dimension along which partisan forces differ" (Boix 1998: 99). Höhere Ausgaben für diese Zwecke spiegelten dabei nicht allein die generelle Tendenz von Linksparteien zu höheren Staatsausgaben wider, denn die Ersteren seien nicht

---

158 Castles betrachtet jeweils die ‚major party of the right' (Castles 1998: 74ff.), wobei diese größte Rechtspartei auch christdemokratisch sein kann wie z.B. in Deutschland, Österreich und Italien.

159 Während 1960 die Bildungsausgaben in der OECD sogar deutlich stärkere Parteiendifferenzeffekte als die Sozialausgaben aufwiesen, konvergierten die Befunde ab 1970 (Castles 1989: 432f.).

mit Letzteren korreliert (ibid.: 100).[160] Im Vergleich der drei Wohlfahrtsstaatstypen, die in ihrer Entwicklung stark von den liberalen, konservativen
und sozialdemokratischen Parteien (oder Strömungen), nach denen sie benannt worden sind, geprägt wurden, stellen Hega/Hokenmaier fest, dass „sozialdemokratische Nationen" mehr für Bildung ausgeben als „liberale Staaten", diese wiederum aber mehr als „konservative Nationen" (He-
ga/Hokenmaier 2002: 162).

Wie aber stellt sich die Situation in der Bundesrepublik dar und inwiefern
lassen sich die Erkenntnisse aus dem internationalen Vergleich zur Hypothesengenerierung für den Bundesländervergleich heranziehen? Auf der Bundesebene spricht in Deutschland als Staat besonders vieler Vetospieler und der
(formalen und vor allem informellen) Großen Koalitionen (vgl. Schmidt
2002a) Einiges für eine sehr gedämpfte Wirkung der Parteiendifferenz. In den
Politikbereichen, in denen die Bundesländer autonom entscheiden können, ist
dagegen ceteris paribus wegen der innerhalb der Länder geringeren Vetospie-
lerdichte (es bestehen keine einflussreichen zweiten Kammern) mit einer vergleichsweise stärkeren Auswirkung parteipolitischer Unterschiede zu rechnen.
In der Bildungspolitik gibt es außer der Gemeinschaftsaufgabe Hochschulbau
kaum zwischen den Ebenen geteilte Kompetenzen, sodass die Landesregierungen einen vergleichsweise großen Spielraum haben. Allerdings muss der Par-
teieneffekt in den meisten Bundesländern in der Mehrzahl der Jahre durch den
Filter einer Koalitionsregierung hindurch wirken. Koalitionsvereinbarungen
und ihre Umsetzung treten damit zwischen die Wahlprogramme der Parteien
und die Regierungspolitik und verdienen daher gesonderte Aufmerksamkeit.
Auf der programmatischen Ebene galten die Parteien der alten Bundesrepublik im internationalen Vergleich als sehr konsensual, wenn nicht gar als diejenigen mit den größten Übereinstimmungen (Klingemann 1987: 321). In der
Bildungspolitik als zentralem Bestandteil der Gesellschaftspolitik dagegen
„spielt die Parteiideologie eine wesentliche Rolle" (Stern 2000: 26). Durch
Schmidts Studie der Regierungtätigkeit von CDU[161] und SPD in den Bundesländern zwischen 1952 und 1975 (er untersuchte so unterschiedliche Be-

---

160 Eine weitere empirisch belegbare Parteiendifferenz im internationalen Ver-
    gleich betrifft die stärkere Neigung linker Parteien, die Staatsausgaben über
    höhere Steuern auf hohe Einkommen und Unternehmensgewinne und weniger
    über weitere Staatsverschuldung zu finanzieren (vgl. Boix 1998: 100).
161 Der Einfachheit halber schließen die Kürzel CDU und Union in der vorlie-
    genden Arbeit, solange nicht von einem konkreten Land die Rede ist, die
    Schwesterpartei CSU mit ein.

reiche wie die Bildungs- und Beschäftigungspolitik, die Handhabung des Ra-
dikalenerlasses und die psychiatrische Versorgung) wird die politische Hypothese, die besagt, „dass sich die Politik von SPD- und CDU-geführten Regierungen deutlich unterscheidet [...] [,] für alle Jahre voll gestützt" (Schmidt
1980: 59). Allerdings müsse nach je politikfeldspezifischen Bedingungen und
dem Ausmaß der Macht einer Partei unterschieden werden (ibid.: 131). Das
Bildungswesen sei unter SPD-Regierungen „materiell [bemessen an den Pro-
Kopf-Ausgaben] und personell besser ausgestattet" (ibid.: 130). Stern stellt in
ihrer näher an die Gegenwart heranreichenden Analyse des Einflusses von
Parteiprogrammen auf bildungspolitische Entscheidungsprozesse in den Bundesländern fest, dass die Parteiprogramme im Bildungsbereich weitaus stärker
auf qualitative Größen als auf eine reine Ressourcentransferpolitik fokussiert
sind (Stern 2000: 26) und dass sich deutliche Parteiendifferenzen mit starken
Auswirkungen auf die tatsächlichen Entscheidungen vor allem in den Bereichen Autonomie, Gleichwertigkeit, Integration/Kooperation, Partizipation und
Zielgruppenförderung von Mädchen und Frauen nachweisen lassen (ibid.:
302).[162] Außerdem hänge die parteipolitische Prägekraft auch stark von der
(sowohl inhaltlichen als auch machtpolitischen) Position „innerparteilicher
Schrittmacher", meist in der Person des Kultusministers bzw. der Kultusministerin, ab (ibid.: 305f.). Insgesamt könne trotz des in den 1990er Jahren
enger gewordenen finanzpolitischen Handlungsspielraums der Landesregierungen „von einem sich behauptenden Primat der Politik gesprochen werden"
(ibid.: 310) und es sei eine „hohe Kongruenz zwischen Programmengagement
und der bildungspolitischen Realität" (ibid.: 316) festzustellen. Studien zu
bildungspolitischen Programmentwicklung der beiden großen Volksparteien
weisen auf deutliche Unterschiede zwischen diesen und auf jeweils bedeutende
interne Veränderungen über die Zeit hin (vgl. Mickel 2003: 33f., Gauger
2002: 437f., Schmid 1990 u. Pütz 1978; zu Programmunterschieden und ihrer
Umsetzung siehe auch Schmidt 1980: 92ff.). Zu beachten ist allerdings auch,
dass gerade in der CDU die Unterschiede zwischen einzelnen Landesverbän-
den manchmal größer sind als die innerhalb eines Landes zwischen CDU und
SPD (Kropp 2001: 59). Außerdem sind in der Bildungspolitik die Distanzen

---

162 Mit Thränhardt könnte man hinzufügen, dass die Parteien in den Bundeslän-
     dern bei der Durchsetzung ihrer Präferenzen betreffend die Bremsung
     (CDU/CSU) oder Förderung (SPD) der säkularen Tendenz zu mehr höheren
     Abschlüssen erfolgreich gewesen sind (Thränhardt 1991: 417; zu Einschrän-
     kungen im Detail siehe 418).

zwischen den Parteien zumindest zeitweise anders als in anderen Politikfeldern verteilt gewesen:

> „Educational policy may be considered the only field [gemeint ist wohl: im weiteren Bereich der Sozialpolitik, Anm. d. Verf.] where the Liberals were at least temporarily closer to the Social Democrats than to the Christian parties." (Alber 1986: 104)

Das liberale Programm von 'Bildung als Bürgerrecht' (Dahrendorf 1965) könnte sich dabei in höheren Bildungsausgaben unter Landesregierungen mit FDP-Beteiligung niedergeschlagen haben (Schmidt 2003a: 25), auch weil die FDP sich für vergleichsweise geringere Sozialausgaben einsetzt und so Verteilungsspielräume für die Bildung entstehen könnten.

Der beste Indikator zur quantitativen Erfassung der Parteienmacht (gerade auch in Koalitionsregierungen) ist der jeweilige Kabinettssitzanteil.

H_{19}: *Die Kabinettssitzanteile der verschiedenen Regierungsparteien weisen charakteristische Zusammenhänge mit den Bildungsausgaben der jeweiligen Bundesländer auf. Zu erwarten sind positive Vorzeichen hinsichtlich des SPD- und des FDP-Effekts, negative bei der Union.*[163]

Vor dem Hintergrund klarer parteipolitischer Prägewirkungen in der Bildungspolitik einerseits und einer geringeren Schwerpunktsetzung auf die quantitative Ausstattung des Bildungswesens in den Parteiprogrammen andererseits[164] sollte man die Erwartungen hinsichtlich der parteipolitischen Prägeeffekte auf die Bildungspolitik und die Bildungsausgaben allerdings nicht zu hoch ansetzen. Abgemildert werden könnten diese unter anderem auch von der Kurzfristorientierung der Politik und volatilen Wählerpräferenzen. Die Kurzfristorientierung ist dabei keinesfalls nur eine Eigenschaft politischer Entrepreneurs, sondern auch auf der Wähler- und Interessenvertretungsebene vorzufinden, insbesondere unter den Realbedingungen der Unsicherheit (vgl. hierzu auch Scharpf 2000c: 777).

---

163 Untersucht werden die Kabinettssitzanteile von CDU/CSU, SPD, FDP und Bündnis90/Die Grünen, wobei für Letztere aufgrund fehlender theoretischer Grundlagen kein Vorzeichen des Zusammenhangs postuliert wird. Alle Regierungsbeteiligungen anderer Parteien im Untersuchungszeitraum waren zu kurz und traten in zu wenigen Bundesländern auf, um verlässliche Schlüsse über ihre Auswirkungen ziehen zu können.

164 Der letztere Punkt hat sich seit dem PISA-Schock geändert, da nun alle Parteien der Bildungspolitik auch finanzpolitisch stärkere Präferenz einräumen, betrifft aber nur einen recht kurzen Abschnitt des Untersuchungszeitraumes.

3.7   Soziokulturelle Faktoren

Eine in der vergleichenden Staatstätigkeitsforschung vergleichsweise spät aufgegriffene Gruppe von Einflussgrößen sind soziokulturelle, darunter insbesondere religiöse bzw. konfessionelle Faktoren. Flora führt aus, dass traditionell die römisch-katholische Kirche die Verantwortung für die Armen- und Krankenfürsorge und das Bildungswesen beanspruchte, während nach der Reformation in protestantischen Staaten sich die öffentliche Hand in diesen Bereichen früher und stärker als in katholischen engagierte, zumindest teilweise legitimiert durch protestantische Kirchen. Zwar bestehe heute keine klare dichotome Abgrenzung zwischen katholischen und protestantischen Staaten und dem Grade der ‚stateness' der jeweiligen Wohlfahrtsinstitutionen, das Verhältnis zwischen den Konfessionen und zwischen Staat und Kirchen sei aber doch ein relevanter Erklärungsfaktor für dessen Variation. Am bedeutendsten sei die diesbezügliche Konstellation zum Zeitpunkt der Einrichtung der entsprechenden Programme (Flora 1986, xviif.).[165] Castles stellt im internationalen Querschnittsvergleich fest, dass der Anteil der Katholiken an der Bevölkerung der demokratischen Industrieländer 1960 signifikant negativ mit der Höhe der Bildungsausgabenquote assoziiert war. Zwanzig Jahre später aber ist ein Vorzeichenwechsel zu verzeichnen (Castles 1989, 443f.).[166] Er führt dies darauf zurück, dass bis in die 1960er Jahre die katholische Kirche sich gegen staatliche Bildungsbereitstellung stemmte, während ab dem zweiten Vatikanischen Konzil diese Haltung aufgegeben wurde. Zudem könnte die Forderung nach stärkerer staatlicher Bezuschussung (katholischer) kirchlicher Bildungseinrichtungen (welche auch durch Kostensteigerungen infolge geringerer Eigenleistungen durch Ordensmitglieder verursacht waren) deutlicher artikuliert und erfolgreich gewesen sein (ibid.). In Deutschland kommt hinzu, dass vor allem nach Pichts Warnung vor der ‚Bildungskatastrophe' (siehe Abschnitt 2.2.3) das ‚katholische Bildungsdefizit' stärker thematisiert wurde

---

165 „The ‚constitutional' and ‚religious' character of political systems was related to the manner and sequence in which they gradually 'nationalized' social services." (Heidenheimer 1981: 270). Nationalstaaten hätten zuerst auf materielle und erst später auf andere Bedarfe reagiert, der Abstand sei in protestantischen Staaten aber kürzer. Lutherische absolutistische Staaten „encouraged ‚the first crusade for mass education that the West has ever seen.' [Stone]" (ibid.; zur historischen Entwicklung in Deutschland siehe S. 296).

166 In einer späteren Untersuchung stellte Castles auch für 1974 noch einen negativen Zusammenhang fest (Castles 1998: 193).

und zu vermehrten und gezielten Investitionen im Rahmen der Bildungsexpansionstendenz führte, sodass die zuvor zu konstatierende konfessionsspezifische Bildungsungleichheit inzwischen völlig an Bedeutung verloren hat. Freitag/Bühlmann zufolge hingegen fördern (nicht nur im von diesen Autoren vorgenommenen innerschweizerischen Vergleich) sowohl eine Mehrzahl protestantischer Bürger als auch ein „starker Wettbewerb zwischen Katholizismus und Protestantismus die Ausbreitung des staatlichen Bildungswesens" (Freitag/Bühlmann 2003: 147). Während die bisherigen Befunde also uneindeutig sind, erscheint eine (im Hinblick auf die erwarteten Vorzeichen unvoreingenommene) Untersuchung des Zusammenhangs zwischen der konfessionellen Konstellation und den Bildungsausgaben lohnenswert.

H_{20}: *Es besteht ein Zusammenhang zwischen der konfessionellen Struktur der Bevölkerung der Bundesländer und deren Bildungsausgaben.*

Als Indikator für die Konfessionsstruktur dienen wie in der Literatur üblich die Bevölkerungsanteile von Protestanten und Katholiken. Neben diesen kann aber auch das Verhältnis zwischen kirchlich gebundenen und ungebundenen Bürgern das Profil der Staatstätigkeit beeinflussen: „Ein religiös geprägter Wertehaushalt wirkt wie eine Barriere gegen weltlich-staatliche Bildungsfinanzierung" (Schmidt 2004: 16f.).[167] Deshalb soll auch die folgende Hypothese untersucht werden:

H_{21}: *Es besteht ein negativer Zusammenhang zwischen dem Grad der Kirchenbindung der Bevölkerung und den öffentlichen Bildungsausgaben.*

Das private Engagement in der Bildungsfinanzierung fließt zwar zu einem Gutteil in kirchliche Privatschulen[168], geht aber deutlich darüber hinaus. Deshalb soll Ersteres auch gesondert betrachtet werden. Vermutet wird häufig ein inverser Zusammenhang zwischen öffentlichen und privaten Bildungsausgaben:

---

167 Zum Zusammenhang zwischen Kirchenbindung, Wertorientierungen und Rechts-Links-Selbsteinschätzung siehe auch Knutsen 1995: 72ff.

168 Zur rechtlichen und finanziellen Situation des Privatschulsektors in Deutschland siehe Weiß/Mattern 1991. Staatliche Zuschüsse decken danach knapp zwei Drittel aller (auch der investiven) Privatschulausgaben ab (ibid.: 59). Schelsky beklagte bezüglich der Funktion von Privatschulen laut Friedeburg, dass man statt der klugen Armen die dummen Reichen auf die Internate schicke (Friedeburg 1989: 58).

„Where private funding is a significant source of funding, for either education
or social insurance, it is assumed this may be reflected in reduced levels of real
government expenditures and a smaller portion of the public budget allocated to
that policy area. [...] On the other hand, where private sources of funding are
less or not significant, the burden on government to finance may be greater
[…]." (Hega/Hokenmaier 2002: 156f.)

Während Castles im internationalen Vergleich eines aus datentechnischen
Gründen verkleinerten Pools von zwölf Staaten keine Belege für einen Zusammenhang zwischen öffentlichen und privaten Bildungsausgaben sieht
(Castles 1989: 434), erklärt Schmidt die eher mittelmäßige öffentliche Bildungsausgabenquote der Bundesrepublik (zum Teil) mit der vergleichsweise
hohen Quote der privaten Bildungsinvestitionen in Deutschland und verweist
auf die im OECD-Ländervergleich mit neueren Daten mittelstarke negative
Korrelation (r=-0,50) der beiden Größen (Schmidt 2002b: 6). In einer späteren Studie verortet er die hohen privaten Bildungsausgaben vor allem bei der
betrieblichen Ausbildung (im Rahmen des dualen Berufsbildungssystems, wo
über 50 % der privaten Bildungsausgaben in Deutschland anfallen), der betrieblichen Weiterbildung und dem Vorschulbereich (Schmidt 2004: 23).
Hieraus leitet sich die folgende Hypothese ab:

*H_{22}: Es besteht ein inverser Zusammenhang zwischen den öffentlichen
und den privaten Bildungsausgaben in den Bundesländern.*[169]

Die Untersuchung dieses Zusammenhangs, das sei bereits hier erwähnt,
kann allerdings wegen der unerfreulichen Datenlage hinsichtlich der privaten
Bildungsausgaben im Allgemeinen und vor allem ihrer fehlenden Aufgliede-
rung nach Bundesländern im Besonderen nur indirekt über Stellvertreterindi-
katoren (wie die Privatschülerquote, also den Anteil der Privatschüler an allen
Schülern allgemeinbildender Schulen) vorgenommen werden. In Anbetracht
des genannten hohen Anteils der Ausgaben für die betriebliche Ausbildung an
den privaten Bildungsausgaben, für die es leider keinen vernünftigen Ersatz-
indikator gibt, ist es im Rahmen der vorliegenden Arbeit leider unmöglich, den
Zusammenhang zwischen privater und öffentlicher Bildungsfinanzierung in

---

169 Uneindeutig ist hier die Richtung des Kausalzusammenhangs. Einerseits
könnte die öffentliche Hand aufgrund großer privater Bildungsinvestitionen
(etwa bei der dualen Berufsbildung) weniger gefordert sein, andererseits
könnten private Bildungsausgaben Leistungsbereiche abdecken, weil sie vom
Staat vernachlässigt werden (wie etwa bei der jüngst in einigen Bundesländern eingeschränkten Lernmittelfreiheit).

gänzlich befriedigender Weise zu untersuchen. Hierzu bleibt also weiterer Forschungsbedarf bestehen.

3.8   Theorien der Denationalisierung

Im Zuge der europäischen Einigung und den verschiedenen unter dem Schlagwort Globalisierung diskutierten Phänomenen haben, insbesondere nach der Zeitenwende von 1989/90, theoretische Ansätze an Aufmerksamkeit und Bedeutung gewonnen, die Denationalisierungsprozesse und damit verbunden stärkere externe Einflüsse von der inter- und supranationalen Ebene als eine bedeutende, wenn nicht gar die bedeutendste Determinante der Staatstätigkeit ansehen. Zwar ist dies für den Bildungsbereich weniger plausibel, aber dennoch ist es unerlässlich, die einschlägigen Wirkfaktoren auch auf ihn hin zu diskutieren.

Die bildungspolitische Kompetenzverteilung hat sich unter dem Einfluss der Europäisierung kaum verändert, und auch die Auswirkungen der Europäisierung im weiteren Sinne auf die Bildungsausgaben sind bisher eher gering (siehe Abschnitt 2.1). Eine weitere potenziell in das deutsche Bildungswesen intervenierende Variable ist das WTO-Dienstleistungsabkommen (General Agreement on Trade in Services, GATS). Im Rahmen des GATS wurden Bildungsdienstleistungen in fünf Kategorien (primäre, sekundäre, tertiäre, Erwachsenenbildungs- und andere Bildungsdienstleistungen) differenziert. Generell unterscheidet das GATS beim Dienstleistungshandel vier Erbringungsarten (grenzüberschreitende Erbringung, Nutzung im Ausland, kommerzielle Präsenz, Präsenz natürlicher Personen). Das System des Abkommens ermöglicht es den Unterzeichnern[170] prinzipiell, ihren Markt gezielt für einzelne dieser Kategorien und Erbringungsarten (z.B. kommerzielle Präsenz bei sekundären Bildungsdienstleistungen) und differenziert nach privat und öffentlich finanzierten Leistungen[171] zu öffnen. Die Rücknahme einer einmal

---

170 Aufgrund ihrer handelspolitischen Kompetenz ist die EU für ihre Mitgliedstaaten Vertrags- und Verhandlungspartei.

171 In Ausübung hoheitlicher Gewalt erbrachte Dienstleistungen sind vom GATS-Abkommen prinzipiell ausgenommen, der Begriff derselben wird jedoch in Art. I Abs. 3 (c) auf solche Dienstleistungen eingeschränkt, die „weder zu kommerziellen Zwecken noch im Wettbewerb mit einem oder mehreren Dienstleistungserbringern erbracht" werden. Aufgrund der Existenz von Privatschulen in Deutschland kann also beispielsweise der öffentliche Schulsek-

eingegangenen Liberalisierungsverpflichtung ist aber nur gegen eine monetäre Kompensation oder anderweitige Handelserleichterungen möglich. Schon bei Abschluss des Abkommens 1994 hat die EU in den ersten vier Kategorien einige privat finanzierte Bildungsdienstleistungen in die ‚sektorale Länderliste', in der ihre Liberalisierungsverpflichtungen verzeichnet sind, aufgenommen und sich damit in diesen Bereichen zur Meistbegünstigung und Inländerbehandlung verpflichtet. Allerdings behält sich die EU durch eine in ihre Länderliste eingetragene Klausel vor, Subventionen im Bildungsbereich nur an EU-inländische (juristische und natürliche) Personen zu vergeben und den Marktzugang bei Dienstleistungen, die auf nationaler oder örtlicher Ebene als öffentliche Aufgaben betrachtet werden, durch staatliche Monopole oder ausschließliche Rechte privater Betreiber einzuschränken (Scherrer 2003: 86ff.). Dadurch sind die bisherigen Auswirkungen des Abkommens auf das deutsche Bildungswesen gering, nehmen mit dem Wachstum der internationalen Bildungsmärkte aber tendenziell zu. Hinsichtlich der zukünftigen Entwicklung bestehen allerdings unterschiedliche Ansichten: Scherrer zufolge „steht die EU in der derzeitigen Verhandlungsrunde unter Rechtfertigungsdruck, falls sie diese Ausnahmen aufrechterhalten möchte" (ibid.: 90), und von einigen Staaten (z.B. USA, Australien, Neuseeland, Japan) mit stärkeren privaten Bildungsanbietern sind bereits Positionspapiere mit Forderungen nach weiteren Liberalisierungen (und entsprechenden Gegenangeboten) in bestimmten Bildungsdienstleistungsbereichen vorgelegt worden (ibid.: 95f.). Zwar sei es wenig wahrscheinlich, dass sich die EU auf einen völligen Verzicht auf den Subventionsvorbehalt einlassen werde, dies sei aber vor allem für einzelne als marktfähig angesehene Bereiche wie die Weiterbildung nicht sicher. Zudem bestehe die Gefahr, dass der Bildungsbereich in einer Paketlösung für andere handelspolitisch prioritäre Ziele der EU wie die Agrarpolitik als Tauschobjekt herhalten müsse (ibid.: 97f.). O'Keeffe hingegen hat für die Kommission diese Befürchtungen zurückgewiesen und zudem betont, die EU halte die WTO nicht für den „angemessene[n] Ort für Entscheidungen in Bildungsfragen" und habe keinerlei Absichten, die grundlegenden Werte der europäischen Bildungswesen zu untergraben (O'Keeffe 2003: 104). Eine zunehmende Privatisierung des Bildungswesens durch internationale Einflüsse prognostiziert Rux, der das GATS und die Ergebnisse der PISA-Studie als Katalysatoren für Erstere ansieht. Seine Argumentationslinie ist, dass die wahrgenommene

---

tor in Deutschland kaum als zu der Gruppe der in Ausübung hoheitlicher Gewalt erbrachter Dienstleistungen gezählt werden.

Performanzschwäche des öffentlichen Bildungswesens zu stärkerer Privatisierungsneigung führe und die knappen öffentlichen Kassen nicht zu den nötigen dem entgegenwirkenden Investitionen in der Lage seien (Rux 2003: 244ff.). Castles bemerkt zu den Folgen des Welthandels:

> „Increased vulnerability to world trade seems unlikely to be a source of any substantial aggregate expenditure change, since, contrary to the impression frequently given in the globalization literature [...], the trade exposure of Western welfare states has scarcely altered in recent decades." (Castles 2004: 98)

Allerdings gebe es Anzeichen für einen negativen Zusammenhang zwischen Ausgabenveränderungen und der Integration in die internationale Wirtschaft (ibid.: 99).

Tatsächlich erscheint der Effekt der De- und Internationalisierung auf die öffentlichen Bildungsausgaben über die Einnahmeseite der öffentlichen Haushalte bisher größer als derjenige der eigentlichen supra- und internationalen Bildungspolitik. Sicherlich sind die Finanznöte der öffentlichen Hand weniger von der vielgescholtenen Globalisierung verursacht als dies häufig dargestellt wird, sondern vor allem auch von intranationalen Faktoren wie langsamerem Wachstum seit dem Bedeutungszugewinn des Dienstleistungssektors, der Ausreifung sozialstaatlicher Programme und damit einhergehender Staatsausgaben, der demographischen Alterung und der Veränderung von Familien- und Haushaltsstrukturen (vgl. Pierson 2001b: 4 u. 2001c: 81ff. sowie Castles 2004: 100ff.). Die Europäische Integration und die zunehmende internationale Vernetzung und Liberalisierung der Finanz- und Kapitalmärkte seit Anfang der 1980er Jahre hat aber eine höhere Kapitalmobilität und in deren Folge größere Zurückhaltung der Nationalstaaten bei der Besteuerung mobiler Steuerbasen mit sich gebracht (vgl. Scharpf 1997a: 209f. u. 1997c: 520 u. 525). Kompensiert wurde diese vor allem durch höhere Steuern auf weniger mobile Steuerbasen wie Arbeitseinkommen und höhere indirekte Steuern sowie teilweise (in den 1990ern eingeschränkt durch die Maastricht-Kriterien) höhere Staatsverschuldung. Im Ergebnis stagnieren seit Mitte der 1980er Jahre die Anteile der Steuereinnahmen am BIP im OECD-Durchschnitt, ohne allerdings zwischen den Staaten zu konvergieren (vgl. Scharpf 1997b: 23f. u. 31 u. 2000b: 195ff.).[172] Wenn im weiteren Verlauf dieser Arbeit die Auswirkungen

---

172 Während es keinen Königsweg zur Sicherung ökonomischer Lebensfähigkeit der fortgeschrittenen Wohlfahrtsstaaten gebe, zeigen Scharpf zufolge Erfolgsmodelle wie Dänemark, die Schweiz, Australien und die Niederlande a-

der Situation der öffentlichen Haushalte auf die Bildungsausgabenentwicklung untersucht wird, werden also die dahinter stehenden Effekte der Denationalisierung mit zu bedenken sein.[173] Eigenständige Hypothesen ergeben für diese und die zuvor diskutierten Punkte (bei Letzteren wegen des bisher geringen Kompetenztransfers bzw. des bisher noch eng begrenzten Liberalisierungsumfangs) im Rahmen dieser Arbeit aber keinen Sinn.

Anders stellt sich die Situation bei dem dritten hier zu behandelnden Gesichtspunkt dar: Die wachsende internationale wirtschaftliche Vernetzung und der intensivere Standortwettbewerb könnten zu vermehrten Bildungsinvestitionen führen, sowohl um für Firmen attraktive Bedingungen zu bieten als auch um die Teilhabechancen der Bevölkerung zu steigern. (Die Bildungsausgaben lassen sich insofern nicht in die sonst gebräuchliche Dichotomie der Effizienz- und der Kompensationstheorie einordnen, als sie sowohl als die Wettbewerbsfähigkeit steigernde Humankapitalinvestitionen als auch als sozialpolitische Kompensationsbemühungen im Sinne größerer Chanceneröffnung interpretiert werden können.) Politische Maßnahmen zur Steigerung der Produktivität und Innovationsfähigkeit der ansässigen Firmen gewinnen deshalb an Bedeutung, weil es für die Staaten zunehmend schwieriger wird, diese vor den Marktkräften zu schützen (vgl. Scharpf 1997b: 30). Garrett/Mitchell bemerken hierzu:

„[H]ow can countries attract and keep footloose capital if they preside over large welfare states? One answer is that the benefits of the welfare state are substantial. Government can provide a range of collective goods that are undersupplied by the market. These certainly include things like human capital accumulation, physical infrastructure and research and development – as new growth theory suggests." (Garrett/Mitchell 2001: 175)

International wettbewerbsfähigeren (Glied-)Staaten ist es dabei vermutlich leichter möglich, ihr Standing in dieser Hinsicht zu verbessern. Zum einen ist dies interessant hinsichtlich der Bildungsausgabenentwicklung über die Zeit, zum anderen aber auch hinsichtlich regionaler Unterschiede im Sinne selbstverstärkender Clusterbildung.[174]

---

ber durchaus, dass auch im internationalisierten Kapitalismus beschäftigungs- und sozialpolitische Ziele erreichbar seien (Scharpf 2000b: 224).

173 Zu den Auswirkungen der Maastricht-Kriterien auf die Bundesländer-Haushalte vgl. Kropp/Sturm 1998: 51.

174 Zum Konzept der regionalen Wettbewerbsfähigkeit (nicht nur) im europäischen Binnenmarkt und einer Einschätzung derselben für die Regionen Westdeutschlands vgl. Sinz/Steinle 1989. Wie immer bei (angenommenen) selbstverstärkenden Effekten ist hier die Richtung des Kausalzusammenhangs

H_{23}: *Je stärker die internationale Verflechtung und Wettbewerbsfähigkeit der Wirtschaft in einem Bundesland, desto höher sind seine Bildungsausgaben.*

Als Indikator für die Wettbewerbsfähigkeit und internationale wirtschaftliche Verflechtung werden für die Zwecke dieser Arbeit die Exportquote der Bundesländer und die in ihnen getätigten ausländischen Direktinvestitionen (oder FDIs für foreign direct investment) herangezogen. Wegen ihrer (zumindest teilweise) größeren Nähe zur wirtschaftlichen Verwertbarkeit ist der besagte Zusammenhang vermutlich im Hochschulbereich ausgeprägter als im Schulbereich.

3.9   Die These von den ‚New Politics' in Zeiten knapper Kassen

Sind die Kausalmechanismen, die zur Variation der Staatsausgaben (insgesamt und für einzelne Politikfelder) in und zwischen Staaten führen, und damit die theoretischen Ansätze zu ihrer Erklärung in Zeiten üppig sprudelnder öffentlicher Einnahmen und wohlfahrtsstaatlicher Ausbaudynamik dieselben wie in Zeiten knapper Kassen[175] und des Sozialstaatsrückbaus? Diese Frage ist in der vergleichenden Staatstätigkeitsforschung lange mit einem

---

durch korrelative Maße weniger eindeutig herauszuschälen. Ebenso ist die zeitliche Sequenz, mit der Bildungsausgaben auf internationale Einflüsse folgen, zunächst unklar und daher einer näheren Beleuchtung bedürftig.

175 Der in der englischsprachigen Literatur verwendete Begriff ‚austerity' kann auch mit ‚selbstauferlegte Sparsamkeit' übersetzt werden, was den Aspekt stärker betont, dass finanzpolitische Ausgabenreduktionen sowohl auf tatsächlichen als auch auf durch die entscheidenden Akteure (z.B. auch aus ideologischen Gründen) wahrgenommenen Zwängen beruhen können, welche nicht unbedingt identisch sein müssen. Wenn hier von knappen Kassen die Rede ist, schließt dies beide Bedeutungen ein. Es sei angemerkt, dass einerseits der Druck zur Dämpfung der (aufgrund verschiedener Faktoren derzeit in den allermeisten Industrieländern eine inhärente Wachstumsdynamik aufweisenden) Kosten des Sozialstaats, der übrigens mit weiterhin hoher Popularität desselben kontrastiert, kaum bloß der Ideologie oder Fantasie der politischen Entscheider entspringt, andererseits aber in manchen Staaten (z.B. GB und USA in den 1980er Jahren) aus ideologischen Gründen Strategien verfolgt wurden, die auf eine dauerhafte Schwächung der Einnahmesituation der öffentlichen Haushalte zielten, um so langfristig dem abgelehnten Wohlfahrtsstaat seine Basis zu nehmen (vgl. hierzu auch Pierson 1994: 4ff. u. 164f., 2001a: 411ff., 2001b,:13f. u. 2001c).

impliziten Ja beantwortet worden bzw. wurde überhaupt nicht gestellt. Es ist insbesondere Piersons Verdienst, die Aufmerksamkeit der Disziplin mit starken Thesen in seinen Arbeiten von 1994 und 1996 hierauf gelenkt zu haben:

> „My central thesis is that retrenchment is a distinctive and difficult political enterprise. It is in no sense a simple mirror image of welfare state expansion." (Pierson 1994: 1f.)

Siegel hat überzeugend die theoretischen, methodischen und empirischen Schwächen der Argumentation Piersons dafür zurückgewiesen, dass in Zeiten der ‚New Politics of the Welfare State' (Pierson 1996) den Erkenntnissen der ‚Expansionsforschung' keine Erklärungskraft mehr innewohne (Siegel 2002: 94ff.).[176] Während die These einer völlig neuen sozialstaatlichen Funktionslogik damit auf wackligen Beinen steht, spricht Vieles für einen „Erweiterungs- und Modifizierungsbedarf" (ibid.: 91) der etablierten theoretischen Ansätze und für die Vermutung, dass deren relative Erklärungsbeiträge in den beiden (bisher recht holzschnittartig nebeneinander gestellten) Zeiträumen unterschiedlich groß sind. So stellen Kittel/Obinger in ihrer Untersuchung der Dynamik der Sozialausgaben in Zeiten der Austerität für den Zeitraum 1982-97 fest:

> „In total, the evidence first suggests that the effect of politics on social expenditure is rather limited, and, second, tends to support the 'growth-to-limits' and the 'new politics' perspectives more." (Kittel/Obinger 2003: 20)

Für den empirischen Test der Piersonschen These bieten sich zwei unterschiedliche Vorgehensweisen an: Zum einen kann man sich auf einen Zeitpunkt festlegen, ab dem man von Austerität ausgeht, und dann zwei getrennte Analysen für die Teile des Untersuchungszeitraums, die vor und nach diesem Zeitpunkt liegen, vornehmen. Pierson zufolge könnte man z.B. die Ölkrise von 1973 oder, in seinen beiden Untersuchungsfällen, den Amtsantritt der neokonservativen Regierungen Thatcher und Reagan als Zeitenwende definieren (vgl. Pierson 1994: 2f.). Der für die vorliegende Arbeit verwendete Datenpool erlaubt keine so frühen Schnitte, aber in Bezug auf die Ergebnisse von Kittel/Obinger zur Dynamik der Sozialausgaben ist auch eine Sonderbetrachtung der späteren 1990er (und der folgenden) Jahre interessant:

> „[T]he most remarkable finding is that the effects of parties and institutional constraints break down in the 1990s." (Kittel/Obinger 2003: 32)

---

176 Castles bemerkt dazu: „The king must surely be dead before we anoint his successor!" (Castles 2004: 115)

Die stark anwachsenden Schulden und Zinslasten (bei gleichzeitigen Schwierigkeiten auf der Einnahmenseite, siehe Abschnitt 3.4.1) der Bundesländer haben, auch angeheizt durch die Folgen der Wiedervereinigung, ab spätestens Mitte der 1990er Jahren alle Bundesländer (wenn auch in unterschiedlicher Intensität) vor massive Haushaltskonsolidierungsprobleme gestellt (vgl. u.a. Herz 2004 u. Milbradt 1996: 17ff.)[177], deren Auswirkungen auf die Bildungsausgaben eine gesonderte quantitative Analyse und schwerpunktmäßige Beachtung in den Fallstudien verdient.[178] Zum anderen aber

---

177 Kropp/Sturm stehen stellvertretend für viele Analysten mit der Auffassung, dass „[i]n Zukunft [...] eher noch eine Verringerung als eine Erweiterung des Handlungsspielraums der Länder zu erwarten [ist]" (Kropp/Sturm 1998: 51). Und: „In vielen Ländern wird – bei Beibehaltung der Nettoneuverschuldungsquote (Nettokreditaufnahme als Prozentsatz des BIP) – in einigen Jahren schon die exponentiell anwachsende Zinslast jeglichen politischen Gestaltungsspielraum beschneiden" (ibid.: 49). Hinsichtlich der Bildungs- wie der sonstigen Sozialausgaben prognostizierte Flora im Übrigen bereits 1986, dass das Ende der Ausbaustrecke erreicht sei und in Zukunft keine vergleichbaren Wachstumsraten mehr zu erwarten seien (Flora 1986: xxiii).

178 Hinsichtlich einiger Hypothesen seien an dieser Stelle bereits begründete Vermutungen über Art und Richtung möglicher Modifikationen angestellt: Auf Grund der institutionellen Verfestigung und Eigendynamik einmal etablierter Politiken lässt sich fragen, ob sich Rezessionen ebenso schnell in deren Abbau wie Boomphasen in deren Ausbau niederschlagen (vgl. Pierson 1996: 150). Selbiges gilt für die in Ausbauphasen bedeutsamen Einflüsse gewerkschaftlicher und Linksparteienmacht, deren Erosion ebenso durch etwaige institutionelle Trägheit und Eigeninteressen in ihren Auswirkungen gebremst werden könnten (ibid.: 151ff. u. Pierson 1994: 181). Bezüglich der problematischen Finanzierungsbedingungen und der Programmkonkurrenz in harten Zeiten ist anzumerken, dass diese durch den kurzfristig gangbaren Weg in tiefere Verschuldung zwar abgemildert, dadurch auf Dauer aber nicht aufgelöst und vermutlich sogar verschärft werden: „Borrwing does not eliminate trade-offs that must be made between raising taxes or reducing spending on some programs [...]: it merely shifts these trade-offs into the future" (Pierson 2001c: 92). Dass die Bildungsausgaben in Deutschland dabei gesamtstaatlich betrachtet gegenüber der Sozialpolitik in den von Alber so klassifizierten Austeritätsjahren 1975-1983 deutlich schlechter abgeschnitten haben (Alber 1986: 118), lässt für die finanzielle Ausstattung des Bildungswesen bei nunmehr deutlich gravierenderen Haushaltsproblemen Schlimmes befürchten. Standpunkte, Einfluss und Koalitionen von Interessengruppen können sich in mageren Jahren anders als in Ausbauzeiten darstellen, und zwar je nach Position zum (je programmspezifischen) erreichten Status quo und strategischen Erwägungen der jeweiligen Gruppen (vgl. Flora 1986: xxviii u. Pierson 2001c: 102f.). Für alle Akteure gilt Pierson zufolge, dass sie in einem durch den Ausbau der staatlichen (Dienst-)Leistungsprogramme fundamental veränderten

verspricht alternativ eine graduellere, an der tatsächlichen Finanzsituation ansetzende Operationaliserung vielleicht noch interessantere Erkenntnisse. Dazu bietet es sich an, die Schulden- und Zinslast sowie die Gesamtausgaben[179] (bzw. die Entwicklung dieser drei Größen) der Bundesländer als eigene erklärende Variablen mit in die quantifizierenden Analysen aufzunehmen.[180] So kann der Einfluss der Kassenlage als Wirkfaktor neben anderen untersucht werden und ihre tatsächliche, graduelle und nach Untersuchungseinheiten verschiedene Ausprägung einfließen. Beide Varianten sollen im weiteren Verlauf dieser Arbeit zum Zuge kommen, weshalb drei weitere Hypothesen zu beachten sind, wobei die hohe bzw. steigende Schuldenlast und die hohen bzw. steigenden Zinsausgaben sich vermutlich (zumindest langfristig) negativ auf die Bildungsausgaben auswirken, während hohe bzw. steigende Gesamtausgaben (wenn auch weniger eindeutig) wohl tendenziell eher positiv mit den Bildungsausgaben assoziiert sind.

H_{24}: *Es besteht ein negativer Zusammenhang zwischen der Schuldenlast eines Bundeslandes und seinen Bildungsausgaben.*

Terrain operieren (Pierson 1994: 2). Parteieneffekte könnten sich, wie oben schon mit Bezug auf Kittel/Obinger angedeutet, in Zeiten knapper Kassen verringern, da alle Parteien vor ähnlichen Problemen stehen und bei Ausgabenkürzungen oft breite Koalitionen gesucht werden (vgl. auch Pierson 1994: 8). Der letztere, dem Versuch des Vermeidens (alleiniger) elektoraler Verantwortungszuschreibung (um den Begriff ‚blame-avoidance' – wenn auch holprig – zu übersetzen) geschuldete Aspekt ist bei bildungspolitischen Entscheidungen bisher allerdings im Gegensatz zu sozialpolitischen kaum zu beobachten. Generell stellt Pierson die ‚blame-avoidance' in Rück- und Umbauzeiten dem ‚credit-claiming', d.h. dem Versuch politischer Akteure, als alleinverantwortlich für (sozial-) politische Wohltaten in Ausbauzeiten wahrgenommen zu werden, gegenüber, wobei die Verteilung und Wahrnehmung von Kosten und Nutzen auf Wählerseite und damit die strategische Situation für Politiker gerade umgekehrt sei (vgl. u.a. Pierson 1994: 2, 8 u. 18).

179 Die Gesamtausgaben bilden im Gegensatz zur Schulden- und Zinslast stärker den Willen der jeweils aktuellen Regierung und ihre Wahrnehmung davon, welche Ausgaben sie sich leisten kann, ab.

180 Die Finanzierung der Bildungspolitik gerät Schmidt zufolge in Deutschland besonders unter Druck durch die Folgen des Schuldenstandes (und des geringem Wirtschaftswachstums) (Schmidt 2002b: 16; siehe auch Schmidt 2004: 21). Vgl. hierzu auch folgendes Zitat aus dem jüngsten Bildungsbericht: „Die Entwicklung der öffentlichen Haushalte und das – im internationalen Vergleich – geringe Gewicht der öffentlichen Bildungsausgaben gefährdet die Umsetzung intendierter Reformen des Bildungssystems" (Avenarius et al. 2003b: 4).

H_{25}: Es besteht ein negativer Zusammenhang zwischen den Zinsverpflich-
tungen eines Bundeslandes und seinen Bildungsausgaben.

H_{26}: Es besteht ein positiver Zusammenhang zwischen den Gesamtaus-
gaben eines Bundeslandes und seinen Bildungsausgaben.

Für alle bislang in Kapitel 3 vorgestellten Hypothesen gilt, dass sie auf eine eventuelle Gerichtetheit (also Gültigkeit nur in entweder Ausbau- oder Konsolidierungs-/Rückbauzeiten) zu überprüfen sein werden. Die u.a. von Esping-Andersen vertretene Reversibilitätsannahme, dass „a theory that seeks to explain welfare state growth should also be able to understand its retrenchment and decline" (Esping-Andersen 1990: 32) leuchtet diesbezüglich insofern weder theoretisch noch als Ziel eines Forschungsprojektes unmittelbar ein, als zum einen nicht einfach gesetzt werden kann, dass dem so ist, und zum anderen eine so starke, absichtliche Simplifizierung eventuell mit hohen Kosten hinsichtlich der Erklärungskraft verbunden sein könnte. Des Weitern werden alle Faktoren hinsichtlich ihres Einflusses auf die Bildungsausgaben in der Bestands- und Veränderungsperspektive untersucht.

4   Erträge des quantifizierenden Hypothesentests[181]

Welche der im vorangegangenen Kapitel aus den Theorien der Staatstätigkeitsforschung hergeleiteten Faktoren können tatsächlich einen Beitrag zur
Erklärung der Variation der Bildungsausgaben der Bundesländer liefern, welche der formulierten Hypothesen erweisen sich als (in welchem Maße) zutreffend? In diesem Kapitel sollen durch die Auswertung quantitativer Evidenz
Antworten auf diese Fragen gegeben werden. Die ‚Inspektion von Kovarianz
über die Fälle von einigen erklärenden Variablen und den zu erklärenden Ergebnissen' (Hall 2003: 389) bzw. die ‚Anpassung von Modellen an [den]
Datensatz' (Sayer 1992: 184), von den zitierten Autoren eher despektierlich
betrachtet, hier aber unersetzlich, soll dabei dazu nutzbar gemacht werden, in
zahlreichen Quer- und Längsschnitts- sowie über beide Dimensionen gepoolten Analysen erklärungskräftige von weniger erklärungskräftigen unabhängigen Variablen zu scheiden und Letztere auf ihre Robustheit über Raum, Zeit
und unterschiedliche Modellspezifikationen hinweg zu überprüfen.[182] Eine
Mahnung von Gary King gilt es dabei im Hinterkopf zu behalten:

„Most of the rigorous statistical tools we use were developed to keep us from
fooling ourselves into seeing patterns or relationships where none exist. This is
one area where quantitative analysis most excels over other approaches, but, just
like those other approaches, we still need to be cautious. Anyone can provide
some evidence that he or she is right; a better approach is to try hard to show

---

181 Gegenüber der als Dissertation eingereichten Fassung wurde dieses Kapitel
     für die Publikation um der Leserfreundlichkeit Willen deutlich gekürzt. Die
     ausführlichere Fassung ist bei Interesse (z.B. an umfangreicherem Datenmate-
     rial, kleinschrittigerer Nachvollziehbarkeit und intensiverer Methodendiskus-
     sion) beim Verfasser erhältlich.

182 Für die vorliegende Arbeit wird unter Robustheit quantitativer Evidenz für
     einen Erklärungsfaktor verstanden, dass die einschlägigen Parameter in der
     Korrelations- und Regressionsanalyse (hier etwa der partielle Regressionsko-
     effizient, die Standardabweichung und das Signifikanzniveau) in verschiede-
     nen Analyseschnitten und Modellspezifikationen einigermaßen konstant blei-
     ben. Die häufig anzutreffende Praxis, in Veröffentlichungen lediglich die Er-
     gebnisse einer einzigen Regressionsanalyse vorzustellen und auf die Frage der
     Robustheit bei Variationen nicht einzugehen, lässt Raum für den Verdacht,
     dass willkürlich das mit den eigenen (z.B. theoretischen) Vorstellungen der
     Autoren verträglichste Modell heraus gegriffen wurde.

that you are wrong and to publish only if you fail to do so. Eventually we may have more of the latter than the former." (King 1990: 25)

Im Hinblick auf die hier unterstellte Präferenz des Forschers für ein bestimmtes Ergebnis ist allerdings anzumerken, dass mit der vorliegenden Arbeit gerade nicht das Ziel verfolgt wird, eine bestimmte Theorie gegenüber anderen zu verteidigen, sondern diese so neutral wie möglich anhand der empirischen Daten gegeneinander abzuwägen. Aus diesem Blickwinkel ist auch die Publikation von Ergebnissen, die das Nicht-Vorhandensein von Zusammenhängen aufzeigen, in gleicher Weise erstrebenswert wie gegenteilige Erkenntnisse. Und eben dies ist ja der eigentliche Hauptgesichtspunkt, den King anspricht: Quantifizierende Analysen sind nicht dazu da, selektiv Indizien für favorisierte Zusammenhänge zu demonstrieren. In Anbetracht derartiger Tendenzen in weiten Teilen der politikwissenschaftlichen Literatur kann dies nicht häufig genug betont werden.

Vor der Präsentation der quantifizierenden Analysen aber wird im ersten Unterabschnitt dieses Kapitels (4.1) der deskriptiven Darstellung der Bildungsausgaben der Bundesländer nochmals breiterer Raum als in Abschnitt 1.1 eingeräumt, um dem Leser und der Leserin ein umfassenderes Bild der zu erklärenden Variation zu vermitteln. Darauf folgt eine eingehendere (und technischere) Diskussion der angewandten quantifizierenden Methoden mit besonderem Schwerpunkt auf einer kritischen Literaturübersicht zur Analyse gepoolter Zeitreihen (4.2). Wer an solcherlei Übungen wenig Freude findet, mag unbeschwert direkt zu den ausgewählten Korrelations- und Regressionsergebnissen (4.3) übergehen. Diese sind nach Analyseperspektiven und -techniken geordnet und werden, um den Rückbezug zu den theoretischen Erwägungen in Kapitel 3 zu erleichtern (sowie in der Hoffnung auf eine dadurch gestärkte Leserfreundlichkeit) in einem weiteren Unterkapitel (4.4) anhand der erklärungskräftigsten Faktoren zusammengefasst. Die Residuendiagnostik schließlich (4.5) dient der differenzierten Interpretation der Ergebnisse eines zentralen Regressionsmodells und der Überleitung zu den Erkenntnissen aus den Fallstudien.

4.1   Deskriptives: Ein genauerer Blick auf die Bildungsausgaben

In Abschnitt 1.1 wurden bereits die Bildungsausgabenquote (der Anteil der Bildungsausgaben am BIP) und die preisbereinigten Pro-Kopf-Bildungsausgaben der Bundesländer im Jahr 2002 sowie deren Veränderung gegenüber 1992 dargestellt. In den Tabellen 4-1-1 bis 4-1-5 werden nun die jährlichen Bestandswerte für beide Messgrößen sowie Veränderungen und Durchschnitte über längere Perioden (v.a. 5- bzw. 6- und 10- bzw. 11-Jahreszeiträume) aufgeführt. Ergänzt werden diese Angaben im ersteren Fall durch Durchschnittswerte für alle Länder, Ost- und West-Länder, Stadt- und Flächenstaaten sowie Spannweiten, und die für die westlichen Bundesländer verfügbaren Daten der Jahre vor 1992 hierzu werden der besseren Übersichtlichkeit halber in separaten Tabellen aufgelistet. Wie bereits in Abschnitt 1.1 dargelegt, wurden die Bildungsausgaben der Stadtstaaten aufgrund des Doppelcharakters derselben als Länder und Kommunen um ihren fiktiven Kommunalanteil bereinigt.

Tabelle 4-1-1:   Die Bildungsausgabenquoten der Bundesländer, 1992-2002

	1992	1993	1994	1995	1996	1997	1998	1999	2000	2001	2002
Baden-Württemberg	2,77	2,94	2,90	2,91	2,95	2,88	2,80	2,81	2,79	2,79	2,82
Bayern	2,47	2,53	2,44	2,52	2,56	2,53	2,46	2,42	2,37	2,35	2,23
Berlin	4,02	4,21	3,97	4,00	4,04	3,92	3,72	3,68	3,50	3,55	3,76
Brandenburg	4,37	4,78	4,40	4,35	4,23	4,17	4,04	3,79	3,38	3,23	2,95
Bremen	2,55	2,61	2,47	2,58	2,57	2,57	2,51	2,59	2,58	2,55	2,64
Hamburg	2,03	2,09	2,07	2,09	2,23	2,10	2,02	2,03	2,04	2,19	2,06
Hessen	2,25	2,33	2,30	2,28	2,22	2,16	2,13	2,13	2,09	2,11	2,11
Mecklenburg-V.	4,70	4,60	4,47	4,64	4,83	4,68	4,55	4,37	4,30	4,20	4,34
Niedersachsen	2,88	2,98	2,87	2,94	2,93	2,85	2,80	2,77	2,71	2,91	2,91
Nordrhein-W.	2,55	2,66	2,68	2,70	2,77	2,78	2,71	2,70	2,71	2,70	2,76
Rheinland-Pfalz	2,66	2,74	2,73	2,79	2,85	2,82	2,84	2,75	2,79	2,80	2,59
Saarland	2,75	2,95	2,82	2,76	2,69	2,74	2,71	2,70	2,69	2,70	2,60
Sachsen	5,04	4,45	3,97	3,97	3,93	4,04	4,07	4,06	4,09	3,92	3,98
Sachsen-Anhalt	6,40	6,10	5,39	4,69	4,53	4,74	4,57	4,56	4,48	4,44	4,40
Schleswig-Holstein	2,65	2,67	2,63	2,63	2,61	2,57	2,54	2,53	2,48	2,43	2,45
Thüringen	6,61	7,09	6,27	6,22	6,23	5,89	5,56	5,48	5,33	5,19	4,72
Durchschnitt	3,54	3,61	3,40	3,38	3,39	3,34	3,25	3,21	3,14	3,13	3,08
Spannweite	4,58	5,00	4,20	4,13	4,01	3,79	3,54	3,45	3,29	3,08	2,66
Ostländer[183]-Ø	5,42	5,40	4,90	4,77	4,75	4,70	4,56	4,45	4,32	4,20	4,08
Westländer-Ø	2,56	2,65	2,59	2,62	2,64	2,60	2,55	2,54	2,52	2,55	2,52
Stadtstaaten-Ø	2,87	2,97	2,84	2,89	2,95	2,86	2,75	2,77	2,71	2,76	2,82
Flächenländer-Ø	3,7	3,76	3,53	3,49	3,49	3,45	3,37	3,31	3,24	3,21	3,14

---

183 Berlin wird hier wie in der gesamten Arbeit ab 1990 weder dem Westen noch dem Osten zugerechnet.

Ersichtlich wird aus dieser Aufstellung ein deutlicher Abwärtstrend der durchschnittlichen Bildungsausgabenquote der Bundesländer und ihrer Spannweite. (Letzteres spricht für eine Konvergenzentwicklung.) Dieser Trend geht vor allem auf das Konto der von einem deutlich überdurchschnittlichen Niveau aus startenden Bildungsausgabenquoten der östlichen Bundesländer, im Gegensatz zu denen die westlichen Länder bis Mitte der 1990er Jahre eine leicht ansteigende Tendenz aufweisen, die danach im Durchschnitt aber wieder durch eine Rückkehr zum ungefähren Ausgangsniveau konterkariert wird. Größere jährliche Sprünge der Bildungsausgabenquote von über zwei Zehntelpunkten des BIP kommen mit zwei Ausnahmen (Niedersachsen 2001 positiv, Rheinland-Pfalz 2003 negativ) nur in ostdeutschen Ländern vor, und dann mit Ausnahme von 1993 fast nur nach unten. Jahre mit ganz überwiegend negativen Vorzeichen der Veränderungen sind 1994 (15 Fälle), 1997 (12), 1998 (14), 1999 (12) und 2000 (12). Eine deutliche Überzahl positiver Vorzeichen dagegen ist nur für 1993 (13) zu registrieren. Über den gesamten Zeitraum gesehen eine positive Veränderung melden können Baden-Württemberg, Bremen, Hamburg, Niedersachsen und Nordrhein-Westfalen.

Einen Blick auf die Situation in den alten Bundesländern in vorhergehenden Jahren bietet die Tabelle 4-1-2. Während die Spannweite in diesem Zeitraum in Westdeutschland keinen einheitlichen Trend aufweist, sinkt die durchschnittliche Bildungsausgabenquote der Bundesländer – und zwar ebenso der Flächenländer wie der Stadtstaaten – um knapp 0,8 Prozentpunkte. Nimmt man dies mit der Entwicklung ab 1992 in ganz Deutschland zusammen (hier war ein Absinken von ca. 0,4 Prozentpunkten zu verzeichnen), wird deutlich, dass der Anteil des Volkseinkommens, den die Bundesländer in die Bildung investieren, in den letzten 25 Jahren des vergangenen Jahrhunderts massiv reduziert wurde. Allerdings sind die massiven Investitionen in das ostdeutsche Bildungswesen vor allem Anfang der 1990er Jahre zu beachten, die zu einem Gutteil aus Transferleistungen aus Westdeutschland finanziert wurden und ohne die ab 1992 ein deutlich geringerer Abwärtstrend zu konstatieren wäre, da der Trendpfeil im Westen in diesem Zeitraum (auf niedrigem Niveau) ungefähr waagrecht ist.

Bei einer Betrachtung der in Tabelle 4-1-3 aufgeführten durchschnittlichen Bildungsausgabenquoten über längere Perioden fällt auf, dass lediglich in drei Bundesländern der Durchschnittswert für die zweite Fünfjahresperiode nicht unter demjenigen für die erste liegt, wobei Bremen und Rheinland-Pfalz nahezu unverändert bleiben und lediglich Nordrhein-Westfalen eine leichte, aber klare Steigerung aufweist.

Tabelle 4-1-2:   Die Bildungsausgabenquoten der alten Bundesländer, 1975-1991[184]

	1975	1980	1985	1986	1987	1988	1989	1990	1991
Baden-Württemberg	3,46	3,60	3,14	3,03	3,07	2,97	2,86	2,76	2,74
Bayern	3,43	3,12	2,86	2,75	2,69	2,64	2,55	2,48	2,44
Berlin	4,45	4,66	4,17	4,04	4,12	4,12	4,07	4,00	3,85
Bremen	3,68	3,27	2,91	2,80	2,78	2,76	2,68	2,54	2,59
Hamburg	2,61	2,56	2,44	2,42	2,41	2,33	2,24	2,09	2,00
Hessen	3,48	3,23	2,85	2,78	2,73	2,56	2,42	2,32	2,24
Niedersachsen	3,67	3,73	3,41	3,39	3,43	3,26	3,11	3,02	2,82
Nordrhein-W.	3,18	3,21	2,96	2,82	2,79	2,71	2,60	2,54	2,50
Rheinland-Pfalz	3,26	3,06	2,85	2,74	2,72	2,68	2,58	2,58	2,60
Saarland	3,53	3,43	3,17	3,17	3,16	3,10	3,12	2,84	2,80
Schleswig-Holstein	3,03	3,15	3,02	3,08	3,07	2,96	2,89	2,72	2,67
Durchschnitt	3,43	3,37	3,07	3,00	3,00	2,92	2,83	2,72	2,66
Spannweite	1,84	2,10	1,73	1,62	1,71	1,79	1,83	1,91	1,85
Stadtstaaten-Ø	3,58	3,50	3,17	3,09	3,10	3,07	3,00	2,88	2,81
Flächenländer-Ø	3,38	3,32	3,03	2,97	2,96	2,86	2,77	2,66	2,60

Tabelle 4-1-3:   Längerfristige Durchschnitte und Veränderungen in beiden Messgrößen

	Bildungsausgabenquote						Pro-Kopf-Bildungsausgaben					
	Ø[185] 1992-1996	Ø 1997-2002	Ø 1992-2002	V 1997-1992	V 2002-1997	V 2002-1992	Ø 1992-1996	Ø 1997-2002	Ø 1992-2002	V 1997-1992	V 2002-1997	V 2002-1992
BW	2,89	2,82	2,85	0,11	-0,06	0,05	716	727	722	2	23	25
BY	2,50	2,39	2,44	0,06	-0,30	-0,24	623	631	627	11	-35	-24
BE	4,05	3,69	3,85	-0,10	-0,16	-0,26	885	772	823	-37	-56	-93
BB	4,43	3,59	3,97	-0,20	-1,22	-1,42	583	544	562	135	-163	-28
HB	2,56	2,57	2,57	0,02	0,07	0,09	739	786	765	1	78	79
HH	2,10	2,07	2,09	0,07	-0,04	0,03	778	806	794	40	15	55
HE	2,28	2,12	2,19	-0,09	-0,05	-0,14	608	593	600	-29	17	-12
MV	4,65	4,41	4,52	-0,02	-0,34	-0,36	603	659	634	180	-22	158
NS	2,92	2,83	2,87	-0,03	0,06	0,03	598	584	590	-30	29	-1
NW	2,67	2,73	2,70	0,23	-0,02	0,21	609	632	621	34	10	44
RP	2,75	2,77	2,76	0,16	-0,23	-0,07	560	569	565	13	-30	-17
SL	2,79	2,69	2,74	-0,01	-0,14	-0,15	573	566	569	-24	5	-19
SN	4,27	4,03	4,14	-1,00	-0,06	-1,06	562	612	589	46	25	71
SA	5,42	4,53	4,94	-1,66	-0,34	-2,00	672	665	668	0	0	0
SH	2,64	2,50	2,56	-0,08	-0,12	-0,20	553	529	540	-22	-24	-46
TH	6,48	5,36	5,87	-0,72	-1,17	-1,89	810	779	793	151	-117	34

Bereits erwähnt wurde, dass über den gesamten Zeitraum in fünf Ländern ein Aufwärtstrend zu verzeichnen ist. In einer differenzierten Betrachtung für

---

184 Für die Jahre 1976-1979 und 1981-1984 stehen leider keine vergleichbar aufbereiteten Bildungsausgabendaten zur Verfügung.

185 Ø steht für den Durchschnitt der jeweiligen Jahre, V für die Veränderung über den jeweiligen Zeitraum.

die Jahre vor und nach 1997 sticht ins Auge, dass hinsichtlich der Veränderung von 1992 bis 1997 immerhin sechs Länder ein positives Vorzeichen paradieren können[186], über die fünf Jahre von 1997 bis 2002 aber nur noch zwei, Bremen und Niedersachsen.[187] Vor allem die Jahre 1997 bis 2000 (siehe Tabelle 4-1-1) deuten auf eine zum Ende des vergangenen Jahrhunderts sinkenden Stellenwert der Bildung bei der Verteilung des Volkseinkommens hin.

Um die Bildungsausgaben unabhängig von der ökonomischen Potenz des jeweiligen Landes zu betrachten, bieten sich die (preiskorrigierten) Pro-Kopf-Bildungsausgaben an. Sie geben Auskunft über die lediglich um die Bevölkerungsgrößenunterschiede und die Inflation bereinigten absoluten Anstrengungen (für jährliche Werte siehe Tabelle 4-1-4).

Tabelle 4-1-4:   Die Pro-Kopf-Bildungsausgaben der Bundesländer (in €), 1992-2002

	1992	1993	1994	1995	1996	1997	1998	1999	2000	2001	2002
Baden-Württemberg	712	708	705	719	734	714	716	733	733	728	737
Bayern	625	619	603	627	642	636	640	642	634	632	601
Berlin	864	923	871	891	876	827	788	780	733	730	771
Brandenburg	481	582	600	627	626	616	601	580	520	491	453
Bremen	750	743	715	749	740	751	755	788	800	792	829
Hamburg	755	765	758	777	836	795	783	790	803	857	810
Hessen	612	613	606	609	598	583	584	599	592	599	600
Mecklenburg-V.	504	545	599	662	706	684	668	665	648	626	662
Niedersachsen	605	605	589	598	592	575	580	578	565	604	604
Nordrhein-W.	597	598	604	618	627	631	626	631	634	628	641
Rheinland-Pfalz	557	547	550	570	577	570	578	572	579	577	540
Saarland	582	586	574	578	545	558	561	568	570	573	563
Sachsen	553	542	545	582	590	599	608	623	620	597	624
Sachsen-Anhalt	672	719	702	634	631	672	656	671	663	657	672
Schleswig-Holstein	562	552	544	553	552	540	537	541	529	512	516
Thüringen	687	829	826	842	866	838	806	733	799	778	721
Durchschnitt	632	655	649	665	671	662	655	656	651	649	647
Spannweite	383	381	327	338	331	298	269	249	283	366	376
Ostländer-Ø	579	643	654	669	684	682	668	654	650	630	626
Westländer-Ø	636	634	625	640	644	635	636	644	644	650	644
Stadtstaaten-Ø	790	810	781	806	817	791	775	786	779	793	803
Flächenländer-Ø	596	619	619	632	637	632	628	626	622	616	610

Die durchschnittliche Entwicklung der preiskorrigierten Pro-Kopf-Bildungsausgaben verläuft anders als die der Bildungsausgabenquote: Der Gesamtdurchschnitt wächst in den ersten Jahren ebenfalls an, fällt dann aber

---

186 Zöge man die Zeitgrenze 1996, wären es mit neun Ländern sogar eine Mehrheit.

187 Von 1996 bis 2001 stieg die Bildungsausgabenquote gar nur in einem Land, dem Saarland.

nicht wie bei der Quote deutlich unter das Ausgangsniveau ab, sondern verbleibt darüber. Die Spannweite nähert sich nach zwischenzeitlichem Rückgang wieder ihrem hohen Ausgangsniveau von fast 400 € und beträgt damit fast zwei Drittel des Durchschnittswerts. Die Stadtstaaten weisen auch nach der oben beschriebenen Korrektur ihrer Werte um den geschätzten Kommunalanteil ihrer Ausgaben ein um knapp ein Drittel über demjenigen der Flächenländer liegendes, sich um die 800 €-Schwelle bewegendes Niveau auf. Die ostdeutschen Länder liegen anfangs knapp hinter den westdeutschen, überholen diese dann Mitte der 1990er Jahre, fallen zum Ende des Beobachtungszeitraums aber wieder zurück. Hinsichtlich der Pro-Kopf-Bildungsausgaben zeigt sich im Ost-West-Vergleich, das wird auch weiter unten bei der Betrachtung der Durchschnittswerte für die einzelnen Länder über die Zeit deutlich werden, ein weit weniger einheitliches Bild als bei der Bildungsausgabenquote.

Auch bezüglich der zweiten Messgröße lohnt sich hier (in Tabelle 4-1-5) ein Seitenblick auf die Situation in den alten Bundesländern in den Jahren vor dem für Gesamtdeutschland möglichen Beobachtungszeitraum: Auch vor 1992 liegen die Werte der Stadtstaaten deutlich über denjenigen der Flächenländer. Drastisch fällt der Vereinigungsschock in Berlin aus: Die Pro-Kopf-Bildungsausgaben sinken von 1990 auf 1991 um 20 Prozent. (Die Bildungsausgabenquote dagegen ging – wohl aufgrund des deutlich niedrigeren BIPs im Ostteil der Stadt – nur um drei Prozent [nicht Prozentpunkte!] zurück.) Die anderen Länder weisen insgesamt von 1985 bis 1991 eine ansteigende Tendenz auf, zwischen 1975 und 1980 ist in allen ein deutlicher Sprung nach oben zu konstatieren, zwischen 1980 und 1985 mit Ausnahme von Hamburg überall ein mehr oder weniger großer Rückgang, der aber außer in Bremen überall auf ein Niveau führt, das deutlich über jenem von 1975 liegt. Die Spannweite beschreibt eine Wellenlinie, deren Täler anfangs und am Ende (hier durch den vereinigungsbedingten Einbruch beim Spitzenreiter Berlin verursacht) deutlich tiefer als in der Mitte liegen. In der Zusammenschau mit der Situation im wiedervereinigten Deutschland ab 1992 sind keine großen Sprünge ersichtlich: Der Durchschnitt aller 16 Länder im Jahr 2001 liegt sehr nahe bei dem der elf Länder 1989 (und auch 1980). Die bei der Betrachtung der Bildungsausgabenquote offenbar gewordene Abwärtsentwicklung ist hinsichtlich der preisbereinigten Pro-Kopf-Bildungsausgaben also nicht zu konstatieren – korrigiert man nicht für die wirtschaftliche Leistungsfähigkeit, ergibt sich ein Bild relativ großer Konstanz, allerdings auf stark unterschiedlichen Niveaus in den einzelnen Ländern. Diese Variation zwischen den Ländern verläuft wie bereits erwähnt nicht entlang der ehemaligen Grenze zwischen den beiden deutschen Staaten, sie trennt zum einen Stadtstaaten von Flächenländern, aber sowohl im Osten als auch im Westen auch die Flächenländer untereinander bei Spannweiten von deutlich über 200 € oder etwa einem Drittel des Bundesdurchschnitts. Diese Unterschiede zu erklären wird eine wichtige Aufgabe in den späteren Abschnitten der vorliegenden Arbeit sein.

Tabelle 4-1-5:   Die Pro-Kopf-Bildungsausgaben der alten Bundesländer, 1975-1991

	1975	1980	1985	1986	1987	1988	1989	1990	1991
Baden-Württemberg	576	712	649	667	701	703	696	700	705
Bayern	512	566	556	567	583	590	583	593	608
Berlin	806	1002	967	971	959	975	970	994	789
Bremen	708	769	675	679	701	723	713	717	761
Hamburg	636	733	742	768	761	750	747	739	743
Hessen	553	619	581	602	618	606	592	598	605
Niedersachsen	498	601	564	589	611	604	592	599	589
Nordrhein-W.	526	612	575	576	582	582	571	575	583
Rheinland-Pfalz	470	522	508	522	527	537	524	538	552
Saarland	492	566	555	586	591	598	619	586	597
Schleswig-Holstein	435	504	487	530	558	558	555	554	563
Durchschnitt	565	655	624	642	654	657	651	654	645
Spannweite	371	498	480	449	432	438	446	456	237
Stadtstaaten-Ø	717	835	795	806	807	816	810	817	764
Flächenländer-Ø	508	588	559	580	596	597	592	593	600

Die jährlichen Veränderungen der Pro-Kopf-Bildungsausgaben zeigen hinsichtlich der Volatilität deutliche Unterschiede: Während Sprünge von mehr als 20 € in den westdeutschen Flächenländern kaum (insgesamt sechs Mal) vorkommen, sind sie in den Stadtstaaten und den ostdeutschen Flächenländern (bei Letzteren an 26 von 50 Messpunkten) eher die Regel als die Ausnahme. Jahre mit einer Mehrzahl von Ländern mit negativen Vorzeichen sind 1994, 1997, 2000 und 2001. In den ersten Dreien war dies auch bei der Bildungsausgabenquote der Fall, sodass in diesen die negative Tendenz nicht bloß (Konjunktur-)Schwankungen bei der Bezugsgröße derselben zugeschrieben werden kann. In der entgegengesetzten Richtung sticht das Jahr 1995 heraus, in dem 15 Bundesländer (teils sehr deutlich) ansteigende Pro-Kopf-Bildungsausgaben aufweisen.

Vergleicht man die in Tabelle 4-1-3 aufgeführten Durchschnitte der Pro-Kopf-Bildungsausgaben der einzelnen Länder in den beiden Subperioden, so sind in jeweils acht Ländern die Werte der einen Periode höher als die der anderen. Auf beide Gruppen verteilen sich die verschiedenen ansonsten unterschiedenen Ländergruppen (Ost-West und Stadt-Fläche), sodass kein einheitlicher Trend irgendeiner Art zu identifizieren ist. Bei den längerfristigen Veränderungen fallen im Übrigen in Brandenburg, Mecklenburg-Vorpommern und Thüringen jeweils große Sprünge in entgegengesetzten Richtungen auf: In der ersten Teilperiode von 1992 bis 1997 steil bergauf, in der zweiten von 1997 bis 2001 (nicht ganz so) steil nach unten. In Sachsen weist der Trendpfeil dagegen durchgängig nach oben. Berlin verzeichnet in beiden Teilperioden einen deutlichen Rückgang, Hamburg dagegen insgesamt und vor allem in der ersten Teilperiode einen starken Anstieg. Für die im Allgemeinen weniger wechselhaften Verhältnisse westdeutscher Flächenländer deutliche Sprünge nach unten weisen Schleswig-Holstein in beiden Teilperioden, Hessen und das Saarland in der ersten und Bayern und Rheinland-Pfalz in der zweiten Teilperiode auf, nach oben Nordrhein-Westfalen in der ersten und Baden-Württemberg sowie vor allem Bremen in der zweiten Teilperiode. Niedersachsen schließlich landet nach zwei großen Sprüngen (zunächst nach unten, dann nach oben) wieder beim Ausgangspunkt.

Im Streudiagramm der durchschnittlichen Bildungsausgaben der einzelnen Bundesländer in beiden Messgrößen über den gesamten Untersuchungszeitraum (Abbildung 4-1-1) kristallisieren sich drei Cluster und zwei Ausreißer heraus. Bei Letzteren handelt es sich um Thüringen mit seinen weit überdurchschnittlichen Werten in beiden Messgrößen und Berlin, das stadtstaatentypisch hohe Pro-Kopf-Bildungsausgaben mit einer Bildungsausgabenquote kombiniert, welche zwischen den relativ hohen Werten der Ost- und den niedrigeren der West-Länder liegt. Die westlichen Stadtstaaten bilden sodann ein gemeinsames Cluster mit Baden-Württemberg, das aufgrund seiner vergleichsweise hohen Pro-Kopf-Bildungsausgaben deutlich abseits der ansonsten eng beieinander liegenden übrigen westlichen Flächenländer positioniert ist. Die anderen ostdeutschen Flächenländer schließlich liegen wie an einer Schnur aufgereiht, entlang der die Ausgaben in beiden Messgrößen steigen (und in deren Verlängerung man auf den Ausreißer Thüringen trifft).

Abbildung 4-1-1:   Streudiagramm der Bildungsausgaben-
                     Durchschnittswerte für die einzelnen Länder
                     über den gesamten Beobachtungszeitraum in
                     beiden Messgrößen

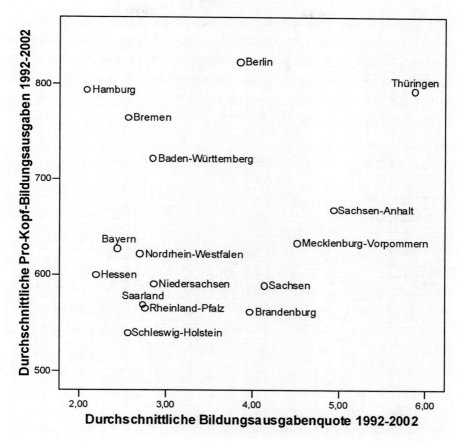

Eine weitere Messgröße, die interessante Informationen über die Entwicklung der Bildungsausgaben in den Bundesländern geben kann, ist die in den Tabellen 4-1-6 und 4-1-7 aufgeführte Bildungsausgaben-Elastizität. Sie wird berechnet als Relation zwischen den jährlichen Veränderungen der Bildungsausgaben im Verhältnis zum Vorjahr und den jährlichen Veränderungen der Gesamtausgaben im Verhältnis zum Vorjahr und zeigt auf, wie sich die Bildungsausgaben relativ zum Gesamthaushalt des jeweiligen Landes im entsprechenden Jahr entwickelt haben. Sie gibt also Informationen über das relative finanzielle Standing der Bildungspolitik bei gegebener Gesamthaushalts-

entwicklung. Ein Wert über 1 zeigt dabei ein gestiegenes Gewicht der Bildungsausgaben am Gesamthaushalt an, ein Wert unter 1 eine Abnahme desselben. Werte, die um mehr als 0,05 von 1 abweichen, kommen in vier Ländern gar nie vor, in Bayern, Bremen, Hamburg, Hessen, Sachsen und Thüringen je nur einmal, in Baden-Württemberg, Mecklenburg-Vorpommern und
Sachsen-Anhalt zweimal, im Saarland dreimal, in Berlin viermal und in Brandenburg fünfmal. Während in dieser Auszählung keine systematischen Muster
entlang der üblichen Länderkategorisierungen festzustellen sind, kommen
extreme Werte mit Abweichungen über 0,1 von 1 nur in Berlin, Brandenburg,
Hamburg, Sachsen-Anhalt und Thüringen vor.

Tabelle 4-1-6:   Die Elastizität der Bildungsausgaben der Bundes-
                   länder, 1993-2002[188]

	1993	1994	1995	1996	1997	1998	1999	2000	2001	2002
Baden-Württemberg	1,016	1,034	0,969	1,018	1,027	0,949	1,039	0,968	0,980	1,058
Bayern	1,004	0,987	0,997	0,989	1,025	1,005	0,994	0,989	1,002	0,933
Berlin	1,061	0,964	0,959	1,004	0,943	0,957	0,995	0,957	0,943	1,152
Brandenburg	1,220	1,018	1,058	1,009	1,032	0,970	0,978	0,927	0,947	0,900
Bremen	1,019	0,989	1,033	0,973	1,010	0,990	1,025	1,026	0,992	1,057
Hamburg	1,010	0,997	1,021	1,026	0,956	0,971	1,024	1,007	1,113	1,047
Hessen	0,984	1,020	1,006	0,937	0,999	1,002	0,970	0,986	1,018	1,036
Mecklenburg-V.	1,048	1,060	1,069	1,026	1,018	0,977	1,006	1,001	0,994	1,017
Niedersachsen	1,014	0,996	1,030	1,005	0,996	1,002	0,999	0,974	1,033	1,011
Nordrhein-W.	1,001	1,022	0,995	0,999	1,001	1,002	1,004	1,010	0,988	1,028
Rheinland-Pfalz	0,993	1,024	1,018	0,972	1,024	1,017	0,986	1,019	1,002	0,951
Saarland	1,000	1,012	1,020	0,933	1,055	0,997	1,013	1,001	1,050	0,962
Sachsen	1,045	1,020	0,985	0,992	1,063	1,038	1,009	0,968	1,024	1,007
Sachsen-Anhalt	1,108	0,964	0,844	1,013	1,033	1,013	1,029	0,978	1,021	1,011
Schleswig-Holstein	1,014	0,996	1,008	1,001	1,020	0,986	0,995	0,987	0,971	1,017
Thüringen	1,123	0,980	1,011	0,981	0,984	0,959	1,005	0,993	1,001	0,956

Lediglich in zwei von neun Jahren, nämlich 1998 (neun Fälle) und 2000
(zehn Fälle) lag die Elastizität in einer Mehrheit der Bundesländer unter 1. In
zehn Ländern ist in der Mehrheit der Jahre eine Elastizität über 1 zu registrieren. Über den gesamten Beobachtungszeitraum (siehe Tabelle 4-1-7) ist die
Elastizität in zehn Bundesländern größer als 1, Ergebnisse klar unter 1 liefern
dabei Berlin, Bayern und Hessen, sehr deutlich darüber Mecklenburg-
Vorpommern, Sachsen, Hamburg und Bremen. Über der 1,05-Schwelle liegen
außerdem Niedersachsen, Baden-Württemberg und Nordrhein-Westfalen. In
der ersten Teilperiode liegen dreizehn Länder über 1, in der zweiten nur noch
acht. Das haushaltspolitische Gewicht der Bildungspolitik hat also in der

---

188 Zur besseren Unterscheidbarkeit sind Werte über 1 fett gedruckt.

zweiten Subperiode gegenüber der ersten abgenommen. Insgesamt gesehen deutet diese erste Betrachtung der Elastizitäten auf ein in Zeiten knapper werdender Länderkassen überdurchschnittliches, aber zurückgehendes Standing der Bildungsausgaben hin, allerdings bei einigen gewichtigen Ausnahmen von diesem Trend. Im Durchschnitt ist die Elastizität über die Jahre des Untersuchungszeitraums in drei Viertel der Bundesländer größer als 1, wohingegen dies in der zweiten Hälfte nur in einer knappen Mehrheit von neun Ländern der Fall ist. Auch diese Betrachtung bestätigt also die obige Diagnose eines in der zweiten Subperiode abnehmenden haushaltspolitischen Gewichts der Bildungsausgaben.

Tabelle 4-1-7:   Längerfristige und durchschnittliche Bildungsausgaben-Elastizitäten

	1997 zu 1992	2002 zu 1997	2002 zu 1992	Ø 1993-1997	Ø 1997-2002	Ø 1993-2002
Baden-Württemberg	1,067	0,992	1,058	1,013	0,999	1,006
Bayern	1,004	0,927	0,931	1,000	0,985	0,992
Berlin	0,932	0,993	0,925	0,986	1,001	0,993
Brandenburg	1,373	0,751	1,031	1,067	0,944	1,006
Bremen	1,025	1,094	1,121	1,005	1,018	1,011
Hamburg	1,010	1,169	1,181	1,002	1,032	1,017
Hessen	0,948	1,012	0,960	0,989	1,002	0,996
Mecklenburg-Vorpommern	1,245	0,997	1,241	1,044	0,999	1,022
Niedersachsen	1,042	1,021	1,064	1,008	1,004	1,006
Nordrhein-Westfalen	1,020	1,034	1,055	1,004	1,006	1,005
Rheinland-Pfalz	1,032	0,976	1,008	1,006	0,995	1,001
Saarland	1,020	1,022	1,042	1,004	1,005	1,004
Sachsen	1,109	1,048	1,163	1,021	1,009	1,015
Sachsen-Anhalt	0,946	1,055	0,998	0,992	1,010	1,001
Schleswig-Holstein	1,042	0,958	0,998	1,008	0,991	1,000
Thüringen	1,076	0,918	0,988	1,016	0,983	0,999

Aufgrund der herausragenden Bedeutung des Hochschulbereichs in der bildungspolitischen Debatte werden im Folgenden die Bildungsausgaben der Bundesländer für das Hochschulwesen gesondert dargestellt.[189] Wie aus Tabelle 4-1-8 ersichtlich ist, weist die durchschnittliche Hochschulausgabenquote der Bundesländer nur eine sehr geringe Variation auf. Ebenso wie die oben beschriebene Quote der gesamten Bildungsausgaben steigt sie anfangs, allerdings etwas länger bis Mitte der 1990er Jahre, an um dann auf einen Wert unter dem Ausgangsniveau zu sinken, allerdings hier nur mit einem sehr kleinen Abstand dazu. Nahezu identisch ist das Verlaufsmuster bei den Flächen-

---

189 Eine Stadtstaatenkorrektur erübrigt sich für diesen Bereich mangels kommunaler Hochschulausgaben bzw. einschlägiger kommunaler Kompetenzen.

ländern, während die Stadtstaaten im Durchschnitt bis 2001 einen deutliche-
ren Abschwung verzeichnen.

Tabelle 4-1-8:   Die Hochschulausgabenquoten und die Pro-Kopf-
Hochschulausgaben, 1992-2002

	1992	1993	1994	1995	1996	1997	1998	1999	2000	2001	2002
Baden-Württemberg	0,72	0,77	0,77	0,76	0,76	0,72	0,71	0,74	0,74	0,72	0,81
	186	187	187	187	189	179	181	193	194	188	211
Bayern	0,67	0,69	0,66	0,70	0,73	0,71	0,69	0,65	0,61	0,62	0,58
	171	168	163	174	184	179	179	172	165	166	157
Berlin	1,97	2,09	1,85	1,86	1,83	1,78	1,68	1,64	1,61	1,58	1,52
	424	457	406	414	398	376	355	346	336	324	312
Brandenburg	0,39	0,46	0,58	0,60	0,65	0,69	0,66	0,63	0,55	0,51	0,55
	43	56	78	87	96	102	98	96	85	78	85
Bremen	0,78	0,85	0,78	0,80	0,81	0,81	0,84	0,95	0,98	0,97	1,18
	231	243	225	233	233	236	253	290	305	302	370
Hamburg	0,77	0,80	0,77	0,77	0,85	0,77	0,79	0,78	0,81	0,72	0,75
	287	293	282	285	320	292	308	304	320	279	293
Hessen	0,70	0,72	0,69	0,68	0,64	0,63	0,61	0,62	0,62	0,64	0,64
	191	189	182	181	172	170	168	176	176	182	182
Mecklenburg-V.	1,00	0,93	1,04	1,07	1,21	1,16	1,12	1,10	1,10	1,00	1,07
	108	110	139	152	177	170	164	168	166	150	163
Niedersachsen	0,75	0,77	0,70	0,73	0,75	0,72	0,73	0,73	0,73	0,93	0,90
	157	157	144	150	152	145	150	152	153	193	187
Nordrhein-Westfalen	0,68	0,67	0,70	0,68	0,70	0,71	0,66	0,67	0,68	0,68	0,79
	159	151	157	156	158	161	153	156	158	158	185
Rheinland-Pfalz	0,62	0,63	0,61	0,63	0,64	0,64	0,66	0,62	0,67	0,65	0,59
	131	125	123	129	130	129	134	128	139	133	122
Saarland	0,78	0,92	0,86	0,83	0,81	0,79	0,77	0,78	0,78	0,77	0,79
	164	183	175	174	165	161	160	165	166	163	171
Sachsen	1,43	1,27	1,24	1,21	1,18	1,15	1,16	1,12	1,13	1,07	1,04
	157	155	170	178	178	170	174	172	171	163	163
Sachsen-Anhalt	1,30	0,99	1,06	1,16	1,05	1,20	1,11	1,15	1,09	1,12	1,13
	136	117	138	157	146	170	160	169	161	166	173
Schleswig-Holstein	0,70	0,70	0,73	0,74	0,73	0,71	0,67	0,66	0,65	0,63	0,64
	149	144	151	155	154	148	141	141	138	134	134
Thüringen	0,99	1,42	1,34	1,31	1,41	1,16	1,15	1,21	1,13	1,10	1,07
	103	166	177	177	196	166	167	181	169	165	164
Durchschnitt	0,89	0,92	0,90	0,91	0,92	0,90	0,88	0,88	0,87	0,86	0,88
	175	181	181	187	191	185	184	188	188	184	192
Spannweite	1,58	1,63	1,27	1,26	1,19	1,15	1,07	1,02	1,06	1,07	0,97
	381	401	328	327	302	274	257	250	251	246	285
Ostländer-Ø	1,02	1,01	1,05	1,07	1,10	1,07	1,04	1,04	1,00	0,96	0,97
	109	121	140	150	159	156	153	157	150	144	150
Westländer-Ø	0,72	0,75	0,73	0,73	0,74	0,72	0,71	0,72	0,73	0,73	0,77
	183	184	179	182	186	180	183	188	191	190	201
Stadtstaaten-Ø	1,17	1,25	1,13	1,14	1,16	1,12	1,10	1,12	1,13	1,09	1,15
	314	331	304	311	317	301	305	313	320	302	325
Flächenländer-Ø	0,83	0,84	0,84	0,85	0,87	0,85	0,82	0,82	0,81	0,80	0,82
	143	147	153	158	161	158	156	159	157	157	161

Schon bis zu diesem vorletzten Jahr der Untersuchungsperiode ist allerdings zwischen einem klaren Anstieg in Bremen und einem deutlichen Rückgang in Berlin zu differenzieren, 2002 folgt in Bremen dann zudem ein für
Westländer-Verhältnisse völlig untypischer Sprung. Während die Ost-Länder

den allgemeinen durchschnittlichen Trend – bei deutlichen Unterschieden zwischen den einzelnen Ländern – mitbeschreiben, ist für die Westländer im Durchschnitt nahezu keine Veränderung zu verzeichnen. Die anfangs enorme Spannweite von über 1,5 Prozentpunkten geht mit der Zeit um etwa ein Drittel zurück, liegt dann aber immer noch höher als der Durchschnitt. Hinzuzufügen ist hier, dass ohne den deutlichen Ausreißerfall Berlin lediglich Spannweiten zwischen 1,0 und 0,6 zu konstatieren wären. Bezüglich der Spannweite der Pro-Kopf-Hochschulausgaben bietet sich ein ähnliches Bild: Sie sinkt von einem enorm hohen Wert von 381 € nach einmaligem Anstieg bis 2001 um ein knappes Drittel auf rund 250 €, bevor der Bremer Sondereffekt sie wieder nach oben treibt. Wiederum fielen die Werte ansonst ohne Berlin deutlich geringer aus, nämlich zwischen 240 und 200 €. Der Durchschnittswert für alle Bundesländer verhält sich nahezu wie der für die gesamten Pro-Kopf-Bildungsausgaben, steigt nämlich zunächst bis Mitte der 1990er Jahre an, um dann leicht zu fallen, aber über dem Ausgangsniveau zu verbleiben. Bei einer differenzierten Betrachtung fällt auf, dass der Anstieg im Osten deutlich ausfällt, während er im Westen bis 2001 eher gering ist. Die Stadtstaaten insgesamt weisen einen Rückgang auf, der an der Abschmelzung des hohen Berliner Anfangsniveaus liegt und den Anstieg in Bremen verdeckt.

Die in Tabelle 4-1-9 dargestellte Entwicklung in den alten Bundesländern von 1975 bis 1991 weist ebenfalls deutliche Parallelen zur Situation bei den Gesamtbildungsausgaben auf: Die durchschnittliche Ausgabenquote für hochschulische Bildung sinkt von 1975 bis 1991 nahezu durchgehend wie die für den gesamten Bildungsbereich, allerdings nicht um ein knappes Viertel, sondern lediglich um etwas mehr als ein Achtel. Im Gegensatz zur Entwicklung der Gesamtbildungsausgabenquote geht die Spannweite der Quoten im Hochschulbereich aber deutlich zurück, vor allem wegen des Rückgangs des Berliner Spitzenwertes auch schon vor der Wiedervereinigung. Ohne Berlin wäre die Spannweite im Vorvereinigungs-Westdeutschland weitaus geringer, nämlich zwischen ca. 0,3 und 0,15 statt zwischen 2,39 und 1,88. Berlin ist also, das wird spätestens hier endgültig deutlich, bei den Hochschulausgaben über den gesamten Untersuchungszeitraum ein massiver Ausreißer nach oben. Die Investitionen in die hochschulische Bildung in der zunächst geteilten, dann vereinten (Haupt-)Stadt waren und sind dabei nicht nur in Relation zur (begrenzten) Wirtschaftskraft weit überdurchschnittlich, sondern auch gemessen in (preisbereinigten) Pro-Kopf-Ausgaben, wenn auch jeweils mit abnehmender Tendenz.

Tabelle 4-1-9:   Die Hochschulausgabenquoten und die Pro-Kopf-Hochschulausgaben der alten Bundesländer, 1975-1991

	1975	1980	1985	1986	1987	1988	1989	1990	1991
Baden-Württemberg	,91	,86	,75	,73	,77	,75	,73	,71	,71
	152	169	156	161	176	178	178	181	183
Bayern	,75	,68	,68	,67	,65	,69	,67	,68	,66
	112	123	132	137	142	155	154	163	163
Berlin	2,39	2,34	2,05	1,98	2,04	2,08	2,05	1,98	1,88
	433	502	475	476	475	491	489	492	385
Bremen	,84	,63	,69	,67	,69	,80	,79	,78	,79
	163	149	161	163	175	209	210	220	232
Hamburg	,86	,82	,84	,85	,85	,83	,82	,76	,72
	210	236	256	269	267	267	273	270	267
Hessen	,98	,86	,81	,80	,78	,74	,73	,72	,69
	155	165	164	172	178	175	178	185	187
Niedersachsen	,92	,90	,85	,84	,86	,82	,78	,75	,70
	124	145	140	146	154	151	149	149	147
Nordrhein-Westfalen	,85	,82	,80	,73	,71	,70	,68	,68	,66
	140	156	156	148	148	151	150	154	154
Rheinland-Pfalz	,58	,58	,62	,59	,59	,62	,61	,63	,62
	84	100	110	113	114	123	124	132	131
Saarland	,76	,85	,78	,87	,85	,88	,98	,80	,83
	105	140	138	161	160	170	194	164	177
Schleswig-Holstein	,62	,61	,64	,76	,78	,76	,78	,73	,74
	89	97	102	131	142	143	149	149	157
Durchschnitt	0,95	0,90	0,86	0,86	0,87	0,88	0,87	0,84	0,82
	161	180	181	189	194	201	204	205	198
Spannweite	1,81	1,76	1,43	1,39	1,45	1,46	1,44	1,35	1,26
	349	405	373	363	361	368	365	360	254
Stadtstaaten-Ø	1,36	1,26	1,19	1,17	1,19	1,24	1,22	1,17	1,13
	269	296	297	303	306	322	324	327	295
Flächenländer-Ø	0,80	0,77	0,74	0,75	0,75	0,75	0,75	0,71	0,70
	120	137	137	146	152	156	160	160	162

Die durchschnittlichen Pro-Kopf-Ausgaben für das Hochschulwesen aller Länder verhielten sich von 1975 bis 1991 ebenfalls ähnlich wie die gesamten Bildungsausgaben: Ein Anstieg bis 1990 (um ein knappes Viertel gegenüber ca. 15%) gefolgt von einem leichten Knick nach der Wiedervereinigung. Insgesamt betrachtet schneidet das Hochschulwesen zwischen 1975 und 2001 nicht sehr deutlich, aber spürbar besser ab als das Bildungswesen insgesamt, kann also seine relative Stellung innerhalb des Bildungswesens stärken, allerdings bei einer dazu stark überproportionalen Zunahme von Studierenden.[190]

---

190 Dies soll keine Bewertung über die Angemessenheit der jeweiligen Ausgabenhöhen implizieren. Der Tenor der publizierten Einschätzungen zur Hochschulfinanzierung im Untersuchungszeitraum entspricht jedoch ungefähr dem folgenden Zitat: „Die große Bedeutung der Hochschulausbildung findet angesichts der schwierigen Lage, in der sich die Länderhaushalte zur Zeit befinden, keine Entsprechung im Niveau der staatlichen Hochschulfinanzierung. Die Ausgaben für die Ausbildung eines Studierenden sind in Deutschland in den vergangenen zwei Jahrzehnten gesunken" (Leszczensky 2004: 25).

Abbildung 4-1-2:   Streudiagramm der Hochschulausgaben-
Durchschnittswerte für die einzelnen Länder
über den gesamten Beobachtungszeitraum in
beiden Messgrößen[191]

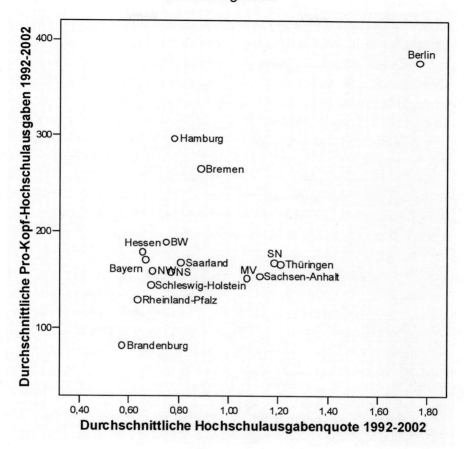

In Abbildung 4-1-2 sind wiederum die Durchschnittswerte in beiden Messgrößen abgetragen. In dieser Darstellung wird deutlich, dass sich im Gegensatz zur Situation bei den Gesamtbildungsausgaben Baden-Württemberg – obgleich oft als der herausragende Hochschulstandort gehandelt – ebenso in das Cluster der westlichen Flächenländer einreiht wie Thürin-

---

191 Die Fallbeschriftung erfolgt hier (wie auch in einigen später folgenden Streudiagrammen) teilweise in Abkürzungen, da aufgrund der Nähe der Punkte sonst Unlesbarkeiten resultieren würden.

gen in das der östlichen. Die jeweils höheren Gesamtausgaben kommen also nicht hauptsächlich dem Hochschulbereich zugute. Aus dem Cluster der Ost-Länder heraus fällt Brandenburg, das ganz eindeutig in beiden Messgrößen die rote Laterne der Hochschulausgabentabelle trägt. Damit liegt es wiederum antipodisch zu seinem geographischen Zentrum Berlin, dessen unangefochtene Spitzenstellung in dieser Darstellung ebenfalls noch klarer hervor tritt.

Auch wenn die Bildungsausgaben der Länder im Zentrum der vorliegenden Untersuchung stehen, sind die Bildungsausgaben des Bundes eine interessierende Referenzgröße, deren Entwicklung hier kurz beleuchtet werden soll (siehe Tabelle 4-1-10). Während die Gesamtbildungsausgaben des Bundes in beiden Messgrößen nahezu kontinuierlich – mit Ausnahme von Anstiegen in den Jahren 1989-91, 1999, 2001 und 2002 – gesunken sind, ist der Abwärtstrend der Hochschulausgaben nicht so eindeutig. Bei der Quote fällt der Rückgang relativ gesehen nur etwa halb so stark aus, bei den Pro-Kopf-Ausgaben ist nach dem jähen Absturz von 1975 bis 1980 ein langsamer, aber stetiger Anstieg fast auf das Ausgangsniveau zu verzeichnen.

Tabelle 4-1-10:   Die Bildungsausgaben des Bundes, 1975-2002

	Bildungs-ausgabenquote	Hochschul-ausgabenquote	Pro-Kopf-Bildungsausgaben	Pro-Kopf-Hochschulausgaben
2002	0,164	0,101	38	23
2001	0,155	0,100	35	23
2000	0,136	0,095	31	22
1999	0,148	0,096	34	22
1998	0,146	0,091	33	21
1997	0,155	0,093	34	21
1996	0,166	0,096	37	21
1995	0,174	0,098	38	22
1994	0,177	0,096	38	21
1993	0,198	0,102	42	22
1992	0,213	0,102	46	22
1991	0,218	0,099	47	21
1990	0,171	0,079	40	19
1989	0,168	0,081	37	18
1988	0,160	0,077	35	17
1987	0,189	0,080	40	17
1986	0,199	0,088	41	18
1985	0,210	0,086	41	17
1980	0,299	0,086	56	16
1975	0,369	0,159	59	25

4.2 Diskussion der angewandten quantifizierenden Methoden

Als erster Analyseschritt werden im nächstfolgenden Unterkapitel (4.3) bivariate Korrelationen zwischen den verschiedenen in Kapitel 3 aus den Theorien der Staatstätigkeitsforschung hergeleiteten potenziell erklärenden Größen und der zu erklärenden Variable betrachtet. Auf deren Ergebnisse werden anschließend multivariate Regressionsmodelle aufgebaut. Idealerweise sollte die Modellformulierung allein an theoretischen Vorüberlegungen orientiert sein:

> „Methodenanalytische Fragen treten in dieser Phase zunächst in den Hintergrund. Das Bemühen des Forschers sollte dahin gehen, dass ein Untersuchungsansatz gewählt wird, der die vermuteten Ursache-Wirkungs-Beziehungen vollständig enthält. Ein solches Modell ist der methodisch saubere Einstieg in die Regressionsanalyse." (Backhaus et al. 2003: 52)

Allerdings spielen angesichts des auch stark explorativen Charakters der vorliegenden Arbeit und der Vielzahl der oben vorgestellten möglichen Erklärungsfaktoren auch pragmatische Erwägungen eine Rolle. Daher gilt bei der Konstruktion der Regressionsmodelle denjenigen Größen ein besonderes Augenmerk, die bei den bivariaten Korrelationsanalysen hervorstechende Ergebnisse liefern. Sala-i-Martin demonstriert in seinem auch mit dem Titel zitierwürdigen Artikel „I Just Ran Two Million Regressions" (Sala-i-Martin 1997) am Beispiel der Erklärungsfaktoren des Wirtschaftswachstums, wie schwierig die Auswahl aus den zahlreichen in der Theorie vorgeschlagenen Größen für ein Regressionsmodell ist. Das größte Problem dabei ist, dass mit der Inklusion oder Exklusion einzelner Variablen oft die Werte von anderen sprunghaft variieren (ibid.: 178). Unterstrichen wird durch diese Erkenntnis die Notwendigkeit, sich nicht auf ein Modell allein zu kaprizieren, sondern die Robustheit der Ergebnisse für die einzelnen erklärenden Größen in verschiedenen Modellspezifikationen zu überprüfen.[192] Zudem plädiert Sala-i-Martin dafür, Robustheit bzw. Nicht-Robustheit nicht als binäre Kategorien zu sehen, sondern graduell zu verstehen. Gerade für die im Rahmen der vorliegenden Arbeit interessierende Untersuchung der relativen Erklärungskraft einzelner Variablen ergibt ein solches Verständnis Sinn, auch wenn man (wie für vorliegende Arbeit) nicht Sala-i-Martins an der Dichtefunktion angelehntes Robustheitsmaß übernehmen möchte (ibid.: 179ff.).

---

192 Zur Bedeutung von Robustheitsanalysen siehe auch Kittel 2003: 392.

Jede Verletzung der Grundannahmen der Regressionsanalyse (siehe zu diesen Wagschal 1999: 222) führt zu verzerrten oder ineffizienten (Schätz-) Ergebnissen. Nun hält sich weder die Realität selbst noch ihre messtechnische
Erfassung kaum je an diese rigiden Anforderungen. Von daher ist die in der
Praxis interessierende Frage nicht diejenige, ob solche Verletzungen vorliegen,
sondern diejenige, ab welcher Schwere der Verletzung neben der selbstver-
ständlichen möglichst genauen Offenlegung und Abschätzung dieser Probleme
entweder Schritte zur Behandlung derselben – sofern es derlei Verfahren gibt
– nötig sind oder die Ergebnisse keine hinreichende Belastbarkeit mehr aufweisen und daher zum Theorientest unbrauchbar sind.

Eine weitere grundsätzliche Eigenschaft der Regressionsanalyse ist, dass
die einzelnen untersuchten Fälle prinzipiell mit derselben Gewichtung in sie
eingehen. Im hier interessierenden Fall wirken sich also z.B. Kabinettssitzanteile im Saarland (bei jeweils gleicher Größe bzw. Variation derselben und der
Bildungsausgabenquote) ebenso stark auf den diesbezüglichen Parameter aus
wie diejenigen in Nordrhein-Westfalen. Die ebenfalls bereits in Abschnitt 1.4
behandelte Frage der Vergleichbarkeit der Bundesländer als Untersuchungseinheiten bzw. ihrer jeweiligen Relevanz ist hinsichtlich ihrer Größe sicher am
stärksten zu hinterfragen und bleibt wiederum bei der Interpretation der Ergebnisse zu beachten.

Bei der Präsentation der Regressionsergebnisse werden in der vorliegenden
Arbeit immer auch standardisierte partielle Regressionskoeffizienten (betas)
angegeben, da ein Hauptziel ja gerade im Herausarbeiten der relativen Erklärungskraft der einzelnen (unterschiedlich skalierten) erklärenden Größen besteht.[193] Da es sich bei der folgenden Untersuchung um eine Vollerhebung
handelt, stellt sich zudem die Frage nach der Sinnhaftigkeit und Interpretation
von Signifikanztests. Die Mehrheitsmeinung hierzu geht dahin, dass Signifikanztests bei Vollerhebungen nur dann keine Artefakte liefern, wenn entweder
auf eine hypothetische Grundgesamtheit zurück geschlossen werden kann oder
(zufällig verteilte) Datenausfälle oder Messfehler vorliegen bzw. angenommen

---

193 Nicht verschwiegen werden soll hier die zuweilen geäußerte Kritik an stan-
    dardisierten Regressionskoeffizienten, die darauf abzielt, dass diese ceteris pa-
    ribus auch mit der Varianz der unabhängigen Variablen und der Zahl der Da-
    tenpunkte ansteigen können (vgl. Broscheid/Gschwend 2003: 17). Während
    die standardisierten Regressionskoeffizienten ein unersetzliches Mittel zum
    Vergleich des relativen Einflusses verschiedener (und vor allem verschieden
    skalierter) Größen bleiben, gilt es dies bei der Interpretation der Ergebnisse
    im Hinterkopf zu behalten.

werden müssen (vgl. Patzelt 1985: 225f., Behnke 2003a u. 2003b u. Bro-scheid/Gschwend 2003). Die Konstruktion einer hypothetischen Grundge-samtheit, als deren (repräsentative) Teilmenge man die 16 deutschen Bundes-länder in den Jahren 1992 bis 2002 betrachten könnte, stünde insofern auf tönernem Füßen, als dass sie entweder in die naturgemäß ungewisse Zukunft oder in andere und anders verfasste föderale Staaten ausgreifen müsste. Ver-mutlich kann auf der Basis der hier vorgelegten Ergebnisse die eine oder ande-re Lehre in diesen Richtungen gezogen werden, sie als Zufallsstichprobe aus einer solcherart vergrößerten Grundgesamtheit zu definieren, wäre jedoch zu tollkühn, um glaubwürdig bzw. wissenschaftlich seriös zu sein. Eine sto-chastische Komponente der Messfehlerstruktur[194] hingegen ist – ohne von den an anderer Stelle (v.a. in Unterkapitel 3.1) dargestellten systematischen Ver-zerrungen abzusehen und ohne die heroische Arbeit der statistischen Ämter herabwürdigen zu wollen – nicht auszuschließen. Broscheid/Gschwend fügen den ansonsten eher technischen Gründen für diese Vermutung eine fundamen-tale Aussage über die Bedingungen theoriegeleiteter empirischer Forschung hinzu:

„Die Tatsache, dass unsere Theorien gegenüber der Wirklichkeit unzureichend sein müssen, zwingt uns dazu, unsere Schätzungen als unvollkommen anzuse-hen. Diese Unvollkommenheit schlägt sich in stochastischen Ergebnissen nie-der, die Varianzen und Standardabweichungen unserer Schätzwerte messen die Unvollkommenheit unserer Theorie. Deshalb müssen sie integraler Bestandteil empirischer Tests unserer Theorien sein, selbst wenn wir Daten aus Vollerhe-bungen benutzen." (Broscheid/Gschwend 2003: 13)

Signifikanztests können also schlicht auch insofern für die Analyse von Vollerhebungen als bereichernd angesehen werden, als sie auf einem Abgleich der Parameterschätzwerte und der Schätzfehlervarianzen basieren (ibid.: 17) und somit ein Gütekriterium für die Passgenauigkeit der Schätzung (als Gan-zes und bezüglich der partiellen Faktoren) auch bei Vollerhebungen abge-ben.[195] Als solches verwendet (und nicht als Zutreffenswahrscheinlichkeit eines wie auch immer gearteten Rückschlusses) taugen die resultierenden Signifikanzniveaus allerdings nicht zur ihnen ansonsten meist zukommenden Fallbeilfunktion. Schließlich sind die Werte, auf die sie sich in Vollerhebun-

---

194 Für eine Systematisierung der möglichen Ursachen für die Stochastizität von Datenfehlern siehe Broscheid/Gschwend 2003: 7ff.).

195 Der Bezug auf die Student-t- oder F-Verteilung setzt immer die konventionel-len Grundannahmen über eine ‚normale' Verteilung voraus.

gen beziehen, von Messfehlern einmal abstrahiert, die Eigenschaften der Grundgesamtheit.

Schließlich bleibt anzumerken, dass alle in der vorliegenden Arbeit präsentierten Regressionsmodelle eine Konstante enthalten. Die Interpretation des Schnittpunkts der Regressionsgerade mit der y-Achse ist kaum sinnvoll möglich, da z.B. im hier untersuchten Bereich ein Wert für die Bildungsausgaben bei einer Bevölkerung von null oder einem BIP mit demselben Wert schlicht nicht vorstellbar und auch irrelevant ist. Von daher interessiert ohnehin nur ihr Verlauf im Bereich von x > 0, und es leuchtet nicht ein, warum man die Regressionsgerade ausgerechnet durch den Ursprung zwingen (und damit auch ihren sonstigen Verlauf beeinflussen) sollte.

Besondere Problemen entstehen bei (Regressions-)Analysen gepoolter Zeitreihen. Aufgrund der lebhaften Debatte, die in der Fachöffentlichkeit dazu in den letzten Jahren geführt wurde, soll im Folgenden die einschlägige Diskussion zusammengefasst und das eigene Vorgehen dargestellt werden. Eine schöne Zusammenfassung des Potenzials gepoolter Analysen liefert Stimson:

> „Pooling data gathered across both units and time points can be an extraordinarily robust research design, allowing the study of causal dynamics across multiple cases, where the potential cause may even appear at different times in different cases. Many of the possible threats to valid inference are specific to either cross-sectional or time-serial design, and many of them can be jointly controlled by incorporating both space and time into the analysis. As students of research design, we must appreciate pooled designs." (Stimson 1985: 916)

Hinzu kommt der nicht zu verachtende durch die Erhöhung der Anzahl der Messpunkte vergrößerte modelltechnische Spielraum hinsichtlich der Freiheitsgrade. Worüber gepoolte Analysen zumindest in ihrer simpelsten Form aufgrund der Tatsache, dass durchschnittliche Effekte berechnet werden[196], aber keine Informationen liefern, ist welche Dimension für die festgestellten Zusammenhänge in welchem Maße verantwortlich zeichnet und wie die Effekte innerhalb der jeweiligen Dimension variieren (vgl. Kittel 1999: 232 u. 242).[197] Während diese Schwächen durch ergänzende (oder besser noch vor-

---

196 „The critical assumption of TSCS [time-series cross-section] models is that of 'pooling'; that is, all units are characterized by the same regression equation at all points in time" (Beck/Katz 1995: 636).

197 Dazu müssen ergänzende Analysen einzelner Quer- und Längsschnitte und von Teil-Pools herangezogen werden, die auch vor übereilten bzw. zu weitrei-

angestellte) ungepoolte Analysen relativ einfach auszubügeln sind, war sich schon Stimson – obwohl seines Erachtens zum damaligen Zeitpunkt der einschlägige methodologische Status Quo noch nicht sehr ausgebaut war (im Vergleich zum inzwischen Erreichten ist dem sicher zuzustimmen) – schwerwiegenderer Probleme bewusst:

> „But as statisticians we are less enthusiastic. For pooled analyses, insofar as they are known at all, are known for special statistical problems. [...] To deal with the complications of pooled design in detail makes us painfully aware of a plethora of potential problems." (Stimson 1985: 916 u. 945)

Hierzu gehören vor allem eventuelle Nicht-Stationarität der abhängigen Variable sowie Heteroskedastizität und Autokorrelation der sogenannten Stör- oder Fehlerterme.[198] Bevor diese aber eingehender diskutiert werden, sind einige grundsätzliche Bemerkungen zum Begriff und Ursprung des Poolens vonnöten: Wie so viele statistische Innovationen ist auch die (Technik zur) gleichzeitigen Analyse von an mehreren Zeitpunkten in mehreren Einheiten gemessenen Daten aus der Ökonometrie in die Politikwissenschaft übernommen worden. Dabei besteht jedoch ein häufig nicht beachteter Unterschied: Ökonomen beschäftigten sich zunächst vornehmlich mit einzelnen Zeitreihen und schalteten dann mehrere nebeneinander. (Daher stammt der Begriff gepoolte Zeitreihen.) Politikwissenschaftler und insbesondere diejenigen unter ihnen, die vergleichende Politische Ökonomie oder vergleichende Staatstätigkeitsforschung betreiben, sind dagegen ursprünglich hauptsächlich an Unterschieden zwischen Staaten interessiert gewesen und haben deswegen einzelne Querschnitte analysiert. In diesem – unserem – Fall müsste man nach dem Poolen von Daten über Zeit und Raum deshalb konsequenterweise eigentlich von gepoolten Querschnittsanalysen sprechen.[199] Aber das Hauptproblem

---

chenden Schlüssen aus den gepoolten Designs schützen (vgl. hierzu auch Kittel 1999: 232f. u. 238f.).

198 Diese letzten Glieder der Regressionsgleichungen repräsentieren die Abweichung zwischen der an den Datensatz angepassten (oder ‚geschätzten') Regressionsgerade und den einzelnen Messpunkten. Zwar mag sie der Forscher als störend empfinden und in eigenen Fehlern oder solchen der (Messung der) Realität begründet sehen, der im englischen Sprachraum gebräuchliche Ausdruck ‚residuals' bzw. das im Deutschen gelegentlich vorzufindende Fremdwort Residuen ist jedoch weitaus neutraler, damit angemessener und wird daher im Folgenden bevorzugt verwendet.

199 Beck/Katz fügen der Liste der Grundannahmen der Regressionsanalyse vier weitere zu gepoolten Analysen hinzu: „Time-series cross-section analysts do put some structure on the assumed error process. In particular, they assume

dabei ist kein semantisches, sondern ein theoretisches (aus dem ein methodisches folgt): Welche Art von Fragen an unsere Daten wollen wir eigentlich stellen, und inwiefern können wir diese mit den aus der Ökonometrie übernommenen Mitteln beantworten? (Vgl. hierzu auch Kittel 2005: 98ff.) Zum ersten Teil der Frage: Insofern wir auch an Veränderungen über die Zeit interessiert sind und unsere theoretischen Fundamente dafür ebenfalls tragfähig sind, bieten gepoolte Analysen die Chance für interessante zusätzliche Einsichten. Was die vorliegende Arbeit betrifft, so fällt die Antwort leicht, dass aufgrund ihres explorativen Charakters Interesse an Erkenntnissen über alle genannten Arten von Variationen der Bildungsausgaben im Pool besteht – also zwischen den sechzehn Bundesländern und über die elf Jahre des Beobachtungszeitraums. Wichtig ist aber, dies zum zweiten Frageteil, sich der verschiedenen Perspektiven und ihrer jeweiligen Einschränkungen bewusst zu sein, wozu die folgende Detaildiskussion von in der Literatur vorgeschlagenen (und kritisierten) Modellspezifikationen dienen soll. Die Spezifikation der Modelle, daran sei hier nochmals erinnert, orientiert sich ausschließlich am Ziel von Aussagen über die Vollerhebung des Datenpools und nicht an Rückschlüssen auf irgendwelche hypothetischen übergeordneten Grundgesamtheiten. Auf asymptotischen Eigenschaften beruhende inferenzstatistische Verfahren spielen daher hier keine Rolle.[200] Freedmans Charakterisierung von Regressionsanalysen als „helpful summaries of the data" (zitiert aus Shalev 2005: 10) trifft recht genau den erhobenen Anspruch.[201] Shalev nennt dies an gleicher Stelle eine 'Herangehensweise niedriger Erwartungen'; insofern damit der Versuch gemeint ist herauszufinden und zu sagen, was über die Tendenzen im Datensatz gesagt werden kann, und zugegeben wird, dass und welche Unsicherheiten verbleiben, passt auch dieses Label. Verschiedene Testverfah-

---

that for any given unit, the error variance is constant, so that the only source of heteroscedasticity is differing error variances across units. Analysts also assume that all spatial correlation both is contemporary and does not vary with time. The temporal dependence exhibited by the errors is also assumed to be time-invariant and may also be invariant across units. All of these assumptions allow analysts to attempt to improve on OLS for TSCS data. Since these assumptions are all based on the panel nature of the data, we call them the panel error assumptions" (Beck/Katz 1995: 636).

200 Ausnahme sind wiederum Signifikanzniveaus, die als Gütemaß für die Passgenauigkeit der Modelle und ihrer Elemente interpretiert werden.

201 Die Analyse der Daten soll dabei auf der Basis theoretischer Fundierung selbstverständlich auch Kausalerklärungen unterstützen, indem sie die formulierten Hypothesen dem Realitäts-Check aussetzt.

ren zur Prüfung auf das Vorliegen von problematischen Datenkonstellationen[202], welche die Verlässlichkeit der Schätzergebnisse beeinträchtigen, werden hier verwendet, weil sie primär deskriptive Funktionen erfüllen und zugleich Hinweise auf die Eignung der gewählten Modellspezifikation geben.[203] Viele der ökonometrischen Verfahren, die zur ‚Korrektur‘[204] dieser Probleme und zur Herbeiführung erwünschterer Schätzereigenschaften entwickelt wurden, kommen dagegen aus zwei Gründen nicht zum Einsatz: Erstens zielen sie auf die Verbesserung der inferenzstatistischen Eignung der Modelle

---

202 „One doesn't need pooled data to violate either the constant variance or uncorrelated error assumptions, but it clearly increases the likelihood of violation. Two particular violations are likely to accompany stacked pooled data. The cases, first, are not independent along the time dimension within units. [...] Second, a particular form of heteroscedasticity is inherent in stacked pooled data. For a variety of reasons [z.B. Größenunterschiede], some units are inherently more variable than others at all times" (Stimson 1985: 918f.).

203 Eine Ausnahme – diesmal dahingehend, dass sie nicht angewendet werden – bilden die sogenannten Poolbarkeitstests (vgl. Hsiao 1986: 11, Hsiao/Sun 2000: 181ff., Kittel/Winner 2002: 8 u. Maddala/Hu 1995). Im Grunde geht es dabei immer um die Frage, ob die Heterogenität innerhalb des potenziellen Pools so groß ist, dass die Berechnung einheitlicher Koeffizienten nicht mehr als erhellend gilt. Von solcherlei Konventionen – relativ arbiträren Zahlenwerten – soll die Entscheidung zu poolen hier nicht abhängig gemacht werden. Vielmehr wird die gepoolte Analyse als eine von mehreren Perspektiven als auf jeden Fall bereichernd angesehen, was aber selbstverständlich nicht heißen soll, dass sie nicht sorgfältig und differenziert durchgeführt werden muss und dass die Ergebnisse schon im Voraus als zusätzlichen wissenschaftlichen Mehrwert generierend beurteilt werden.

204 Zu den Gefahren von ‚constructed data' bemerkt King: „I propose a new statistical criterion that we should consider as important as any of the more usual ones. We should ask of every new estimator: 'What did it do to the data?' Statistical criteria such as consistency, unbiasedness, minimum mean square error, admissibility, etc., are all very important [...]. However, in the end, statistical analyses never involve more than taking a lot of numbers and summarizing them with a few numbers. Knowing that one's procedures meet some desirable statistical criterion is comforting but insufficient. We must also fully understand (and communicate) just what was done to the data to produce the statistics we report. In part, this is just another call for full reporting of statistical procedures, but it is also a suggestion that we hold off using even those statistical procedures that meet the usual statistical criteria until we can show precisely and intuitively how the data are summarized. Developing estimators that are robust, adaptive, nonparametric, semiparametric, distribution free, heteroskedasticity-consistent, or otherwise unrestrictive is important, but until we clarify just what estimators like these do to our data, they are not worth using" (King 1990: 11).

ab, einen Zweck also, der hier nicht verfolgt wird, und zweitens werden dafür
häufig Operationen mit den Ausgangsdaten vorgenommen, die im Hinblick
auf die untersuchten Zusammenhänge kaum sinnvoll interpretierbar sind.[205]
Außerdem ist die jeweilige ärgerniserzeugende Eigenschaft der Basisdaten
durch die Korrektur ja nicht beseitigt, sondern das geschätzte Modell bezieht
sich dann auf einen durch diverse Transformationen veränderten Datenpool.
Die Grundannahme dahinter ist, dass es so etwas wie eine verborgene Ge-
setzmäßigkeit gibt, die von den gemessenen Daten nur teilweise offenbart wird
und die es durch ‚Korrekturen' herauszukristallisieren gilt. Während solches
Denken in den Wirtschaftswissenschaften verbreitet (wenn auch nicht notwendigerweise zutreffender) ist, hat es in den Sozialwissenschaften auch onto-
logisch keinen Platz.[206]

---

205 Der inferenzstatistische Zweck mag die mathematischen Mittel heiligen, wird
er aber gar nicht verfolgt, besteht kein Grund für diese Operationen. Hier ist
nicht der Ort für eine Generalkritik der jüngeren Literatur zur vergleichenden
Politikwissenschaft (die ja oft mit Vollerhebungen arbeitet und eine übergeordnete Grundgesamtheit kaum schlüssig konstruieren kann), angemerkt sei
aber doch, dass es in Mode zu sein scheint, sich zur Demonstration statistischer Versiertheit oder aus bloßer Gedankenlosigkeit aus dem ökonometrischen Arsenal mit forschungsdesignunangemessenen Handwerkszeugen zu
bedienen.

206 Maddala liefert aus ökonometrischer Sicht eine Kritik der Übernahme von
deren Methoden (vor allem zur dynamischen Panelanalyse) durch die Politikwissenschaft: „Political methodology has been quick in adopting econometric
methods, rather too uncritically. But economic methodology has far outstrip-
ped empirical applications and has acquired a life of its own. Much of what
goes on in econometric methods is practically useless and can be characterized
by the quotation at the beginning [of] this article. ['The gods love the obscure
and hate the obvious.' Brihadaranyaka Upanishad (Pre-1000 B.C.)] I do not
think the uncritical adoption of econometric methods in political methodology
is a good development. I hope that researchers working in political methodology take econometric methods with a grain of salt and use them only if they
are expected to accomplish something useful and adapt them suitably to their
problems" (Maddala 1998: 81f.). Kittel warnt im Allgemeinen vor einer Ver-
engung der Methodik des Vergleichs in der Politikwissenschaft auf gepoolte
Analysen und im Speziellen vor allem vor deren zunehmender ökonometrischer Verfeinerung bei unzureichendem Bewusstsein für inferenzielle Unsicherheiten und Interpretationsfragen. Ein Verlust des Theorie- und Gegens-
tandsbezugs drohe, und ihm zufolge ist „auch fraglich, ob der durch die 'technische Hochrüstung' des Instruments erzeugbare Zugewinn an Präzision ü-
berhaupt inhaltlich relevant ist" (Kittel 2005: 96). Allerdings gibt es auch gegenteilige Stimmen: Wawro etwa befindet, die Politikwissenschaft habe neue-

Nun aber zur eigentlichen Diskussion der tatsächlich verwendeten Modell-spezifikationen: In jüngeren Übersichts- und Reanalyseartikeln scheint es Konsens zu sein, dass die Ergebnisse der meisten publizierten Analysen gepoolter Zeitreihen stark mit der gewählten Modellspezifikation schwanken.

„In general, panel data inferences are sensitive to model specification." (Kittel/Winner 2002: 31)

„We find that many of the conclusions reached in the published studies we examine are highly contingent on the method used to obtain them." (Wilson/Butler 2004: 31)

„We think it has become clear that the results derived from panel data analysis critically depend on a host of crucial methodological decisions and theoretical assumptions which the use of a ‚standard' like the de facto Beck-Katz method cannot avoid, but only hide." (Plümper/Troeger/Manow 2005: 349)

Daraus folgt für die vorliegende Arbeit der Schluss, dass die Präsentation eines einzelnen Modells sich zu Recht dem Vorwurf der arbiträren Einseitigkeit aussetzen würde. Deshalb werden im Abschnitt 4.3 die Ergebnisse zahlreicher unterschiedlicher Modellspezifikationen vorgestellt und deren Gemeinsamkeiten und Unterschiede diskutiert werden. Solche Ergebnisse, die sich über diese Modellunterschiede hinweg als robust erweisen, können dann mit weit größerem Verlässlichkeitsanspruch verbunden werden.[207] Begonnen wurde die Analyse jeweils mit dem Standard-Panelregressionsmodell (gegebenenfalls in verschiedenen Variationen der inkludierten erklärenden Variablen) für die Bestandsgrößen[208]:

$$y_{i,t} = \alpha + \beta X_{i,t} + \varepsilon_{i,t} \tag{1}$$

---

re ökonometrische Entwicklungen nicht zur Genüge übernommen (Wawro 2002: 46).

207 Zur begrifflichen Präzisierung: Der Begriff ‚robust' wird hier nicht in Bezug auf die einzelne Schätzung, sondern im Sinne von ‚parameter homogeneity' über verschiedene Modellspezifikationen hinweg verwendet; unter Spezifikation werden in der vorliegenden Arbeit alle Modelleigenschaften verstanden, also sowohl die eingeschlossenen Variablen als auch das Schätzverfahren.

208 Dabei bezeichnet y die abhängige Variable, α den y-Achsenabschnitt (vulgo die Konstante), β den Vektor der partiellen Regressionskoeffizienten (b in der unstandardisierten, ß in der standardisierten Version), X die Matrix der erklärenden Variablen und ε den Vektor der Residuen (vulgo Stör- oder Fehlerterm). Die Subskripte i durchlaufen die Fälle (hier Länder) von 1 bis N (hier i.d.R. 16), die Subskripte t die Perioden (hier Jahre) von 1 bis T. (Man beachte, dass ein nicht kursiv gesetztes N für die Anzahl der Beobachtungen, im Pool also $N * T$, steht.)

Dessen Koeffizienten werden mit dem OLS-Verfahren (OLS steht für ordinary least squares, gewöhnliche kleinste Quadrate) geschätzt. Das GLS-
Schätzverfahren (generalized least squares, generalisierte kleinste Quadrate)
hingegen wird im Gegensatz zu den meisten Arbeiten in der Literatur nicht
eingesetzt, was einer kurzen Erläuterung bedarf: Beim GLS-Verfahren wird
die Schätzung der partiellen Regressionskoeffizienten mit der Inverse der
Varianz-Kovarianz-Matrix V der Residuen gewichtet (formal: $\beta = (X'V\text{-}1X)\text{-}1(X'V\text{-}1y)$).[209] Das bedeutet nichts Anderes, als dass die Daten der einzelnen
Beobachtungseinheiten antiproportional zu ihrer Residuenvarianz in die
Schätzung eingehen – d.h. es wird ein abgemilderter Realitäts-Check durchgeführt, bei dem diejenigen Untersuchungseinheiten, deren Werte der abhängigen Variable sich durch die inkludierten unabhängigen Variablen am besten
erklären lassen, höher gewichtet werden als diejenigen, die nicht so gut zu den
Erwartungen passen. Logischerweise lassen sich dadurch signifikantere (und
daher wohl leichter publizierbare) Ergebnisse generieren, doch kann ein solches Vorgehen nur dadurch gerechtfertigt werden, dass man annimmt, die
Hypothesen des Forschers dürften von davon abweichender Realität nicht
ungebremst in Frage gestellt werden. Eine derartige Grundhaltung wird in der
vorliegenden Arbeit nicht eingenommen, denn sie hat einen wissenschaftstheoretischen Preis, der die effizienteren Schätzergebnisse gegenüber dem OLS-
Verfahren nicht wert ist.[210] Diese Ablehnung des GLS-Verfahrens bedeutet

---

209 Zum ökonometrischen Handwerkszeug der (gepoolten) Regressionsanalyse sei
     hier auf die Standardwerke von Assenmacher 2002, Chatterjee/Price 1995,
     Greene 1997, Gujarati 2003, Verbeek 2000 und Wooldridge 2002 verwiesen.
     Generell erfolgt die formale Abhandlung in der vorliegenden Arbeit so zu-
     rückhaltend wie möglich, aber so detailliert wie nötig.

210 Das sogenannte Bootstrapping-Verfahren, bei dem durch das Ziehen zahlrei-
     cher Zufalls-Stichproben aus dem Datensatz und anschließende Durch-
     schnittsbildung über Regressionsanalysen derselben hinweg ebenfalls künst-
     lich die Verlässlichkeit der Schätzung erhöht zu werden vorgegeben wird,
     bleibt ebenso unangewendet wie die SUR-Modelle (seemingly unrelated
     regressions), bei denen zur Schätzereffizienzsteigerung ein gemeinsamer Feh-
     lerterm für mehrere Regressionen modelliert wird. Selbiges (die Nichtanwen-
     dung) gilt für die Bayesianischen Ansätze, die nicht nur deswegen mit Vor-
     sicht zu genießen sind, weil in ihnen die Erwartungen des Forschers zum
     Ausgangspunkt des Schätzverfahrens genommen werden (und sich mehr oder
     weniger stark auch im Ergebnis ausdrücken), sondern hier auch nicht ein-
     schlägig sind, da der Datensatz nicht als Zufallsstichprobe aus einer größeren
     Grundgesamtheit angesehen werden kann. Aus diesem Grund bleiben auch

auch, dass selbiges nicht wie sonst üblich zur ‚Korrektur' von eventuell in den OLS-Modellen festgestellter Heteroskedastizität verwendet werden kann. Deuten entsprechende Tests auf deren Vorliegen hin, so wird hier neben residuendiagnostischer Bearbeitung schlicht das Jackknife-Verfahren angewandt. Dabei werden reihum abwechselnd die einzelnen Untersuchungseinheiten (hier also die Bundesländer) aus dem Modell ausgeschlossen. Deutliche Unterschiede, die sich bei den einzelnen Ergebnissen zwischen den reduzierten Modellen und zwischen diesen und dem Modell mit allen Ländern ergeben, müssen dann im Hinblick auf den Erklärungsanspruch des Letzteren bei der Interpretation berücksichtigt werden. Betont sei, dass dies keine direkte Behandlung der Heteroskedastizität ist – eine in jedweder Hinsicht zufriedenstellende solche existiert schlicht nicht. Das gewählte Verfahren schützt aber immerhin indirekt vor durch Heteroskedastizität verursachten gebiasten Schlussfolgerungen.

Insofern für die in (1) beschriebene Modellspezifikation, die den Einfluss der Bestände der erklärenden Variablen auf die Bestände der zu erklärenden Variable untersucht, Autokorrelation festgestellt wird, werden drei verschiedene Veränderungs-Spezifikationen betrachtet: Das AR1-Modell (AR1 steht für autoregressives Modell erster Ordnung, hier werden gegenüber (1) die Residuen der Vorperiode in den Fehlerterm einbezogen)

$$y_{i,t} = \alpha + \beta X_{i,t} + \varepsilon_{i,t} \text{ mit } \varepsilon_{i,t} = \rho \varepsilon_{i,t-1} + v_{i,t} \tag{2},$$

das auf den Zusammenhang zwischen der Veränderung der unabhängigen und der Veränderung der abhängigen Variablen ausgerichtet ist, das LDV-Modell (LDV steht für lagged dependent variable, dabei wird der Vorjahreswert der abhängigen Variable als erklärende Größe in (1) mit einbezogen)

$$y_{i,t} = \alpha + \rho y_{i,t-1} + \beta X_{i,t} + \varepsilon_{i,t} \tag{3},$$

das den Effekt des Bestands der erklärenden auf die Veränderung der unabhängigen Variable in den Blick nimmt, und das ARDL-Modell (ARDL steht für autoregressive distributed lags, hier kommen zu (3) zudem die Vorjahreswerte der unabhängigen Variablem hinzu)

$$y_{i,t} = \alpha + \rho y_{i,t-1} + \beta_1 X_{i,t} + \beta_2 X_{i,t-1} + \varepsilon_{i,t} \tag{4},$$

in dem die Auswirkungen von Beständen und Veränderungen der erklärenden Größen auf die Veränderung der zu erklärenden zum Tragen kommen.

Zufallskoeffizientenmodelle, bei denen die Koeffizientenschätzer über die Einheiten variieren dürfen, außen vor.

Angemerkt sei hier, dass es in der einschlägigen Literatur eine lebhafte Debatte darüber gibt, welche Betrachtungsweise die angemessenere (und bezüglich der Theorien der Staatstätigkeitsforschung interessantere) ist. Huber/Stephens lehnen die Fokussierung auf jährliche Veränderungen mit der Begründung dezidiert ab, dass jährliche Veränderungen zu stark von zufälligen Einflüssen, die die eigentlichen, längerfristigen Wirkungszusammenhänge verschleiern, überlagert würden (vgl. Huber/Stephens 2001: 57ff.). Kittel/Obinger dagegen widersprechen dem mit dem Argument, die Analyse jährlicher Veränderungen sei vor allem deshalb von großem theoretischem Interesse, weil Politiker meist nur inkrementelle Veränderungen vornehmen können (vgl. Kittel/Obinger 2003: 29; siehe auch 31 zur ‚presumed stickiness'). Kittel/Winner betonen erstens, dass langfristige Veränderungen gerade bei Ausgabenprogrammen in der Regel schlicht das Ergebnis kumulierter kurzfristiger Veränderungen seien und zweitens, dass die eigentliche theoretische Herausforderung darin bestehe, kürzer- und längerfristige Veränderungen analytisch miteinander zu verknüpfen (Kittel/Winner 2002: 33). Achen erläutert ausführlich, warum gelagte abhängige Variablen die Erklärungskraft anderer unabhängiger Variablen unterdrücken können: Schuld haben Nicht-Stationarität und Autokorrelation:

> „In the presence of heavy trending in exogenous variables and disturbances, lagged dependent variables will dominate the regression and destroy the effect of other variables whether they have any true causal power or not." (Achen 2000: 14; vgl. hierzu auch Scharpf 2002: 217)

Dies gelte unabhängig von der Plausibilität der Kausalwirkung der gelagten abhängigen Variable (die er bei Staatshaushaltszahlen kurioserweise verneint); sogar Vorzeichenwechsel bei anderen erklärenden Variablen könnten aus denselben Gründen entstehen (ibid.: 20). Wawro weist dagegen in seiner Diskussion des Für und Widers der Inklusion gelagter Variablen auf einen weiteren Vorteil hin:

> „Because dynamic panel models explicitly include variables to account for past behavior and time-invariant individual-specific effects, they enable us to understand better what factors drive behavior over time, differentiating between ‚true' dynamics and factors that vary across, but not within, individuals [für unsere Anwendung zu ersetzen durch: units, Anm. des Verf.] over time, even though such factors are unobservable." (Wawro 2002: 27)

Plümper/Troeger/Manow wiederum schließen sich der Kritik an der Inklusion einer LDV an: Diese „may absorb large parts of the trend without actu-

ally explaining it if the dependent variable exhibits a general time trend"
(Plümper/Troeger/Manow 2005, 335). Zudem bestehe die Gefahr, dass alle
anderen Effekte nach unten verzerrt würden, jener der gelagten abhängigen
Variable aber nach oben. Ein weiteres Problem entstehe, weil die LDV als
eine Funktion der anderen erklärenden Variablen beschrieben werden könne,
dadurch implizit auch deren Dynamik modelliere (und so implizit die Annahme getroffen werde, dass die Dynamik aller unabhängigen Variablen identisch
sei), und schließlich drohe ein ‚mismatch' zwischen Theorie und Methodolo-
gie (ibid.: 335ff.).[211]

In der Folge des äußerst einflussreichen Artikels von Beck/Katz – er lieferte, worauf die Disziplin wartete, nämlich eine recht einfache und klar formu-
lierte Anleitung für die Anwendung einer komplexen Methode – von 1995
über „What to Do (and Not to Do) with Time-Series-Cross-Section Data in
Comparative Politics" (Beck/Katz 1995) und seines Updates von 1996
(Beck/Katz 1996) entwickelte sich in der vergleichenden Staatstätigkeitsforschung der sogenannte Beck/Katz-Standard: Die Modellspezifikation ‚OLS
mit LDV und PCSE[212]' galt für nahezu ein Jahrzehnt als die beste Lösung der
Probleme in der Regressionsanalyse gepoolter Zeitreihen. Während auch diese
Spezifikation in der vorliegenden Arbeit Anwendung findet, sollte sie nicht als
die allein seligmachende Variante verstanden werden. Vielmehr ist sie wiederum eine von mehreren, über die hinweg die Robustheit der Ergebnisse interessiert. Kritik daran wurde inzwischen auf mehr oder weniger harsche Art und
Weise geübt. Sehr negativ äußern sich Wilson/Butler:

> „Even though this influential paper largely ignored the extensive literature on
> panel data methods, the simple B&K prescriptions rapidly became the new or-
> thodoxy for practitioners. Our assessment of the intellectual aftermath of this
> paper, however, does not inspire confidence in the conclusions reached during
> the past decade. The 135 papers we review show a widespread failure to diag-

---

211 Ein theoretisch gesprochen leeres Modell, das nur die LDV und Länderdummies beinhalte, sei gemäß den „various goodness of fit indicators" oft nicht
schlechter als theoretisch elaborierte Modelle, z.B. bei Garrett/Mitchell, aber
es ‚erkläre' im Grunde nichts (Plümper/Troeger/Manow 2005: 338).

212 PCSE steht für panel corrected standard errors. Diese von Beck/Katz entwickelte Form der Standardfehlerberechnung nimmt im Gegensatz zur herkömmlichen Berechnungsweise Anpassungen an die Poolstruktur der Daten
vor und ist deshalb nicht wie diese „either too confident or insufficiently confident" (Beck/Katz 1995: 636). Sie wird in der vorliegenden Arbeit deshalb
(ergänzend) verwendet.

nose and treat common problems of time-series, cross-section (TSCS) data
(such as unit heterogeneity), to consider alternative dynamic specifications, to
account for autocorrelation, and to acknowledge the unpleasant fact that reliable
small-sample methods of estimating dynamic models with unit heterogeneity
(which characterizes most TSCS analysis in political science) do not yet exist.
Furthermore, we replicate eight papers in prominent journals and find that sim-
ple alternative specifications often lead to drastically different conclusions."
(Wilson/Butler 2004: 1)

Maddala zufolge trifft die Kritik von Beck/Katz 1995 und 1996 an der zuvor üblichen Praxis vollkommen zu. Nur leider kehre ihr Lösungsvorschlag
die Hauptprobleme unter den Teppich (Maddala 1998: 60f.). Kittel/Winner
stören sich mehr an der ihres Erachtens mangelhaften theoretischen Fundierung der Anwendung des Beck/Katz-Standards bei vielen Arbeiten als an
deren Rezept selbst (Kittel/Winner 2002: 5f.):

„Consequently, the combination of weak theoretical reasoning and an ambivalent statistical foundation results in highly problematic conclusions" (Kit-
tel/Winner 2002: 6).

Drei weitere Spezifikationsvarianten betreffen die Inklusion von sogenannten Fixed Effects (FE) (vgl. hierzu v.a. Kittel/Winner 2002: 9ff. u. Kittel
2005: 101ff.). Sie beruhen auf der Grundidee, Koeffizienten berechnen zu
wollen, die frei von Sondereffekten einzelner Untersuchungseinheiten und/oder
–perioden sind.[213] Diese werden deshalb in spezifischen Termen modelliert,
die die Konstante (also den y-Achsenabschnitt) ersetzen. Man kann sich das
Verfahren also auch so versinnbildlichen, dass man eine Schar von T, N bzw.
$T*N$ parallelen (also von α abgesehen identischen) Regressionsgeraden mit
unterschiedlichen y-Achsenabschnitten für jede Einheit und/oder Periode berechnet. Formal sehen die drei Varianten wie folgt aus:

FE (C[214]): $y_{i,t} = \alpha_i + \beta X_{i,t} + \varepsilon_{i,t}$ (5)

FE (T): $y_{i,t} = \alpha_t + \beta X_{i,t} + \varepsilon_{i,t}$ (6)

FE (CT): $y_{i,t} = \alpha_{i,t} + \beta X_{i,t} + \varepsilon_{i,t}$ mit $\alpha_{i,t} = \mu_i + \lambda_t$ (7)[215]

---

213 Von den Koeffizienten für die erklärenden Variablen abgebildet werden dann
     im Grunde relative Abweichungen von den Durchschnitten und nicht mehr
     die absoluten Werte der abhängigen Variable, was einen durchaus gewichti-
     gen Unterschied darstellt.
214 C steht hier für country (also die übliche Untersuchungseinheit), und T für
     time, also die Zeitperiode.

Die einfachste technische Umsetzung dieser Modelle besteht in der Inklusion von N Länder- und/oder T Periodendummies in ein Modell ohne (zusätzliche) Konstante.[216] Die Entscheidung für die Inklusion von Fixed Effects kann auf zwei verschiedenen Begründungen basieren: Zum einen kann man schlicht an den bereinigten Effekten (oder auch an den Koeffizienten für die einzelnen Dummies) interessiert sein, zum anderen kann ein Testverfahren darauf hinweisen, dass die Fixed Effects einen entscheidenden Unterschied machen, was gemeinhin als Indiz dafür genommen wird, dass das Modell ohne sie fehlspezifiziert ist und sie deshalb einbezogen werden müssen. Während die Inklusion der entsprechenden Terme in der vorliegenden Arbeit (wiederum vor allem auch zum Zwecke der Robustheitsdiagnose) ergänzend erfolgt, sei angemerkt, dass dieser letzteren Konvention nicht uneingeschränkt zuzustimmen ist. Sicher ist ein signifikanter FE-Test ein Indikator für ‚omitted variable bias', aber die Perioden- bzw. Länderdummies bieten dafür keine substanzielle Lösung[217], d.h. sie erklären nichts, solange sie nicht theoretisch unterfüttert – oder, besser, durch Variablen ersetzt – werden können. Die wichtigste Spezifikationsentscheidung ist und bleibt also die Auswahl der inkludierten erklärenden Variablen, und beim Auftreten von (deutlichen) Annahmeverletzungen war daher während des Forschungsprozesses eine Anpassung hierbei der erste Lösungsversuch – allerdings bei Weitem nicht immer so erfolgreich, wie man sich das erhoffen könnte, was der Literatur zufolge ein den meisten Autoren bekanntes Problem ist. Des Weiteren ist zumindest fraglich, ob die von Ein-

---

215 Oft wird in (5) und (6) anstelle von α_i μ_i bzw. anstelle von α_t λ_t formuliert. Dies lenkt nach Ansicht des Verfassers aber davon ab, dass es sich jeweils um den y-Achsenabschnitt handelt. Die Differenzierung des α-Terms in (7) ist dagegen notwendig, um den Beitrag der Koeffizienten für die einzelnen Einheiten und Perioden unterscheiden zu können, sofern man diese Information interpretieren oder sonstwie weiterverwenden will.

216 Daher stammt der für FE-Modelle ebenfalls gebräuchliche Name 'least squares dummy variables approach' (LSDV).

217 Wallace/Hussain befanden schon vor 35 Jahren so lakonisch wie zutreffend: „[T]he use of dummy variables is an attempt to specify a model with an error term that indeed has a zero mean" (Wallace/Hussain 1969: 56). Sayrs urteilt: „[S]uch dummy variables are substantively meaningless, and greatly reduce the degrees of freedom, with a corresponding loss of statistical power. [...] The intercept is not an explanation for the between-unit variance or the variance over time. The intercept is simply a characterization of the variance that attempts to minimize the bias in the 'true' explanation. The intercept is thus what Maddala (1977) calls 'specific ignorance', in contrast to our general ignorance, which is captured in the error" (Sayrs 1989: 5f. u. 28).

heits- und/oder Periodenbesonderheiten ‚befreite' Variation, auf die sich die Koeffizienten der erklärenden Variablen dann beziehen, der politikwissenschaftlich interessante Teil der Gesamtvariation sind.[218] Das kann wiederum nur behauptet werden, wenn überräumliche und –zeitliche Wirkungsgesetze postuliert werden.[219] Es ist aber nicht einmal unumstritten, dass in FE-Modellen den erklärenden Größen Gerechtigkeit widerfährt:

> „Adding n-1 fixed country dummies and t-1 fixed time dummies, in a pool of n countries and t time periods, threatens to give interpretive credit to these mystery variables when some or all of that credit is due to the behavioural variables already under study. In history's laboratory, part of the effect of income, age, or voting takes a form that is fixed for a country or for a time period. The influence of income, age, or voting is often embodied in, not competitive against, fixed attributes of country and time. There is the danger of underrating these behavioural forces by crediting them only with the part not fixed by country or time in the historical laboratory we are given." (Lindert 2004: 72f.)

In der Zeitschrift International Organization hat sich 2001 über die Frage der Inklusion von Fixed Effects eine lebhafte Debatte zwischen Green/Kim/Yoon und Beck/Katz entsponnen, die die involvierten Aspekte exemplarisch zusammenfasst. Green/Kim/Yoon teilen die Sorge von

---

218 Immerhin aber, das sollte nicht unerwähnt bleiben, können FE-Modelle von Heteroskedastizität, Autokorrelation und – for lack of a German expression – ‚cross-sectional correlation' verursachte Probleme vermindern.

219 „Garrett and Mitchell [...] decide to interpret the country intercepts as an 'equilibrium' level of spending. We see little reason to object to this approach if a substantive meaning can be attributed to the intercepts. This is the case if they can be read as long-term, steady-state solutions" (Kittel/Winner 2002: 13). Dafür sehen die beiden letzteren Autoren allerdings keinen Anlass. Plümper/Troeger/Manow stellen die Positionen von Garrett/Mitchell und Kittel/Obinger einander gegenüber und urteilen, dass weder die Hoffnungen Ersterer noch die Befürchtungen Letzterer durch die Inklusion von Fixed Effects voll erfüllt würden (Plümper/Troeger/Manow 2005: 331). Neben dem Problem mit zeitinvariaten erklärenden Variablen stellt sich ihres Erachtens noch ein weiteres: „Secondly, the unit dummies estimate the effect of average differences in levels of all independent variables plus the effect of omitted variables. Hence, Garrett and Mitchell's interpretation of dummy coefficients as capturing the historical fabric of a country is highly problematic" (ibid.: 332). Andererseits gelte: „Abstention from running a fixed effects model comes with the risk of explaining variance in the dependent variable that existed prior to the period under observation with the variance in the mean of the independent variable in the period under observation" (ibid.: 332).

Beck/Katz über verzerrte Schätzergebnisse bezüglich der Standardfehler bei OLS-Regressionen. Sie sehen aber ihres Erachtens weitaus grundsätzlichere Probleme:

> „We contend that analyses of pooled cross-section data that make no allowance for fixed unobserved differences between dyads often produce biased results." (Green/Kim/Yoon 2001: 442)

Die drei Autoren betrachten auf den fortfolgenden Seiten verschiedene Studien anderer Autoren und zeigen auf, dass je nach Spezifikation in puncto Fixed Effects die Ergebnisse variieren, und kommen zu der Schlussfolgerung, dass Fixed Effects-Spezifikationen unbedingt Teil seriöser Analysen sein müssten. Beck/Katz antworten, dass Fixed-Effects-Modelle sicher oft Sinn ergäben, aber andererseits auch problematisch sein könnten. Das Heilmittel Fixed Effects kuriere eine nicht besonders ernste Krankheit und habe dafür starke Nebenwirkungen (Beck/Katz 2001: 487ff.). Massive Kritik ernteten Beck/Katz für ihre Zurückweisung der Green/Kim/Yoon-Kritik von Wilson/Butler:

> „[T]hey are in effect saying that ‚accounting for omitted variables is foolish because your significant results might go away.'" (Wilson/Butler 2004: 33)

Und zur Frage der Fixed Effects selbst bemerken sie:

> „We definitely agree that unit effects ‚soak up' the explanatory power of sluggish variables, but in our view this – to the extent that following conservative norms of inference is desirable – is a good thing, not a 'cost.'" (Wilson/Butler 2004: 18)

Aus der Sicht eines neutralen Beobachters steht das Duell zwischen FE-Modell-Befürwortern und Kritikern auf abstrakter Ebene wegen gewichtiger Argumente auf beiden Seiten unentschieden – falls überhaupt, dann kann uns nur die konkrete Anwendung im jeweiligen Einzelfall einem Urteil näher bringen.[220] Ebenfalls eine empirische Frage, die im Einzelfall zu klären ist, ist ob

---

220 In der ökonometrischen Panel-Literatur werden als Alternative zu Fixed Effects auch Random Effects (RE) verwendet, welche als normalverteilt angenommen werden. Diese sind für (ländervergleichende) Vollerhebungen jedoch ungeeignet: „Hsiao shows that fixed effects are appropriate if one wants to make inferences to the observed units, whereas the random effects model (which assumes the effects are drawn from some distribution) is appropriate if one thinks of the observed units as a sample from a larger population and if one wants to make inferences about the larger population" (Beck 2001: 284). Für eine luzide Erläuterung hierzu siehe auch Wooldridge 2002: 265ff.

Fixed Effects in einer Veränderungs-Spezifikation nötig sind (vgl. Kittel/Winner 2002: 23). Bei der Kombination von FE(C) mit LDV tritt allerdings die Komplikation einer Verzerrung der Schätzer um $1/T$ auf (Kittel 2005: 105), was sich wegen der hier untersuchten relativ kurzen Periode relativ stark auswirkt.[221] Deshalb wurde diese Spezifikation nur randständig ergänzend getestet.

Trotz aller hier nur in relativer Kürze diskutierbarer Schwierigkeiten: Die räumliche und zeitliche Dimension in einem Analyseinstrument zusammenzuführen, bietet eine „possibility of insights into the political world" (Stimson 1985: 945), die sich durch vorsichtige Beschränkung auf einfachere Designs vorschnell zu verbauen schwer zu rechtfertigen ist. Die inzwischen häufigere Generalkritik an der gegenwärtigen Form der Nutzung gepoolter Analysen im Bereich der ‚comparative politics' (etwa bei Kittel 1999: 245ff.[222] u. Shalev 2005: 22f.) darf dabei allerdings nicht ignoriert werden, sondern muss in analytischer Sorgfalt und interpretativer Zurückhaltung umgesetzt werden[223] – ein Versuch dazu entlang der nunmehr vorgestellten Modellspezifikationen folgt im nächsten Unterkapitel.

4.3   Ausgewählte Korrelations- und Regressionsergebnisse

Zur Identifikation robuster Erklärungsfaktoren werden in diesem Unterkapitel zunächst bivariate Korrelationen zwischen den in Kapitel 3 identifizierten, potenziell erklärenden Größen und den Bildungsausgaben der Bundesländer vorgestellt (4.3.1). Darauf folgen Regressionsergebnisse im Querschnitt (4.3.2) und im gepoolten Design (4.3.3). Schließlich wird noch ein Blick auf

---

221 Für die Schätzung und Korrektur dieser Verzerrung aber bräuchte man mindestens zwanzig (hintereinander geschaltete) Querschnitte (Kittel 1999: 105ff.).

222 Es sei auch nicht unerwähnt, dass in der vorliegenden Untersuchung Kittels strenge Anforderung an die Länge der zu poolenden Zeitreihen von $T > 30$ (Kittel 1999: 242) nicht erfüllt werden kann.

223 Shalev nennt drei Strategien im Umgang mit den Schwächen der gepoolten Regressionsanalyse: ‚refinement' (also technische Verfeinerung), ‚triangulation' (also Kombination mit anderen Methoden und Analyseperspektiven) und ‚substitution' (also das Ersetzen durch andere Untersuchungsformen) (Shalev 2005: 42ff.). Der im Rahmen dieser Arbeit verfolgte Ansatz ist – neben Versuchen zum ‚refinement' – im Bereich der ‚triangulation' zu verorten.

Olssonsche Quellen geworfen (4.3.4), deren Betrachtung aufgrund ihrer Zwischenstellung in der Kausalkette von den übrigen Determinanten zu den Bildungsausgaben (bzw. ihrer Variation) eine getrennte Befassung nahe legt.

4.3.1   Bivariate Korrelationen

In den folgenden Tabellen 4-3-1 bis 4-3-3 sind bivariate Korrelationen für die jährlichen Bestandsgrößen der Bildungsausgabenquote und die Pro-Kopf-Bildungsausgaben im Länderquerschnitt der Jahre 1992 bis 2002 sowie für die Veränderungen beider Messgrößen über den gesamten Untersuchungszeitraum und seine beiden Fünfjahres-Subperioden aufgeführt.[224] Auf eine Verbalisierung dieser Korrelationsergebnisse wird an dieser Stelle verzichtet[225], da erst die Regressionsergebnisse abschließende Urteile über den Einfluss der einzelnen Variablen stützen können. Kein Wiedersehen wird es bei der Darstellung der Regressionsanalysen allerdings mit dem Ausländeranteil, dem Wahljahres-Dummy, dem gewerkschaftlichen Organisationsgrad, der Privatschülerquote, den ausländischen Direktinvestitionen und den Gesamtausgaben geben, da die ersten fünf dieser Größen keinen systematischen Zusammenhang mit den Bildungsausgaben aufweisen und hinsichtlich der sechsten zwar ein solcher besteht, sie aber mit den übrigen erklärenden Variablen interkorrelationstechnisch unverträglich ist.

---

224 Des Weiteren wurden – hier nicht abgedruckte – bivariate Korrelationen für Mehrperiodendurchschnitte und zu den jährlichen Veränderungen berechnet.
225 In der beim Verfasser erhältlichen Langfassung dieses Kapitels geschieht sie aber in ausführlicher Weise.

Tabelle 4-3-1:   Bivariate Korrelationen der Bildungsausgabenquote mit den erklärenden Größen, 1992-2002

	1992	1993	1994	1995	1996	1997	1998	1999	2000	2001	2002
Beamtenquote im Schulbereich				-,86**			-,88**		-,89**		-,88**
Vorjahres-Bildungsausg.[#§]		,99**	,99**	,99**	,99**	,99**	,99**	,99**	,99**	,99**	,98**
Ost-Länder-Dummy	,92**	,90**	,90**	,90**	,89**	,92**	,94**	,92**	,90**	,88**	,87**
BIP/Kopf	-,86**	-,80**	-,80**	-,80**	-,76**	-,79**	-,81**	-,80**	-,78**	-,76**	-,75**
6-24-Jährige[B]	,74**	,77**	,81**	,83**	,83**	,84**	,83**	,77**	,70**	,57*	,34
ü. 65-Jährige[B]	-,52*	-,54*	-,56*	-,56*	-,54*	-,46	-,38	-,24	-,06	,05	,14
Relation dieser beiden Größen	,60*	,64**	,70**	,74**	,75**	,73**	,70**	,61*	,46	,31	,10
Schüler[B]	,75**	,78**	,81**	,83**	,84**	,83**	,81**	,68**	,36	-,10	-,40
Studierende[B]	-,67**	-,62**	-,62**	-,58*	-,54*	-,55*	-,53*	-,44	-,38	-,32	-,24
Ausländer[B]	-,78**	-,74**	-,77**	-,73**	-,71**	-,73**	-,75**	-,77**	-,75**	-,71**	-,68**
Wahljahres-Dummy	-,22	-,28	,58*	-,26	-,26	-,30	,20	,26	-,23	-,20	,58*
Steuereinnahmen[#]	,54*	,01	,27	,86**	,83**	,87**	,87**	,89**	,88**	,87**	,89**
Nettokreditaufnahme[#§]	,79**	,80**	,82**	,78**	,77**	,77**	,77**	,64**	,28	,30	,32
Finanzausgleichssaldo[#]	-,25	-,20	-,20	,81**	,80**	,84**	,82**	,85**	,86**	,85**	,87**
Sozialausgaben[#§]	,81*	,76**	,83**	,84**	,82**	,85**	,86**	,88**	,86**	,87**	,84**
Ausg. für Innere Sicherheit[#§]	,59*	,67**	,67**	,69**	,70**	,70**	,72**	,72**	,73**	,71**	,75**
Gewerksch. Org.grad									-,21	-,22	-,23
Frauenerwerbsquote	,30	,08	,19	,25	,20	,04	-,19	-,22	-,38	-,46	-,47
CDU-Kabinettsanteile	,56*	,53*	,46	,31	,29	,27	,25	,10	,13	,10	,01
SPD-Kabinettsanteile	-,72**	-,70**	-,59*	-,28	-,23	-,18	-,13	,01	-,05	,00	,02
FDP-Kabinettsanteile	,70**	,71**	,61*	-,20	-,16	-,18	-,16	-,29	-,30	-,33	-,16
Grüne-Kabinettsanteile	-,22	-,18	-,07	-,07	-,15	-,32	-,46	-,46	-,40	-,40	-,22
Protestanten[B]							-,55*	-,53*	-,52*	-,51*	-,50
Katholiken[B]	-,54*	-,50*	-,50	-,50*	-,50*	-,50*	-,50	-,50*	-,48	-,48	-,51*
Kirchenmitgl.[B]							-,76	-,75**	-,72**	-,71**	-,73**
Privatschülerquote				-,76**	-,75**	-,74**	-,72**	-,65**	-,54*	-,45	-,34
Exporte[#]	-,65**	-,68**	-,65**	-,68**	-,70**	-,68**	-,70**	-,72**	-,65**	-,63**	-,63**
FDI-Bestand[#]	-,57*	-,62*	-,59*	-,58*	-,59*	-,60*	-,63*	-,60*	-,53*	-,56*	-,58*
Schuldenstand[#§]	-,44	-,25	-,10	,06	,19	,32	,43	,49	,50*	,51*	,51*
Zinsausgaben[#§]	-,63**	-,44	-,34	-,18	-,04	,14	,24	,31	,39	,45	,53*
Gesamtausgaben[#§]	,91**	,90**	,91**	,92**	,91**	,94**	,95**	,94**	,93**	,91**	,88**

Aus Platzgründen wurden die Nullen vor den Kommata weggelassen und die Werte auf zwei Stellen gerundet. Leere Felder beruhen auf Datenlücken. Die Daten zu den Steuereinnahmen mussten nicht stadtstaatenkorrigiert werden, da sie von den statistischen Ämtern auch für die Stadtstaaten getrennt nach Landes- und Kommunalanteil aufbereitet werden.

Anteil am BIP; § stadtstaatenkorrigiert; B Anteil an der Gesamtbevölkerung; * signifikant auf dem 95 %-Niveau, ** signifikant auf dem 99 %-Niveau (je zweiseitiger Test)

Tabelle 4-3-2: Bivariate Korrelationen der Pro-Kopf-Bildungsausgaben mit den erklärenden Größen, 1992-2002

	1992	1993	1994	1995	1996	1997	1998	1999	2000	2001	2002
Beamtenquote im Schulbereich				-,27			-,27		-,23		-,13
Vorjahres-Bildungsausg.[#§]		,92**	,99**	,97**	,98**	,98**	,99**	,99**	,98**	,98**	,96**
Ost-Länder-Dummy	-,33	,05	,17	,17	,20	,25	,19	,15	,03	-,10	-,08
BIP/Kopf	,48	,25	,20	,22	,25	,22	,28	,31	,41	,53*	,48
6-24-Jährige[B]	-,50*	-,19	-,05	-,02	,03	,04	-,04	-,12	-,26	-,41	-,45
ü. 65-Jährige[B]	,29	-,02	-,16	-,25	-,30	-,26	-,21	-,14	-,02	-,06	-,11
Relation dieser beiden Größen	-,41	-,11	,04	,12	,17	,16	,09	,01	-,14	-,20	-,14
Schüler[B]	-,43	-,12	,01	,05	,09	,09	,01	-,08	-,28	-,32	-,18
Studierende[B]	,71**	,49	,43	,48	,45	,44	,50	,54*	,61*	,68**	,74**
Ausländer[B]	,57*	,35	,29	,32	,31	,28	,34	,30	,38	,50*	,49
Wahljahres-Dummy	,02	,26	-,20	,31	-,23	,36	-,13	,18	-,29	,43	,08
Steuereinnahmen[#]	,38	,10	,13	,46	,39	,49	,51*	,57*	,54*	,48	,52*
Nettokreditaufnahme[#§]	-,01	,19	,38	,51*	,45	,46	,30	,18	,56*	,46	,40
Finanzausgleichssaldo[#]	,10	,03	,02	,31	,23	,34	,31	,30	,20	,11	,18
Sozialausgaben[#§]	-,01	,19	,35	,32	,39	,51*	,43	,40	,28	,19	,19
Ausg. für Innere Sicherheit[#§]	,65**	,60*	,58*	,63**	,61*	,59*	,59*	,56*	,52*	,51*	,55*
Gewerksch. Org.grad									,29	,27	,36
Frauenerwerbsquote	,32	,40	,40	,41	,47	,47	,41	,26	,28	,19	,04
CDU-Kabinettsanteile	,08	,14	,17	,26	,34	,36	,40	,32	,17	,12	,09
SPD-Kabinettsanteile	-,08	-,22	-,31	-,35	-,35	-,35	-,42	-,33	-,20	-,18	-,25
FDP-Kabinettsanteile	-,10	,13	,18	-,15	-,14	-,09	-,05	-,13	-,10	-,04	,07
Grüne-Kabinettsanteile	-,10	-,09	-,02	-,13	-,35	-,06	-,01	,06	,14	,16	-,27
Protestanten[B]							-,16	-,14	-,08	-,01	,00
Katholiken[B]	-,10	-,26	-,31	-,33	-,36	-,36	-,32	-,31	-,21	-,16	-,23
Kirchenmitgl.[B]							-,38	-,36	-,24	-,16	-,20
Privatschülerquote				,02	-,01	-,02	,08	,12	,28	,36	,31
Exporte[#]	,30	,04	,01	,01	,03	,09	,21	,23	,40	,57*	,49
FDI-Bestand[#]	,14	,25	,25	,24	,27	,22	,23	,21	,27	,42	,42
Schuldenstand[#§]	,27	,09	,08	,17	,16	,25	,31	,36	,41	,45	,50*
Zinsausgaben[#§]	,27	,07	,03	,10	,12	,22	,28	,34	,36	,43	,49
Gesamtausgaben[#§]	,05	,31	,39	,43	,45	,55**	,54*	,51*	,43	,34	,23

Siehe die Fußzeile zu Tabelle 4-3-1; # (preiskorrigierte) Pro-Kopf-Werte.

Tabelle 4-3-3:   Bivariate Korrelationen für längerfristige Veränderungen in beiden Messgrößen

	Bildungsausgabenquote			Pro-Kopf-Bildungsausgaben		
	V 1997-1992	V 2002-1997	V 2002-1992	V 1997-1992	V 2002-1997	V 2002-1992
Vorjahres-Bildungsausgaben[#§]		0,901**			0,832**	
Bildungsausgaben zu Periodenbeginn	-0,824**	-0,649**	-0,912**	-0,392	-0,144	-0,211
Ost-West-Dummy	-0,719**	-0,662**	-0,862**	0,741**	-0,525*	0,350
BIP/Kopf	-0,698**	0,109	-0,791**	0,768**	0,405	0,523*
Bevölkerungsanteil der 6-24-Jährigen	-0,479	0,665**	0,809**	0,612*	0,536*	-0,384
Bevölkerungsanteil der ü. 65-Jährigen	-0,414	-0,572*	-0,670**	0,654**	-0,457	0,347
Relation der 6-24- zu den über 65-Jährigen	0,163	0,656**	0,619*	-0,756**	0,566*	-0,409
Bevölkerungsanteil der Schüler	-0,379	0,700*	0,809**	0,237	0,561*	-0,384
Bevölkerungsanteil der Studierenden	-0,578*	-0,418	-0,722**	0,790**	-0,158	0,504*
Bevölkerungsanteil der Ausländer	0,195	-0,262	0,005	-0,289	-0,170	-0,037
Steuereinnahmen[#]	-0,629**	-0,196	-0,750**	0,445	-0,474	0,223
Nettokreditaufnahme[#§]	0,665**	0,352	0,750**	0,005	0,273	-0,307
Finanzausgleichssaldo[#]	-0,700**	-0,306	-0,809**	0,549*	-0,486	0,207
Sozialausgaben[#§]	0,394	-0,047	0,668**	-0,271	-0,203	-0,022
Ausgaben für Innere Sicherheit[#§]	-0,060	-0,332	-0,315	0,692**	-0,308	0,299
Frauenerwerbsquote	0,657**	0,275	0,548	-0,230	0,266	-0,131
CDU-Kabinettssitzanteile	0,668**	-0,187	0,123	-0,221	-0,051	-0,205
SPD-Kabinettssitzanteile	-0,706**	0,122	-0,350	0,438	0,018	0,160
FDP-Kabinettssitzanteile	0,602*	0,113	0,579*	-0,527*	0,216	-0,327
Grüne-Kabinettssitzanteile	-0,199	-0,132	0,085	-0,129	-0,210	-0,056
Katholikenanteil	-0,578*	-0,261	-0,514*	0,297	-0,187	0,199
Privatschülerquote	0,563*	-0,402	0,354	-0,537*	-0,257	0,081
Exporte[#]	0,375	0,068	0,066	0,099	0,340	0,270
FDIs[#]	0,032	0,321	0,275	-0,014	0,233	0,162
Schuldenstand[#§]	-0,542*	-0,304	-0,606*	0,536*	-0,295	-0,075
Zinsausgaben[#§]	-0,658**	-0,442	-0,752**	0,543*	-0,513*	-0,001
Gesamtausgaben[#§]	0,665**	0,624**	0,874**	0,501*	0,329	0,449

Siehe die Fußzeile zu Tabelle 4-3-1. Größen, für die aufgrund derselben die Veränderung über keine der Mehrjahres-Perioden berechnet werden konnte, sind nicht aufgelistet.
je nach abhängiger Variable: BIP-Anteile bzw. (preiskorrigierte) Pro-Kopf-Werte.

4.3.2   Querschnittsregressionen

In Anlehnung an Castles' bewährtes Vorgehen wird in diesem Abschnitt ausgehend vom gegenwartsnächsten Querschnitt für ein einzelnes Jahr über Mehrperioden-Durchschnitts- und Veränderungsanalysen bis zum Beginn des Beobachtungszeitraums zurückgeblickt. Während die Gesamt-Bildungsausgabenquote im Querschnitt über alle Bundesländer ausführlich in den Blick genommen wird, werden die Pro-Kopf-Bildungsausgaben sowie die Hochschulausgaben nur punktuell kontrastierend (und ohne den Abdruck aller

Modelle, auf deren Ergebnisse Bezug genommen wird) beleuchtet.[226] Bevor nun aber mit der Präsentation von Regressionsergebnissen begonnen wird, ist ergänzend zur vorherigen methodischen Diskussion der Regressionsanalyse in Abschnitt 4.2 noch eine Bemerkung zum Umgang mit dem Problem der Multikollinearität angezeigt. Diese Verletzung der Grundannahmen ist deshalb problematisch, weil bei Interkorrelationen zwischen den erklärenden Variablen x_i diesen die Variation in der zu erklärenden Größe y nicht eindeutig zugeordnet werden kann und somit die Regressionsanalyse wegen der resultierenden „Instabilitäten bei den geschätzten Regressionskoeffizienten" (Chatterjee/Price 1995: 184) an ihre Grenzen stößt. (Für eine schöne Visualisierung dieses Problems siehe Backhaus et al. 2003: 89.)[227] Bei Interkorrelationen mit einem Betrag von über 0,8 wurde bei den in vorliegender Arbeit vorgestellten Modellen eine der beiden Größen aus dem Modell ausgeschlossen, in der Regel diejenige mit der geringeren bivariaten Korrelation mit der abhängigen Variable. Im jeweiligen Einzelfall wird dies berichtet und bei abweichendem Vorgehen begründet.

Alle Regressionsmodelle werden in der vorliegenden Arbeit in einer einheitlichen Tabellenformatierung präsentiert. In der jeweiligen Modellspalte links steht für jede erklärende Variable der partielle Regressionskoeffizient b, darunter der Standardfehler und rechts der standardisierte Regressionskoeffizient ß. In Erinnerung gerufen sei an dieser Stelle, dass die landläufige Interpretation des Determinationskoeffizienten R^2 (auch in seiner korrigierten Version) als ‚erklärte Variation' nur insofern gelten kann, als erstens kein Spezifizierungsirrtum vorliegt und zweitens die die jeweiligen erklärenden mit der zu erklärenden Variable verbindenden Kausalmechanismen theoretisch ausreichend begründet dargelegt (oder zumindest plausibel gemacht) wurden. Vorsichtig spricht man daher besser von ‚potenziell erklärter Variation'.

Wie oben angekündigt soll nun mit Querschnitts-Modellen für das gegenwartsnächste Jahr 2002 (die Tabellen 4-3-4 und 4-3-5 enthalten acht ver-

---

226 Die Analyse jährlicher Veränderungen sowie eine ausführliche Regressions- und Residuendiagnostik bleiben den später in Abschnitt 4.3.3 folgenden gepoolten Analysen vorbehalten. Auch werden dann wegen der höheren Freiheitsgrade umfangreichere Modelle getestet werden können. In der reinen Querschnittsbetrachtung ebenfalls unberücksichtigt bleibt die LDV (lagged dependent variable, also die Vorjahresbildungsausgaben).

227 Die Faktorenanalyse böte zwar eine Möglichkeit zur Behandlung dieses Problems, wegen der Probleme bei der Interpretation der Faktoren, die sie aus den interkorrelierenden Variablen kondensiert, wird davon aber abgesehen.

schiedene Spezifikationen dazu) die Darstellung der Regressionsergebnisse beginnen.[228]

Tabelle 4-3-4:   Querschnittsregressionen zur Bildungsausgaben-quote 2002 I

	Basismodell		Basismodell plus FDP		Basismodell plus Nettokredit-aufnahme		Basismodell plus Zinsen	
BIP/Kopf	-0,00003	-0,237	-0,00003	-0,242	-0,00003	-0,228	-0,00003	-0,237
	(0,00003)		(0,00003)		(0,00004)		(0,00004)	
Anteil der 6-24-Jährigen	0,085	0,093	0,0709	0,077	0,129	0,141	0,100	0,109
	(0,172)		(0,179)		(0,199)		(0,203)	
Finanzaus-gleichssaldo	0,132**	0,688	0,137**	0,713	0,125*	0,649	0,126	0,656
	(0,041)		(0,042)		(0,045)		(0,058)	
SPD-Kabinetts-sitzanteil	-0,002	-0,077	-0,001	-0,052	-0,003	-0,122	-0,002	-0,101
	(0,003)		(0,003)		(0,004)		(0,005)	
FDP-Kabinetts-sitzanteil			0,009	0,087				
			(0,0149)					
Nettokredit-aufnahme					0,044	0,095		
					(0,090)			
Zinsausgaben							0,075	0,045
							(0,476)	
Konstante	1,601 (4,181)		1,828 (4,331)		0,657 (4,736)		1,242 (4,935)	
N	16		16		16		16	
R^2	0,805**		0,811**		0,810**		0,806**	
R^2_{korr}	0,734**		0,717**		0,715**		0,709**	
Alle pekuniären unabhängigen Variablen wurden wie die jeweilige abhängige Variable aufbereitet, d.h. als Prozent-Anteil am BIP. * Signifikanzniveau ≥ 95%, ** >99% (zweiseitiger Test)								

Die vier in das Basismodell aufgenommenen Variablen wiesen alle das erwartete Vorzeichen auf. Nur für den Finanzausgleichssaldo jedoch weicht der partielle Regressionskoeffizient stärker von null ab als der Standardfehler, und nur hier ist er (hoch) signifikant. Da wir es aber mit einer Vollerhebung zu tun haben und daher keinen Rückschluss auf eine übergeordnete Grundgesamtheit ziehen wollen, bestätigen auch die anderen drei Koeffizienten die jeweils zugrunde liegenden Hypothesen. Den weitaus höchsten Erklärungsbeitrag zur potenziell erklärten Variation von rund drei Vierteln liefert – nicht überraschend – ebenfalls der Finanzausgleichssaldo, der deutlich höhere Bildungsausgabenquoten ermöglicht. Im Vergleich dazu relativ gering ist dagegen das standardisierte beta für den Anteil der 6-24-Jährigen und die SPD-Kabinettssitzanteile, die die Bildungsausgabenquoten zwar positiv bzw. nega-

---

228 Hier wie in allen folgenden Modellen sind monetäre Größen wie die jeweilige abhängige Variable aufbereitet, also als Prozent-Anteil am BIP oder Pro-Kopf-Wert.

tiv, aber eben nicht sehr stark beeinflussen. Das BIP/Kopf erweist sich als mittelstarker (negativen Einfluss ausübender) Faktor.

Aufgrund hoher Interkorrelationen konnten zahlreiche Variablen nicht gleichzeitig in ein Modell aufgenommen werden. Dabei kristallisierten sich mehrere überlappende Cluster heraus: Jeweils hoch miteinander (und mit dem Finanzausgleichssaldo) korreliert sind zum einen Steuereinnahmen, Gesamtausgaben, Sozialausgaben, Sicherheitsausgaben, die Beamtenquote, der Kirchenmitgliederanteil und der Ost-West-Dummy, zum anderen Schuldenstand, Zinsen und Nettokreditaufnahme, und außerdem die Kabinettssitzanteile von SPD und CDU. Aus dem ersten Cluster wurde der Finanzausgleichssaldo trotz der sehr leicht höheren Korrelation von Steuereinnahmen und Gesamtausgaben mit der Bildungsausgabenquote ausgewählt, da er als Haupttransmissionsmechanismus der bundesstaatlichen Solidarität theoretisch interessanter erscheint. Nettokreditaufnahme und Zinsausgaben wurden je als Erweiterungen des Basismodells betrachtet; die Schulden sind inhaltlich und korrelativ so stark mit den Zinsausgaben verknüpft, dass eine gesonderte Berücksichtigung nicht für nötig befunden wurde. Die SPD schließlich wurde anstelle der CDU ausgewählt, da die Erwartungen aufgrund des Sozialdemokratieeffekts im internationalen Vergleich eindeutiger waren. (Die Ergebnisse für die beiden großen Parteien sind aber nahezu spiegelbildlich.) Das Hinzuziehen von FDP-Kabinettssitzanteilen, Nettokreditaufnahme und Zinsausgaben hat praktisch keinen Einfluss auf die Höhe der Determinationskoeffizienten, immerhin aber weisen die beiden Ersteren (bei niedrigen partiellen Regressionskoeffizienten) das erwartete Vorzeichen auf. In Tabelle 4-3-5 sind solche Modelle aufgeführt, für die das Basismodell um seine erklärungskräftigste Variable, den Finanzausgleichssaldo, reduziert werden musste, da sich die interessierenden und daher hinzugefügten Größen interkorrelationstechnisch nicht mit diesem vertragen. Die Beamtenquote mit ihrem starken und hochsignifikant negativen Einfluss auf die Bildungsausgabenquote führt uns nicht nur das potenzielle Ausmaß der Bedeutung der statistischen Hypothese vor Augen, sie zeitigt auch insgesamt höhere Determinationskoeffizienten als der Finanzausgleichssaldo, den sie ersetzt hat. Der Kirchenmitgliederanteil hingegen fügt mit seinem signifikanten negativen Einfluss deutlich weniger Erklärungskraft hinzu als diese beiden Größen. Und auch in der multivariaten Analyse, das zeigen uns die jeweils positiven Vorzeichen in den beiden letzten Modellen, ergeben sich (zunächst) keine Belege für eine Programmkonkurrenz der Bildungs- mit

den Sozial- und Sicherheitsausgaben.[229] Abschließend ist zu diesen Querschnittsregressionen für die Bildungsausgabenquote 2002 festzuhalten, dass
sich die Ergebnisse für die Variablen des Basismodells über die verschiedenen
Spezifikationen hinweg als recht robust erweisen. (Die einzige klare Abweichung von diesem Trend ist der Vorzeichenwechsel des Anteils der 6-24-
Jährigen im Modell mit der Beamtenquote.)

Tabelle 4-3-5:   Querschnittsregressionen zur Bildungsausgaben-
                  quote 2002 II

	reduziertes Basismodell mit Beamtenquote		reduziertes Basismodell mit Kirchenmitgliederanteil		reduziertes Basismodell mit Sozialausgaben		reduziertes Basismodell mit Sicherheitsausgaben	
BIP/Kopf	-0,00005	-0,372	-0,00007*	-0,566	-0,00003	-0,219	-0,00006	-0,448
	(0,00003)		(0,00003)		(0,00004)		(0,00004)	
Anteil der 6-24-Jährigen	-0,049	-0,053	0,018	0,019	0,067	0,074	0,048	0,052
	0,141		(0,177)		(0,186)		0,211	
SPD-Kabinetts-sitzanteil	-0,00006	-0,003	-0,003	-0,146	-0,005	-0,208	-0,006	-0,244
	(0,003)		(0,003)		(0,003)		(0,004)	
Beamtenquote	-0,017**	-0,664						
	(0,004)							
Kirchenmit-gliederanteil			-0,018*	-0,479				
			(0,006)					
Sozialaus-gaben					0,942*	0,697		
					(0,341)			
Sicherheits-ausgaben							1,107	0,498
							(0,544)	
Konstante	6,183 (3,213)		5,389 (3,982)		1,291 (4,708)		2,189 (5,370)	
N	16		16		16		16	
R^2	0,845**		0,776**		0,773**		0,721**	
R^2_{korr}	0,789**		0,695**		0,691**		0,619**	
Alle pekuniären unabhängigen Variablen wurden wie die jeweilige abhängige Variable aufbereitet, d.h. als Prozent-Anteil am BIP. * Signifikanzniveau ≥ 95%, ** >99% (zweiseitiger Test)								

Bei Regressionsanalysen für die Elfjahres-Durchschnitte der Bildungsausgabenquote bietet sich ein ähnliches Bild. Die multivariaten Querschnitts-
Analysen des Bestandes der Bildungsausgabenquote beschließen soll ein Blick
auf zwei weitere einzelne Jahre, die den Beginn und die Mitte der Untersuchungsperiode markieren, sowie die beiden Subperiodendurchschnitte. In Tabelle 4-3-6 ist hierfür je ein Modell aufgeführt.

---

229 Natürlich kann es in den einzelnen Ländern auch bei im Querschnittsver-
     gleich positiver Korrelation und positiven Regressionskoeffizienten von Aus-
     gaben für verschiedene Bereiche Programmkonkurrenz geben.

Tabelle 4-3-6: Querschnittsregressionen zur Bildungsausgaben-quote 1992, 1997 und in den Subperiodendurch-schnitten

	Basismodell 1992 plus Nettokredit-aufnahme		Basismodell Ø 1992-1996		Basismodell 1997		Basismodell Ø 1997-2002	
BIP/Kopf	-0,00007	-0,354	-0,00002	-0,095	-0,00005	-0,286	-0,00005	-0,326
	(0,00007)		(0,00005)		(0,00003)		(0,00003)	
Relation der 6-24-zu den über 65-Jährigen	-0,707	-0,147	0,455	0,104	1,130	0,243	0,907	0,148
	(0,870)		(0,816)		(0,770)		(0,893)	
Steuereinnahmen	0,318	0,126	0,450*	0,649				
	(0,591)		(0,177)					
Finanzausgleichs-saldo					0,133**	0,507	0,129**	0,578
					(0,042)		(0,036)	
SPD-Kabinetts-sitzanteil	-0,014*	-0,408	-0,007	-0,203	-0,003	-0,100	-0,004	-0,119
	(0,006)		(0,005)		(0,004)		(0,004)	
Nettokredit-aufnahme	0,199	0,368						
	(0,113)							
Konstante	3,653 (6,049)		-0,622 (3,047)		2,596 (1,582)		2,813 (1,576)	
N	16		16		16		16	
R²	0,862**		0,831**		0,846**		0,844**	
R²korr	0,793**		0,770**		0,791**		0,787**	

Alle pekuniären unabhängigen Variablen wurden wie die jeweilige abhängige Variable aufbereitet, d.h. als Prozent-Anteil am BIP. * Signifikanzniveau ≥ 95%, ** >99% (zweiseitiger Test)

Die Interkorrelationsmuster sind in allen vier in dieser Tabelle aufgeführten Analyseperspektiven fast identisch (und ähnlich den oben beschriebenen). Wegen hoher Korrelation mit dem BIP pro Kopf kann zudem jeweils der Anteil der 6-24-Jährigen nicht verwendet werden, sondern muss durch die (jeweils ebenfalls hoch positiv mit der Bildungsausgabenquote korrelierte) Relation der Größe der Altergruppen der 6-24-Jährigen zu derjenigen der über 65-Jährigen ersetzt werden. Nicht aufgrund von Interkorrelation, sondern wegen aufgrund der erst 1995 erfolgten Vereinheitlichung des Finanzausgleichs geringer Korrelation mit der Bildungsausgabenquote treten für 1992 und den Durchschnitt der Jahre 1992 bis 1996 die Steuereinnahmen an die Stelle des Finanzausgleichssaldos.[230] Für 1992 wurde das um die Nettokreditaufnahme erweiterte Basismodell ausgewählt – zugegebenermaßen weil es als Einziges der für dieses noch sehr stark von den Nachwirkungen der Wiedervereinigung geprägte Jahr berechneten Modelle einigermaßen ‚well-behaved' ist.[231] Wie-

---

230 Immerhin enthalten aber die Steuereinnahmen den Finanzausgleich, da sie nach diesem gemessen werden.

231 Z.B. weisen die Steuereinnahmen in den meisten Spezifikationen ein negatives Vorzeichen auf. Dies dürfte aber auch an der Sondersituation der ostdeutschen Bundesländer liegen, die sich, noch nicht in den bundesstaatlichen Finanzausgleich aufgenommen, trotz Sonderzuwendungen aus dem Fonds Deut-

derum allerdings dreht die Inklusion der Nettokreditaufnahme mit ihrem klar
positiven Effekt den Altersgruppenrelationseffekt ins Negative. Der SPD-
Effekt immerhin tritt hier aber signifikant hervor. Im Durchschnitt für die
Jahre 1992 bis 1996 ist das Ergebnis für die Steuereinnahmen dann signifikant positiv – die Sondersituation Anfang der 1990er Jahre machte also
schnell Platz für die erwartete und später durchgehend nachweisbare eindeuti-
ge Tendenz. (Die Nettokreditaufnahme hat – so die Ergebnisse von hier aus
Platzgründen nicht aufgeführten Modellen – auch hier einen positiven, die
Zinsausgabenquote einen signifikant negativen Effekt.) Für 1997 entsprechen
alle Ergebnisse den Erwartungen, und der Finanzausgleich zeigt wie 2002
einen hochsignifikanten Effekt. Dies gilt auch für den Durchschnitt der zweiten Subperiode von 1997 bis 2002. Inkludiert man (in wiederum hier nicht
abgedruckten Modellen) die Nettokreditaufnahme, ergibt sich in beiden Fällen
ein mittelstark positiver Effekt.[232] Bezieht man alternativ den Schuldenstand
oder die Zinsausgaben ein, weisen diese einen schwach negativen Effekt auf;
der SPD-Effekt schwächt sich dann ab (da SPD-Länder tendenziell stärker
verschuldet sind). Für den Durchschnitt der Jahre 1997 bis 2002 konnten
zusätzlich auch (je einzeln) die Beamtenquote und der Kirchenmitgliederanteil
zum (reduzierten) Basismodell hinzugefügt werden. Für beide ergeben sich –
in Übereinstimmung mit den Ergebnissen für 2002 – hochsignifikante negative Effekte. In allen vier Analyseperspektiven lässt sich in den zwar berechneten, aber hier nicht aufgeführten weiteren Modellen wiederum ein (vor allem
in der zweiten Subperiode schwacher) positiver FDP-Effekt, aber keine Programmkonkurrenz zu Sozial- und Sicherheitsausgaben belegen.

Wenden wir uns nun der Analyse der Veränderung der Bildungsausgabenquote (bzw. ihrer Bestimmungsgründe) zu und beginnen mit dem in Tabelle 4-
3-7 aufgeführten Modell für den ersten Fünfjahressprung von 1992 nach
1997. Aufgrund zu hoher Interkorrelationen nicht aufgenommen werden konnte die Bildungsausgabenquote im Basisjahr 1992.[233] Die Konvergenz der Bildungsausgabenquoten im Zeitraum bis 1997 dürfte jedoch durch die bivariate
Korrelation (siehe Tabelle 4-3-3) zur Genüge belegt worden sein. Ebenfalls

---

sche Einheit stark auf Kreditfinanzierung ihrer Ausgaben stützen mussten. So
betrachtet ergibt auch das Hinzuziehen der Nettokreditaufnahme zum Basismodell zusätzlich Sinn.

232 Nur 1997 tritt dabei der mittlerweile bekannte Vorzeichenwechsel bei der
demographischen Variable auf.

233 Dies gilt im Übrigen auch für die nachfolgende Betrachtung der Veränderungen über den Zeitraum 1997 bis 2002.

aufgrund von Multikollinearität unberücksichtigt blieben die FDP-Kabinettssitzanteile (deren Veränderung sehr hoch negativ mit derjenigen der SPD korreliert ist) und die Zinsausgaben, statt derer die Kreditmarktschulden einbezogen wurden. Wiederum wegen der vor 1995 fehlenden Vereinheitlichung außen vor blieb der Finanzausgleich, an dessen Stelle wieder die Steuereinnahmen traten. Die Frauenerwerbsquote schließlich wurde hier zum ersten Mal getestet, da ihr bivariater Korrelationskoeffizient mit der Bildungsausgabenquote dies nur in der Veränderungsbetrachtung nahe legt. Wie bei der bivariaten Korrelationsanalyse, daran sei an dieser Stelle erinnert, sind alle erklärenden Größen hier ebenfalls als Fünfjahres-Veränderungen aufbereitet worden.

Tabelle 4-3-7:   Querschnittsregressionen zur Veränderung der Bildungsausgabenquote über die Subperioden und zu den Hochschulausgeben

	Breites Modell zur Veränderung der Bildungsausgabenquote1992-1997		Breites Modell zur Veränderung der Bildungsausgabenquote 1997-2002		Basismodell plus Nettokreditaufnahme zur Hochschulausgabenquote Ø 1992-2002		Basismodell plus Nettokreditaufnahme zu den Pro-Kopf-Hochschulausgaben Ø 1992-2002	
BIP/Kopf	-0,0002*	-0,675	-0,0002	-0,285	-0,00004*	-0,812	0,0005	0,049
	(0,00006)		(0,0004)		(0,00001)		(0,002)	
Relation der 6-24- zu den über 65-Jährigen	-1,528	-0,250						
	(1,168)							
Anteil der 6-24-Jährigen			0,076	0,310				
			(0,203)					
Studierenden-anteil					0,298**	0,975	54,254**	0,776
					(0,074)		(14,683)	
Steuer-einnahmen	0,073	0,586					0,007	0,040
	(0,030)						(0,022)	
Finanzaus-gleichssaldo			0,261	0,568	0,002	0,017		
			(0,236)		(0,019)			
SPD-Kabinetts-sitzanteil	-0,004	-0,221	0,004	0,353	-0,004*	-0,374	-0,620*	-0,271
	(0,005)		(0,003)		(0,001)		(0,199)	
Schuldenstand	0,010	0,136	-0,106	-1,427				
	(0,019)		(0,055)					
Sozialausgaben	0,016	0,027	-1,482	-0,839				
	(0,193)		(1,144)					
Sicherheits-ausgaben	-3,391*	-0,676	-0,878	-0,187				
	(1,211)		(4,511)					
Nettokredit-aufnahme	0,190*	0,884	0,140	0,588	0,076	0,358	0,108*	0,344
	(0,068)		(0,083)		(0,040)		(0,036)	
Frauenerwerbs-quote	0,131	0,248	-0,002	-0,005				
	(0,089)		(0,186)					
Konstante	-0,185 (0,219)		0,182 (0,464)		1,092** (0,261)		38,614 (49,506)	
N	16		16		16		16	
R²	0,946**		0,786		0,848**		0,927**	
R²korr	0,865**		0,465		0,772**		0,891**	

Alle pekuniären unabhängigen Variablen wurden wie die jeweilige abhängige Variable aufbereitet, d.h. als Prozent-Anteil am BIP bzw. (preiskorrigierte) Pro-Kopf-Ausgaben.
* Signifikanzniveau ≥ 95%, ** >99% (zweiseitiger Test)

Das Wirtschaftswachstum ist in der multivariaten Regressionsanalyse ebenso wie die Veränderung der Altersgruppenrelation negativ mit der Veränderung der Bildungsausgabenquote assoziiert, was zunächst vielleicht überrascht. Ebenfalls negativ zeigt sich der SPD-Effekt. Die Steuereinnahmenentwicklung spielt eine weitaus weniger bedeutende Rolle als in der Bestandsbetrachtung. Die Verschuldungsentwicklung der Bundesländer weist hingegen einen positiven Einfluss auf. Es scheint also, dass trotz der mittelstark negativen bivariaten Korrelation hier bei Kontrolle für andere Einflussgrößen ein positiver Effekt zugrunde liegt.[234] Das Ergebnis für die Nettokreditaufnahme bestätigt den Befund einer Defizitfinanzierung der Bildungspolitik in der ersten Hälfte des Untersuchungszeitraumes. Werden Sozial- und Sicherheitsausgaben einzeln zum (hier nicht abgedruckten) Basismodell hinzugefügt, weisen beide einen negativen Effekt auf und ergeben sich damit Indizien für eine Programmkonkurrenz, wenn auch bei geringen standardisierten Regressionskoeffizienten und also von eher untergeordneter Bedeutung. Das breite Modell aber liefert den Befund einer signifikanten Programmkonkurrenz zwischen Bildung und Sicherheit, nicht aber zwischen Bildung und Sozialem. Die Veränderung der Frauenerwerbsquote hat einen nicht sehr starken, aber klaren (da b > SE) positiven Einfluss auf die Veränderung der Bildungsausgabenquote.

Das zweite Modell in Tabelle 4-3-7 bezieht sich auf die Veränderung der Bildungsausgabenquote von 1997 bis 2002. Sechs Ergebnisse sind daran im Vergleich zur ersten Subperiode bemerkenswert: Die potenziell erklärte Variation fällt weitaus geringer aus, und die Veränderung der SPD-Kabinettssitzanteile und der demographischen Variable sind nun positiv mit der Veränderung der Bildungsausgabenquote assoziiert. Zudem lässt sich nunmehr eine Programmkonkurrenz auch zu den Sozialausgaben diagnostizieren, welche sogar stärker als jene zu den Sicherheitsausgaben ausfällt. Die Schuldenentwicklung und die Frauenerwerbsquotenveränderung wechseln das Vorzeichen (im ersteren Fall zum erwarteten, im zweiten Fall zum unerwarteten Minus). Was die Verschuldungssituation anbelangt, ist ihr Effekt der bei weitem größte Einzeleffekt.[235] Wir haben es also in der zweiten Teilperiode

---

234 Ob dies aber in Zeiten größerer Zuspitzung der Haushaltslage der Länder (also in der zweiten Subperiode) ebenfalls der Fall ist, wird gleich noch zu prüfen sein.
235 In einem hier nicht abgedruckten Modell erweist sich zudem der FDP-Effekt als positiv.

des Untersuchungszeitraums mit deutlich anderen Wirkungszusammenhängen zu tun als in der ersten, wobei sich die gegenwartsnäheren schlechter erklären lassen.

Knapper als die bisherigen Ergebnisse (und diese ergänzend bzw. kontrastierend) werden im Folgenden die Ergebnisse der Querschnitts-Regressionsanalysen zu den Pro-Kopf-Bildungsausgaben und den Hochschulausgaben vorgestellt. Das dritte und vierte Modell in Tabelle 4-3-7 zeigen die Befunde zu den Hochschulausgaben. Die erklärenden Variablen der jeweiligen um die Nettokreditaufnahme erweiterten Basismodelle für die Hochschulausgaben aller Länder im Durchschnitt über den gesamten Untersuchungszeitraum weisen bei beiden Messgrößen die erwarteten Vorzeichen auf, wobei die potenziell erklärte Variation bei den Pro-Kopf-Ausgaben noch etwas höher liegt als bei der BIP-Quote. In beiden Fällen hochsignifikant positiv ist der Koeffizient für den Studierendenanteil an der Bevölkerung; signifikant sind zudem im ersten Fall die Effekte des BIP pro Kopf und der SPD-Kabinettssitzanteile, im zweiten Fall die von SPD und Nettokreditaufnahme. Auffallend ist des Weiteren die im Vergleich zu den Ergebnissen für die Gesamtbildungsausgaben weitaus geringere relative Bedeutung des Finanzausgleichs bzw. der Steuereinnahmen. In hier nicht abgedruckten Modellen ergab sich hinsichtlich der Programmkonkurrenz zu Sozialem und Innerer Sicherheit ein nach Messgrößen zweigeteiltes Ergebnis: Bei der Hochschulausgabenquote waren die Vorzeichen jeweils positiv, bei den Pro-Kopf-Hochschulausgaben jeweils negativ. In beiden Perspektiven ein negativer Effekt ist dagegen der FDP zuzuschreiben, was klar mit der Lage bei den gesamten Bildungsausgaben kontrastiert. Trotz der recht hohen Determinationskoeffizienten sind übrigens die Ergebnisse für mehrere einzelne Variablen in der Hochschulausgabenbetrachtung bei Spezifikationsveränderungen weniger robust als bei den Gesamtbildungsausgaben.

Tabelle 4-3-8 bietet zunächst zwei Modelle zu den durchschnittlichen Pro-Kopf-Bildungsausgaben über den gesamten Beobachtungszeitraum, sodann je eines zu den Subperiodendurchschnitten. Die Multikollinearität fällt hier deutlich geringer aus als hinsichtlich der Anteile am BIP, jedoch verunmöglicht sie die Inklusion des Anteils der 6-24-Jährigen, der Exporte und der ausländischen Direktinvestitionen wegen zu hoher Interkorrelation mit dem BIP pro Kopf. Erstere Größe wird wie gewohnt durch die Relation der beiden interessierenden Altersgruppen ersetzt, die letzteren beiden nur in einem (nicht abgedruckten) um das BIP reduzierten Modell getestet. Wegen der erst 1995 erfolgten gleichberechtigten Einbeziehung der Ost-Länder in den Finanzausgleich wurden die Steuereinnahmen dem Finanzausgleichssaldo in den ersten drei Modellen vorgezogen.

Tabelle 4-3-8: Querschnittsregressionen zu den Pro-Kopf-Bildungsausgaben

	Basismodell Ø 1992-2002		Breites Modell Ø 1992-2002		Breites Modell Ø 1992-1996		Breites Modell Ø 1997-2002	
BIP/Kopf	0,005	0,384	0,001	0,089	-0,014	-0,977	0,015	1,054
	(0,004)		(0,006)		(0,012)		(0,006)	
Relation der 6-24- zu den über 65-Jährigen	121,745	0,274	82,779	0,187	6,451	0,018	140,273	0,234
	(124,806)		(99,541)		(63,620)		(139,06)	
Steuereinnahmen	0,130*	0,522	0,139	0,559	0,404	1,333		
	(0,055)		(0,187)		(0,353)			
Finanzausgleichs-saldo							0,133	1,113
							(0,061)	
SPD-Kabinetts-sitzanteil	-0,978	-0,318	-1,711	-0,556	-2,377	-0,837	-0,597	-0,206
	(0,657)		(1,346)		(1,319)		(0,808)	
Sozialausgaben			31,937	0,274	-161,855**	-1,588	99,972	0,743
			(42,674)		(41,226)		(50,895)	
Sicherheits-ausgaben			-484,356*	-1,780	-411,780*	-1,364	-403,52*	-1,566
			(180,730)		(157,985)		(144,71)	
Schuldenstand			-0,004	-0,071	-0,005	-0,110	-0,031	-0,643
			(0,037)		(0,037)		(0,025)	
Nettokredit-aufnahme			0,738**	1,743	1,145**	2,810	0,475*	1,220
			(0,186)		(0,190)		(0,156)	
Frauenerwerbs-quote			-20,481	-0,356	-19,886	-0,405	-16,311	-0,258
			(15,335)		(12,414)		(16,760)	
Konstante	152,008 (266,132)		1219,95* (494,453)		1254,969 (543,937)		954,852 (478,538)	
N	16		16		16		16	
R^2	0,532		0,899*		0,940**		0,881*	
R^2_{korr}	0,361		0,746*		0,849**		0,702*	
Aus Platzgründen wurden zwei der Standardfehler und ein partieller Regressionskoeffizient des vierten Modells auf zwei Nachkommastellen gerundet. Alle pekuniären unabhängigen Variablen wurden wie die jeweilige abhängige Variable aufbereitet, d.h. als (preiskorrigierte) Pro-Kopf-Ausgaben. * Signifikanzniveau ≥ 95%, ** >99% (zweiseitiger Test)								

Alle Variablen des Basismodells für den Durchschnitt der Pro-Kopf-Bildungsausgaben über den gesamten Untersuchungszeitraum weisen die erwarteten Vorzeichen bei relativ nahe beieinander liegenden relativen Erklärungsbeiträgen auf, signifikant ist allerdings nur der Effekt der Steuereinnahmen, und die potenziell erklärte Variation bleibt wesentlich geringer als im vergleichbaren Modell zur Bildungsausgabenquote. Im breiten Modell – das im Übrigen einen befriedigenderen Determinationskoeffizienten erbringt – nehmen die relativen Erklärungsbeiträge von BIP und Altersgruppenrelation ab. Außerdem gibt es klare Zeichen für eine Programmkonkurrenz zu den

Sicherheits-, nicht aber zu den Sozialausgaben, wobei Erstere sogar das größte standardisierte beta liefern. Des Weiteren zeigen auch Nettokreditaufnahme und Schuldenstand das erwartete Vorzeichen, bedeutend größer sind aber die Koeffizienten für die Neuverschuldung, die das einzige hochsignifikante Ergebnis liefert. Mit geringerem Einfluss und mit unerwartetem negativem Vorzeichen präsentiert sich dagegen die Frauenerwerbsquote. In den hier nicht präsentierten Modellen erwiesen sich zudem die Effekte der FDP-Regierungsbeteiligung als positiv, der Exporte als schwach positiv und der ausländischen Direktinvestitionen klar positiv. Zudem wurde der bivariat mittelstark positiv mit den Pro-Kopf-Ausgaben korrelierende Studierendenanteil anstelle der demographischen Variable mit klar positivem Ergebnis integriert. Erwähnt seien zudem die die Eindeutigkeit der Ergebnisse leicht konterkarierenden Vorzeichenwechsel von Sicherheitsausgaben, Schulden und Frauenerwerbsquote (hier wenigstens hin zur erwarteten Richtung des Zusammenhangs) bei jeweils einzelner Inklusion in das Basismodell. Das breite Modell[236] für den Durchschnitt der Jahre 1992 bis 1996 weist für alle erklärenden Größen außer dem BIP und der Frauenerwerbsquote die erwarteten Vorzeichen auf. (Im hier nicht dargestellten Basismodell dagegen, das insgesamt erwartungstreu bei sehr geringem R^2/korrigiertem R^2 (0,39/0,18) ausfällt, zeigt das BIP noch einen schwach positiven Koeffizienten.) Ansonsten verblüfft vor allem der hochsignifikante Programmkonkurrenzeffekt mit den Sozialausgaben. Die übrigen nicht präsentierten Modelle lieferten nur ein von denen für den Durchschnitt der gesamten Untersuchungsperiode abweichendes Ergebnis, nämlich ein negatives Vorzeichen bei den Exporten. Im Durchschnitt über die zweite Subperiode von 1997 bis 2002 fallen die Sozialausgaben und wiederum die Frauenerwerbsquote aus dem Erwartungsmuster, was den Ergebnissen des Durchschnitts von 1992 bis 2002 entspricht. Mit dem BIP pro Kopf, dem Finanzausgleichssaldo, der Nettokreditaufnahme und den Sicherheitsausgaben liefern aber gleich vier erklärende Größen einen signifikanten Erklärungsbeitrag. Das erneut nicht abgedruckte Basismodell liefert ebenfalls fast identische Ergebnisse zum Gesamtperiodendurchschnitt, nur die Rolle des BIP wird nach 1997 wichtiger und die der SPD-Kabinettssitzanteile geringer. In den übrigen getesteten, aber nicht präsentierten Modellen ist das Ergebnis für die Exporte klarer, für die ausländischen Direktinvestitionen nun

---

236 Die Steuereinnahmen wurden hier ausnahmsweise bei knapp über der Ausschluss-Schwelle liegender Interkorrelation mit dem BIP/Kopf (r=0,82) einbezogen.

signifikant und für die FDP geringer positiv, für den Studierendenanteil dagegen weit weniger stark positiv als über alle Jahre von 1992 bis 2002. Schließlich wurden auch für den Querschnitt im Jahr 2002 Pro-Kopf-Bildungsausgabenmodelle getestet. Dabei ergaben sich neben erwartungstreuen Befunden zu den Variablen des Basismodells Belege für einen sehr schwach positiven FDP-Effekt sowie eine ebenfalls schwache Programmkonkurrenz zu den Sozial- und Sicherheitsausgaben. In aus Interkorrelationsgründen um das BIP pro Kopf reduzierten Modellen wiesen zudem Exporte und ausländische Direktinvestitionen signifikant positive Koeffizienten auf.

Aus Gründen der methodologischen Weltanschauung waren in Abschnitt 4.2 neben intensiven Querschnittsanalysen auch ebensolche im Längsschnitt als Grundlage für eine hochqualitative Analyse im gepoolten Design benannt worden. Diese wurden daher für die Zwecke der vorliegenden Arbeit auch durchgeführt. Ihre Ergebnisse haben ohne Zweifel die Vertrautheit des Verfassers mit der Struktur der Daten und den Besonderheiten einzelner Fälle erhöht, sind aber vor allem aufgrund der starken Autokorrelation, die oft nicht einmal die Inklusion der Vorjahresbildungsausgaben beheben konnte, keine Darstellung an dieser Stelle wert. Die einzige Ausnahme stellt die Untersuchung der Hypothese zum Anteil von Schülerinnen und Studentinnen dar, welche mangels Querschnittsvariation nur im Längsschnitt sinnvoll zu untersuchen war. Weder im gesamten Bildungs- noch im Hochschulbereich (und jeweils in beiden Messgrößen) fanden sich jedoch Indizien für ein Anwachsen der Ausgaben mit der weiblichen Bildungsbeteiligung.[237]

4.3.3   Regressionsanalysen im gepoolten Design[238]

Wie bei den Querschnittsregressionen wird auch bei den kombinierten Quer- und Längsschnitten die Bildungsausgabenquote (im gesamten Pool) ausführlich betrachtet, wohingegen die Pro-Kopf-Bildungsausgaben, die Hochschulausgaben sowie Subpools ergänzend bzw. kontrastierend in den Blick genommen werden. Zunächst werden in den Tabellen 4-3-9 und 4-3-10 acht Modelle mit verschiedenen Kombinationen erklärender Variablen in einer einfachen OLS-Panelregression verglichen, die plausibelste Variante davon

---

237 Bei einem einige Jahrzehnte früher angesiedelten Untersuchungszeitraum wäre dieses Ergebnis allerdings vermutlich anders ausgefallen.
238 Alle Regressionsanalysen in der vorliegenden Arbeit wurden mit STATA 8.2 vorgenommen.

sodann durch die im vorhergehenden Abschnitt vorgestellten Spezifikationen begleitet.[239]

Tabelle 4-3-9: OLS-Modelle mit verschiedenen Kombinationen erklärender Variablen zur Bildungsausgabenquote I

	Basismodell		Reduziertes Modell mit Beamtenquote		Basismodell mit Finanzausgleichs-saldo		Basismodell plus Kirchenmitglieder-anteil	
Beamtenquote			-0,016**	-0,598				
			(0,002)					
BIP/Kopf	-0,00007**	-0,409	-0,00005**	-0,335	-0,00003**	-1,91	-0,00003	-0,196
	(0,00001)		(0,00001)		(0,00001)		(0,00001)	
Anteil der 6-24-Jährigen	0,182**	0,311	0,505	0,888	0,179**	0,323	0,121*	0,191
	(0,040)		(0,046)		(0,033)		(0,046)	
Steuerein-nahmen	0,058**	0,207					0,109**	0,486
	(0,014)						(0,027)	
Finanzaus-gleichssaldo					0,121**	0,514		
					(0,012)			
SPD-Kabinetts-sitzanteil	-0,005**	-0,177	-0,0010	-0,037	-0,002	-0,069	-0,003*	-0,110
	(0,001)		(0,001)		(0,001)		(0,001)	
Kirchenmit-gliederanteil							-0,007*	-0,177
							(0,003)	
Konstante	0,552 (1,102)		4,268** (1,179)		-0,217 (0,884)		0,487 (1,443)	
N	176		64		128		80	
R²	0,726**		0,853**		0,822**		0,840**	
R²korr	0,720**		0,843**		0,816**		0,830**	
Heteroskeda-stizitätstest	chi2: 4998,48		chi2: 92719,72		chi2: 3549,79		chi2: 2294,58	
	(0,0000)		(0,0000)		(0,0000)		(0,0000)	
Autokorrela-tionstest	chi2: 192,2		xxx[240]		chi2: 162,594		chi2: 84,508	
	(0,0000)				(0,0000)		(0,0000)	
Test auf FE	F: 83,36		F: 30,17		F: 68,29		F:51,32	
	(0,0000)		(0,0000)		(0,0000)		(0,0000)	

Geringere N als 176 beruhen auf Datenlücken (siehe Tabelle 4-3-1). Alle pekuniären unabhängigen Variablen wurden wie die jeweilige abhängige Variable aufbereitet, d.h. als Prozent-Anteil am BIP. * Signifikanzniveau ≥ 95%, ** >99% (zweiseitiger Test) Der Heteroskedastizitätstest ist ein mittels des STATA-Befehls xttest3 ausgeführter modifizierter Wald-Test, der Autokorrelationstest ein mittels des (von Bernhard Kittel programmierten) STATA-Befehls xtactest ausgeführter Baltagi-Li-LM-Test, der Test auf Fixed Effects (FE) ein F-Test auf signifikante Unterschiede zwischen den Ergebnissen des Modells mit und ohne FE. Die Nullhypothese lautet keine H., keine A. bzw. keine FE, der Wert in Klammern in der jeweils zweiten Zeile gibt die Fehlerwahrscheinlichkeit bei der Annahme der Alternativhypothese an.

Im gepoolten Analysedesign treten Multikollinearitäten in bedeutend geringerem Ausmaß auf als im reinen Querschnitt. Lediglich zwischen den demographischen Variablen, zwischen Steuereinnahmen und Finanzausgleich, zwischen SPD- und CDU-Kabinettssitzanteilen sowie zwischen Zinsausgaben und Schuldenstand bestehen hier sehr starke Korrelationen. Außerdem sei der

---

239 Sofern bei den gepoolten Analysen kein Zeitraum angegeben ist, beziehen sie sich immer auf den gesamten Untersuchungszeitraum von 1992 bis 2002.

240 Wegen der Struktur der Datenlücken ist dieser Test für das Modell nicht möglich; aufgrund der Charakteristiken der Nachbarmodelle ist aber von Autokorrelation auszugehen.

Interpretation der Ergebnisse aus Tabelle 4-3-9 vorausgeschickt, dass der Levin-Lin-Chu-Test auf Nicht-Stationarität hinsichtlich der Bildungsausgabenquote Entwarnung gibt – sie kann als stationär angesehen werden (T-Wert: -8,045, Fehlerwahrscheinlichkeit: 0,0000).[241] Im Basismodell weisen alle erklärenden Variablen hochsignifikante und in ihrem relativen Gewicht recht nahe beieinander liegende Effekte auf, und die potenziell erklärte Variation umfasst knapp drei Viertel der Gesamtvariation. Die diesen vier Variablen zugrunde liegenden Hypothesen erfahren also im Hinblick auf den gesamten Datenpool eine empirische Unterstützung. Allerdings muss dies dahingehend eingeschränkt werden, dass dieses Modell (wie auch die sieben folgenden) starke Heteroskedastizität und Autokorrelation aufweist und zudem bei Fixed Effects-Inklusion deutliche Unterschiede auftreten würden. Daher ist die spätere Anpassung der Spezifikation des noch zu identifizierenden Favoriten unter den acht OLS-Modellen mit verschiedenen Kombinationen erklärender Variablen eindeutig angezeigt. Die Modelle zwei bis vier in Tabelle 4-3-9 beinhalten Variablen mit Datenlücken (siehe für selbige Tabelle 4-3-1), sodass jeweils nur ein Teil der Beobachtungen für die anderen Variablen einfließen konnte, was sich im niedrigeren N ausdrückt. Dass die statistische Hypothese eine nicht unbedeutende Rolle spielt, zeigt das (wegen Interkorrelation um die Steuereinnahmen reduzierte) Modell mit Beamtenanteil im Schulbereich. Die Inklusion dieser Variable erhöht die potenziell erklärte Variation nicht nur um zwölf Prozentpunkte und weist einen starken hochsignifikanten Koeffizienten auf, sie führt außerdem zu einer deutlichen Abnahme der absoluten und relativen Bedeutung von Demographie und SPD-Regierungsbeteiligung. Insofern stehen die Ergebnisse aller anderen Modelle unter einem gewissen Vorbehalt. Das Modell mit Finanzausgleichssaldo anstelle der Steuereinnahmen zeigt, dass Ersterer zum einen einen stärkeren Erklärungsbeitrag als Letzterer aufweist, zum anderen die Koeffizienten des BIP pro Kopf und vor allem des SPD-Kabinettssitzanteils absenkt. Der Kirchenmitgliederanteil schließlich weist einen signifikanten Effekt in der erwarteten negativen Richtung auf und reduziert ebenfalls die Ergebnisse der anderen erklärenden Größen. Zu diesen letzten beiden Modellen der ersten Tabelle mit Pool-Regressionen ist allerdings zu bedenken, dass die beiden zusätzlich

---

241 Der Breusch-Pagan-Test auf ‚cross-sectional correlation' kann dagegen nicht durchgeführt werden, da die Anzahl der Perioden T in unserem Pool kleiner als die Zahl der Einheiten N ist.

inkludierten Variablen zu einem Großteil den Ost-West-Unterschied absorbieren, für den sie nicht alleine stehen.

Tabelle 4-3-10:   OLS-Modelle mit verschiedenen Kombinationen erklärender Variablen zur Bildungsausgabenquote II

	Breites Modell		Breites Modell, PCSE-Version		Interaktionsterm-Modell A		Interaktionsterm-Modell B	
BIP/Kopf	-0,00004**	-0,219	-0,00004**	-0,219	-0,00003**	-0,200	-0,00004**	-0,245
	(0,00001)		(6,25e-06)		(0,00001)		(0,00001)	
Anteil der 6-24-Jährigen	0,066	0,113	0,066	0,113	0,085*	0,145	0,052	0,089
	(0,041)		(0,036)		(0,041)		(0,041)	
Steuereinnahmen	0,075**	0,264	0,075**	0,264	0,092**	0,325		
	(0,019)		(0,018)		(0,018)			
SPD-Kabinettssitzanteil	-0,004**	-0,139	-0,004**	-0,139			-0,003**	-0,116
	(0,001)		(0,001)				(0,001)	
FDP-Kabinettssitzanteil	0,011*	0,085	0,011**	0,085	0012*	0,094	0,012*	0,092
	(0,005)		(0,004)		(0,005)		(0,005)	
Sicherheitsausgaben	-0,126	-0,039	-0,126	-0,039	-0,075	-0,023	-0,137	-0,043
	(0,221)		(0,248)		(0,219)		(0,218)	
Sozialausgaben	0,425**	0,333	0,425**	0,333	0,423**	0,332	0,382**	0,230
	(0,094)		(0,096)		(0,093)		(0,094)	
Nettokreditaufnahme	0,105**	0,182	0,105**	0,182	0,097**	0,169	0,074*	0,129
	(0,035)		(0,037)		(0,035)		(0,032)	
Schuldenstand	-0,008	-0,062	-0,008	-0,062	-0,007	-0,052	-0,012	-0,094
	(0,008)		(0,007)		(0,008)		(0,008)	
SPDFINKRA					-0,0004**	-0,163		
					(0,0001)			
KUMFIN							0,045**	0,327
							(0,100)	
Konstante	1,596 (1,034)		1,596 (0,843)		0,882 (1,053)		2,323* (1,061)	
N	176		176		176		176	
R²	0,827**		0,827**		0,829**		0,831**	
R²korr	0,817**		0,817**		0,819**		0,821**	
Heteroskedastizitätstest	chi2: 22111,75		chi2: 22111,75		chi2: 34515,43		11575,10	
	(0,0000)		(0,0000)		(0,0000)		0,0000	
Autokorrelationstest	156,581		156,581		160,007		152,661	
	(0,0000)		(0,0000)		(0,0000)		0,0000	
Test auf FE	66,58		66,58		68,33		64,77	
	(0,0000)		(0,0000)		(0,0000)		0,0000	

Siehe Fußzeile zu Tabelle 4-3-9. PCSE steht für ‚Panel-Corrected Standard Errors'. SPDFINKRA = SPD-Kabinettssitzanteil * Steuereinnahmen, KUMFIN = Steuereinnahmen + Finanzausgleichssaldo + Nettokreditaufnahme – Zinsausgaben.

Im breiten Modell ergeben sich für die zusätzlich zum Basismodell einbezogenen Variablen in vier Fällen die erwarteten Vorzeichen, nicht aber für die (sogar hochsignifikant positiv mit der Bildungsausgabenquote assoziierten) Sozialausgaben. Schwach und nicht signifikant ist der Effekt der Programmkonkurrenz mit den Sicherheitsausgaben und der Schulden, schwach und signifikant derjenige der FDP-Regierungsbeteiligung, hochsignifikant und mittelstark derjenige der Nettokreditaufnahme. Berechnet man für dasselbe Modell panel-korrigierte Standardfehler nach Beck und Katz, so ändert sich neben eher marginalen Standardfehlervariationen in beiden Richtungen im Grunde nur Eines: Der FDP-Effekt gewinnt ein Signifikanzsternchen hinzu. Die letzten beiden Modelle beinhalten Interaktionsterme: Das Zusammenwirken von SPD-Regierungsbeteiligung und Steuereinnahmen weist einen hochsignifikanten, mittelstark negativen Effekt auf, d.h. also gerade auch vergleichsweise finanzstarke SPD-Regierungen geben (relativ zum BIP) tendenziell weniger für Bildung aus. Die kumulierte Finanzkraftvariable erbringt ein hochsignifikant starkes, positives Ergebnis – je mehr Geld in einem Haushaltsjahr zur Verfügung steht, desto mehr fließt auch ins Bildungswesen.[242]

Im Folgenden wird nun das breite Modell (meist zumindest auch ergänzend mit PCSE) in diversen Spezifikationsvariationen betrachtet, um die Robustheit der Ergebnisse besser abschätzen zu können. Die Entscheidung für dieses Modell liegt zum einen darin begründet, dass es für den gesamten Beobachtungszeitraum berechnet werden kann, zum anderen liefert es mehr Informationen als schmalere Modelle. Die oben ausgeführten Erkenntnisse zu den anderen Modellen, insbesondere zu Beamtenanteil und Finanzausgleichssaldo, sollten bei der Interpretation der folgenden Ergebnisse aber immer im Hinterkopf behalten werden.

Erster Schritt der Modell-Differenzierung ist eine Jackknife-Analyse. Reihum wird jeweils ein Land aus dem Pool ausgeschlossen, sodass indirekt dessen Einfluss auf die Koeffizienten im Modell für den gesamten Pool abgeschätzt werden kann. So können zumindest die krassesten Auswirkungen von Heteroskedastizität aufgefangen werden. Tabelle 4-3-11 gibt eine Übersicht über die maximalen und minimalen partiellen Regressionskoeffizienten in diesen sechzehn Modellen und die Spannweiten zwischen diesen. Zunächst ist festzuhalten, dass bei zwei Variablen Koeffizienten mit unterschiedlichen Vorzeichen auftreten. Bei den Sicherheitsausgaben führt das Weglassen von entweder Brandenburg oder Thüringen zum Verschwinden des Programmkonkurrenzeffekts – dieser kann also nur in äußerst eingeschränkter Weise für die Gesamtheit der Bundesländer attestiert werden. Hinsichtlich des Schuldenstandes führt die Exklusion Berlins zu einem (sehr niedrigen) positiven Ergebnis. Der negative Effekt der Staatsverschuldung auf die Bildungsausga-

---

242   Aus Gründen der Multikollinearität musste im ersten der beiden Interaktionsterm-Modelle der SPD-Kabinettssitzanteil alleine, nicht aber die Steuereinnahmenquote ausgeschlossen werden, im zweiten Modell nur die Steuereinnahmenquote. Ebenfalls untersucht wurden in hier nicht vorgestellten Modellen Interaktionseffekte von SPD und Prosperität bzw. Sozialausgaben und Prosperität, jeweils ohne berichtenswert klares Ergebnis.

benquote ist also ein höchst kontingenter. Die übrigen Effekte behalten durch alle Auslassungen ihr Vorzeichen, aber auch hier treten teilweise starke Unterschiede zu Tage: Der Effekt des BIP fällt ohne Hamburg deutlich stärker, ohne Mecklenburg-Vorpommern deutlich geringer aus. Der Anteil der 6-24-Jährigen weist ohne Mecklenburg-Vorpommern einen viel höheren Koeffizienten als sonst auf, ohne Sachsen oder Rheinland-Pfalz einen deutlich kleineren. (Hieran wird auch deutlich, dass die demographische Variable nicht so eindeutig unterschiedlich entlang der Ost-West-Grenze wirkt wie oft im populären Diskurs angenommen, wobei Mecklenburg-Vorpommern aus dem Erwartungsraster fällt.) Die Variation des Steuereinnahmen-Koeffizienten relativ zum Modell mit allen Ländern ist im Vergleich eher gering; neben den Antipoden Thüringen und Berlin fällt hier wiederum Rheinland-Pfalz mit einem relativ deutlichen Abweichen auf.

Tabelle 4-3-11:   Zusammenfassung der Jackknife-Analyse

	Min. b	Land	b insg.	Max. b	Land	Spannw. b
BIP/Kopf	-0,00007	HH	-0,00004	-0,00002	MV	0,00005
Anteil der 6-24-Jährigen	0,028	SN	0,066	0,173	MV	0,145
Steuereinnahmen	0,046	TH	0,075	0,096	BE	0,050
SPD-Kabinettssitzanteil	-0,005	HH	-0,004	-0,002	TH	0,004
FDP-Kabinettssitzanteil	0,007	BY	0,011	0,023	RP	0,015
Sicherheitsausgaben	-0,609	BE	-0,126	0,575	TH	1,184
Sozialausgaben	0,273	HH	0,425	0,527	MV	0,254
Nettokreditaufnahme	0,038	TH	0,105	0,185	BE	0,147
Schuldenstand	-0,015	TH	-0,008	0,00001	BE	0,015
Min. b steht für den minimalen partiellen Korrelationskoeffizienten in den sechzehn Jackknife-Modellen, Land für das Land, bei dessen Ausschluss er auftrat, b insg. für den partiellen Regressionskoeffizienten bei Einschluss aller sechzehn Länder, Max b. für den maximalen partiellen Korrelationskoeffizienten und Spannw. b für die Spannweite des partiellen Regressionskoeffizienten.						

Rheinland-Pfalz ist außerdem das Land, bei dessen Exklusion der ansonsten recht homogene SPD-Effekt insignifikant wird. Für den langjährigen Koalitionspartner FDP dagegen fällt der Parteiendifferenzeffekt ohne Rheinland-Pfalz – aufgrund des gegenläufigen Vorzeichens zur SPD aus gerade genannter Beobachtung zu erwarten – deutlich höher aus. (Abgesehen vom Fall der Exklusion Bayerns als Land ohne FDP-Regierungsbeteiligung im Untersuchungszeitraum ist der Koeffizient ansonsten sehr stabil.) Ein Programmkonkurrenzeffekt mit den Sozialausgaben ist durch keine Länder-exklusion auch nur anzudeuten. Zur Nettokreditaufnahme schließlich weichen die Ergebnisse für die Modelle ohne Mecklenburg-Vorpommern und Thüringen nach unten, das ohne Berlin weit nach oben vom allgemeinen Trend ab.

Autokorrelation, die größte Beeinträchtigung der Schätzerunverzerrtheit, liegt in allen bisher vorgestellten Modellen vor. Deshalb wird im nächsten Schritt ihre Eliminierung angestrebt, und zwar durch autoregressive Spezifikationen. (Erinnert sei daran, dass damit das Grundproblem in den Ausgangsdaten, die uns ja primär interessieren, nicht behoben wird. Es kann lediglich – aber immerhin – gelingen, unverzerrte Koeffizienten für anders aufgestellte Modelle zu gewinnen, die dann aber unter Umständen auch andere Fragen beantworten als die ursprünglich gestellten.) Tabelle 4-3-12 zeigt die Ergebnisse eines AR1- und eines LDV-Modells, jeweils alternativ auch mit panelkorrigierten Standardfehlern (welche hier allerdings wiederum kaum einen Unterschied machen). Wie die Testergebnisse zeigen, konnte das Autokorrelationsproblem jeweils behoben werden. Wie in Abschnitt 4.2 erläutert beziehen sich die partiellen Regressionskoeffizienten im AR1-Modell auf den Einfluss der Veränderung der jeweiligen erklärenden auf diejenige der zu erklärenden Variable. Programmkonkurrenzeffekte sind hier nicht abzulesen, und relativ gesehen keine bedeutende Rolle (bei immerhin erwartungstreuen Vorzeichen) spielen Schulden und FDP-Regierungsbeteiligung. Die übrigen fünf substanziellen Variablen weisen hochsignifikante und mittelstarke Effekte in der erwarteten Richtung auf. Die potenziell erklärte Variation geht zu einem Großteil auf das Konto der nicht theoretisch interpretierbaren gelagten Residuen, weshalb in dieser Hinsicht große Zurückhaltung angezeigt ist. Dies gilt mit gewissen Einschränkungen auch für das LDV-Modell. Hier – es geht nun um den Einfluss des Bestands der erklärenden Variablen auf die Veränderung der zu erklärenden Größe – kann die gelagte abhängige Variable auch als Indikator für die Trägheitswirkung des Politikerbes angesehen werden. Neben ihr verblassen sowohl absolut als auch relativ alle anderen Effekte (dieses Problem der übermäßigen Variationsabsorption wurde anhand des Achen-Zitats in Abschnitt 4.2 diskutiert), wenngleich Steuereinnahmen und Nettokreditaufnahme zumindest signifikante Koeffizienten zeitigen. Ähnlich lautet der Befund zum nicht abgedruckten ARDL-Modell, in dem zusätzlich zu den Komponenten des LDV-Modells auch die Vorjahreswerte der erklärenden Variablen enthalten sind. Dieses Modell ist allerdings voller Interkorrelationen, und seine Ergebnisse sind schon allein deshalb dubios. Kaum anders erklärbar sind z.B. die jeweils gegensätzlichen Vorzeichen des Werts für das laufende Jahr und des Vorjahreswerts bei allen Variablen außer den SPD-Kabinettssitzanteilen. Hinzu kommt die Kuriosität, dass in der PCSE-Version beide

BIP-Variablen einen Signifikanz-Stern gewinnen.[243] (Beck/Katz waren ursprünglich vor allem besorgt über zu optimistische Einschätzungen der herkömmlichen Standardfehler.)

Tabelle 4-3-12:   Autoregressive Modelle zur Bildungsausgabenquote

	AR1-Modell		AR1-Modell, PCSE-Version		LDV-Modell		LDV-Modell, PCSE-Version (Beck-Katz-Standard)	
BIP/Kopf	-0,00003**	-0,209	-0,00003**	-0,209	-1,52e-06	-0,009	-1,52e-06	-0,009
	(5,42e-06)		(4,00e-06)		(3,67e-06)		(2,81e-06)	
Anteil der 6-24-Jährigen	0,119**	0,210	0,119**	0,210	-0,001	-0,002	-0,001	-0,002
	(0,021)		(0,021)		(0,014)		(0,013)	
Steuerein-nahmen	0,050**	0,188	0,050**	0,188	0,021**	0,077	0,021*	0,077
	(0,010)		(0,016)		(0,006)		(0,008)	
SPD-Kabinetts-sitzanteil	-0,004**	-0,129	-0,004**	-0,129	0,0003	0,012	0,0003	0,012
	(0,0006)		(0,0007)		(0,0004)		(0,0006)	
FDP-Kabinetts-sitzanteil	0,009**	0,070	0,009**	0,070	0,002	0,015	0,002	0,015
	(0,003)		(0,002)		(0,002)		(0,001)	
Sicherheits-ausgaben	0,060	0,020	0,060	0,020	-0,095	-0,031	-0,095	-0,031
	(0,115)		(0,141)		(0,075)		(0,077)	
Sozialausgaben	0,398**	0,303	0,398**	0,303	-0,015	-0,012	-0,015	-0,012
	(0,049)		(0,064)		(0,035)		(0,043)	
Nettokredit-aufnahme	0,076**	0,129	0,076**	0,129	0,037**	0,063	0,037**	0,063
	(0,018)		(0,024)		(0,012)		(0,012)	
Schuldenstand	-0,004	-0,029	-0,004	-0,029	-0,004	-0,029	-0,004	-0,029
	(0,004)		(0,004)		(0,003)		(0,004)	
Gelagte Residuen	0,833**	0,363	0,833**	0,363				
	(0,039)		(0,061)					
Bildungsausgaben (Vorjahr)					0,884**	0,934	0,884**	0,934
					(0,025)		(0,041)	
Konstante	0,423 (0,535)		0,423 (0,466)		0,299 (0,352)		0,299 (0,316)	
N	160		160		160		160	
R^2	0,958**		0,958**		0,982**		0,982**	
R^2_{korr}	0,955**		0,955**		0,981**		0,981**	
Heteroske-dastizitätstest	chi2: 9120,03 (0,0000)		chi2: 9120,03 (0,0000)		chi2: 7393,39 (0,0000)		chi2: 7393,39 (0,0000)	
Autokorrela-tionstest	chi2: 0,322 (0,5702)		chi2: 0,322 (0,5702)		chi2: 0,067 (0,7951)		chi2: 0,067 (0,7951)	
Test auf FE	13,54 (0,0000)		13,54 (0,0000)		4,06 (0,0000)		4,06 (0,0000)	

Siehe die Fußzeile zu Tabelle 4-3-9. AR1 steht für ein Modell mit gelagtem Residuenterm als zusätzlicher unabhängiger Variable, LDV für ein Modell mit gelagter abhängiger Variable als zusätzlicher unabhängiger Variable, PCSE für ‚Panel-Corrected Standard Errors'. Durch die Lag-Betrachtung geht jeweils die erste Untersuchungsperiode verloren.

Die Autokorrelationsbekämpfung war also insgesamt betrachtet formal erfolgreicher als hinsichtlich sinnvoll interpretierbarer Ergebnisse. Am Besten

---

243 Die Steuereinnahmen im laufenden Jahr dagegen verlieren ihren.

schnitt in dieser Hinsicht wohl noch das in der Folge der Beck/Katz-Standardausbreitung etwas aus der Mode gekommene AR1-Modell ab.[244]

Von einheits- bzw. periodenspezifischen Sondereffekten bereinigte Koeffizienten liefern die im Folgenden betrachteten Fixed-Effects-Modelle (Tabelle 4-1-13). Betrachtet man die Ergebnisse des von einheitsspezifischen Effekten freien und daher auf die Variation in der Zeitdimension fokussierten FE(C)-Modells (und vergleichende Politikwissenschaftler müssen daran nicht notwendigerweise interessiert sein), so fallen vor allem zwei Besonderheiten auf: Es ist kein negativer SPD-Effekt, sondern nunmehr ein positiver festzustellen, und zudem nun ein klarer, hochsignifikanter Programmkonkurrenzeffekt zu den Sozialausgaben. Außerdem spielt die Steuereinnahmenvariation hier kaum eine Rolle.

---

244 An dieser Stelle seien einige Bemerkungen zur unterstellten Dauer der Kausalwirkung der erklärenden auf die zu erklärende Variable und damit der idealen Lag-Struktur der Regressionsmodelle angefügt (für ausführlichere Diskussionen dieses Themas siehe Alber 1986: 93, Huber/Stephens 2001: 61f. und 75ff., Kirchgässner/Pommer-ehne 1997: 196f., Kittel/Winner 2002: 22ff. und Plümper/Troeger/Manow 2005: 343ff.): Sicherlich ist es eine heroische Vereinfachung, davon auszugehen, dass alle Variablen an allen beobachteten Orten und zu allen beobachteten Zeitpunkten mit identischer Verzögerung wirken. Der Ruf nach differenzierteren Modellen ist von daher verständlich. Nur leider geben die Theorien der Staatstätigkeitsforschung diesbezüglich bisher eher wenig Orientierungshilfe. Im Rahmen der vorliegenden Arbeit war hier kein Fortschritt leistbar. Als Ausgangspunkt und Standardlösung wurden daher die Effekte der erklärenden Größen auf das jeweils laufende (Haushalts-)Jahr untersucht. In den AR1-, LDV- und ARDL-Modellen geht zudem auf unterschiedliche Weise die Vorjahressituation ein. Des Weiteren wurde das Basismodell zur Bildungsausgabenquote auch mit um ein, zwei und drei Jahre verzögerten unabhängigen Variablen geschätzt. Dabei ergaben sich in den ersten beiden Fällen nur sehr geringe Veränderungen der Koeffizienten von wenigen Prozentpunkten gegenüber dem simultanen Modell. (Bei drei Jahren nehmen die Effekte von Demographie und Steuern spürbar ab, die von BIP und SPD geringfügig zu.) Daraus folgt zum einen, dass die gewählte Gleichzeitigkeits-Perspektive zumindest nicht deutlich andere Ergebnisse liefert als die Alternativen. Zum anderen ist es ein weiterer Hinweis darauf, dass wir es mit relativ starken langfristigen Prägungen zu tun haben, was auch die relativ geringen Erklärungserfolge bei der Betrachtung kurzfristiger Veränderungen (siehe weiter unten) zumindest zum Teil erklärt.

Tabelle 4-3-13:　Fixed Effects-Modelle zur Bildungsausgabenquote

	FE(C)-Modell		FE(T)-Modell		FE(CT)-Modell	
BIP/Kopf	-0,00009** (0,00002)	-0,513	-0,00004** (0,00001)	-0,219	-0,0001** (0,00003)	-0,605
Ant. 6-24-J.	0,084** (0,031)	0,143	0,050 (0,041)	0,086	0,099** (0,032)	0,169
Steuereinn.	0,004 (0,010)	0,014	0,097** (0,023)	0,344	-0,015 (0,012)	-0,053
SPD-Kabin.	0,002* (0,0009)	0,073	-0,005** (0,001)	-0,165	0,002* (0,0010)	0,081
FDP-Kabin.	0,007* (0,004)	0,058	0,012* (0,005)	0,091	0,005 (0,004)	0,039
Sichausg.	0,235 (0,308)	0,073	-0,207 (0,229)	-0,065	0,290 (0,305)	0,091
Sozialausg.	-0,273** (0,068)	-0,214	0,349** (0,100)	0,273	-0,312** (0,069)	-0,245
Nettokreda.	0,078** (0,016)	0,135	0,130** (0,038)	0,225	0,079** (0,017)	0,137
Schuldenst.	-0,031** (0,005)	-0,237	-0,006 (0,009)	-0,047	-0,032** (0,006)	-0,246
BW-D.	3,257** (0,992)	0,714			3,357** (1,002)	0,736
BY-D.	2,925** (0,996)	0,641			3,003** (1,006)	0,658
BE-D.	4,363** (1,142)	0,956			4,488** (1,147)	0,984
BB-D.	3,603** (1,132)	0,790			3,625** (1,127)	0,795
HB-D.	4,189** (1,072)	0,918			4,464** (1,099)	0,979
HH-D.	3,994** (1,164)	0,876			4,282** (1,206)	0,939
HE-D.	2,912** (1,013)	0,638			3,04** (1,028)	0,665
MV-D.	4,117** (1,128)	0,902			4,157** (1,123)	0,911
NS-D.	3,188** (0,971)	0,699			3,225** (0,974)	0,707
NW-D.	3,060** (0,977)	0,671			3,102** (0,983)	0,680
RP-D.	2,941** (0,977)	0,645			3,031** (0,982)	0,664
SL-D.	3,638** (0,971)	0,797			3,763** (0,979)	0,825
SN-D.	3,931** (0,995)	0,862			3,989** (0,992)	0,874
SA-D.	4,802** (1,080)	1,053			4,895** (1,076)	1,073
SH-D.	3,180** (0,960)	0,697			3,249** (0,966)	0,712
TH-D.	5,655** (1,033)	1,240			5,731** (1,029)	1,256
1992-D.			1,947 (1,058)	0,507	-0,625 (0,066)	-0,016
1993-D.			2,040 (1,054)	0,531	0,064 (0,065)	0,017
1994-D.			2,084 (1,067)	0,543	*exkludiert*	
1995-D.			1,809 (1,048)	0,471	0,117 (0,074)	0,030
1996-D.			1,819 (1,049)	0,473	0,161* (0,074)	0,042
1997-D.			1,897 (1,053)	0,494	0,163* (0,072)	0,042
1998-D.			1,884 (1,058)	0,491	0,149* (0,073)	0,039
1999-D.			1,881 (1,064)	0,490	0,192* (0,076)	0,500
2000-D.			1,695 (1,053)	0,441	0,125 (0,081)	0,033
2001-D.			1,759 (1,052)	0,458	0,100 (0,079)	0,026
2002-D.			1,638 (1,050)	0,426	0,129 (0,086)	0,034
N	176		176		176	
R^2	0,998**		0,984**		0,998**	
R^2_{korr}	0,997**		0,982**		0,998**	
Het.-Test	chi2: 5222,25 (0,0000)		chi2: 1636,03 (0,0000)		chi2: 2716,93 (0,0000)	
Aut.-Test	chi2: 40,978 (0,0000)		chi2: 154,138 (0,0000)		chi2: 35,967 (0,0000)	

Siehe die Fußzeile zu Tabelle 4-3-9. FE(C) steht für die Inklusion von Länder-, FE(T) von Jahresdummies (jeweils anstelle der Konstanten). FE(CT) kombiniert beide Verfahren, wobei hier mindestens ein Dummy ausgeschlossen werden muss. (Die Auswahl desselben wurde STATA überlassen.)

In der von Periodenbesonderheiten bereinigten und sich somit auf die Quer-schnittsvariation kaprizierenden FE(T)-Spezifikation kehren sich diese drei Ergebnisse dagegen wieder um, dafür verliert aber hier die demographische Variable an Bedeutung. Kombiniert man beide Bereinigungen im FE(CT)-Modell (und spätestens hier stellt sich die Frage nach der sozialwissenschaft-lichen Plausibilität und somit Relevanz solcherlei abstrahierter Effekte), dann landet man wieder sehr nahe bei den FE(C)-Ergebnissen, allerdings mit einer wichtigen Ausnahme: Die Steuereinnahmen wechseln hier sogar das Vorzeichen. Wiederum liefern die – hier nicht abgedruckten – PCSE-Versionen wenige nennenswerte Abweichungen: In der FE(C)-Spezifikation verliert der SPD-Effekt an Signifikanz, im FE(T)-Modell gewinnt der FDP-Effekt das Präfix hoch- vor dem Attribut signifikant (und alle Periodendummies werden signifikant, im FE(CT)-Modell zumeist sogar hochsignifikant).

Die Teststatistiken für die autoregressiven und die FE-Modelle (im ersteren Fall der FE-, im letzteren der Autokorrelationstest) deuteten darauf hin, dass auch – ebenfalls nicht abgedruckte – autoregressive FE-Modelle geschätzt werden sollten. Dabei unterscheidet sich das AR1-FE(C) nur sehr geringfügig vom FE(C)-Modell, allerdings gelingt es mit seiner Hilfe auch nicht, das Autokorrelationsproblem zu beheben, wie der entsprechende Test zeigt. Dabei ist das AR1-FE(T)-Modell – kaum verwunderlich, da die Variation zwischen den Perioden eliminiert wird – erfolgreicher. Hier verzeichnet nicht nur der Anteil der 6-24-Jährigen einen starken (absoluten und relativen) Bedeutungs- und Signifikanzzuwachs, sondern auch die Sicherheitsausgabenquote einen Vorzeichenwechsel – der diesbezügliche Programmkonkurrenzeffekt erweist sich also als nicht sonderlich robust. Das AR1-FE(CT)-Modell wiederum behebt wie die AR1-FE(C)-Spezifikation die Autokorrelation nicht und weist ansonsten gegenüber der nicht autoregressiven Variante neben dem Signifikanzsprung des (positiven) Sicherheitsausgabeneffekts nur einen relativen Bedeutungszuwachs sowie Signifikanzgewinn des BIP/Kopf auf. Im Gegensatz zum AR1-Modell ohne Fixed Effects steht vor allem, dass im AR1-FE(C)- und AR1-FE(CT)-Modell (wie schon in den nicht-autoregressiven FE(C)- und FE(CT)-Spezifikationen) der SPD-Effekt positiv ausfällt. Die ebenfalls getesteten, aber hier nicht aufgeführten LDV-FE-Modelle[245] sind alle nicht mehr autokorrelationsbehaftet und erfüllen so ihren Hauptzweck. Im Gegensatz zu den nicht-autoregressiven FE-Modellen ist das Vorzeichen des SPD-Kabinettssitzanteils hier in allen drei Spezifikationsvarianten positiv, also auch im LDV-FE(T)-Modell. Gegenüber der LDV-Spezifikation ohne Fixed Effects fallen die Koeffizienten zur demographischen Variable wieder erwartungstreu, also negativ aus. Der darin identifizierte Programmkonkurrenzeffekt zu den Sicherheitsausgaben dagegen tritt hier lediglich im LDV-FE(T)-Modell auf. Die LDV-FE(C)- und -(CT)-Modelle unterscheiden sich von Letzteren außerdem dahingehend, dass sie weniger als die LDV-Variante ohne Fixed Effects von der gelagten abhängigen Variable dominiert werden,

---

245 Angemerkt sei, dass in den OLS-Schätzern zu LDV-FE-Spezifikationen Verzerrungen von bis zu $1/T$, hier als bis zu einem Elftel, auftreten können.

die relativen Erklärungsbeiträge der übrigen erklärenden Variablen also höher ausfallen als in dieser.

Weiter oben wurde bereits erläutert, dass das AR1-Modell bei perfekter Autokorrelation den Einfluss der Veränderung der erklärenden Variablen auf die Veränderung der abhängigen Variable misst. Da wir es zwar mit starker, aber nicht perfekter Autokorrelation zu tun haben, wurden zum Vergleich auch Modelle in ersten Differenzen getestet. Der auffallendste Unterschied ist, dass – auch, aber beileibe nicht nur durch den Wegfall der gelagten Residuen aus der Liste der unabhängigen Variablen bedingt – die Determinationskoeffizienten, also die potenziell erklärte Variation, sehr gering ausfallen. Dadurch stehen die sonstigen Ergebnisse unter der starken Einschränkung, dass sie nur einen Bruchteil der Variation (R^2 um 0,2) der Veränderung der Bildungsausgabenquote verursachen.[246] Immerhin aber weisen die Modelle weder Autokorrelation noch die Indizien für die Notwendigkeit der Inklusion von Fixed Effects auf. Anders als im Basismodell ist das Vorzeichen des SPD-Kabinettssitzanteils im breiten Modell positiv. Ein eindeutiger Sozialdemokratieeffekt kann hier also nicht festgestellt werden. Demgegenüber deutet diese Spezifikation auf Programmkonkurrenzeffekte zu Sozial- und Sicherheitsausgaben hin. Dies ist insofern plausibel, als auf (langfristig gewachsenen) unterschiedlichen Niveaus von allgemeiner Staatstätigkeit kurzfristige Einsparungen oder Zusatzausgaben eben oft Verteilungskonflikte zwischen den Politikfeldern mit sich bringen.

Nach der ausführlichen Darstellung der Pool-Regressionsergebnisse zur Bildungsausgabenquote folgt nun eine straffe und vornehmlich verbale Übersicht über die Unterschiede, die demgegenüber hinsichtlich der Pro-Kopf-Bildungsausgaben und der Hochschulausgaben in beiden Aufbereitungsarten auftreten. Tabelle 4-3-14 enthält zwei Modelle zu Ersteren und je eines zu den Letzteren.[247] Die Interkorrelationen der erklärenden Variablen fallen auch hier geringer aus, sodass im Gegensatz zur Querschnittsbetrachtung der Anteil der 6-24-Jährigen in die Modelle zu den Pro-Kopf-Bildungsausgaben inkludiert werden konnte. Außerdem konnte der Beamtenanteil (und, hier nicht in die

---

246 Der Erklärungserfolg hinsichtlich der Bestimmungsgründe der jährlichen Veränderung der Bildungsausgabenquote ist also eher ein Misserfolg.

247 Der Levin-Lin-Chu-Test auf Nicht-Stationarität fällt für alle drei Größen befriedigend aus (Pro-Kopf-Bildungsausgaben (hier in der c&t-Version): t-Wert -7,713, Fehlerwahrscheinlichkeit 0,0267; Hochschulausgabenquote: -8,397, 0,0000; Pro-Kopf-Hochschulausgaben: -5,048, 0,0064).

Tabelle integriert, der Kirchenmitgliederanteil) ohne eine Reduktion des Modells hinzugezogen werden.[248] Der Erklärungserfolg der Modelle zu den Pro-Kopf-Bildungsausgaben liegt wie in der Querschnittsbetrachtung mit einem korrigierten Determinationskoeffizienten etwas über 0,5 klar unter dem zur Bildungsausgabenquote. Im breiten Modell weisen aber immerhin alle Koeffizienten außer denen zur Programmkonkurrenz die erwarteten Vorzeichen auf, und mit Ausnahme des FDP-Kabinettssitzanteils mit einem eher geringen Erklärungsbeitrag fallen die relativen Erklärungsbeiträge sehr homogen aus. Die Inklusion des Beamtenanteils zeigt, dass das Messproblem auch für die Pro-Kopf-Bildungsausgaben virulent ist. Des Weiteren führt diese Modellerweiterung nicht nur zu Verschiebungen der absoluten und relativen Erklärungskraft der anderen erklärenden Größen, sondern auch zu einem Vorzeichenwechsel der Sozialausgaben – also zu einem wenn auch schwachen Indiz für eine diesbezügliche Programmkonkurrenz. Hinsichtlich der Hochschulausgaben fällt der Determinationskoeffizient für den BIP-Anteil ebenso hoch aus wie bei den gesamten Bildungsausgaben in dieser Aufbereitung, für die Pro-Kopf-Hochschulausgaben erfreulicherweise aber deutlich höher. In beiden Fällen fallen die meisten Effekte wiederum wie erwartet aus und unterfüttern die jeweiligen Hypothesen, wobei der Studierendenanteil an der Bevölkerung (als Nachfragedruck-Messgröße) jeweils den weitaus größten relativen Beitrag zur Erklärung der Hochschulausgabenvariation leistet. Ausnahmen bilden jedoch nicht nur zweimal die Sozial- und einmal die Sicherheitsausgaben, sondern vor allem auch der FDP-Kabinettssitzanteil mit einem jeweils signifikant negativen Ergebnis. Regierungsbeteiligungen der FDP führen also zwar tendenziell zu höheren Bildungs-, aber geringeren Hochschulausgaben. Was geschieht nun mit den Befunden zu den Pro-Kopf-Bildungsausgaben aus Tabelle 4-3-14, wenn man das breite Modell den Spezifikationsvariationen unterzieht[249], durch die zuvor die Bildungsausgabenquote begleitet wurde? Ersetzt man die Steuereinnahmen durch den Finanzausgleich und betrachtet nur den Zeitpunkt ab dessen gleichberechtigter Ostausdehnung, so ergibt sich ebenfalls ein etwas stärkerer Effekt (und eine etwas höhere Erklärungskraft des Gesamtmodells). Der Kirchenmitgliederanteil weist wiederum einen klar

---

248 Bei den Hochschulausgaben wurde der Studierendenanteil trotz einer knapp über der sonst angewandten Cut-Off-Schwelle der Interkorrelation liegenden Korrelation mit den Sicherheitsausgaben wegen der deutlich größeren theoretischen Relevanz der jungen Alterskohorte vorgezogen.

249 Auf einen Abdruck all dieser Modelle wird aus Platzgründen verzichtet. Entsprechende Tabellen sind jedoch auf Anfrage beim Verfasser erhältlich.

negativen partiellen Regressionskoeffizienten auf, und auch die Ergebnisse der Modelle mit Interaktionstermen sind äquivalent.

Tabelle 4-3-14:   OLS-Modelle zu den Pro-Kopf-Bildungsausgaben und den Hochschulausgaben

	Breites Modell zu den Pro-Kopf-Bildungsausgaben		Breites Modell zu den Pro-Kopf-Bildungsausgaben plus Beamtenquote		Breites Modell zur Hochschulausgabenquote		Breites Modell zu den Pro-Kopf-Hochschulausgaben	
Beamtenquote			-1,309*	-0,490				
			(0,545)					
BIP/Kopf	0,005*	0,311	0,007	0,487	-0,00003**	-0,719	0,00008	0,008
	(0,002)		(0,004)		(4,37e-06)		(0,0008)	
Anteil der 6-24-Jährigen	11,898*	0,228	4,317	0,078				
	(5,700)		(9,757)					
Studierenden-anteil					0,324**	1,048	58,244**	0,818
					(0,025)		(4,990)	
Steuerein-nahmen	0,043**	0,265	0,030	0,164	0,010	0,132	0,007	0,060
	(0,015)		(0,044)		(0,006)		(0,006)	
SPD-Kabinetts-sitzanteil	-0,611**	-0,228	-0,220	-0,084	-0,002**	-0,266	-0,352**	-0,181
	(0,193)		(0,299)		(0,0004)		(0,072)	
FDP-Kabinetts-sitzanteil	0,605	0,053	0,365	0,029	-0,004*	-0,118	-0,698*	-0,083
	(0,786)		(1,211)		(0,002)		(0,295)	
Sicherheits-ausgaben	0,508**	0,348	0,206	0,138	-0,048	-0,053	0,108	0,101
	(0,188)		(0,387)		(0,082)		(0,088)	
Sozialausgaben	0,189*	0,191	-0,008	-0,008	0,167**	0,464	0,220**	0,305
	(0,093)		(0,176)		(0,031)		(0,035)	
Nettokredit-aufnahme	0,062*	0,191	0,123*	0,362	0,003	0,020	0,015	0,065
	(0,026)		(0,041)		(0,011)		(0,009)	
Schuldenstand	-0,009	-0,193	-0,008	-0,174	-0,005*	-0,125	-0,008**	-0,219
	(0,007)		(0,010)		(0,002)		(0,002)	
Exporte	0,006	0,204	0,008	0,289			0,002	0,072
	(0,004)		(0,008)				(0,002)	
Konstante	55,375 (143,679)		345,443 (272,415)		0,824** (0,126)		-4,974 (15,527)	
N	176		64		176		176	
R^2	0,538**		0,633**		0,769**		0,875**	
R^2_{korr}	0,510**		0,555**		0,756**		0,868**	
Heteroske-dastizitätstest	chi2: 5909,71 (0,0000)		chi2: 892,54 (0,0000)		chi2: 3384,38 (0,0000)		chi2: 609,47 (0,0000)	
Autokorrela-tionstest	chi2: 153,856 (0,0000)		xxx[250]		chi2: 148,276 (0,0000)		chi2: 131,601 (0,0000)	
Test auf FE	F: 57,16 (0,0000)		F: 36,42 (0,0000)		F: 40,13 (0,0000)		F: 30,14 (0,0000)	

Siehe Fußzeile zu Tabelle 4-3-9; alle pekuniären unabhängigen Variablen wurden wie die jeweilige abhängige Variable aufbereitet, d.h. hier als (preiskorrigierte) Pro-Kopf-Werte.

Die Jackknife-Analyse zum Pro-Kopf-Bildungsausgabenmodell zeigt dagegen auf, dass hier die Ergebnisse zu vier Variablen durch die Exklusion einzelner Länder das Vorzeichen wechseln: Beim FDP-Kabinettssitzanteil sind es Bayern oder Sachsen, bei den Sicherheitsausgaben, Schulden und

---

250   Wegen der Struktur der Datenlücken ist dieser Test für das Modell nicht möglich; aufgrund der Charakteristiken der Nachbarmodelle ist aber von Autokorrelation auszugehen.

Exporten Berlin, von deren Inklusion der jeweils insgesamt festgestellte Effekt in seinem Vorzeichen abhängt. Bei den Sicherheitsausgaben ist dies insofern eine den Theoretiker erfreuende Nachricht, da ohne Berlin der erwartete Effekt eintritt, wohingegen es bei den anderen drei Variablen umgekehrt ist. Des Weiteren wird der SPD-Effekt ohne Sachsen deutlich stärker negativ, derjenige der demographischen Variable ohne Berlin, Brandenburg oder Mecklenburg-Vorpommern. Das AR1-Modell führt hier zu keinem Vorzeichenwechsel, und auch die absoluten und relativen Erklärungsbeiträge verändern sich bei den Pro-Kopf-Ausgaben weit weniger als bei der Bildungsausgabenquote. (Dass dies zwar für eine größere Autokorrelationsunempfindlichkeit der Befunde zu den Pro-Kopf-Bildungsausgaben, nicht aber für deren größere Erklärungskraft in der Veränderungsbetrachtung spricht, zeigt das Modell in ersten Differenzen: Hier fällt der Determinationskoeffizient ebenso gering aus wie bei der Bildungsausgabenquote, und gegenüber der Bestandsbetrachtung wechseln die Vorzeichen für SPD, Nettokreditaufnahme, Schulden und Exporten weg von der erwarteten Richtung.) Das LDV-Modell führt ebenfalls zu geringeren Ausschlägen als bei der Bildungsausgabenquote, aber der partielle Regressionskoeffizient der Sicherheitsausgaben wird hier wie dort negativ. Das ARDL-Modell zu den Pro-Kopf-Bildungsausgaben krankt an den gleichen Gebrechen wie das zur Bildungsausgabenquote und kann daher ebenfalls keine verlässlichen Ergebnisse liefern. Ebenfalls identisch sind die Ergebnisse des FE(C)-Modells: Der SPD-Effekt wird hier positiv, derjenige der Sozialausgaben negativ. Im FE(T)-Modell ändert sich gegenüber dem OLS-Modell zu den Pro-Kopf-Bildungsausgaben aus Tabelle 4-3-14 nichts Substanzielles, und in der FE(CT)-Variante treten wie in FE(C) die gerade genannten beiden Vorzeichenwechsel auf. Die AR1-FE-Modelle verhalten sich wie die nicht autoregressiven FE-Modelle. Die LDV-FE(C) und FE(CT)-Spezifikationen führen ebenfalls zu negativen Vorzeichen der Koeffizienten zu SPD-Kabinettssitzanteilen und Sicherheitsausgaben, in der FE(T)-Variante hingegen sind diese beiden positiv, aber das der Sozialausgaben negativ, was vom Ergebnismuster zur Bildungsausgabenquote insofern abweicht, als dort in allen LDV-FE-Modellen der Sozialausgabeneffekt negativ und der SPD-Effekt positiv ausfielen.[251] Die Abweichungen der panel-korrigierten von den

---

251 Außerdem wurde auch dieses Modell mit um ein, zwei und drei Jahre verzögerten erklärenden Variablen getestet. Wiederum sind in den ersten beiden Jahren keine starken Abweichungen festzustellen, und die meisten Koeffizienten werden erst im dritten Jahr deutlich geringer. Diejenigen zum BIP pro

herkömmlichen Standardfehlern sind in den unterschiedlichen Spezifikationsvarianten des Pro-Kopf-Bildungsausgabenmodells durchgehend sehr geringfügig und verändern das Gesamturteil nicht, da unsere Theorien und Hypothesen und also auch ihr Test nicht auf sehr feine Nuancen (der Koeffizienten-
und Standardfehler-Beträge) ausgerichtet sind.

In den Modellspezifikationen mit alternativen erklärenden Variablen zur
Hochschulausgabenquote ergeben sich keine Unterschiede zur Analyse der
Bildungsausgabenquote insgesamt. Die Jackknife-Analyse aber zeigt für die
Hochschulausgabenquote im Gegensatz zur Bildungsausgabenquote nicht nur
bei Sicherheitsausgaben und Schulden (wofür wiederum Brandenburg oder
Thüringen bzw. Berlin verantwortlich zeichnen), sondern auch bei der Nettokreditaufnahme einen Vorzeichenwechsel durch einzelne Länderexklusionen,
nämlich die von Baden-Württemberg, Bremen, Sachsen oder Thüringen. Die
Bedeutung der Studierendenquote für die Hochschulausgabenquote wird
durch die Auslassung Berlins oder Brandenburgs außerdem nahezu halbiert.
In der AR1-Spezifikation bleibt hinsichtlich der Hochschulausgabenquote
entgegen dem Ergebnis bei der Bildungsausgabenquote das negative Vorzeichen der Sicherheitsausgaben und damit ein Programmkonkurrenzeffekt bestehen, während in der zweiten autoregressiven Modellspezifikation, also der
LDV-Variante, keine Unterschiede zwischen den Resultaten für die Anteile
der gesamten und der hochschulischen Bildungsausgaben am BIP auftreten.
Die Fixed-Effects-Modelle zur Hochschulausgabenquote verhalten sich dagegen nahezu völlig anders: In der FE(C)- und FE(CT)-Spezifikation wechseln
gleich drei Variablen, nämlich das BIP pro Kopf, die Steuereinnahmen und
die SPD-Kabinettssitzanteile das Vorzeichen, in der FE(T)-Variante dagegen
nur die FDP-Kabinettssitzanteile.

Auf die Pro-Kopf-Hochschulausgaben, so ein überraschender Befund der
diesbezüglichen Modelle mit alternativen erklärenden Variablen, hat der Kirchenmitgliederanteil keinen negativen, sondern einen positiven Einfluss, sodass von staatszentrierteren Lösungen in säkulareren Gesellschaften hier keine
Rede sein kann. Und die nächste Überraschung kommt gleich hinterher: Der
Finanzausgleichssaldo hat hier einen negativen partiellen Regressionskoeffizienten. Die Jackknife-Analyse identifiziert fünf unabhängige Variablen, bei

---

Kopf, den Exporten und den Parteien fallen selbst dann noch etwas höher aus
als bei simultaner Betrachtung. Auch bei den Pro-Kopf-Bildungsausgaben haben wir es also mit langfristig recht stabilen Beziehungen zwischen den erklärenden Größen und dieser zu tun.

denen der Ausschluss einzelner Länder aus dem breiten Modell zu den Pro-Kopf-Hochschulausgaben zu einem Vorzeichenwechsel führt. Dies sind BIP pro Kopf (Baden-Württemberg, Brandenburg, Bremen, Nordrhein-Westfalen, Rheinland-Pfalz, Sachsen, Schleswig-Holstein oder Thüringen – ein äußerst fragiler Effekt also), Steuereinnahmen (Brandenburg), Sicherheitsausgaben (Berlin; hier erfolgt der Vorzeichenwechsel immerhin hin zum erwarteten Programmkonkurrenzeffekt), Schuldenstand (Berlin) und Exporte (Berlin oder Hamburg). Wie bei der Hochschulausgabenquote führt auch bei den Pro-Kopf-Hochschulausgaben die Exklusion Berlins oder Brandenburgs zu einer Halbierung des Effekts des Studierendenanteils. Die AR1-Spezifikationsvariante dagegen ergibt hier keine Veränderungen. Im LDV-Modell dagegen tritt neben dem allseits bekannten Absinken aller partiellen Regressionskoeffizienten außer demjenigen für die gelagte abhängige Variable ein Programmkonkurrenzeffekt zu den Sicherheitsausgaben auf. Abwechslungsreich gestalten sich die FE-Modelle zu den Pro-Kopf-Hochschulausgaben: In der FE(C)-Variante wechseln Steuereinnahmen, SPD-Kabinettssitzanteil und Sicherheitsausgaben das Vorzeichen, im FE(T)-Modell das BIP pro Kopf und die Steuereinnahmen, in der FE(CT)-Spezifikation schließlich Steuereinnahmen, SPD-Kabinettssitzanteil, Sicherheitsausgaben und Exporte.

Die Analysen des gesamten Pools abschließend ergänzend werden im Folgenden Ergebnisse zu Subpools betrachtet sowie untereinander und mit Ersteren verglichen. Die Tabellen 4-3-15 und 4-3-16 präsentieren jeweils je ein Modell zu allen Ausgabenarten für die Teilzeiträume 1992 bis 1996 und 1997 bis 2002. Hinsichtlich der Bildungsausgabenquote ist im zweiten Teilzeitraum die Bedeutung des BIP pro Kopf, der parteipolitischen Variablen und der Nettokreditaufnahme geringer als im ersten. Der Schuldenstand gewinnt ebenso an Bedeutung wie die demographische Variable und die Sicherheitsausgaben, welche dabei zudem das Vorzeichen hin zur erwarteten Richtung wechseln (und damit jeweils auch das Vorzeichen des Modells zum gesamten Zeitraum bestimmen).

Tabelle 4-3-15:   OLS-Modelle zu allen Ausgabearten im ersten Teilzeitraum (1992-96)

	Breites Modell zur Bildungsausgabenquote		Breites Modell zu den Pro-Kopf-Bildungsausgaben		Breites Modell zur Hochschulausgabenquote		Breites Modell zu den Pro-Kopf-Hochschulausgaben	
BIP/Kopf	-0,00006**	-0,348	0,00006	0,004	-0,00005**	-0,984	-0,002	-0,144
	(0,00002)		(0,003)		(7,56e-06)		(0,001)	
Anteil der 6-24-Jährigen	-0,013	-0,022	1,794	0,037				
	(0,068)		(8,351)					
Studierendenanteil					0,406**	1,277	77,506**	1,084
					(0,043)		(7,633)	
Steuereinnahmen	0,071*	0,187	0,036	0,212	0,011	0,105	0,003	0,021
	(0,028)		(0,020)		(0,008)		(0,007)	
SPD-Kabinettssitzanteil	-0,008**	-0,242	-1,424**	-0,508	-0,003**	-0,366	-0,703**	-0,333
	(0,002)		(0,340)		(0,0008)		(0,118)	
FDP-Kabinettssitzanteil	0,019*	0,141	0,914	0,083	-0,008**	-0,210	-0,984*	-0,119
	(0,009)		(1,193)		(0,003)		(0,418)	
Sicherheitsausgaben	0,228	0,060	1,008**	0,703	-0,873	-0,083	0,083	0,077
	(0,359)		(0,262)		(0,139)		(0,128)	
Sozialausgaben	0,007	0,005	-0,381*	-0,389	0,110*	0,320	0,042	0,057
	(0,161)		(0,164)		(0,051)		(0,057)	
Nettokreditaufnahme	0,184**	0,326	0,085	0,244	0,014	0,091	0,003	0,013
	(0,065)		(0,047)		(0,020)		(0,016)	
Schuldenstand	-0,002	-0,013	0,013	0,260	-0,0007	-0,015	0,006	0,161
	(0,013)		(0,011)		(0,004)		(0,004)	
Exporte			-0,012	-0,291			-0,012**	-0,398
			(0,009)				(0,003)	
Konstante	4,154* (1,752)		454,660* (216,560)		1,121** (0,195)		76,780** (21,680)	
N	80		80		80		80	
R^2	0,835**		0,609**		0,793**		0,917**	
R^2_{korr}	0,814**		0,553**		0,766**		0,905**	
Heteroskedastizitätstest	chi2: 88919,67 (0,0000)		chi2: 2874,38 (0,0000)		chi2: 16787,63 (0,0000)		chi2: 12140,07 (0,0000)	
Autokorrelationstest	chi2: 66,420 (0,0000)		chi2: 67,020 (0,0000)		chi2: 67,815 (0,0000)		chi2: 63,116 (0,0000)	
Test auf FE	F: 36,84 (0,0000)		F: 28,00 (0,0000)		F: 19,03 (0,0000)		F: 18,52 (0,0000)	
Siehe Fußzeile zu Tabelle 4-3-9. Alle pekuniären unabhängigen Variablen wurden wie die jeweilige abhängige Variable aufbereitet, d.h. als Prozent-Anteil am BIP oder als (preiskorrigierte) Pro-Kopf-Werte.								

Die Pro-Kopf-Bildungsausgaben verhalten sich insofern abweichend von der Bildungsausgabenquote, als hier die Bedeutung von BIP pro Kopf und Nettokreditaufnahme zunehmen, diejenige des Schuldenstandes aber abnimmt. Außerdem erfolgt die Bedeutungszunahme der demographischen Variable hier ohne Vorzeichenwechsel (da schon im ersten Teilzeitraum ein positiver Effekt messbar ist), ist der im zweiten Teilzeitraum festgestellte Programmkonkurrenzeffekt zu den Sicherheitsausgaben geringer (und überwiegt daher auch nicht im Modell zum gesamten Zeitraum) und war im ersten Teilzeitraum ein Konkurrenzeffekt zu den Sozialausgaben zu verzeichnen.

Tabelle 4-3-16:   OLS-Modelle zu allen Ausgabearten im zweiten Teilzeitraum (1997-2002)

	Breites Modell zur Bildungsausgaben- quote		Breites Modell zu den Pro-Kopf- Bildungsausgaben		Breites Modell zur Hochschulausga- benquote		Breites Modell zu den Pro-Kopf- Hochschulausgaben	
BIP/Kopf	-0,00001	-0,077	0,009**	0,645	-0,00002**	-0,580	0,0009	0,087
	(9,92e-06)		(0,003)		(4,61e-06)		(0,001)	
Anteil der 6-24-Jährigen	0,082*	0,137	18,392**	0,307				
	(0,040)		(7,136)					
Studierenden-anteil					0,281**	0,941	49,243**	0,696
					(0,026)		(6,192)	
Steuerein-nahmen	0,140**	0,606	0,075*	0,413	-0,006	-0,094	0,006	0,046
	(0,029)		(0,032)		(0,009)		(0,011)	
SPD-Kabinetts-sitzanteil	-0,002	-0,079	-0,470*	-0,182	-0,002**	-0,207	-0,205*	-0,113
	(0,001)		(0,237)		(0,0004)		(0,081)	
FDP-Kabinetts-sitzanteil	0,004	0,030	0,829	0,068	-0,0007	-0,019	0,056	0,007
	(0,005)		(0,941)		(0,002)		(0,334)	
Sicherheits-ausgaben	-0,871**	-0,328	-0,143	-0,095	-0,087	-0,111	0,059	0,056
	(0,250)		(0,288)		(0,087)		(0,115)	
Sozialausgaben	0,680**	0,493	0,515**	0,496	0,372**	0,916	0,381**	0,526
	(0,131)		(0,145)		(0,047)		(0,054)	
Nettokredit-aufnahme	0,139**	0,225	0,096**	0,312	0,022	0,122	0,032**	0,151
	(0,037)		(0,032)		(0,012)		(0,011)	
Schuldenstand	-0,020*	-0,178	-0,017	-0,344	-0,010**	-0,313	-0,014**	-0,397
	(0,009)		(0,009)		(0,003)		(0,003)	
Exporte			0,008	0,292			0,006*	0,295
			(0,006)				(0,002)	
Konstante	0,643 (0,992)		-169,698 (171,810)		0,766** (0,141)		-30,948 (22,512)	
N	96		96		96		96	
R²	0,896**		0,650**		0,867**		0,908**	
R²korr	0,885**		0,608**		0,853**		0,897**	
Heteroske-dastizitätstest	chi2: 2326,82 (0,0000)		chi2: 1808,40 (0,0000)		chi2: 1251,06 (0,0000)		chi2: 551,96 (0,0000)	
Autokorrela-tionstest	chi2: 71,842 (0,0000)		chi2: 88,072 (0,0000)		chi2: 151,881 (0,0000)		chi2: 102,299 (0,0000)	
Test auf FE	F: 49,04 (0,0000)		F: 46,46 (0,0000)		F: 22,09 (0,0000)		F: 14,15 (0,0000)	

Siehe Fußzeile zu Tabelle 4-3-9. Alle pekuniären unabhängigen Variablen wurden wie die jeweilige abhängige Variable aufbereitet, d.h. als Prozent-Anteil am BIP oder als (preiskorrigierte) Pro-Kopf-Werte.

Bezüglich der Hochschulausgaben ist zu beachten, dass wie in Abschnitt 3.1 diskutiert im zweiten Teilzeitraum unterschiedliche Buchungssysteme nebeneinander existierten und dieser statistische Faktor unter Umständen auch zu den vom ersten Teilzeitraum abweichenden Ergebnissen beiträgt – insofern steht das Folgende unter Vorbehalt, die Abweichungen von den theoretischen Erwartungen sind aber eher gering und die Unterschiede nicht allzu groß: Im Modell für die Hochschulausgabenquote ist im Pool zum zweiten Teilabschnitt die Bedeutung von BIP pro Kopf, Studierendenanteil und Sicherheitsausgaben geringer als im ersten, und die Steuereinnahmen weisen dann gar ein negatives Vorzeichen auf. (Nimmt man allerdings Berlin aus dem Pool der Länder heraus, so ist nicht nur das Vorzeichen der Steuereinnahmen positiv, sondern auch ihr Effekt hochsignifikant.) Nettokreditaufnahme und insbesondere der Schuldenstand waren von 1997 bis 2002 dagegen wichtigere Bestimmungsgründe der Hochschulausgabenentwicklung. Für die Pro-Kopf-Hochschulausgaben sind in der zweiten Subperiode höhere Koeffizienten ebenfalls zu diesen beiden Variablen, aber auch zum BIP, den Steuereinnahmen und den Exporten zu verzeichnen. (Das BIP, der Schuldenstand und die Exporte wechseln hier gegenüber dem Subpool für 1992 bis 1996 das Vorzeichen hin zur erwarteten Zusammenhangsrichtung, die jeweils auch im gesamten Pool durchschlägt). Studierendenanteil und SPD-Kabinettssitzanteile sind in der zweiten Hälfte des Beobachtungszeitraums für die Pro-Kopf-Hochschulausgaben dagegen von geringerer Wirkungsmacht als zuvor. Die FDP-Regierungsbeteiligung ist in dieser Perspektive erstmals positiv mit den Hochschulausgaben assoziiert.

Der Anteil der potenziell erklärten Variation ist durch die Bank im zweiten Teilzeitraum spürbar größer. Da der erste Teilzeitraum stärker unter dem Einfluss vereinigungsbedingter Sonderfaktoren steht, ist außerdem auch zu vermuten, dass die Modelle für die Jahre 1997 bis 2002 zur Prognose zukünftiger Entwicklungen besser geeignet sind.

Ein Blick auf die Situation im reinen West-Länder-Vergleich wurde in hier nicht abgedruckten Modellen zum entsprechenden Subpool geworfen: Die Bildungsausgabenquote der alten Länder wird weniger stark als die aller Länder vom BIP pro Kopf, den Steuereinnahmen (diese beiden Unterschiede überraschen wegen der größeren ökonomischen Homogenität nicht), dem FDP-Kabinettssitzanteil und der Nettokreditaufnahme bestimmt, wohingegen der Erklärungsbeitrag des Anteils der 6-24-Jährigen und der Programmkonkurrenz mit den Sicherheitsausgaben höher ausfällt. Für die Sozialausgaben ist ein Vorzeichenwechsel zu verzeichnen, in Westdeutschland besteht zwischen diesen und der Bildungsausgabenquote also ebenfalls ein Konkurrenzverhältnis. Der SPD-Effekt ist im Westen im Gegensatz zur Gesamtbetrachtung positiv, und auch Schulden bremsen hier die Bildungsausgabenquote nicht. Hinsichtlich der Pro-Kopf-Ausgaben fallen die Unterschiede zwischen der Analyse des gesamten und des West-Länder-Pools nur in Nuancen anders aus: Der Effekt des BIP pro Kopf ist hier größer, der Programmkonkurrenzeffekt zu den Sicherheitsausgaben tritt hier ebenfalls (aber hier im Gegensatz zur Betrachtung aller Länder) auf, der FDP-Effekt ist negativ und die für die Bildungsausgabenquote irrelevanten und daher dort nicht inkludierten Exporte sind im innerwestlichen Vergleich von größerer Bedeutung für die Pro-Kopf-Bildungsausgaben als im Vergleich aller Bundesländer. Die Hochschulausga-

benquote wird in den West-Ländern weniger vom BIP pro Kopf und dem
Studierendenanteil beeinflusst, der Schuldenstand ist wie bei der Bildungsausgabenquote kein Bremsklotz, aber die Sicherheitsausgaben wirken sich deutlicher negativ aus und der SPD-Kabinettssitzanteil wechselt nicht wie bei der
Bildungsausgabenquote das Vorzeichen, sondern hat einen im Westen stärker
negativen Effekt. Diese letzte Diagnose verdeutlicht, dass der Parteiendifferenzeffekt der Sozialdemokratie nicht nur nach Ost und West, sondern verschränkt damit auch nach Gesamtbildungs- und Hochschulausgaben differenziert bewertet werden muss. Der Befund zu den Pro-Kopf-
Hochschulausgaben der West-Länder weicht von dem zur Hochschulausgabenquote insofern ab, als die Koeffizienten zum BIP pro Kopf, dem FDP-
Kabinettssitzanteil und den Exporten gegenüber dem Ergebnis des Vergleichs
aller Länder zunehmen, derjenige zum SPD-Kabinettssitzanteil abnimmt und
derjenige zu den Sicherheitsausgaben einen Vorzeichenwechsel hin zu einem
(sogar starken und eindeutigen) Konkurrenzverhältnis aufweist.

Als Fazit zu den gepoolten Regressionsanalysen kann bereits an dieser
Stelle festgehalten werden, dass diese gegenüber der reinen Querschnitts-
Betrachtung noch einmal eine ganze Reihe zusätzlicher Erkenntnisse zutage
gefördert haben. Eine ausführliche, entlang der wichtigsten Bestimmungsgrößen gegliederte Zusammenfassung der empirischen Ergebnisse aus Kapitel 4
erfolgt in Abschnitt 4.4. Zuvor aber wird noch ein kleiner Exkurs unternom-
men, um denjenigen Variablen Gerechtigkeit widerfahren zu lassen, welche in
die bisherigen quantifizierenden Analysen nicht integriert werden konnten, da
sie in der Kausalkette zwischen den erklärenden und der zu erklärenden Variable zu verorten sind.

4.3.4   Exkurs: Ein Blick auf Olsson'sche Quellen

In Abschnitt 3.4.3 wurden Parameter der Bildungssysteme der Bundesländer aufgezählt, denen ceteris paribus eine ausgabensteigernde oder -senkende
Wirkung zugeschrieben werden kann und die ihrerseits wiederum von den
sonstigen erklärenden Variablen beeinflusst werden könnten.[252] Was im Folgenden präsentiert wird, sind diejenigen Indizien für derartige Transmissions-

---

252 Leider konnten aus Gründen der Datenverfügbarkeit und auch der Analysezeit
     nicht alle untersucht werden, manche davon gehen wie die Dauer des Schul-
     oder Hochschulbesuchs allerdings wenigstens mittelbar in analysierte Kenn-
     zahlen wie etwa die Schüler- oder Studierendenquote ein.

mechanismen, welche sich bei der – anhand bivariater Korrelationen der Bestandsgrößen vorgenommener – Quellenanalyse ergeben haben.[253] In der erwarteten Richtung mit den Bildungsausgaben[254] in beiden Messgrößen mittelstark korreliert sind die Schüler je Vollzeit-Lehrereinheit und die erteilten Unterrichtsstunden je Schüler und je Lehrer, wobei sich bei den letztgenannten beiden Größen hinsichtlich der Pro-Kopf-Ausgaben ein gleichbleibendes Niveau über die Jahre der Beobachtungszeit zeigt, hinsichtlich der Bildungsausgabenquote dagegen eine Mitte der 1990er Jahre beginnende Zunahme von geringen zu am Ende sehr hohen Werten. Starke Zusammenhänge in der erwarteten Richtung mit der Bildungsausgabenquote, nicht aber mit den Pro-Kopf-Ausgaben, ergab die Betrachtung der Schüler je Klasse und der laufenden Grundmittel je Studierenden.

Die Zusammenhänge zwischen zwei ausgewählten Quell-Größen und den dahinter stehenden Ursachen sind in Tabelle 4-3-17 zusammengefasst:

Tabelle 4-3-17: Zwei ausgewählte Olssonsche Quellen und ihre Ursachen[255]

Erteilte Unterrichtsstunden je Schüler	Erteilte Unterrichtsstunden je Lehrer
Steuereinnahmen (+)	Steuereinnahmen (-)
Finanzausgleichssaldo (+)	Finanzausgleichssaldo (-)
Schulden (+)	Schulden (-)
Zinsen (+)	Zinsen (-)
Gesamtausgaben (+)	Gesamtausgaben (-)
Katholikenanteil (-)	Katholikenanteil (+)
CDU/CSU (+), SPD (-), FDP (-)	CDU/CSU (+), SPD (-), Grüne (-)

---

253 Da die Quellen-Größen über die Zeit nur sehr schwach variieren (vgl. z.B. Avenarius et al. 2003a: 110ff.), wurden lediglich Querschnittsanalysen vorgenommen.

254 Hier wurden sowohl die Schulausgaben als auch die gesamten Bildungsausgaben analysiert, deren Ergebnisse allerdings kaum voneinander abweichen.

255 Angebracht ist an dieser Stelle eine Erläuterung zur Berechnung der beiden Größen und ihrer Interpretation: die erteilten Unterrichtsstunden je Schüler/Lehrer wurden durch Division der insgesamt an allgemeinbildenden Schulen gehaltenen Unterrichtsstunden durch die absolute Anzahl der Schüler/Lehrkräfte an diesen berechnet. Zu einer niedrigeren Zahl können also beispielsweise im Ländervergleich überdurchschnittliche Klassengrößen im einen Fall und eine höhere Teilzeitquote im anderen Fall beitragen.

Deutliche Korrelationen bestehen zwischen den Unterrichtsstunden je Schüler bzw. Lehrer und fünf finanziellen, einer soziokulturellen und vier Parteienvariablen: Höhere Unterrichtsstundenzahlen je Schüler gehen mit höheren Steuereinnahmen, Finanzausgleichssaldi, Schulden, Zinsen und Gesamtausgaben einher; hinsichtlich der Unterrichtsstunden je Lehrer sind die Vorzeichen jeweils umgekehrt. Schuldenstand und Zinslast wirken sich in diesem Zusammenhang bisher also offenbar nicht als Ausgabenbremse aus. Mit dem Katholikenanteil sind die Unterrichtsstunden je Lehrer positiv, diejenigen je Schüler negativ assoziiert. Unter CDU/CSU-Regierungen ist die Unterrichtsstundenzahl von Schülern und Lehrern tendenziell höher, unter SPD-Regierungen tendenziell niedriger. Mit FDP-Regierungsbeteiligung sinkt die Zahl der Unterrichtsstunden je Schüler, mit derjenigen der Grünen dagegen die der Lehrer.

Die Befunde zu den Zusammenhängen zwischen den Quell-Größen Schülern je Klasse und Vollzeit-Lehrereinheit (laut KMK), für die Daten leider nur für zwei Jahre vorliegen, und den Ursachenvariablen ähneln stark denen zu den Unterrichtsstunden je Lehrer. Hier und bei den oben diskutierten Größen ist bei der Interpretation allerdings eine starke Überschneidung mit der Ost-West-Differenz zu konstatieren. Die Grundmittel je Studierenden waren Mitte der 1990er Jahre ebenfalls noch sehr deutlich entlang dieser Trennlinie verteilt (laut Hetmeier/Weiß 2001: 52 lagen sie 1997 im Westen zwischen 10.300 und 15.700 DM, im Osten zwischen 15.300 und 22.800 DM und in Berlin bei 17.500 DM), bis 2002 sank die entsprechende Korrelation aber auf einen sehr schwachen Wert. Ebenfalls rückläufig sind über die Zeit die Koeffizienten für die Mitte der 1990er Jahre hoch positiv mit den Grundmitteln assoziierten Größen Steuereinnahmen, Nettokreditaufnahme, Finanzausgleichssaldo und Gesamtausgaben sowie die negativ mit ihnen zusammenhängende Variable Katholikenanteil. Interessant ist bei der Grundmittel-Betrachtung zudem, dass der Anteil der 6-24-Jährigen stark bis mittelstark positiv mit diesen korreliert ist, der Studierendenanteil jedoch negativ.

Eine weitere Quellen-Variable, die an dieser Stelle gesondert betrachtet werden soll, ist der Anteil von an Sonderschulen unterrichteten Schülern an allen Schülern allgemeinbildender Schulen. Diese Größe ist mit den Schulausgaben in beiden Aufbereitungen mittelstark bis in den letzten Jahren des Untersuchungszeitraums sehr stark positiv korreliert, was angesichts der an Sonderschulen pro Schüler ca. zweieinhalb Mal höheren Ausgaben je Schüler[256] (wenn auch vielleicht nicht in dieser Deutlichkeit) zu erwarten war. Sicher kann der Sonderschüleranteil, der zwischen knapp drei (Saarland) und knapp sieben Prozent (Thüringen) liegt, trotz dieser hohen Korrelation nur einen Bruchteil der Bildungsausgabenvariation erklären. Er scheint aber – so können wir aus dem ‚Überschiessen' der Ergebnisse über die Erwartungen schließen – symptomatisch für die im jeweiligen Land herrschende Präferenz und Möglichkeit für aufwändigere Lösungen zu stehen, spiegeln sich doch im Sonderschüleranteil nicht vor allem regionalspezifische Begabungsprofile, sondern vielmehr bildungspolitische Richtungsentscheidungen (die abgesehen von ihren Auswirkungen auf die Ausgaben gerade hier explizit nicht bewertet werden sollen). Die Korrelationen zwischen der Sonderschülerquote und den Ursachenvariablen fallen in folgender Hinsicht bemerkenswert aus: Zum einen sind bei allen Parteien außer der CDU die Koeffizienten für die meisten Jahre negativ[257], für die Union hingegen positiv, was für einen Parteiendifferenzeffekt der Präferenzverteilung hinsichtlich mehr oder weniger integrativer Förderungsformen sprechen dürfte. Zum anderen handelt es sich beim Sonderschulbereich um einen Sektor des Bildungswesens, in dem die Ost-West-Unterschiede kontinuierlich zu- statt wie sonst zumeist abnehmen. Weshalb in den neuen Ländern ein größerer und zunehmender Anteil der Schüler an Sonderschulen unterrichtet wird, darüber kann hier allenfalls spekuliert werden – sowohl ein überproportionaler Ausbau eines in der DDR vernachlässigten Bereichs als auch eine selektiver leistungsorientierte pädagogische Grundstimmung könnten zu den Ursachen zählen.

Schließlich seien noch Ergebnisse zu fünf Quellen-Größen aufgeführt, die nur jeweils für ein Jahr (jeweils gegen Ende der Untersuchungsperiode) vorlagen: Der Anteil an Lehrkräften über 50 Jahren und die kumulierte Wiederholerquote der Fünfzehnjährigen sind entgegen den Erwartungen negativ mit den Schulausgaben in beiden Messgrößen korreliert, die Angebots-Nachfrage-Relation bei den Ausbildungsplätzen positiv. Hinsichtlich der Bildungsausgabenquote mit einer sehr hohen positiven bzw. negativen Korrelation dagegen

---

256 Dem Statistischen Bundesamt zufolge werden im deutschlandweiten Durchschnitt pro Schüler an allgemeinbildenden Schulen insgesamt 4.600 € aufgewendet, an Sonderschulen dagegen 10.900 € (Presseerklärung des Statistischen Bundesamts vom 19.03.2003).

257 Bei der FDP weisen die Jahre 1992-1994 allerdings eine klar abweichende Tendenz auf.

erwartungstreu verhalten sich der Anteil von Auszubildenden mit außerbetrieblichen Ausbildungsverträgen und der Anteil von 15-Jährigen mit Migrationshintergrund, was vor allem auf den Ost-West-Unterschied zurückzuführen ist.[258]

4.4 Zusammenfassung der Ergebnisse der quantifizierenden Analysen anhand der wichtigsten Bestimmungsgrößen

Als wichtigste Erklärungsfaktoren haben sich in den bisherigen Analysen das Politikerbe, der wirtschaftliche Entwicklungsstand, der demographische Nachfragedruck, die Finanzierungsbedingungen der Landes-Bildungspolitik und die Parteiendifferenz herauskristallisiert. Im Folgenden werden die Ergebnisse hierzu in dieser Reihenfolge besprochen (Abschnitte 4.4.1 bis 4.4.5), bevor in Abschnitt 4.4.6 ein Blick auf einige ebenfalls nicht unbedeutende Determinanten aus der zweiten Reihe geworfen wird.

4.4.1 Politikerbe

Die Bildungsausgaben der Bundesländer sind im Untersuchungszeitraum in beiden Messgrößen sehr hoch positiv mit ihrem jeweiligen Vorjahreswert korreliert (r > 0,9). Die Einbeziehung des Vorjahreswerts als erklärende Variable zeitigt in allen Regressionsmodellen einen sehr hohen partiellen und den mit Abstand größten standardisierten Regressionskoeffizienten.[259] Festgehalten werden kann daher, dass die Bildungsausgaben im Jahr t am stärksten durch diejenigen im Jahr t-1 prädeterminiert sind.[260] Andererseits ist es aber wichtig, sich vor Augen zu führen, dass hinter den Vorjahreswerten ja wiederum andere erklärende Größen stehen und man deshalb deren Bedeutung

---

258 Zu Sparmaßnahmen im Quellenbereich (und der Ländervariation dabei) siehe Böttcher/Weiß 1997: 64ff., Budde/Klemm 1994: 114ff., Block/Ehsmajor-Griesmann/Klemm 1993: 14ff. u. Klemm 1997: 101ff.

259 Die Werte für die übrigen erklärenden Variablen sinken dadurch in der Regel deutlich ab, und auch Vorzeichenwechsel in den LDV- gegenüber den anderen Spezifikationen kommen vor.

260 Auch bei der Betrachtung der Veränderungen statt der Bestände sind die Vorjahreswerte eine wichtige Bestimmungsgröße, allerdings mit negativem Vorzeichen. Im Untersuchungszeitraum ist also ein Konvergenzprozess zu verzeichnen.

nicht unterschätzen sollte, wenn Sie auch inkrementell wirken mögen. Die LDV-Modelle erzählen deshalb nicht die ganze Bildungsausgaben-Geschichte und wurden deshalb nur ergänzend und nicht als alleinige oder zentrale Spezifikation getestet.

Der Befund zum Ost-West-Unterschied der Bildungsausgaben (als Folge des politischen Erbes der DDR) ist ambivalent: Während hinsichtlich der Pro-Kopf-Ausgaben die bivariaten Korrelationen mit einem Ost-West-Dummy (also einer Variable, für die die fünf neuen Länder den Wert 1, die übrigen den Wert 0 zugewiesen bekamen) nahe der Null liegen, fallen sie bei der Bildungsausgabenquote durchgehend sehr hoch ($r > 0,8$) positiv aus. Man kann also relativ zur Wirtschaftskraft überproportionale Bildungsausgaben (und somit einen Nachholbedarf, der sich durch Transfers aus dem Westen auch decken ließ) diagnostizieren, nicht aber überdurchschnittliche absolute Aufwendungen. Wie aber ist das konträre Ergebnis zu den beiden Messgrößen zu deuten? Zwar gehen unter den Ost-Ländern höhere Bildungsausgabenquoten mit höheren Pro-Kopf-Bildungsausgaben einher, nicht aber im Westen. Hier übersetzen sich aufgrund der größeren Unterschiede im BIP pro Kopf zwischen den Ländern die relativ niedrigen Bildungsausgabenquoten mancher Länder in ziemlich hohe Pro-Kopf-Bildungsausgaben, die auf einem ähnlichen Niveau wie dem der Ost-Spitzenreiter liegen. Deshalb besteht bei den Pro-Kopf-Ausgaben in der Gesamtschau kein signifikanter Zusammenhang.

In die multivariaten Regressionsanalysen wurde nicht die Ost-West-Dummyvariable aufgenommen, sondern es wurden andere Variablen ausgewählt, die gerade auch den Ost-West-Unterschied mit abbilden und theoretisch besser unterfüttern als diese. Insofern schwingt also die Betrachtung des Politikerbes auch im Folgenden mit.

4.4.2 Wirtschaftliche Entwicklung

Bei der Hypothesengenerierung war zwischen einer weichen Version des Wagner'schen Gesetzes für den Bildungsbereich (wonach die absoluten Aufwendungen bei höherem Sozialprodukt wachsen) und einer härteren Variante (bei der sie auch relativ dazu zunehmen) unterschieden und Erstere erwartet, Letztere aber als unwahrscheinlich bezeichnet worden. Die Ergebnisse der quantifizierenden Analysen bestätigen dies: Die bivariaten Korrelationen des BIP pro Kopf mit den Pro-Kopf-Bildungsausgaben sind durchweg positiv (r

um 0,4,; im reinen West-Ländervergleich liegt r um 0,8), diejenigen mit der Bildungsausgabenquote dagegen negativ (r um -0,8). In den Regressionsmodellen (und dies schließt alternative Spezifikationen und Jackknife-Analysen ein) manifestieren sich für die Bildungsausgabenquote und die Hochschulausgabenquote deutliche negative, für die Pro-Kopf-Bildungsausgaben starke positive (und mehrheitlich signifikante) Effekte. Hinsichtlich der Pro-Kopf-Hochschulausgaben ist in der zweiten Subperiode des Untersuchungszeitraums von 1997 bis 2002 ein vielfach stärkerer Einfluss auszumachen als zuvor. Dies spricht für eine Normalisierung der Verhältnisse nach dem Ausbau-Boom in den frühen 1990er Jahren in Ostdeutschland und eine enge Abhängigkeit der absoluten Hochschulausgaben von der wirtschaftlichen Leistungskraft des jeweiligen Landes. In begrenzteren Analyseperspektiven finden sich allerdings auch Hinweise auf ein Zutreffen der stärkeren Version des Wagner'schen Gesetzes: In den Korrelationsanalysen und Regressionsmodellen zur Veränderung der Bildungsausgabenquote über die zweite Subperiode, also von 1997 bis 2002, ist der Effekt des BIP pro Kopf eindeutig positiv. Dasselbe gilt für die Ergebnisse der Querschnittsregressionen zum durchschnittlichen Bestand der Hochschulausgabenquote von 1992 bis 2002 und zur Bildungsausgabenquote im Jahr 2002 im reinen West-Ländervergleich.

Wie sind diese Ergebnisse zu deuten? Je höher die wirtschaftliche Leistungskraft eines Bundeslandes ist, desto höher sind ceteris paribus seine Pro-Kopf-Bildungsausgaben. Was (von einigen Ausnahmen bei Sonderbetrachtungen abgesehen) dagegen nicht zu diagnostizieren ist, sind stärkere bildungspolitischen Anstrengungen relativ zu eben dieser höheren Leistungskraft. Dies spricht zum einen für das Vorliegen von Sättigungseffekten (insbesondere im Schulbereich), zum anderen schöpfen die Finanzausgleichsmechanismen (siehe die Abschnitte 3.4.1 und 4.4.4) die überdurchschnittliche Leistungsfähigkeit der reicheren Länder weitgehend ab und verunmöglichen diesen daher proportional höhere Bildungsinvestitionen.

4.4.3   Demographischer Nachfragedruck

Der Anteil der 6-24-Jährigen an der Bevölkerung ist – im Vergleich aller Länder wie in der Betrachtung der westlichen Länder – stark positiv mit der Bildungsausgabenquote der Bundesländer korreliert (r um 0,7). In den multivariaten Regressionsanalysen bestätigte sich dieser Zusammenhang auch hinsichtlich der Pro-Kopf-Bildungsausgaben. Die Robustheit der Ergebnisse zum demographischen Nachfragedruck ist allerdings nicht ganz so groß wie die derjenigen zum wirtschaftlichen Entwicklungsstand: In der einen oder anderen Modellspezifikation, so im LDV-Modell und der Betrachtung des ersten Teil-zeitraums 1992-1996, ist auch ein negatives Vorzeichen zu konstatieren. Im FE(C)-Modell ist der Effekt dagegen besonders signifikant.

Neben der Quote der bildungsrelevanten Bevölkerung wurde auch die Se-niorenquote und die Relation zwischen diesen beiden Altersgruppen unter-sucht.[261] Die Ergebnisse zu den letzteren Beiden fallen geringfügig schwächer als die zur Ersteren aus (bei der Seniorenquote wie zu erwarten natürlich mit umgekehrtem Vorzeichen), stützen aber dieselben Schlüsse: Je größer die demographisch bedingte Bildungsnachfrage ist, desto höher fallen die Bil-dungsausgaben aus.[262] Dies gilt – wie auch im internationalen Vergleich fest-zustellen (vgl. Kapitel 3 und Castles 1998) – noch in stärkerem Maße im Hochschulbereich: Bei den Analysen der Hochschulausgaben wurde statt des Anteils der 6-24-Jährigen der Studierendenanteil an der Bevölkerung verwen-det, der wegen der relativ hohen Mobilität der Studierenden den hochschul-spezifischen demographischen Nachfragedruck deutlich besser abbildet. Hier fallen die Ergebnisse in den multivariaten Analysen noch eindeutiger aus: In allen Modellen zu den Hochschulausgaben ist der Effekt des Studierendenan-teils nicht nur positiv, sondern der stärkste Einzeleffekt. (Die bivariate Korre-lation liegt bei einem r von über 0,8).

261 Wegen der hohen Interkorrelation dieser drei Größen konnte aber jeweils nur eine in die Regressionsmodelle aufgenommen werden.

262 Die tatsächliche Bildungsbeteiligung, also der Anteil der Schüler und Studie-renden an der entsprechenden Altersgruppe, ist im Bundesländervergleich hinsichtlich der gesamten Bildungsausgaben (und hier vor allem ihres Anteils am BIP) ein etwas schwächerer Prädikator als der Bevölkerungsanteil der 6-24-Jährigen. Eine mögliche Erklärung für diesen überraschenden Befund könnte sein, dass die bildungspolitische Planung (und damit die Ausgaben) sich in den Bundesländern stärker an den gröberen Linien der demographi-schen Entwicklung als an der tatsächlichen Nachfrage (und ihrer kleinschrit-tigeren Variation) orientieren. Auch könnten Ungleichzeitigkeiten der Ent-wicklung im Schul- und im Hochschulbereich, die besondere Situation in Ost-deutschland und nicht zuletzt das statistische Problem der Inbezugsetzung von Kalenderjahres-Ausgaben und Schuljahres-Schülerzahlen (bzw. Semester-Studierendenzahlen) dazu beitragen.

4.4.4   Finanzierungsbedingungen und Programmkonkurrenz

Steuereinnahmen und Finanzausgleichssaldo sind seit der gleichberechtigten Aufnahme der neuen Länder in den bundesstaatlichen Finanzausgleich 1995 sehr hoch positiv mit der Bildungsausgabenquote (r jeweils um 0,85) und mittelstark positiv mit den Pro-Kopf-Bildungsausgaben (r jeweils um 0,4) korreliert. In die Regressionsmodelle konnten Finanzausgleichssaldo und Steuereinnahmen wegen zu hoher Interkorrelation nicht simultan integriert werden. Außerdem besteht hinsichtlich des Finanzausgleichssaldos zusätzlich multikollineare Unverträglichkeit mit anderen Größen. Deshalb wurden in den Abschnitten 4.3.2 und 4.3.3 vor allem Modelle mit der Variable Steuereinnahmen berücksichtigt. Da es sich bei Letzteren um die Steuereinnahmen nach der Steuerverteilung handelt, beinhalten sie jedoch auch die Zahlungsströme im Rahmen des Finanzausgleichs. Wie das dritte Modell in Tabelle 4-3-9 im Vergleich zum ersten zeigt, ist der Effekt des Finanzausgleichssaldos noch einmal größer als derjenige der Steuereinnahmen. Aber auch Letztere haben durchgehend einen (im Hochschulbereich etwas weniger als hinsichtlich der gesamten Bildungsausgaben zum Tragen kommenden[263]) stark positiven Effekt auf die Höhe der Bildungsausgaben in beiden Messgrößen und stellen einen der erklärungskräftigsten Bestimmungsfaktoren dar.[264] Zusammenfassend kann festgehalten werden: Die Variation der Bildungsausgaben der Länder wird stark von der Einnahmesituation der Länder beeinflusst. Höhere Einnahmen führen zu höheren Bildungsausgaben in allen Messgrößen und in allen Bereichen. Die Finanzausgleichsmechanismen ermöglichen dabei ärmeren Ländern weit überdurchschnittliche Bildungsanstrengungen in Relation zur wirtschaftlichen Leistungskraft. Im Hinblick auf die Bildungsausgabenquote haben sie also gerade keinen nivellierenden, im Hinblick auf den absoluten bildungsausgabenpolitischen Output aber egalisierenden Charakter. Was

---

263 Dafür ist alleine der Ausreißer Berlin verantwortlich: In Modellen für die übrigen 15 Länder ist der Effekt der Einnahmenseite auf die Hochschulausgaben ebenso groß wie derjenige auf die gesamten Bildungsausgaben.

264 Auch in der Veränderungsbetrachtung sowie den Jackknife-, den autoregressiven und zwei der drei Fixed-Effects-Modellspezifikationen ist dies festzustellen. Lediglich im FE(CT)-Modell, wenn also alle sowohl landes- als auch periodenspezifische Variation durch N Länder- und T Perioden-Dummyvariablen gebunden wird, tritt ein negatives Vorzeichen auf. Da wir uns aber gerade im Bereich des fiskalischen Föderalismus besonders für diese Variation interessieren, ist dieser Ausnahme keine größere Bedeutung zuzumessen. Berichtet wird sie hier lediglich der Vollständigkeit halber.

Letzteres angeht, tragen sie so massiv zur Konkretisierung der grundgesetz-
lich angestrebten Gleichwertigkeit der Lebensverhältnisse im Bildungsbereich
bei.

Zur Programmkonkurrenz mit den Sozial- und Sicherheitsausgaben sind
die Ergebnisse des quantifizierenden Hypothesentests uneindeutig.[265] Deshalb
fallen klare Schlussfolgerungen hierzu schwer. Etwas vereinfachend kann
aber festgehalten werden, dass die Finanzierungskonkurrenz zwischen der
Bildungspolitik und der Inneren Sicherheit in den deutschen Bundesländern
größer ist als die zwischen Ersterer und der Sozialpolitik und dass sie ab Ende
der 1990er Jahre zugenommen hat. Beide Programmkonkurrenzeffekte treten

---

265 Die bivariaten Korrelationen fallen – entgegen den theoretischen Erwartungen
– positiv aus. Kontrolliert man mittels partieller Korrelation für das Staats-
quotenniveau, ergeben sich hinsichtlich der Bildungsausgabenquote aber
schwach negative Werte (r um 0,1). Die Unterschiede zwischen Ländern mit
höherer und geringerer Staatstätigkeit überlagern also zunächst unterschiedliche Gewichtungen zwischen den Politikfeldern, diese können aber bei entsprechender Kontrolle durchaus identifiziert werden. Aus den multivariaten
Regressionsanalysen erwächst ein nicht ganz eindeutiger, nach Politikfeldern
unterschiedlicher Befund: Ein negativer Effekt der Höhe der Sozial- auf die
der Bildungsausgaben tritt über den gesamten Beobachtungszeitraum im
LDV-Modell und den FE(C)- und FE(CT)-Modellen zur Bildungsausgabenquote hervor, außerdem in den OLS-Modellen zur Bildungsausgabenquote
und den Pro-Kopf-Bildungsausgaben der westdeutschen Länder, zu den Pro-
Kopf-Ausgaben in der ersten Subperiode von 1992 bis 1996 und in der Veränderungsbetrachtung der Bildungsausgabenquote sowohl in ersten Differenzen im gepoolten Design als auch in der Querschnittsanalyse der Fünf- und
Zehnjahresveränderungen. Die Sicherheitsausgaben weisen in der Gesamtbetrachtung aller Länder über den gesamten Zeitraum hinsichtlich der Bildungsausgabenquote in weit mehr Modellen als die Sozialausgaben, nämlich
fast durchgängig, einen negativen Effekt auf. (Im zweiten Teilzeitraum wird
er sogar hochsignifikant.) Allerdings decken die differenzierteren Analysen
auf, dass das Minus bei einer Exklusion von entweder Brandenburg oder Thüringen und in genau den FE-Spezifikationen, in denen der Sozialausgabeneffekt negativ wird, verschwindet. Während hinsichtlich der Pro-Kopf-
Bildungsausgaben im gepoolten Vergleich aller Länder kein negativer Effekt
auszumachen ist, ist er in den Querschnitts-Modellen zu den Durchschnitten
über die Subperioden und den gesamten Untersuchungszeitraum klar negativ.
Außerdem fällt er im Vergleich der westdeutschen Länder in beiden Messgrößen eindeutig so aus, und auch in der Veränderungsbetrachtung ist der Si-
cherheitsausgabeneffekt klar negativ. Zur Berücksichtigung des Staatsquoten-
niveaus in den multivariaten Analysen sei angemerkt, dass sie mittelbar über
die Steuereinnahmen (bzw. diese im Zusammenwirken mit der Nettokreditaufnahme) einfließt.

in der Veränderungsbetrachtung deutlicher hervor als in der Bestandsanalyse. Sie wirken sich also insbesondere dann aus, wenn es zusätzliche Einnahmen oder Einsparungen über die Ressorts zu verteilen gilt. (Diesbezügliche Willensbildungsprozesse werden in Abschnitt 5.2 näher beleuchtet.) Zu bedenken ist hierbei allerdings, dass alle Politikbereiche auf Landesebene steuerfinanziert sind und somit insgesamt in einem umfassenderen Konkurrenzverhältnis zur beitragsbasierten Sozialpolitik des Bundes stehen, das sich tendenziell nachteilig auf Erstere auswirkt.

Die bivariaten Korrelationen von Schuldenstand und Zinsausgaben mit den Bildungsausgaben fallen unerwartet, nämlich positiv aus. Von dieser Tendenz weichen einzig und allein die ersten der 1990er Jahre hinsichtlich der Bildungsausgabenquote ab, da die ostdeutschen Länder damals noch kaum Schulden, aber die höchsten Bildungsausgabenquoten aufwiesen. Ansonsten ist der bivariate Befund eindeutig: Höhere Staatsverschuldung und ihre Folgekosten sind mit höheren Bildungsausgaben assoziiert. Kontrolliert man in multivariaten Analysen für den Einfluss anderer Größen, kehrt sich das Bild aber zunächst größtenteils um: In allen OLS-, allen autoregressiven und allen Fixed Effects-Regressionsmodellen zu allen 16 Ländern über den gesamten Beobachtungszeitraum lässt sich ein negativer Effekt nachweisen, der hinsichtlich der Hochschulausgaben und in der zweiten Hälfte des Untersuchungszeitraums sogar signifikant ist.[266] Die Jackknife-Analyse bringt allerdings ans Licht, dass das negative Vorzeichen verschwindet, sobald man Berlin aus dem untersuchten Pool aller Länder herausnimmt.[267] Der negative Effekt der Staatsverschuldung auf die Bildungsausgaben ist also ein äußerst kontingenter – er beruht auf der ruinösen Verschuldung eines einzigen Bundeslandes. Daraus kann aber keinesfalls geschlossen werden, dass die Verschuldungssituation der Länder für die Bildungsausgaben irrelevant wäre. Wie die Programmkonkurrenz lässt sich für sie kein im Quer- und Längsschnitt ubiquitärer negativer Effekt nachweisen, doch die Entscheidungssitua-

---

266 Wegen der sehr hohen Interkorrelation von Schuldenstand und Zinsausgaben konnte jeweils nur eine der beiden Größen inkludiert werden, die Ergebnisse sind aber für beide nahezu identisch. In der Regel wurden oben die Modelle mit Schuldenstand aufgeführt, da dieser auch ursächlich für die Zinsausgaben ist.

267 Der Vollständigkeit halber sei angefügt, dass im ersten Teilzeitraum auch die Modelle zum Bestand der Pro-Kopf-Bildungsausgaben und der Veränderung der Bildungsausgabenquote einen positiven Effekt der Staatsverschuldung aufzeigen.

tion zum Haushalt in den einzelnen Ländern (siehe dazu Abschnitt 5.2) beeinflusst sie natürlich. Und mit zunehmender Dringlichkeit der Haushaltssanierung bzw. den enger werdenden finanziellen Spielräumen ist längerfristig zumindest keine Entspannung der Lage zu erwarten, muss sich die Bildungspolitik immer wieder neu dem haushaltspolitischen Druck stellen.[268]

Hinsichtlich der Staatsverschuldung ist die Diagnose außerdem nach kurz- und langfristigen Effekten zu unterscheiden: Die Höhe der Nettokreditaufnahme ist in beiden Messgrößen und sowohl in der bivariaten als auch der multivariaten Betrachtung (und hier in allen Modellspezifikationen) klar positiv mit den Bildungsausgaben assoziiert.[269] Kurzfristig mag ‚deficit spending' dem Bildungswesen also zu gute kommen, langfristig dämpft die Zinslast seine Ressourcenausstattung. Dafür spricht auch, dass in dem Querschnittsmodell zur Veränderung der Bildungsausgabenquote von 1997 bis 2002 (siehe Tabelle 4-3-7) der Schuldenstand nicht nur einen negativen, sondern auch den größten Einzeleffekt aufweist.

Neben den Auswirkungen einzelner erklärender Größen wurden auch Interaktionseffekte zwischen mehreren Variablen untersucht. Eine kumulierte Finanzkraftvariable (Steuereinnahmen + Finanzausgleichssaldo + Nettokreditaufnahme – Zinsausgaben; r nahezu 0,9) erbrachte bei Inklusion in die multivariate Regressionsanalyse (siehe Tabelle 4-3-10) ein hochsignifikantes, stark positives Ergebnis – je mehr Geld in einem Haushaltsjahr zur Verfügung steht, desto mehr fließt also auch ins Bildungswesen.

4.4.5   Parteiendifferenz

Im internationalen Vergleich gelten sozialdemokratische und liberale Parteien als großzügiger in Sachen Bildungsausgaben als christdemokratische

---

268 Jonathan Rodden kommt in seiner Untersuchung der fiskalischen Performanz subnationaler Regierungen in 37 Staaten zu folgendem Schluss: „Large and persistent aggregate deficits occur when subnational governments are simultaneously dependent on intergovernmental transfers and free to borrow" (Rodden, Jonathan 2002: 670) – also in genau jener Situation, in der die deutschen Bundesländer sich befinden.

269 Hinsichtlich der Hochschulausgaben fällt der Effekt allerdings schwächer aus als bei den gesamten Bildungsausgaben und im Westen schwächer als im Vergleich aller Bundesländer.

und konservative Parteien.[270] Wie aber stellt sich die Situation in Deutschlands Bundesländern dar? Die bivariaten Korrelationen weichen klar vom internationalen Trend ab: Die SPD-Kabinettssitzanteile sind deutlich (wenn auch über den Beobachtungszeitraum abnehmend) negativ mit der Bildungsausgabenquote und den Pro-Kopf-Bildungsausgaben (r in der Durchschnittsbetrachtung je -0,3) der Bundesländer assoziiert.

Nimmt man engere Beobachtungsperspektiven ein, so ergibt sich allerdings ein differenzierteres Bild: In den westlichen Bundesländern ist die Korrelation zwischen SPD-Kabinettssitzanteilen und Bildungsausgabenquote nur in vier der untersuchten Jahre negativ und gegen Ende des Beobachtungszeitraums klar positiv, und auch mit der Veränderung der Pro-Kopf-Bildungsausgaben über den gesamten Untersuchungszeitraum und seine beiden Subperioden sowie die Veränderung der Bildungsausgabenquote von 1997 bis 2002 sind sie positiv assoziiert. Für die CDU gilt jeweils das genaue Gegenteil, was nicht weiter überrascht, da die Kabinettssitzanteile beider Parteien im Bundesländervergleich nahezu perfekt negativ miteinander korrelieren. Daher konnte auch nur jeweils eine der beiden Parteien in die Regressionsmodelle integriert werden. Die Ergebnisse werden hier wegen ihrer Spiegelbildlichkeit nur für die SPD weiter ausgeführt, für die CDU kann aber schlicht das Vorzeichen getauscht werden. Die Korrelationen der FDP-Kabinettssitzanteile sind wechselhaft, aber vor allem mit der Bildungsausgabenquote in den ersten beobachteten Jahren hoch positiv (r ca. 0,6).[271]

Die multivariaten Regressionsanalysen bestätigen nicht alle dieser bivariaten Befunde und zeichnen ein nochmals differenzierteres Bild: In den OLS-Modellen fällt der SPD-Effekt meist negativ (und dabei oft signifikant) aus, nicht aber hinsichtlich der Veränderung der Bildungsausgabenquote über den gesamten und den zweiten Teil-Beobachtungszeitraum und ihres Bestandes in der reinen West-Länderanalyse. Die Hochschulausgaben stellen aber wiederum Ausnahmen von dieser Ausnahme dar: Der SPD-Effekt auf sie ist in Westdeutschland hochsignifikant negativ. Dies verdeutlicht, dass der Parteiendifferenzeffekt der Sozialdemokratie nicht nur nach Ost und West, sondern

---

270 Teilweise (nämlich hinsichtlich der Pro-Kopf-Bildungsausgaben) bestätigt wurde dies jüngst durch die Analysen von Busemeyer/Nikolai (in Kapitel 2 von Schmidt/Busemeyer/Nikolai/Wolf 2006: S. 61ff. u. 116ff.).

271 Die PDS wurde mangels Regierungsbeteiligungen im Beobachtungszeitraum nicht in die Analyse einbezogen. Für die Grünen ergaben sich abgesehen von den Pro-Kopf-Bildungsausgaben in den westlichen Ländern nahezu durchweg (schwache bis mittelstark) negative Effekte.

verschränkt damit auch nach Gesamtbildungs- und Hochschulausgaben differenziert bewertet werden muss. (Der Unterschied der Ergebnisse zu den beiden Messgrößen der Bildungsausgaben, also dem BIP-Anteil und Pro-Kopf-
Werten, ist dagegen eher gering.) Zu den FDP-Kabinettssitzanteilen hingegen
identifizieren die meisten Regressionsmodelle einen positiven Effekt. Dies gilt
allerdings nicht für die Hochschulausgaben in der Betrachtung aller Länder
und die Pro-Kopf-Bildungsausgaben der West-Länder, hinsichtlich derer
durchweg ein negativer Zusammenhang aufscheint. (Eine theoretisch über-
zeugende Erklärung dafür kann leider nicht angeboten werden.) Die diversen
modelltechnischen Spezifikationsvarianten können dem FDP-Effekt dagegen
nichts anhaben.[272]

Zusammenfassend können also im Vergleich der gesamten Bildungsausgaben aller Bundesländer deutliche Parteiendifferenzeffekte diagnostiziert werden: SPD-regierte Bundesländer geben signifikant weniger für Bildung aus als
CDU-regierte, und mit höheren Kabinettssitzanteilen der FDP gehen spürbar
höhere Bildungsausgaben einher. Warum aber fällt der Sozialdemokratieeffekt im innerdeutschen Vergleich anders aus als im internationalen? Das
könnte damit zu tun haben, dass die SPD im Gegensatz zu vielen anderen
sozialdemokratischen Parteien mit einer relativ bildungsfreundlichen Partei
konkurriert. Wäre dies der Hauptgrund, müsste Deutschland jedoch im internationalen Vergleich der Bildungsausgabenniveaus besser dastehen. Hinzu
kommt aber, dass sozialdemokratische Parteien im internationalen Vergleich
sich besonders für den Ausbau des beruflichen Bildungswesens einsetzen, von
dem ihre Kernanhängerschaft (zumindest vermeintlich) stärker profitiert als
von Investitionen in die Sekundarstufe II und das Hochschulwesen. In
Deutschland aber wird die berufliche Bildung zu einem Großteil privat durch
die Betriebe finanziert. Und schließlich hat, so Albers These (vgl. Alber 1986:
5f.), die deutsche Arbeiterbewegung historisch betrachtet Bildung vergleichsweise nachrangig thematisiert, nicht zuletzt weil der (preußische) Staat sich
hier früher als anderswo dafür zuständig fühlte.

Bei der Analyse von Interaktionseffekten stellte sich zudem heraus, dass
das Zusammenwirken von SPD-Regierungsbeteiligung und Steuereinnahmen[273] einen hochsignifikanten, mittelstark negativen Effekt hat. Das heißt

---

272 Der FDP-Effekt fällt außerdem bei Exklusion von Rheinland-Pfalz, dem der-
     zeit einzigen sozial-liberal regierten Bundesland, deutlich stärker aus.
273 Modelliert wurde dieser Interaktionseffekt durch die Variable SPDFINKRA =
     SPD-Kabinettssitzanteil * Steuereinnahmen.

also gerade auch vergleichsweise finanzstarke SPD-Regierungen geben tendenziell weniger für Bildung aus.

4.4.6   Sonstige Faktoren

Die bisher vorgestellten Faktoren erklären einen Großteil der Bildungsausgaben-Variation. Zur Vervollständigung des Bildes tragen einige weitere bei, die im Folgenden kurz beleuchtet werden. Am bedeutendsten, weil der eigentlichen Analyse vorgelagert, ist darunter die statistische Hypothese, welche besagt, dass die Art und Weise der Messung die Ergebnisse determiniert. Ein großes Messproblem hinsichtlich der Bildungsausgaben besteht darin, dass der unterschiedlich hohe Beamtenanteil (vor allem im Schulwesen) der Bundesländer zu einer asymmetrischen Abdeckung ihrer Bildungsausgaben in der Jahresrechnungsstatistik führt, weil die Altersvorsorge- und Beihilfeleistungen für Beamte in einer gesonderten Haushaltsfunktion gebucht werden und den einzelnen Bereichen, in denen sie verursacht werden, nicht zugeordnet werden können (siehe Abschnitt 3.1). Um das Ausmaß dieser statistischen Verzerrung abzuschätzen, wurde der Beamtenanteil im Schulbereich als erklärende Variable in die Regressionsanalyse aufgenommen (siehe das zweite Modell in Tabelle 4-3-9). Geschlossen werden kann aus diesem Modell, dass hinsichtlich der Bildungsausgabenquote circa ein Sechstel der gemessenen Bildungsausgabenvariation auf das Konto dieser Messprobleme geht, was die übrigen Ergebnisse unter einen nicht unerheblichen Vorbehalt stellt.

Was die Bildungsausgabenunterschiede im hier untersuchten Zeitraum anbelangt, so sind sowohl der Katholiken- als auch der Protestantenanteil an der Bevölkerung negativ mit den Bildungsausgaben assoziiert.[274] Neben den absoluten und relativen Bevölkerungsanteilen von Katholiken und Protestanten kann aber auch das Verhältnis zwischen kirchlich gebundenen und ungebundenen Bürgern das Profil der Staatstätigkeit beeinflussen. Und tatsächlich wird der Unterschied zwischen den Konfessionsprägungen im wiedervereinigten Deutschland überlagert vom Unterschied zwischen kichennäheren und kirchenferneren Regionen. Mit abnehmendem Kirchenmitgliederanteil steigt die Präferenz für staatszentriertere Problembearbeitungsmuster – hier in Ges-

---

274 In der Sonderbetrachtung der West-Länder ist allerdings der Zusammenhang zwischen Katholikenanteil und Bildungsausgabenquote positiv. Konfessions- und Religionszugehörigkeitseffekte werden also im Vergleich aller Länder bestimmt durch die relative Kirchenferne der Ostdeutschen.

talt öffentlicher Bildungsausgaben – , wie das vierte Modell in Tabelle 4-3-9 (und auch das nicht abgedruckte entsprechende Modell zu den Pro-Kopf-Bildungsausgaben) zeigt.

Für die statistische Erklärung der Pro-Kopf-Bildungsausgabenunterschiede bedeutsam – und damit die einzige relevante internationale Einflussgröße – ist die internationale Wettbewerbsfähigkeit der Wirtschaft, bemessen an den (ebenfalls preiskorrigiert pro Kopf aufbereiteten) Exporten des jeweiligen Bundeslandes: Exportstarke Länder geben mehr für Bildung aus, und die Bedeutung dieser Variable nimmt im Beobachtungszeitraum ständig zu. Im Hochschulbereich ist sie außerdem nochmals größer als in den anderen Teilen des Bildungswesens. Es kann vermutet werden, dass Wettbewerbsfähigkeit und (absolute) Bildungsinvestitionen in einem sich gegenseitig verstärkenden Verhältnis zueinander stehen.

4.5   Residuendiagnostik

Wie gut passen die im vorhergehenden Abschnitt vorgestellten Regressionsmodelle für den gesamten Datenpool zu den einzelnen Bundesländern? Verteilt sich die potenziell erklärte Variation bzw. die nicht-erklärte Variation gleichmäßig auf selbige? Antworten auf diese Fragen – und Orientierung für die folgende qualitative Hälfte der empirischen Analysen – verspricht die Residuendiagnostik. In Abbildung 4-5-1 sind die Residuen aller Mess(-zeit-)punkte gegen die Vorhersagewerte des breiten OLS-Modells zur Bildungsausgabenquote aus Tabelle 4-3-10 abgetragen. Mit Hilfe dieses Schaubilds können wir uns einen ersten Überblick über die Passform des Modells verschaffen. Die Dreiecksgestalt des entstehenden Punktbildes deutet nicht nur auf das (bereits bekannte) Heteroskedastizitätsproblem hin. Offensichtlich wird hier auch, dass die Unschärfe bzw. Erklärungsschwäche des Modells mit der (prognostizierten) Bildungsausgabenquote zunimmt. Ein Blick auf die Verteilung der Ländernamen (dass im Bereich der Residuen von unter 0,5 Prozentpunkten Bildungsausgabenquote von Lesbarkeit nicht die Rede sein kann, ist wegen des vornehmlichen Interesses an größeren Abweichungen bloß ein ästhetisches Kümmernis) zeigt, dass alle Residuen von über einem Prozentpunkt Bildungsausgabenquote aus zwei Ländern stammen: Die sechs positiven aus Thüringen, die zwei negativen aus Brandenburg – beide Länder sind Gegenstand von Fallstudien.

Abbildung 4-5-1:   Streudiagramm der Residuen und Vorhersa-
                     gewerte des breiten Modells aus Tabelle 4-3-
                     10 zur Bildungsausgabenquote

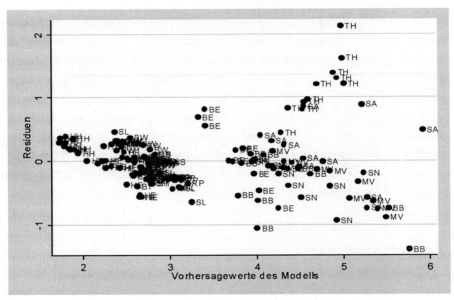

Insbesondere die Thüringer Bildungsausgaben werden von dem hier zugrunde
liegenden Modell also systematisch unterschätzt, die Brandenburger (zumindest in mehreren Jahren) überschätzt. Auch Mecklenburg-Vorpommern und
Berlin weichen (nach unten bzw. in beide Richtungen) in einigen Jahren deutlich vom Modelltrend ab. In Thüringen stammen die größten Residuen aus
den Jahren 1992 bis 1997, also der ersten Hälfte der Untersuchungsperiode,
einer Zeit, in der die Bildungsausgabenquote Thüringens besonders weit ober-
halb des Durchschnitts lag. In Brandenburg datieren die größten Abweichungen dagegen aus dem ersten und letzten beobachteten Jahr, 1992 und 2002.
(Auch die Werte für die Jahre 2000 und 2001 liegen klar unter dem Erwar-
tungswert.) Berlin landet 1992 bis 1994 klar über, 2000 bis 2002 aber deutlich unter der Residuen-Nulllinie, und die relativ hohen negativen Schätzfehler
Mecklenburg-Vorpommerns beziehen sich auf die erste Hälfte der 1990er
Jahre.

    Alternativ – und im Zentrum trennschärfer – lassen sich Residuen nach
Ländern und Jahren auch in (hier nicht abgedruckten) Boxplots darstellen.
Daraus lässt sich ablesen, dass die Passgenauigkeit des Modells für Bayern,

Niedersachsen, Nordrhein-Westfalen, Rheinland-Pfalz und Schleswig-Holstein recht hoch ist, deutlich geringer dagegen für die ostdeutschen Länder, aber auch Berlin, das Saarland und Hessen. In der Betrachtung nach Jahren fällt eine in der Mitte des Beobachtungszeitraums höhere Vorhersagepräzision als gegen Ende und vor allem zu Anfang auf.

Bollen/Jackman weisen in ihrer frühen Abhandlung zur Regressionsdiagnostik[275] auf die Gründe hin, weshalb man Ausreißern besondere Aufmerksamkeit schenken sollte:

„Among the many assumptions that statistical analysis involves is the idea that a minority of observations does not determine the obtained results. We are justly sceptical of empirical results that are unduly sensitive to one case (or to a very small number of observations)." (Bollen/Jackman 1985: 510f.)

Nun sind nicht notwendigerweise alle Ausreißer auch ‚influential data points' (ibid.), beeinflussen also das Regressionsergebnis überproportional. Letztere sind aber in aller Regel eine Untergruppe Ersterer. In Unterkapitel 4.3 wurden im Rahmen der Jackknife-Analyse bereits alle Länder einzeln aus dem analysierten Pool entfernt. Doch ‚case removal' ist nur eine unter mehreren Optionen (ibid.: 532 u. 538). Eine weitere ist eine genauere Analyse der Gründe für abweichende Datenprofile:

„Instead of routinely following such a procedure, it is more fruitful to determine why the observation is an outlier." (Bollen/Jackman 1985: 538)

Ein Hauptziel von Kapitel 5 wird eben dies sein.[276]

---

275 Residuendiagnostik ist eine Teilmenge der Regressionsdiagnostik. Da sich die meisten Unannehmlichkeiten aber in den Residuen niederschlagen, nimmt sie den größten und wichtigsten Teil darin ein. (Für parametrische Residuendiagnostik-Instrumente, die hier wegen ihrer geringeren Anschaulichkeit nicht zum Einsatz kommen, für größere Datenpools aber vorteilhaft sind, siehe Brachinger 1990.)

276 Die Ergebnisse der Residuendiagnostik zum breiten Modell zu den Pro-Kopf-Bildungsausgaben in Tabelle 4-3-16 ähneln (bei etwas geringerer Heteroskedastizität und Eindeutigkeit) stark denen zur Bildungsausgabenquote und verschaffen dadurch der besonderen Betonung der Fallstudien zu Thüringen und Brandenburg in Kapitel 5 zusätzliche Legitimation.

5   Erkenntnisse aus den qualitativen Studien: Charakteristika der Willensbildungs- und Entscheidungsprozesse in der Bildungs-(ausgaben)politik der Bundesländer

Die in Kapitel 3 und 4 besprochenen Bestimmungsgrößen der Bildungsausgabenvariation und auch die in Kapitel 2 dargestellten gesamtstaatlichen Prozesse können diese nicht direkt beeinflussen. Vielmehr müssen sie durch das Nadelöhr des Haushaltsrechts hindurch wirken – auch die Ausgaben der Länder bedürfen der parlamentarischen Zustimmung. Des Weiteren lassen sich nicht alle Gründe für die Bildungsausgabenvariation in den oben dargestellten quantifizierenden Analysen einbinden. Außerdem ist der Erklärungserfolg Letzterer, wie anhand der Residuendiagnostik deutlich wurde, nicht gleichmäßig über die Bundesländer verteilt. Die diesbezüglichen Erklärungslücken sollen im folgenden Kapitel so weit als möglich geschlossen oder zumindest verkleinert werden. Die einschlägigen landespolitischen Transmissionsmechanismen bzw. Willensbildungsprozesse werden dazu unter sechs Gesichtspunkten betrachtet: Diese sind das Regieren in Landesregierungen im Allgemeinen (5.1), die Haushaltsaufstellung im Speziellen (5.2), das Verhältnis von Exekutive und Legislative (5.3), die Rolle von Interessengruppen und der öffentlichen Meinung (5.4), der Einfluss einzelner Personen (5.5) und schließlich länderspezifische Aspekte (5.6).

Neben Auswertungen von Dokumenten und Sekundärliteratur basieren die hier vorgestellten Erkenntnisse auf Experteninterviews mit 18 derzeitigen und ehemaligen bildungs- und finanzpolitischen Akteuren aus Landesregierungen, -parlamenten und -ministerialverwaltungen in den sechs Fallstudienländern (zur Fallauswahl siehe den nächstfolgenden Absatz). Die Interviewaussagen werden nicht namentlich zitiert.[277] (Die Zusicherung von Anonymität führt meist zu gehaltvolleren Aussagen. Ähnlich verfährt Busch 2003.) Wichtig ist an dieser Stelle der Hinweis, dass die Interviewaussagen subjektive Einschät-

---

277 Werden Funktionsbezeichnungen genannt, wird durchgängig die männliche Form gewählt, was hier (wie im Übrigen in der gesamten Arbeit) jedoch keinen Rückschluss auf das tatsächliche Geschlecht der jeweiligen Person zulässt.

zungen wiedergeben und insofern unter gewissen Vorbehalten stehen. Soweit möglich wurde der Gehalt der Aussagen anhand anderer Quellen und Interviews überprüft. Zu (Experten-)Interviews, ihrer Auswertung sowie ihren Vor- und Nachteilen als Quellen für wissenschaftliche Forschung siehe ansonsten neben Hockerts 2002, Jarausch 2002 und Schmid 1995 auch Seldon 1988. Nicht ganz unzutreffend, aber doch etwas überzogen ist seine folgende Einschätzung:

> „[T]he least satisfactory class of interviewees is current or retired politicians, who often encounter pathological difficulties in distinguishing the truth, so set have their minds become by long experience of partisan thought. Conversely, civil servants can be the best interviewees." (Seldon 1988: 10)

Vor diesem Hintergrund sind gerade positive Würdigungen von Politikern anderer Parteien und kritische Reflektionen der eigenen Rolle (und der der eigenen Partei), wie sie durchaus auch in den hierfür ausgewerteten Interviews vorkamen, von besonderem Wert und höherer Glaubwürdigkeit und wurden daher besonders gewichtet. Illusorisch wäre es, mit den Fallstudien die Entscheidungsprozesse bezüglich der Bildungsfinanzierung vollständig erfassen und rekonstruieren zu wollen, insbesondere was die nicht-öffentlich tagenden Gremien anbetrifft. Angestrebt wird vielmehr eine grobrastrigere Skizze unter der Leitfrage ‚In welchem Ausmaß tragen die Rahmenbedingungen der Willensbildung bei zur Erklärung der Variation der Bildungsausgaben?'. Da nur eine begrenzte Zahl von Entscheidungen größere Auswirkungen auf die Staatsausgaben haben kann, sollte es aber möglich sein, die wichtigsten einschlägigen Prozessstationen und Einflussgrößen abzudecken.

Die Bundesländer sind hinsichtlich ihrer verfassungsmäßigen Stellung und ihrer Kompetenzen zunächst sehr ähnliche, um nicht zu sagen identische Fälle. Auf der Basis dieser Ähnlichkeiten wurde bei der Fallauswahl für die vorliegende Arbeit hinsichtlich der potenziell bildungsausgabenrelevanten Faktoren eine möglichst breite Abdeckung angestrebt. Dies vermindert wie in Abschnitt 1.4 angesprochen die Verallgemeinerbarkeit der Erkenntnisse, soll aber zur umfassenderen Betrachtung der Bildungsausgabenlandschaft in Deutschland beitragen. Für Fallstudien ausgewählt wurden Baden-Württemberg, Brandenburg, Bremen, Hessen, Niedersachsen und Thüringen. Dadurch sollen regionale, ökonomische, demographische, parteipolitische, soziokulturelle, schulstrukturelle und andere institutionelle Besonderheiten in ihrer innerhalb der Bundesrepublik gegebenen Breite einigermaßen repräsentativ erfasst werden (siehe Tabelle 5-1).

Tabelle 5-1:   Kriterien der Fallauswahl und ihre Ausprägungen in den ausgewählten Ländern

	BW	BB	HB	HE	NS	TH
Nord - Süd	Süd	Nord	Nord	Süd	Nord	Süd
Ost - West	West	Ost	West	West	West	Ost
Flächenland - Stadtstaat	Flächenland	Flächen-land	Stadtstaat	Flächenland	Flächenland	Flächenland
BIP/Kopf[a]	25.326 €	14.270 €	29.809 €	27.387 €	20.954 €	13.785 €
Finanz-ausgleichs-saldo (in % des BIP)[a]	- 0,99 %	5,59 %	5,65 %	- 1,46 %	0,36 %	6,52 %
Schulden (in % des BIP) 2002	10,9 %	33,2 %	33,1 %	13,0 %	21,9 %	29,9 %
Bevölke-rungsent-wicklung 1990-2000	+ 8,6%	+ 0,003%	- 0,03%	+ 6,2%	+ 8,2%	- 7,1%
Anteil der 6-24-Jährigen[a]	21,6 %	24,0 %	19,1 %	20,2 %	21,2 %	23,4 %
Regierungs-zusammen-setzung 1975-2004	1975-1992 CDU; 1992-1996 CDU-SPD; seit 1996 CDU-FDP	1990-1994 SPD-FDP-Grüne; 1994-1999 SPD; seit 1999 SPD-CDU	1975-1991 SPD; 1991-1995 SPD-FDP-Grüne; seit 1995 SPD-CDU	1975-1982 SPD-FDP; 1982-1985 SPD; 1985-1987 SPD-Grüne; 1987-1991 CDU-FDP; 1991-1999 SPD-Grüne; 1999-2003 CDU-FDP; seit 2003 CDU	1975-1976 SPD; 1976-1978 CDU-FDP; 1978-1986 CDU; 1986-1990 CDU-FDP; 1990-1994 SPD-Grüne; 1994-2003 SPD, seit 2003 CDU-FDP	1990-1994 CDU-FDP; 1994-1999 CDU-SPD; seit 1999 CDU
Kirchenmit-gliederanteil 2000	75,2 %	23,8 %	59,3 %	69,7 %	72,6 %	36,2 %
Personalaus-gaben je wöchentliche Unterrichts-stunde 2000	2.700 €	2.000 €	3.000 €	2.700 €	2.800 €	2.500 €
Beamtenan-teil an den Beschäftigten im Schul-bereich 2000	92,7 %	50,8 %	59,3 %	95,6 %	88,5 %	11,1 %
Ø im Durchschnitt über den Untersuchungszeitraum (1992-2002)						

Die relativ hohe Zahl der ausgewählten Fälle soll die Gefahr minimieren, zu verzerrten Ergebnissen zu gelangen.[278]

---

278   Während dieses Vorgehen Colliers Zustimmung finden dürfte, da er für eine Fallauswahl plädiert, die auf der Basis von grundsätzlichen Ähnlichkeiten eine möglichst breite Abdeckung der prägenden Unterschiede ermöglicht (vgl. Collier 1993: 112), sei aber auch eingestanden, dass in einem Fall auch die Ausprägungen der zu erklärenden Variable eine Rolle gespielt haben: Thüringens Bildungsausgaben sind in beiden Messgrößen im Bundesländervergleich sehr hoch, und als anhand der sonstigen Auswahlkriterien nur schwer zwi-

5.1 Regieren in den Bundesländern

Das Regieren in den Bundesländern ist zunächst in den allermeisten Fällen ein Regieren in Koalitionen.[279] Auffällig ist bei Koalitions-Landesregierungen, dass die Ressorts, in denen die Länderkompetenzen vergleichsweise groß sind (also Bildung, Wissenschaft, Inneres und Finanzen; im letzteren Fall auf die Ausgabenseite eingeschränkt), in aller Regel von der stärkeren Partei besetzt werden. So dient bereits die Ressortaufteilung der Profilierung der Parteien und ihrer zentralen Akteure (vgl. Heinrich 1999: 138). Meist setzen sich Landesregierungen programmatische Ziele für die Legislaturperiode, die oft auf Wahlversprechen beruhen und dann im Falle von Koalitionsregierungen im Koalitionsvertrag festgeschrieben werden. Mehreren Interviewpartnern zufolge sind alle Ressortminister darauf erpicht, hier ihre Vorstellungen verankert zu sehen, da es ansonsten sehr schwer wird, sich im Laufe der Regierungsarbeit gerade bei knappen Haushaltsmitteln durchzusetzen. Ebenso begehrt sind öffentliche Festlegungen und Lob für einzelne Minister durch den Ministerpräsidenten, da diese sich gegebenenfalls in Ressourcenzuteilungen ummünzen lassen. Bei Alleinregierungen vergrößert sich in der Regel der Spielraum für den Ministerpräsidenten, da es keine Koalitionsvereinbarung und keinen Koalitionsausschuss gibt. Illustrieren kann dies eine Interviewaussage eines der FDP angehörenden früheren hessischen Wissenschaftsministers:

„Wir hatten insgesamt am Ende meiner Legislaturperiode [...] den höchsten [Wissenschafts-]Haushalt, den es jemals in Hessen gegeben hatte, der ist jetzt auch noch mal ein bisschen gestiegen wegen der Besoldungserhöhung, aber

---

schen einer Betrachtung Sachsens oder Thüringens zu entscheiden war, gab das Interesse an Erklärungen für diese Besonderheit den Ausschlag. (Glücklicherweise fanden sich damit in der ausgangs ausgewählten Gruppe schon die beiden in der Residuendiagnostik besonders große Abweichungen aufweisenden Länder Brandenburg und Thüringen, die ansonsten noch hinzu getreten wären.) Prinzipiell stößt eine Fallauswahl, die sich sowohl nach der abhängigen als auch nach den unabhängigen Variablen richtet, auf die Kritik, dass sie zu einer ungewollten Verzerrung der Ergebnisse führen könne (vgl. King/Keohane/Verba 1994: 142). Auf die um der Abdeckung eines besonders erklärungsbedürftigen Falles willen erfolgte Inkaufnahme dieser Gefahr sei deshalb hier explizit hingewiesen.

279 Alleinregierungen einzelner Parteien kann man zudem mit Bull als Koalitionen besonderer Art betrachten, deren interne Abläufe mit einem ähnlichen Instrumentarium analysiert werden können (vgl. Bull 1999: 169ff.).

nicht weil Dinge zusätzlich dazukamen, im Gegenteil, es ist gekürzt worden. [...] Das ist in vielen Bereichen jetzt wieder gekürzt worden, und vor allen Dingen, das, was ich versucht habe durchzusetzen, hat Herr Corts [der heutige CDU-Wissenschaftsminister] streichen müssen, weil alle Ministerien jetzt in der absoluten Mehrheit der CDU sozusagen gleichbehandelt werden, während in einer Koalitionsregierung man wenn man [...] Koalitionschef [...] ist, dann politisch viel mehr erreichen kann. [...] Das kann Corts deshalb nicht, weil er halt derselben Partei angehört. So merkwürdig das klingt, aber das ist so. Das konnte ich besser, und ich weiß von Koch selbst, [...] es ist so, dass er mir das gesagt hat, wenn wir weiter koaliert hätten, hätten wir doch sowohl im Wirtschaftsbereich wie im Wissenschaftsbereich nicht so viel gekürzt, wie wir jetzt gekürzt haben." (Interviewaussage)

Allerdings lassen sich auch die in den Koalitionsvereinbarungen gebündelten Kompromisse aus den längerfristigen programmatischen (Wunsch-) Vorstellungen der beteiligten Parteien nicht immer umsetzen, und so wird ihre Bedeutung schon im Voraus eingeschränkt:

„Zuweilen findet sich in Koalitionsabkommen der die Reichweite solcher Vereinbarungen einschränkende Hinweis, daß nicht alle Einzelheiten einer politischen Entwicklung vorhersehbar seien und in einem Koalitionsvertrag festgelegt werden könnten. Deshalb erfolge die Konkretisierung des gemeinsamen politischen Willens vorrangig durch die Haushaltsgesetzgebung." (Kropp/Sturm 1998: 45)

Aufgrund der zunehmenden finanzpolitischen Restriktionen sind finanzielle Vorbehaltsklauseln in Koalitionsverträgen häufiger geworden (ibid.: 45f.).[280] Dadurch ist für die Analyse der politischen Willensbildung auch die Bedeutung der Budgets gegenüber den Parteiprogrammen und Koalitionsvereinbarungen nochmals gewachsen – denn mit der jährlichen Verteilung der Haushaltsmittel wird über die Gestaltungsmöglichkeiten der einzelnen Ministerien und somit auch der einzelnen Koalitionspartner entschieden (vgl. Kropp 2001: 202).[281]

---

280 Ausdrücklich von einer solchen Vorbehaltsklausel ausgenommen wurde im baden-württembergischen Koalitionsvertrag von 2001 der Bildungsbereich (vgl. Schmoll in der FAZ Nr. 86 vom 11.04.2001). Die darin vorgesehene Schaffung von 5.500 zusätzlichen Lehrerstellen wurde dann jedoch laut einer Interviewauskunft aus dem Kultusministerium gegenüber dem ursprünglichen Zeitplan aus finanzpolitischen Gründen zeitlich deutlich gestreckt.

281 „Haushalte, befand Aaron Wildavsky, sagen mehr über Regierungspolitik aus als Parteiprogramme oder Gesetze." (Kropp 2001: 202)

5.2 Die Haushaltsaufstellung

Die herausgehobene Position des Staatshaushalts im politischen Prozess ist seit langem eine grundlegende Erkenntnis nicht nur der Politikwissenschaft. Für Wildavsky liegt das Budget „at the heart of the political process" (Wildavsky 1964: 5), für Boulding ist es „die typische Institution der Politik" (Boulding 1967, zitiert aus Rudolph 1969: 29), für Rürup „auch und vor allem das Arbeitsprogramm der Regierung" (Rürup 1971: 18f.), für Patzig „Ausdruck aller Maßnahmen zur Lösung von Aufgaben des Staates auf politischem, wirtschaftlichem und sozialem Gebiet" (Patzig 1981: 19). Bei einer Untersuchung öffentlicher (Bildungs-)Ausgaben wie der vorliegenden sind die sechzehn Länderhaushalte von noch zentralerer Bedeutung. Die parlamentarische Entscheidung über Umfang und Struktur der Staatsausgaben ist der Trichter, durch den alle Bestimmungsgrößen ihres Bestandes und ihrer Veränderung hindurchwirken müssen, bzw. das Nadelöhr, durch das alle einschlägigen Kausalketten verlaufen.

Die Haushaltsaufstellung geht in der Regel so vor sich, dass zunächst im Kabinett Eckpunkte festgelegt werden.[282] Diese orientieren sich an den Einnahmeerwartungen und den politischen Prioritäten der Landesregierung. Dann werden in den Fachressorts die jeweiligen Haushalte en detail aufgestellt. Der Haushalt des Vorjahres ist hier die verlässlichste Prognosegröße und auch eine wichtige Orientierungsmarke für die Verwaltungsbeamten. Viele Kerndaten werden schlicht fortgeschrieben.[283] Manche Beobachter folgern daraus

---

282 Für eine vergleichende Darstellung der Finanzpolitik in Bund und Ländern siehe Bajohr 2003.

283 Ein früherer hessischer Kultusminister berichtete im Interview auf die Frage nach besonderen Konfliktpunkten zwischen der Bildungs- und der Finanzseite im Kabinett von einer (allerdings gescheiterten) Initiative, die vielleicht symptomatisch für die veränderte Haushaltslage der Bundesländer ist: Das hessische Finanzministerium hat in den neunziger Jahren versucht, die Haushaltsaufstellungsprozedur um 180 Grad zu drehen, indem es vorschlug, dass „der Finanzminister nicht erklären [soll], wo er was wegkürzt, sondern der Finanzminister macht einen Haushalt, in dem steht nur drin, wozu das Land gesetzlich verpflichtet ist, und dann möge der Ressortchef erklären, weshalb er mehr Geld braucht. Das war nicht unpfiffig, Sie ahnen aber auch, dass das überhaupt nicht klappt, weil bei der Definition, nehmen Sie mal den Bildungsbereich, was ist denn die gesetzliche Grundversorgung, da sind Sie natürlich sofort in Wertungen drin, und es gibt andere Bereiche, wo jeder sagt, die sind juristisch freiwillig, aber an die geht keiner ernsthaft ran, nehmen wir

eine strukturelle Schlechterstellung neuer Aufgaben (vgl. z. B. Rürup 1971: 33).[284] Allerdings darf nicht übersehen werden, dass die Orientierung am Bisherigen nicht allein schlichter Bequemlichkeit entspringt, sondern dass der jeweils bestehende Status Quo der (Leistungs-) Gesetze die Haushaltsentscheidungen stark determiniert (vgl. Horst 1995: 293 und zu Verpflichtungsermächtigungen insbesondere Bajohr 2003: 181).

> „In den Haushaltsverhandlungen hat das Bestehende zwangsläufig die Vermutung einer nicht erneut zu prüfenden Rechtfertigung für sich. Man pflegt dies als ‚Inkrementalismus' zu tadeln, übersieht dabei aber, daß jeder Versuch, so zu tun, als könne man die politische Welt jedes Jahr neu erschaffen, das Konfliktverarbeitungspotential dieses Systems zwangsläufig überfordern würde." (Lange 1987: 60)

Vor allem bei von den Fachverwaltungen anvisierten Veränderungen finden während dieses Prozesses regelmäßige Kontakte zwischen den Haushaltsexperten der Fachressorts und den Mitarbeitern der Spiegelreferate in den Finanzministerien statt. Danach noch strittige Fragen, meist sind das sehr wenige, kommen im sogenannten Ministergespräch auf den Tisch, einer oft mehrere Tage andauernden Konsultation zwischen Finanz- und Fachressort-

---

zum Beispiel Jugendmusikschulen, selbstverständlich gibt es keine gesetzliche Verpflichtung des Landes, Jugendmusikschulen zu unterhalten. Aber wenn Sie eine Liste aufstellen, wo die nicht draufkommen, dann sagt Ihnen jeder, das kann doch nicht Dein politischer Ernst sein, das zu streichen. Das heißt, dieses schöne abstrakte Modell, das so eine bestimmte Faszination hatte als Grundmuster, funktionierte nicht, ist auch daran eingegangen, dass die Vorlage, die der Finanzminister machte, eben sehr schnell so hinterfragbar war. Dass man sagte zum Beispiel wie hast Du denn den gesetzlichen Grundbedarf jetzt berechnet für die Grundschulen, dann kam sofort zurück ich hab mal unterstellt dass da 30 Kinder in eine Klasse gehen können." [Nachfrage: Das wurde dann zurückgezogen?] „Es war ein anregendes Papier, es hat eine Menge Diskussionen provoziert, wurde aber dann nicht zur Entscheidungsgrundlage gemacht. Faszinierend fand ich die Idee schon, und sie hat auch am Ende dazu geführt, dass wir über manche Dinge wirklich noch mal so herum nachgedacht haben, [...] aber es war als Grundmuster für die Haushaltserstellung völlig ungeeignet. Insofern war es ein Gedankenspiel, das nicht in ein Stadium geriet, wo es en detail ausgearbeitet wurde." (Interviewaussage)

284 Rürup kritisiert außerdem, es werde in Deutschland nicht im Sinne des Fällens neuer politischer Entscheidungen haushälterisch geplant, sondern es würden im politischen Vakuum Ressortwünsche addiert: „Von einem Programmcharakter des Budgetentwurfs kann überhaupt keine Rede sein" (Rürup 1971: 39). Planungserfolg werde von den Ministerien vor allem am marginalen Zuschlag gegenüber dem Vorjahr bemessen (ibid.: 31).

minister. Was hier nicht geklärt werden kann – und das sind in der Regel nicht allzu viele Punkte von dann aber oft größerer politischer Brisanz – wandert ins Kabinett.

> „In der politischen Praxis kommt es kaum dazu, daß Fragen über haushaltspolitische Details ins Kabinett gelangen. Es ist ein ungeschriebenes Gesetz, daß ein Minister, der im Verlauf der Verhandlungen unterliegt, nicht noch das Kabinett mit solchen Frage ,belästigt'. Seine Chancen, im Kabinett erfolgreich zu sein, wären auch denkbar schlecht." (Horst 1995: 248)[285]

Besonders strittig sind im Kabinett zum einen Entscheidungen über Personalstellen, zum anderen über die Kofinanzierung von möglichen Zuschüssen des Bundes und der EU. Einem interviewten früheren Landeskultusminister zufolge kann es sich kein Fachminister erlauben, sich dafür nicht massiv einzusetzen, wohingegen die Finanzminister sehr genau nachfragen, ob denn das entsprechende Förderprogramm überhaupt sinnvoll und notwendig ist (Interviewaussage). Bei Konflikten zwischen der Bildungs- und der Finanzseite im Kabinett entscheidet letzten Endes oft der Ministerpräsident mit seiner – öfter implizit als explizit im Raume stehenden – Richtlinienkompetenz und der Möglichkeit, Minister zu entlassen.[286]

Alle Interviewpartner beurteilen übereinstimmend den jährlichen Veränderungsspielraum bei den Bildungsausgaben als sehr gering. Dies gilt insbesondere für den Schulbereich wegen des hohen Anteils der Personalkosten. Der meistgenannte Wert sind über den Daumen gepeilte 5 % des Etats. (Dies korrespondiert ziemlich genau mit den in Kapitel 4 vorgestellten Ergebnissen zum Politikerbe.)

Ein hervorstechendes Merkmal des Haushaltsprozesses ist es, dass die Zurechnung der Verantwortung für einzelne Entscheidungen, aber vor allem das Gesamtergebnis schwierig ist. Auch bietet er diverse Opportunitäten zur ,blame-avoidance':

> „Keiner der Beteiligten schreibt sich selbst einen bestimmenden Einfluß auf den Etat zu. Jeder nennt Teilaspekte, auf deren Gestaltung er Einfluß nimmt. Von

---

285 Eine gelegentlich genutzte Hintertür bietet sich in den parlamentarischen Haushaltsberatungen.

286 Ausnahmen stellen hier allerdings Bremen und Hamburg dar, wo beides für den Regierenden Bürgermeister nicht gegeben ist. Seine Stellung als Primus inter pares erschwert kohärentes Regierungshandeln, was sich laut Aussage eines Interviewpartners in Bremen gerade im Bildungsbereich bemerkbar macht, da dort derzeit ein recht selbstbewusster Senator tätig ist.

dem Gesamtergebnis distanziert er sich. Es erscheint ihm als Ausdruck eines übermächtigen Geschehens, das entweder von irgendwelchen Drahtziehern an anderer Stelle gelenkt wird, möglicherweise aber als ein schicksalhaftes Natur-ereignis über Staat und Verwaltung kommt." (Lange 1987: 53f.)

Der finanzpolitische Handlungsspielraum wirkt sich unmittelbar auch auf die Manifestation der Programmkonkurrenz aus, in der die Bildungspolitik als einer der größten Brocken der Ausgaben der Bundesländer naturgemäß steht. Zu Zeiten expandierender Ausgaben kam es vor, dass Finanzminister bei Kul-tusministern anriefen und sich beschwerten, warum sie bestimmte Projekte mit Verweis auf knappe Mittel abgelehnt hätten, es sei doch genügend Geld vorhanden (Interviewaussage). Zusätzliche Verteilungsspielräume waren gleichzeitig die Bühne für Kräftemessen zwischen den Politikfeldern und ihren Repräsentanten. Seit die Einnahmeseite der Länderhaushalte mehr und mehr wegbrach, hat sich einerseits die Konkurrenzsituation noch verschärft. Ande-rerseits stehen die Rahmendaten der einzelnen Ressorts unverbrüchlicher fest. Neue Projekte von Fachministern müssen in aller Regel durch Umschichtun-gen im eigenen Haushalt finanziert werden. Bei Kürzungsmaßnahmen sind pauschale Minderausgaben oft der einzige konsensfähige Weg.[287] Sie führen zu einem größeren Einfluss der Exekutive, genauer der ministerialen Verwal-tungen, da diese die jeweiligen Minderausgaben konkretisieren. Der Bildungs-bereich ist von pauschalen Kürzungen über alle Ressorts besonders betroffen, da aufgrund der hohen Personalkosten die Flexibilität geringer ist (vgl. hierzu auch Interviewaussagen aus Rheinland-Pfalz in Kropp 2001: 261). Laut Aus-sage vieler Interviewpartner ist allerdings nach dem PISA-Schock das relative Standing der Bildungspolitik für eine gewisse Zeit so gut gewesen, dass sie von Kürzungsmaßnahmen mit am wenigsten betroffen und am ehesten dazu in der Lage waren, bei pauschalen Kürzungen zumindest teilweise Verschonung

---

287 „Zum Arsenal sparpolitischer Maßnahmen gehören ferner befristete Stellen-
     sperren und globale Minderausgaben, welche bekanntermaßen die Gestal-
     tungsräume der Verwaltung zu Lasten des Parlaments erweitern [...]. Als
     Strategie zur Konsolidierung der Länderfinanzen tauchen in den neunziger
     Jahren des weiteren verstärkt Privatisierungspläne auf" (Kropp/Sturm 1998:
     50). In Baden-Württemberg beispielsweise bleiben frei werdende Stellen oft
     für sechs Monate unbesetzt, und wer sie einnimmt, kann erst nach neun Mo-
     naten befördert werden. Auch (ungewollte) Verzögerungen von Baumaßnah-
     men können für das einzelne Haushaltsjahr Einspareffekte haben. Die Ver-
     waltung bereitet sich im Allgemeinen auf mögliche Sparbeschlüsse vor und
     erarbeitet im Voraus entsprechende Konzepte (Interviewaussage).

herauszuhandeln. Der Leiter des Haushaltsreferats eines Wissenschaftsministeriums äußerte im Interview die Ansicht, die Haushaltsaufstellung sei durch den engeren finanziellen Rahmen komplizierter geworden. Sein Pendant in einem Kultusministerium sieht dagegen eher zunehmende Herausforderungen im Haushaltsvollzug durch globale Minderausgaben[288] oder Haushaltssperren.

Zu den in den 1990er Jahren als Kriseninstrument häufiger gewordenen Haushaltsbegleitgesetzen bemerkt Horst:

„Ihr charakterisierendes Merkmal ist, dass sie als ‚Querschnitts-' oder ‚Artikelgesetz' zum Zwecke der Haushaltskonsolidierung Änderungen in einer Vielzahl von Leistungs- und/oder Steuergesetzen vornehmen und federführend vom Haushaltsausschuß beraten werden. [...] Der Typus des Haushaltsbegleitgesetzes erwies sich geradezu als ideal, um in zügiger Weise ein breit gefächertes Regierungsprogramm durch das Parlament zu schleusen. Nicht nur durch seine Schnelligkeit, sondern vor allem auch durch seine Komplexität bietet das Haushaltsbegleitverfahren einer aktionswilligen Führungsgruppe der Regierungsmehrheit erhebliche Vorzüge. Der Zeitdruck und der Querschnittscharakter einer solchen Vorlage erhöhen die Chance, sonst mächtige Partikularinteressen zu beschneiden. Was als Einzelmaßnahme oder unter spezifischen Vorzeichen nicht konsensfähig wäre, kann in einem anders austarierten Gesetzespaket eher die Zustimmung einer Mehrheit im Parlament finden." (Horst 1995: 351ff.)

Im Hochschulbereich wurde in mehreren Ländern zum Krisenbewältigungsmittel des Solidar- oder Hochschulpaktes (oder auch des ‚Zukunftsvertrags', ‚Innovationspakts' oder ‚Hochschuloptimierungsprogramms') gegriffen. Derlei Pakte gab es in den letzten Jahren in mehreren Ländern, angefangen von Baden-Württemberg 1997, aber unter den Fallstudienländern auch in Hessen, Niedersachsen und Thüringen. Neben der stärkeren Bindung der Mittelzuweisungen an (nicht immer unumstrittene) Leistungsindikatoren wurden

---

288 „Globale Minderausgaben dienen dem Haushaltsausgleich, da die ausgabenleistende Einrichtung die Aufgabe übernimmt, Einsparungen vorzunehmen [...]. Der Haushaltsgesetzgeber reagiert damit auf Situationen, in denen nicht genügend Deckungsmittel für geplante Ausgaben zur Verfügung stehen, er aber davon ausgehen kann, dass manche Ausgaben nicht anfallen werden. Der Nachteil dieser Kürzungsstrategie besteht darin, dass das Parlament sein Budgetrecht teilweise an die Exekutive abtritt. Globale Minderausgaben können als ein Indiz dafür gewertet werden, dass die Exekutive in ihren Haushaltsberatungen keine Einigung über die notwendigen Kürzungen im Detail erzielen konnte [...]." (Kropp 2001: 235)

den Hochschulen darin meist aktuelle Kürzungen – durchaus im zweistelligen Millionenbereich und unter Schließung von ganzen Fachbereichen und Standorten – mit Zukunftsversprechen, etwa hinsichtlich stabil bleibender Finanz- und Stellenausstattungen, versüßt, die nicht immer eingehalten wurden. Daran zeigte sich auch, dass dies natürlich keine einklagbaren Pakte unter Gleichen und die gewählten Bezeichnungen im Grunde Euphemismen waren. Gebrochen wurden entsprechende Pakte z.B. von der derzeitigen Landesregierung in Hessen und der derzeitigen und der vormaligen in Niedersachsen (diverse Interviewaussagen).[289] Gestaltungsspielraum gewonnen wurde jedoch durch die Pakte für die Hochschulpolitik insofern, als meist ein Teil der an den jeweiligen Hochschulen eingesparten Mittel den Ministerien zur anderweitigen Verwendung verblieb. Auf der Seite der Hochschulen steht und fällt der Nutzen solcher Pakte – sofern sie von der Politik eingehalten werden – (invers) mit der allgemeinen Entwicklung der Staatsfinanzen:

> „Denn es war natürlich nicht ganz abzusehen: Wenn Gelder im Überfluss da gewesen wären, in den Jahren danach, dann wäre der Solidarpakt natürlich keine gute Sache gewesen für die Hochschulen. Wenn aber im Grunde kein weiteres Geld zur Verfügung gestellt wurde und überall sonst gekürzt werden musste, dann war es eine großartige Sache, und in der Summe muss man sagen: Es war hervorragend." (Interviewaussage aus Baden-Württemberg)

Deutliche Auswirkungen hat die Zuspitzung der Haushaltslagen der Länder auch auf die Gewichtung zwischen den verschiedenen Ausgabearten. Kropp/Sturm bemerken dazu:

---

289 Eine längerfristige Planungstätigkeit, z.B. die Erstellung eines Programms für die gesamte Legislaturperiode, sei in Niedersachsen einer Interviewaussage aus dem Wissenschaftsministerium zufolge im Grunde gar nicht mehr möglich, da die Landesregierung ihren Sparkurs über alle anderen Erwägungen stelle und somit die Steuerschätzungen die Agenda definierten: „Wir haben in den letzten zehn Jahren verschärft, in der Tat verschärft in den letzten vier, fünf Jahren ein System der überholenden Kausalität. Das heißt, wir haben [...] die sogenannte mittelfristige Finanzplanung, indem also immer der Planungszeitraum über fünf Jahre festgeschrieben wird. Diese Finanzplanung musste in den letzten Jahren immer wieder korrigiert werden von Jahr zu Jahr, weil wie gesagt die Prognosen immer wieder nach unten gegangen sind und die Realität dann die Prognosen regelmäßig auch noch wieder überholt hat, sodass im Grunde das, was Sie im Januar geplant hatten als Defizit vielfach im Mai schon keinen Wert mehr hatte, weil es noch schlimmer geworden ist. Das heißt, selbst wenn die Politik sagt, dieses und jenes Sparprogramm ist aber jetzt das letzte gewesen, und jetzt habt Ihr Ruhe, ist das selten über ein Jahr durchgehalten worden, wenn überhaupt" (Interviewaussage).

„Zum allgemeinen Credo von Länderkoalitionen gehört ebenfalls die Aussage, daß das Verhältnis von investiven und konsumtiven Ausgaben sich ändern müsse [...]. Solche allgemeinen Willensbekundungen zeigen zwar ein geschärftes Problembewußtsein, das indessen noch seiner konkreten Ausgestaltung harrt." (Kropp/Sturm 1998: 49)

Dass Bildungsausgaben nicht per se zu den Investitionsausgaben zählen, erschwert den Finanzministern nicht nur die Erstellung verfassungskonformer Haushalte[290] (vgl. zu diesem Problem allgemein auch Sachverständigenrat 2003: 248f.; zu Investitionen, Schulden und buchungstechnischen Taschenspielertricks siehe Bajohr 1999), sondern hat zumindest in manchen Ländern Erstere zusätzlich unter Druck gesetzt. So antwortete ein Interviewpartner aus Bremen auf die Frage, ob Vorgaben und Druck der Finanzpolitik für bzw. auf die Bildungsausgaben gewachsen seien, Folgendes:

„Ja. Das beginnt im Prinzip schon in der Wahlperiode 1991 bis 1995, als Bremen vor dem Bundesverfassungsgericht Sanierungshilfen erstritten hat. Wirksam wurde das allerdings erst in der Wahlperiode ab 1995, also [...] mit dem Beginn der Großen Koalition. Da ist ein strikter Kurs des – wie es so schön heißt – Sparens und Investierens eingeleitet worden, und da hatten wir immer das Problem: Bildungsausgaben sind im Prinzip keine Investitionsausgaben." (Interviewaussage)

Eine Sondersituation bestand in den 1990er Jahren in Ostdeutschland, wo wegen des großen Nachholbedarfs[291] (und durch Transfers sowie Neuverschuldung ermöglicht) der Anteil der Investitionsausgaben im Hochschulbereich (im Schulbereich werden die Investitionen hauptsächlich von den Kommunen getragen) doppelt so hoch wie im Westen war.

Investitions-Sonderprogramme wie diejenigen, durch die in Baden-Württemberg seit 1994 aus Privatisierungserlösen rund 1,8 Mrd. € in die Bildungs-, Wissenschafts- und Forschungsinfrastruktur geflossen sind (‚Zukunftsoffensive I bis IV' oder salopper auch ‚Erwin 1-4'), können die Bil-

---

290 Die Investitionsquote aller Länder zusammen ist von 1991 bis 2001 von 19,1 % auf 14,7 % gesunken (Bajohr 2003: 206). Die Verfassung Thüringens enthält im Übrigen in Artikel 98 (3) den außergewöhnlichen Passus, dass der Anteil der Personalausgaben am Landeshaushalt höchstens 40 % betragen darf.

291 Die in mehreren Interviews angesprochenen, über Jahre vernachlässigten Bauerhaltungsinvestitionen in den westdeutschen Ländern stellen neben der in Bälde zu erwartenden Pensionslastwelle eine weitere Zeitbombe für die Länder(bildungs)haushalte dar.

dungspolitik bei ansonsten gedeckelten Haushalten aber auch vor große Folgeprobleme stellen:

„Ein riesiges Problem war nämlich, dass diese Mittel [...] Sondermittel waren. Das heißt, wir haben gebaut wie die Weltmeister, neue Institute und alles mögliche, und Politiker eröffnen natürlich auch gerne, das gilt natürlich in erster Linie für den Ministerpräsidenten, [...] und das findet Aufmerksamkeit et cetera, und das Problem [...] war dann, dass dauernd neue Esser dazu kamen, die von einem Kuchen leben wollten, der nicht größer geworden ist. Also diese ständigen Investitionen, die wir da getätigt haben, da hat sich ja nach außen ungeheuer viel getan, also wenn Sie mal im Neuenheimer Feld [in Heidelberg] sehen oder den Schnarrenberg in Tübingen oder in Freiburg oder in Ulm könnte ich Ihnen das überall an den Gebäuden sozusagen Stück für Stück aufzeigen, aber der eigentliche Kern, der wuchs entsprechend nicht mit, und das ist dann für die Universitäten noch leichter zu verkraften, für Fachhochschulen war das oft eine ganz schwierige Situation, weil die ja kein Fett auf dem Leib haben sozusagen. Die Folgelasten sind immer sozusagen nicht voll deutlich gemacht worden, denn damit würde man ja das Projekt gefährden. Also nimmt man erst mal was man kriegt, und denkt irgendwie wird es schon zu machen sein." (Interviewaussage)

Auch von den üblichen Entscheidungsprozessen wurde hinsichtlich der Sonderprogramme in Baden-Württemberg abgewichen. Die Bewirtschaftung der Mittel blieb zum einen dem Ministerrat vorbehalten, was ihn gegenüber dem Parlament autonomisierte, und zum anderen gab es auch im Kabinett zusätzliche Freiheitsgrade für die mit den Sondermitteln beglückten Ressortminister:

„Bei den Sonderprogrammen konnten die [Minister der nicht mit Bildungsangelegenheiten befassten Ressorts] im Kabinett sozusagen auch keinen Anspruch erheben, beteiligt zu werden, sondern es hing dann von den Dachmaterien ab, und da wurden [die Bildungspolitiker] immer bevorzugt behandelt. [...] Schwieriger war's mit der Personalausstattung, da musste im Einzelnen gekämpft werden. Aber schon die Tatsache, dass wir ausgenommen worden sind aus Kürzungsprogrammen war ein großer Erfolg." (Interviewaussage)

Das generelle Verhältnis von Exekutive und Legislative im Hinblick auf die (Bildungs-)Ausgabenpolitik verdient im folgenden Abschnitt eine nähere Betrachtung.

5.3   Das Verhältnis von Exekutive und Legislative

Das Verhältnis von Exekutive und Legislative ist zum einen geprägt durch die unterschiedliche Behandlung von Regierungs- und Oppositionsfraktionen durch die Regierung. Die Fraktionsarbeitskreise (Bull 1999: 176 zufolge „sozialer Ort der politischen Meinungsverschiedenheiten" innerhalb von Fraktionen) der die Regierung tragenden Fraktionen werden während der gesamten Haushaltsaufstellung zumindest in den Informationsfluss eingebunden. Hier und in den Beratungen im Haushaltsausschuss gelingt es ihnen nach Aussage mehrerer Interviewpartner immer wieder, Veränderungen durchzusetzen, wodurch sich der exekutive Vorteil des Initiativrechts etwas relativiert.[292] Meist handele es sich dabei aber um Sahnehäubchen von geringer finanzieller, aber großer symbolisch-politischer Bedeutung. Größere Umschichtungen kämen allein bezüglich regionaler Schwerpunktsetzungen in Flächenländern vor, wenn die sie verfechtenden Abgeordneten über ein starkes Standing in der Fraktion verfügten. Oft versuchen auch die Fachverwaltungen Vorschläge, mit denen sie auf Regierungsebene nicht durchgekommen sind, von Ausschussmitgliedern erneut anbringen zu lassen. Dieser und die folgenden beiden Punkte betreffen auch die Opposition, die den Haushalt in aller Regel erst zu Gesicht bekommt, wenn er von der Landesregierung veröffentlicht wird. Die großen Linien der Haushalte würden, und hier stimmen die Einschätzungen der Interviewpartner mit denen in der Literatur überein, in den Haushaltsausschussberatungen kaum jemals thematisiert.[293] Dies liegt unter anderem auch daran, dass bei den Beratungen der einzelnen Ressortetats die Haushaltsexperten der Fraktionen oft durch die jeweiligen Fachpolitiker vertreten werden. Im Plenum der Landtage laufen dann im Grunde fast nur noch Rituale der Außendarstellung ab.[294] Ein Interviewpartner verwies auf die häufige Schizo-

---

292 Kropp zufolge stehen dabei die Chancen, auf den Haushalt eines von einem Mitglied der eigenen Partei geleiteten Ministeriums Einfluss zu nehmen, deutlich höher (Kropp 2001: 217).

293 „[W]e might say that when policy makers or the public embrace a commitment to some important public value, there is no reason to believe they simultaneously consider and settle its importance relative to all other public values." (Thatcher/Rein 2004: 482)

294 „Die Haushaltspläne der einzelnen Ressorts werden im Parlament (nach vorherigen getrennten Beratungen in den jeweiligen Ausschüssen) sukzessiv diskutiert. Schon dieses Verfahren präjudiziert, daß in der Regel höchstens Änderungen innerhalb der verschiedenen Etats erfolgen, nicht aber grundsätzliche Gewichtsverschiebungen zwischen den Ressorts." (Rudolph 1969: 33)

phrenie des Verhaltens der Opposition im Haushaltsprozesses, deren Finanz-politiker kritisieren, dass die Regierung zu viel ausgebe, wohingegen die Fachpolitiker im Finanzausschuss die Ausgaben als zu gering anprangern (Interviewaussage).

Zum anderen ist in Zeiten knapper Kassen der Einfluss auch der die Regie-rung tragenden Fraktionen geschrumpft. Mehrere Interviewpartner berichte-ten, dass die Kürzungsmaßnahmen der jüngsten Jahre den Fraktionen als un-aufschnürbares Paket präsentiert wurden. Die Geschlossenheitserfordernis und Fraktionsloyalität wirkt sich insofern aus, dass die Parlamentarier dies in den allermeisten Fällen schlucken.[295] Insgesamt spielt das Parlament in der Budgetpolitik im engeren Sinne eine weniger bestimmende Rolle als es eine naive Deutung des Budgetrechts nahe legen könnte.[296] Horst weist jedoch darauf hin, dass

„[d]er weitaus größte Teil haushaltspolitischer Festlegungen [...] bei den Aus-gaben über den Weg der allgemeinen Gesetzgebung, bei den Einnahmen durch die Steuergesetzgebung [erfolgt]" (Horst 1995: 343).[297]

Haushaltspolitik in diesem weiteren Sinne ist daher wesentlich komplexer.

Symptomatisch für die Lage Mitte der 1990er Jahre ist vielleicht folgende Anekdote aus Niedersachsen: Bei der Haushaltsaufstellung für das Jahr 1995 wollten der damalige Ministerpräsident Schröder und sein Finanzminister je 2.500 Lehrer- und Polizistenstellen streichen, was die jeweiligen Fachminister in der Kabinettsklausur unter Rücktrittsdrohung ablehnten. Als daraufhin nach einem wütenden Abgang des Ministerpräsidenten auch ein Schlichtungs-versuch seiner schon damals engen Mitarbeiter Steinmeier und Zypries schei-terte, weil der Innen- und der Kultusminister auch nicht je 1.250 Stellen strei-chen wollten und ihre Rücktrittsdrohung aufrecht erhielten, verzichtete Schrö-der auf eine Abstimmung über den Haushalt im Kabinett und setzte ihn (in-

---

295   Horst schränkt seine oben zitierte Aussage zu den Haushaltsbegleitgesetzen allerdings dahingehend ein, „[d]aß die Fachausschüsse ihrerseits aber durch-aus ins Gewicht fallende Korrekturen am Entwurf vornehmen [. Dies] ist ein deutlicher Hinweis darauf, dass die Parlamentsmehrheit im Zuge des Haus-haltsbegleitverfahrens keinesfalls entmachtet ist." (Horst 1995: 355)

296   Gerade im Hinblick auf die eher lustlose Haushaltskontrolle sind die Parla-mente daran nicht ganz unschuldig.

297   Mickel zufolge sind außerdem trotz des durch das Bundesverfassungsgericht unter Bezugnahme auf die Wesentlichkeitstheorie gestärkten Parlamentsvor-behalts in der Praxis weite Bereiche der Bildungspolitikgestaltung Sache der „parlamentarisch fast unkontrollierten Kultusbehörden" (Mickel 2003: 33).

klusive der halbierten Stellenstreichungen) per Richtlinienkompetenz durch. Während er dafür eine gute Presse bekam, stimmten die beiden Minister in ihrer Eigenschaft als Abgeordnete wegen der knappen Mehrheitsverhältnisse im Landtag für den Haushalt, verteidigten sich aber innerhalb ihrer Häuser mit dem Argument, dass sie ihm als Minister im Kabinett ja nicht zugestimmt hatten (verschiedene Interviewaussagen).

Eine Besonderheit der ostdeutschen politischen Kultur sieht ein der SPD angehörendes ehemaliges Brandenburger Kabinettsmitglied darin, dass aus den die Regierung tragenden Fraktionen stärkerer Widerstand gegen manche Entscheidungen der Regierung komme als im Westen. Dies sei besonders der Fall, wenn es um Fragen der Identität gehe:

„Wir haben ja ab 1995 wirklich dramatisch sinkende Einnahmen gehabt und haben insgesamt natürlich angepasst im KiTa-Bereich, weil da die Kinderzahlen zuerst natürlich weg waren [...]. Da haben wir richtig 40 oder 60 Millionen in dem einen Jahr rausgenommen, weil das war inzwischen nur noch ein Erzieherbeschäftigungsprogramm. Die drehten Däumchen und hatten keine Kinder mehr, und die Betriebskosten liefen natürlich weiter. Von daher haben wir da sehr heftige politische Auseinandersetzungen gehabt, weil das ist ja so ein Ostpunkt. Es ist selbstverständlich, dass die Kinder, auch wenn die Eltern zuhause sind, trotzdem in Krippe und Kindergarten gehen, und zwar nicht drei Stunden, vier Stunden, fünf Stunden, [...] sondern wirklich ganztägig. Das war ̓ne ganz, ganz harte Auseinandersetzung mit Gewerkschaften, mit Elternvertretungen, mit den Abgeordneten vor allen Dingen. Die weiblichen Abgeordneten der SPD-Fraktion hätten mich, glaube ich, am liebsten ermordet, weil ich in dem Bereich so hart reingegangen bin. Nur, die Versorgungssituation war immer noch bei fast 100%, nachdem wir da reingehauen hatten.“ (Interviewaussage)[298]

Eine in den neuen Ländern geringere Solidarität zwischen der Regierung und den sie tragenden Fraktionen diagnostiziert auch Kropp in ihrer Studie zu Handlungsmustern in deutschen Landesregierungen (Kropp 2001: 264). Im im obigen Zitat konkret aufgegriffenen Fall ging es allerdings nicht um Bildungsausgaben im Sinne der vorliegenden Arbeit, da die Betreuungsausgaben mit der später noch ausgeführten Ausnahme der Horte an Schulen in Thüringen nicht darunter verbucht werden. Im Gegensatz zur Situation bei den Bil-

---

298 Zu Einstellungs- und Erwartungsunterschieden zwischen Ost und West und dem Überdauern von Mentalitäten vgl. auch Schluchter 1996: 11ff. und die zweijährlichen ALLBUS-Umfragen.

dungsausgaben ist Brandenburg hier mit dem höchsten Haushaltsanteil unter den Bundesländern führend (SZ vom 21.12.2004).

Eine weitere, etwas länger zurück liegende Begebenheit aus Niedersachsen, bei der die Bildungspolitik machtpolitische Implikationen hatte, ist die folgende: Nach dem Rücktritt des Ministerpräsidenten Kubel (SPD) scheiterte die Wahl seines designierten Nachfolgers, Finanzminister Kasimier (SPD), 1975/76 an dessen Weigerung, 56 zusätzliche Lehramts-Referendarstellen zu schaffen und durch Kredite zu finanzieren. Seines Erachtens wäre der Haushalt sonst verfassungswidrig geworden. Schließlich zerbrach die SPD-FDP-Koalition (auch an Differenzen über die gescheiterte Wahl; es wurde im Übrigen nie öffentlich, wer gegen Kasimier gestimmt hatte) und Ernst Albrecht (CDU) wurde zum Ministerpräsidenten einer Minderheitsregierung gewählt. Albrecht, in dessen Amtszeit die Schulden Niedersachsens stark anwuchsen, schuf die Stellen und genehmigte die Kredite (Interviewaussage).

Um den Stellenwert der Bildungsausgaben in der öffentlichen Meinung und die Rolle von Interessenverbänden geht es im folgenden Abschnitt.

5.4   Interessengruppen und öffentliche Meinung

Der Interessengruppeneinfluss auf die Bereitstellung öffentlicher Mittel für bestimmte Teilbereiche der Staatstätigkeit unterliegt gewissen Konjunkturschwankungen. So bemerkte Lange schon vor zwei Jahrzehnten zu Gruppeninteressen und ihrer relativen Position:

> „Der Einfluss dieser Gruppeninteressen wechselt indessen: Lange Zeit verfügte die Landwirtschaft über eine starke Lobby in allen Fraktionen. Dann wurden Bildungsfragen populär und kein [...] [A]bgeordneter wollte in den Geruch kommen, bildungsfeindlich zu sein. Der Finanzminister ist nicht immer in der Lage, diesen oft emotional geprägten Gruppeninteressen entgegenzutreten. Er muß nach Kompromissen suchen, die allerdings meist auf eine Erhöhung der Ausgabensumme hinauslaufen." (Lange 1987: 124)

Während die Moden in der Zwischenzeit weiter gewechselt haben, hat sich vor allem verändert, dass es heutzutage (besonders in den Bundesländern) nicht vornehmlich um Erhöhungen der Ausgaben geht, sondern vor allem auch um die Verschonung vor Einsparungen.

Lehrerverbände und die GEW sind nach Ansicht mehrerer Interviewpartner in einigen Ländern recht erfolgreich bei der Mitgestaltung von schulstrukturellen Fragen und Arbeitszeitmodellen. Allerdings sei der Einfluss in Zeiten knapper Kassen rückläufig. Zudem könne, so ein ehemaliger niedersächsischer Minister mit Bezug auf Schröders ‚Faule Säcke'-Bemerkung, die öffentliche Meinung bei Bedarf leicht gegen die Lehrerschaft mobilisiert werden.[299] Instruktiv ist hierzu ein Blick auf die Ergebnisse repräsentativer Umfragen des Instituts für Schulentwicklung (IFS) zur Schule im Spiegel der öffentlichen Meinung: Bei Sparmaßnahmen im Bildungsbereich präferieren die Bürger eindeutig mehr Arbeit und geringere Bezahlung für Lehrer sowie Kürzungen in Bereichen wie Sport, Musik und Kunst (IFS, diverse Jahrgänge). Anders sieht es hingegen bei der pauschaleren Frage der Bildungsausgaben aus, insbesondere bezüglich der Schulausgaben. Als der Stellenwert der Bildungsausgaben nach Bekanntwerden der PISA-Ergebnisse in der öffentlichen Meinung sprunghaft angestiegen war, galt dies in noch größerem Maße, wie die folgende Abbildung 5-1, der ebenfalls die IFS-Studien zu Grunde liegen, verdeutlicht. Die Zahl derjenigen Deutschen, die das Bildungswesen nicht für überfinanziert halten, ist seit 1983 von ca. 65 auf knapp über 80 % angewachsen; wenn sie die Gelegenheit gehabt hätten, die Staatsausgaben neu zu verteilen, hätten seit 2002 fast 50 % der Bevölkerung dem Bildungsbereich mehr Ressourcen zugewiesen, und zwar in Ost und West gleichermaßen. Dieser Anteil hat sich gegenüber 1991 verdoppelt, hat aber seinen Zenit zumindest in Ostdeutschland offenbar erreicht. Gesunken sind dagegen die Werte für Umweltschutz und bis 2002 auch für soziale Sicherung. Letztere lag im Westen 2002 sogar kurzfristig hinter der Bildung. Daran kann man schön die politikfeldspezifischen Konjunkturen der öffentlichen Meinung ablesen.[300]

---

299 Öffentliche Lehrerschelte mit dem Zweck, ein geeignetes Klima für Kürzungen zu schaffen, diagnostizieren auch Böttcher/Weiß 1997: 65.

300 In älteren Umfragen, deren Ergebnisse Alber wiedergibt, platzierten die befragten Bundesbürger 1975, 1978 und 1983 die Bildungspolitik auf Platz sechs (von zehn) derjenigen Politikfelder, für die der Staat auf keinen Fall weniger ausgeben solle. Die Zahl der Nennungen (unbegrenzte Mehrfachnennungen waren anscheinend möglich) stieg zunächst von 39 % im Jahr 1975 auf 46 % 1978 an, fiel aber bis 1983 wieder auf 38 %. Soziale Dienste und Transfers, Umweltpolitik sowie Innere Sicherheit schnitten deutlich, die Energieversorgung etwas besser ab. (Alber 1986: 124)

Abbildung 5-1:   Umfrageergebnisse zu bereichsspezifischen Aus-
                  gabepräferenzen

Frage: Nehmen Sie einmal an, Sie dürften die staatlichen Finanzen neu
verteilen. Für welche Bereiche der Politik würden Sie mehr Geld zur
Verfügung stellen? (max. drei Antwortmöglichkeiten)

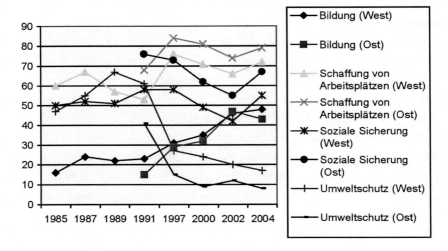

Quelle: IFS, diverse Jahrgänge.

Allerdings lehrt die Erfahrung, dass die Amplitude der öffentlichen Meinung zum Bildungswesen in Deutschland groß ist, die Frequenz aber kurz.
Deshalb ist vor allzu generalisierten Schlussfolgerungen zu warnen. Dies
verdeutlicht auch eine Auswertung der Blitz-Umfragen der Forschungsgruppe
Wahlen im Vorfeld der Landtagswahlen seit 1980.[301] Im Hinblick auf alle
Landtagswahlen, die seit Bekanntwerden der PISA-Ergebnisse 2000 (bis Ende
2005) in den westdeutschen Flächenländern stattgefunden haben, wurde auf
die Frage nach den zwei drängendsten Problemen im jeweiligen Bundesland
das Feld Schule/Bildung am zweithäufigsten (mit deutlichem Abstand nach
der Arbeitslosigkeit) von jeweils ca. 20 % der Befragten genannt. Mitte der
90er Jahre rangierte das Problemfeld in der Wahrnehmung der Bürger mit im
Schnitt ca. 5 % Nennungen im Mittelfeld, in den frühen Neunzigern tauchte es
mit ca. 2 % gerade noch in der Liste der 20 am häufigsten genannten Proble-

---

301 Für die freundliche Unterstützung und den Zugang zum Archiv sei der For-
     schungsgruppe Wahlen in Mannheim an dieser Stelle herzlich gedankt.

me auf, im Laufe der 80er Jahren schaffte es in den meisten Ländern den Sprung in diese Liste gar nicht erst. Anfang der 80er Jahre dagegen weisen die Ergebnisse für einige Länder eine höhere Bedeutung der Bildungspolitik für die Wähler auf. Bei der Frage nach der Bedeutung verschiedener Politikfelder für die Wahlentscheidung der Befragten[302] spielte die Schulpolitik in Baden-Württemberg 1980 für 61 % der Befragten eine Rolle, für immerhin 21 % sogar die größte Rolle. In Nordrhein-Westfalen wurde im selben Jahr leider nur der erste Teil der Frage gestellt, hier lag der Wert der Schulpolitik bei 60 %. Die „bereichsspezifische Wählerbeweglichkeit" (Franke 2000: 125ff.) hinsichtlich des Bildungswesens dürfte allerdings weit unter diesen Werten liegen und hinsichtlich der Ausgaben dafür alleine nochmals deutlich geringer sein.

Eine Ausnahme unter den westlichen Flächenländern stellt Hessen dar, wo 1999, also schon vor dem PISA-Schock, das Problemfeld Schule/Bildung das mit knapp 25 % am zweithäufigsten genannte war. Dies korrespondiert mit der herausgehobenen Position des Politikfeldes in den hessischen Wahlkämpfen der 90er Jahre (worauf weiter unten nochmals eingegangen werden wird) und ist vor dem Hintergrund auch schon in den 80er Jahren weit überdurchschnittlicher Umfragewerte zur Bedeutung der Bildungspolitik zu sehen.

In den Ost-Ländern ist zwar das Post-PISA-Muster ähnlich wie im Westen, wobei aber ökonomische Aspekte das Problemfeld Schule/Bildung meist auf Platz 3 oder 4 verweisen. Ende der 90er Jahre belegte es einen Mittelfeldplatz, Anfang bis Mitte der 90er Jahre war es nicht unter den Top 20 vertreten.

In den Stadtstaaten Hamburg und Bremen sind die Ausschläge weniger groß als in den westlichen Flächenländern: In den 80er und 90er Jahren liegen die Umfragewerte etwas über dem Durchschnitt Letzterer, nach PISA schlagen sie dafür nicht so weit nach oben aus (was in Anbetracht des Abschneidens der Bremer Schüler und der Nichtteilnahme Hamburgs den neutralen Beobachter stärker noch erschreckt als verblüfft). Berlin ist auch in dieser Hinsicht eine gespaltene Stadt: Das Muster der Umfrageergebnisse im Westteil entspricht dem von Hamburg und Bremen, das im Ostteil dem der östlichen Flächenländer.

---

302 Diese Frage wurde leider ab Mitte der 80er Jahre nicht mehr gestellt, die Frage nach den wichtigsten Problemen des Landes dagegen erst dann eingeführt.

Deutlich höher als der Durchschnitt schätzen Bürger, die beabsichtigen, die FDP zu wählen, die Bedeutung des Problemfeldes Bildung ein, und zwar über alle Jahre und Länder hinweg. Überdurchschnittliche Werte (mit stark zunehmendem Trend in der Zeit) weisen zudem die Grünen-Wähler auf. Die Kompetenzzuschreibung der Befragten in der Bildungspolitik geht dagegen eindeutig in Richtung der beiden großen Parteien, während die FDP und die Grünen in dieser Frage (im Hinblick auf die gerade genannten Ergebnisse paradoxerweise) meist unter der Quote ihrer Wähler liegen.

Die interviewten Ex-Kultusminister führten es als äußerst schwierige Hürde an, wenn schulpolitische Entscheidungen in der Öffentlichkeit vorab als die Zukunftschancen der Kinder einschränkend aufgefasst wurden. Von Verbandsseite wird deshalb auch oft versucht, schon während der Haushaltsaufstellung in den Ministerien Einfluss zu nehmen.[303] Insgesamt ist die Rolle der (oft auch von Interessenverbänden mobilisierten) öffentlichen Meinung für die Bildungsausgabenpolitik der Bundesländer jedoch ambivalent: In Fällen, in denen es „einen politisierbaren Punkt gibt, wo sehr viele Emotionen im Spiel sind, die aber eigentlich nicht teuer sind" (Zitat eines interviewten Ex-Landeskultusministers; es ging konkret um die avisierte Streichung von Zuschüssen zur Hausaufgabenbetreuung), kommt es durchaus zu schnellen Reaktionen der Politik auf Ausschläge der öffentlichen Meinung. Bildung und die dafür zur Verfügung stehenden Ressourcen sind aber kein Thema, das in Deutschland bzw. seinen Ländern die Massen auf Dauer mobilisiert bzw. beschäftigt; selbst nach dem PISA-Schock sank die dem Problem in Umfragen zugemessene Bedeutung schnell wieder ab: Zwischenzeitlich lag es laut dem Politbarometer der Forschungsgruppe Wahlen in Deutschland insgesamt für Monate mit über 20 % auf Platz 2 der wichtigsten Themen, hat sich aber mittlerweile (Stand Ende 2005) mit ca. 5 % wieder unter ferner liefen eingependelt. Die Veröffentlichung der Ergebnisse der zweiten PISA-Runde 2005

---

303 Interessengruppen sind dabei (oder auch noch in der 2. Lesung oder bei den Haushaltsberatungen im Finanzausschuss, zu denen zum jeweiligen Haushaltskapitel der entsprechende Fachausschuss hinzugezogen wird) einer Interviewaussage zufolge dann eher erfolgreich, wenn die Breitenwirkung der Beschlüsse groß ist, z.B. im Sport oder die Kirchen betreffend. Besonders problematisch seien Kürzungen in Bereichen, die von verschiedenen Stellen bei gegenseitiger Abhängigkeit der Zuschüsse finanziert werden, wie etwa bei Jugendmusikschulen. „Da sind Einwendungen [von Seiten der Betroffenen] hilfreich, mit denen die Folgen klar gemacht werden" (Interviewaussage aus einem Kultusministerium).

löste nur noch einen kurzfristigen Anstieg um zwei Prozentpunkte aus. Renate Köcher zufolge leidet die Bildungsdebatte auch deshalb unter mangelndem dauerhaftem Interesse der Bevölkerung, weil nur noch ca. 25 % der Bürger Kinder im schulpflichtigen Alter haben: „[A]ußerhalb dieses Kreises der unmittelbar Betroffenen entwickelt das Thema nur geringe Anziehungskraft" (Köcher 2003).[304] Ein permanenter Einfluss ist daher allenfalls verborgener wirkenden Fachöffentlichkeiten zuzuschreiben. Immerhin berichteten zahlreiche interviewte Bildungspolitiker aber, dass sich im Gefolge der PISA-Diskussionen das relative Standing des Politikfeldes Bildung gegenüber der Finanzpolitik und anderen Fachressorts in haushaltspolitisch kargen Zeiten vorübergehend etwas verbessert habe. Jedoch:

> „Es gibt unendlich viele Alibi-Veranstaltungen, die vielleicht auch aus PISA angestoßen worden sind, aber auf breiter Front gibt es keine Aufbruchsstimmung, was die Mehrausgaben für Bildung in Richtung von Quantität, das heißt mehr Betreuung, mehr Unterricht, und Qualität vom Kindergarten bis zur Hochschule anbelangt. [...] Ganz im Gegenteil, ich glaube die Tendenz ist eher, was ich für sehr bedenklich halte, dass sich die öffentliche Hand zurückhält und hofft auf private zusätzliche Mittel." (Interviewaussage eines ehemaligen Landesministers)

Ein Beispiel für die elektorale Bedeutung, die Bildungsausgaben in Einzelfällen erlangen können (das aber gleichzeitig auch gegen die Parteiendifferenzthese spricht) ist die Entwicklung in Hessen in den 1990er Jahren: Hier waren die Wahlkämpfe vor den letzten beiden Regierungswechseln stark von Aspekten der Bildungsausgaben bestimmt. 1991 trat Hans Eichel (SPD) gegen Ministerpräsident Wallmann (CDU) mit dem Versprechen an, 3000 zusätzliche Lehrerstellen zu schaffen. In der ersten rot-grünen Legislaturperiode der 1990er Jahre bis 1995 konnte dieses Versprechen auch eingehalten werden, in der zweiten wurden aufgrund der Haushaltssituation dagegen wieder 400 Stellen eingespart. Roland Koch reüssierte daraufhin 1999 mit dem Wahlversprechen der Unterrichtsgarantie und ließ in seiner ersten Legislatur 2.900 neue Stellen schaffen. Nun werden in der zweiten 1.000 davon wieder zurück-

---

304 Ein Interviewpartner bezeichnete die interessenspolitische Lage der Hochschulen als noch ungünstiger: „Also, ich sage mal, die Wissenschaft, die Hochschulen kämpfen eigentlich einen sehr isolierten Kampf. [...] Die Hochschulen haben eigentlich keine Lobby" (Interviewaussage aus einem Wissenschaftsministerium).

geschraubt, da sie wiederum offenbar nicht finanzierbar sind.[305] An diesem
Beispiel zeigt sich zum einen die mögliche elektorale Mobilisierungswirkung
des Themas, insbesondere wenn das Konkretisierungsniveau der Ankündigun-
gen gering bleibt. (Weder SPD noch CDU kündigten in der Opposition an, in
welchen Bereichen die Stellen geschaffen werden sollten.) Zum anderen rela-
tivierte sich hier die Parteiendifferenz alsbald im finanzpolitischen Möglichkeitsraum. Auf die Frage, ob es also längerfristig keine großen Parteienunter-
schiede bezüglich des Umfangs der Bildungsausgaben in Hessen gebe, antwortete ein ehemaliger hessischer Kultusminister im Interview wie folgt:

„Nein, ja. Das würde ich wirklich definitiv sagen. Das ist jetzt wirklich so spiegelbildlich abgelaufen, ich könnte jetzt einen polemischen Satz darauf sagen,
von 2.900 1.000 runter zu nehmen ist also noch um einiges dramatischer, als
was ich damals machen musste, aber das sage ich im Landtag, strukturell ist das
im Prinzip ähnlich. Aber es ist interessant zu sehen, dass die Wähler das immer
gerne glauben wollen, deswegen hat die SPD damals gegen Wallmann die Wahl
gewonnen und hat Koch gegen Eichel gewonnen." (Interviewaussage)

In mehreren Ländern fällt auf, dass in Wahljahren und teils im darauf folgenden Jahr die Bildungsausgaben Ausschläge nach oben aufweisen. Mehrere
Interviewpartner wiesen darauf hin, dass Neubesetzungen von Stellen bewusst
verzögert und dann auf einen Schlag zu wahlpolitisch günstigen Zeitpunkten
en bloc realisiert wurden. Allerdings wirkt sich diese Tendenz in einigen Ländern nicht durchschlagend auf die Situation im gesamten Pool aus, wo keine
Wahljahreseffekte nachweisbar sind. Vermutlich sind nur oder zumindest
verstärkt Länder mit häufigeren Regierungswechseln bzw. knappen Wahlaus-
gängen betroffen, wohingegen in anderen Ländern gerade nach gewonnenen
Wahlen gespart wird (z.B. in Bayern nach dem letzten CSU-Triumph 2003).
In Thüringen gab das Kultusministerium in den letzten zweieinhalb Monaten
vor der Landtagswahl 2004 vier Pressemitteilungen zu Zuwendungsbeschei-
den über ca. 6 Mio. € für zehn Schulen im Lande heraus, zuvor in einem ganzen Jahr keine einzige. Einem interviewten Ministerialbeamten aus Thüringen
zufolge kamen hier verstärkte Publicity-Anstrengungen mit Ausgabensteue-
rung entlang des Wahlzyklus zusammen. Zum Legislaturzyklus des Interes-
sengruppeneinflusses auf die Bildungsausgaben bemerkte er: „Besonders gut
klappt das immer vor Wahlen, muss ich sagen" (Interviewaussage). In Bre-

---

305 Ähnlich ist die Konstellation in Niedersachsen, wo 2003 nach dem Wahlsieg
     von CDU und FDP 2.500 neue Stellen geschaffen wurden, nun aber 700 wie-
     der abgebaut werden (Interviewaussage).

men gab es jeweils deutliche Steigerungen der Bildungsausgaben in den Wahljahren 1991, 1995 und 1999. Dazu bemerkte ein Bremer Interviewpartner lachend: „Da kann man mal sehen" (Interviewaussage).

Kaum Erfolg haben dürfte aber auch in Wahljahren die Forderung der GEW, bis 2010 zwanzig Milliarden Euro zusätzlich in das Bildungswesen zu investieren (und dafür sowohl die Goldreserven der Bundesbank abzuschmelzen als auch die Vermögenssteuer wieder einzuführen; vgl. Steinbauer in der SZ vom 17.05.2004). Angesichts des Beschlusses der Länder-Finanzminister[306] vom Oktober 2001, wonach zusätzliche Bildungsinvestitionen einstimmig abgelehnt wurden (Rhein-Neckar-Zeitung vom 16.10.2001), wäre allerdings bereits das Erreichen weit weniger ambitionierter Ziele ein interessenpolitischer Erfolg.

Ein weiteres Beispiel aus Hessen illustriert sowohl die Zyklen der Popularität unterschiedlicher Politikfelder als auch die Bedeutung der persönlichen Durchsetzungsfähigkeit der Bildungspolitiker für die Ausgaben für ihren Bereich, die dann im folgenden Unterkapitel weiter ausgeführt wird. Evelies Mayer (SPD) wollte 1995 nicht länger Wissenschaftsministerin bleiben, weil sie die enger werdenden finanzpolitischen Vorgaben gegenüber den Hochschulen nicht mehr weiter vertreten mochte.

„[D]amals haben wir erhebliche Kürzungen, über 400 Millionen DM, im Hochschulbereich gehabt, [...] auch aufgrund der Intervention der Grünen. [...] [D]as haben die Grünen, zwei, drei Leute, die halt reine Haushälter waren, an [...] der Evelies Mayer vorbei einfach durchgesetzt, dass diese Kürzungen gemacht wurden. [...] Das ist nicht sehr fein gewesen, für die auch nicht. Das hatte sehr viel damit zu tun, dass die Grünen darauf gesetzt haben, alternative Energiepro-

---

306 Die Finanzminister verfügen im Übrigen nach publizistischer Einschätzung über den größten Corpsgeist unter den Länder-Fachministern und treffen sich auch am häufigsten (Herz 2004). Wenn nicht die „Herren der Luxusklasse" (so charakterisierte Bayerns Finanzminister Faltlhauser die Ministerpräsidenten) wären, könnten sich diese nach von Herz kolportierter Meinung eines altgedienten Finanzministers durchaus über die parteipolitischen und sonstigen Gräben hinweg einigen. Zumindest in den Maßnahmen habe man sich ohnehin schon sehr weit angenähert: „Es gibt keine linke oder rechte Haushaltpolitik mehr, allenfalls unterschiedliche Härtegrade des Sparens. Denn alle verfolgen ähnliche Strategien: Streichen im Personalbudget, Verkauf von Immobilien und Betrieben, Strecken von Ausgabenprogrammen. Zuweilen wenden sie die gleichen, von der jeweiligen Opposition natürlich gegeißelten Tricks an." (ibid.)

gramme zu finanzieren, und das ist zum Teil im Schul- und im Hochschulbereich gestrichen worden." (Interviewaussage)

5.5 Der personale Faktor

„Bildungspolitik eignet sich nicht für das Tagesgeschäft der inszenierten Ereignisse. Sie braucht den langen Atem von Jahren und Jahrzehnten. So ist es kein Zufall, daß die meisten Politiker sich nur in Sonntagsreden auf sie besinnen..." (Heike Schmoll in der FAZ vom 25.11.2000)

Bildungspolitik ist kein Betätigungsfeld, auf dem schnelle Erfolge oder große öffentliche Beachtung zu erzielen sind (Stern 2000: 31). Deshalb sind die bildungspolitischen Ressorts eher ungeeignete (und unbeliebte) Ausgangsstationen für machtpolitisch ambitionierte Politiker. Das ist für die Finanzierung des Bildungsbereichs insofern nachteilig, da das Standing der jeweiligen Ressortminister im Kabinett und insbesondere beim Finanzminister und beim Regierungschef (sowie in den die Regierung tragenden Fraktionen) für die Haushaltsverhandlungen eine auch in zahlreichen Interviews von den Experten angesprochene bedeutende Rolle spielt. Deshalb sollte der personale Faktor hier nicht außer acht gelassen werden.[307]

Kein Zufall ist im Hinblick auf die weit nach oben vom Trend abweichenden Bildungsausgaben Thüringens deshalb vermutlich, dass der derzeitige Ministerpräsident Althaus (als einer der eher wenigen Politiker, die in Deutschland auf der Bildungspolitik eine große Karriere aufgebaut haben) von 1992 bis 1999 Kultusminister des Landes war.[308] Außerdem wurde in

---

307 Rudolph bemerkt im Zusammenhang mit der Planungsfunktion des Budgets dazu: „Eine planmäßige ‚Bedarfsermittlung' würde die Gegenüberstellung der möglichen Ausgabenalternativen und der jeweiligen Mittel voraussetzen. Dies ist aber weder in den Ressorts selbst noch gar bei der ‚Endabstimmung' im Kabinett der Fall. Infolge der von unten nach oben zunehmenden Aggregation der Informationen ist nicht transparent, welche Alternativen überhaupt bei der Entscheidungsfindung berücksichtigt wurden und nach welchen Kriterien schließlich die Auswahl erfolgte. Die endgültige Aufteilung der Finanzmasse spiegelt somit allenfalls die relativen Machtpositionen der Ressortvertreter" (Rudolph 1969: 32).

308 Das persönliche machtpolitische Standing von Althaus könnte auch deshalb besonders wichtig gewesen sein, weil – so die Aussage von Interviewpartnern Kropps auch aus seiner eigenen Partei, der CDU – der ab 1994 amtierende Finanzminister Trautvetter (CDU) „eine durchaus energische Interessenvertre-

einem Interview als Grund für die von Beginn an hohen Bildungsausgaben Thüringens das Engagement der ersten Kultusministerin und heutigen Fraktionsvorsitzenden Lieberknecht (CDU) genannt.

In den Kabinetten Stolpe in Brandenburg dagegen war die Position der Bildungspolitiker gegenüber den Finanz- und übrigen Ressortministern nach Einschätzung von Beobachtern und Teilnehmern keine sehr machtvolle, und im Konfliktfall, etwa bei der Verteilung von Mittel- und Stellenkürzungen nach Einnahmeausfällen, konnten sie kaum auf Rückendeckung beim Ministerpräsidenten oder Solidarität im Kabinett bauen:

„Die Entwicklung der Haushalte von [19]95 bis [19]99 hatte nach meiner Wahrnehmung neben anderen Faktoren etwas mit der Stellung der jeweiligen Minister im Kabinett zu tun. Und in der laufenden Legislaturperiode habe ich erlebt im Kabinett dass also die Finanzministerin [...] zwei Folien vorlegt, auf der einen wie viel Schülerrückgang wir haben, auf der anderen (wir hatten uns ja vorgenommen, dass wir 8.000 Personalstellen bis 2004 abbauen) wie viel die anderen Ressorts an Personal einsparen müssen, wenn das Gros der Einsparungen aus dem Lehrerbereich kommt, also wenn man proportional zum Schülerrückgang abbaut, und wie viel mehr die anderen Ressorts einsparen müssen, wenn man bei den Lehrerstellen nicht so stark abbaut." (Interviewaussage)

Im angesprochenen Fall konnte sich der damalige Bildungsminister Reiche (SPD) nicht gegen die Kabinettskollegen (und seinen Parteifreund, den Ministerpräsidenten) durchsetzen.

Die profilierte Schulpolitikerin und zeitweilige Fraktionsvorsitzende der Brandenburgischen CDU, Beate Blechinger, der in einem Interview für die Zeit ab dem Regierungseintritt ihrer Partei 1999 ein positiver Einfluss auf die Bildungsausgabenentwicklung zugeschrieben wurde[309] (der Trendpfeil zeigt allerdings bis 2001 weiter nach unten), trat 2004 in die Landesregierung ein. Dies aber nicht etwa im Bildungs- oder Wissenschaftsbereich, sondern (ohne juristische Ausbildung) als Justizministerin; neuer Bildungsminister wurde der

---

tung" gepflegt habe und „stets nach dem Gesichtspunkt [gearbeitet habe] ‚nur keinen Streit vermeiden'" (Kropp 2001: 211).

309 Eine ehemalige brandenburgische Finanzministerin (SPD) berichtete im Interview, dass Blechinger (CDU) bei den Koalitionsverhandlungen zur ersten großen Koalition in ihrem Land erfolgreich auf einer Sonderbehandlung des Bildungsbereichs bei den anstehenden Sparmaßnahmen bestanden habe. Ihres Erachtens wäre das so nicht umgesetzt worden, wenn Blechinger Verkehrs- oder Landwirtschaftsexpertin gewesen wäre.

zum damaligen Zeitpunkt parteilose Schulleiter Holger Rupprecht – ein Vorgang, der nicht unbedingt für eine starke Machtposition und karrieretechnische Attraktivität des Politikfeldes Bildung in Brandenburg spricht.[310]

Ebenfalls auf den Einfluss einzelner handelnder Personen (hier im Hinblick auf reversierte Sparmaßnahmen) weist die folgende Interviewaussage aus Niedersachsen hin:

> „Das Witzige ist dabei, während wir ständig versucht haben, Geld zu sparen und auch Reduzierungen vorzunehmen, haben dann jeweils neue Ministerpräsidenten, in Niedersachsen waren das dann Glogowski 1998 und Gabriel ab Dezember 1999, die haben dann plötzlich wieder Lehrer eingestellt, Zusagen gemacht mit der Folge, dass natürlich auch keine wirkliche Entspannung in der Schuldenaufnahme eingetreten ist." (Interviewaussage)[311]

Während des Untersuchungszeitraums für die vorliegende Studie Finanzminister (von 1991 bis 2001), aber zuvor auch schon als Kultusminister (von 1980 bis 1991) ein politisches Schwergewicht im baden-württembergischen Kabinett war Gerhard Mayer-Vorfelder (CDU). Einem Mitarbeiter des Stuttgarter Kultusministeriums zufolge setzte er sich in dieser Zeit einem Kabinettsbeschluss, wegen des Schülerrückgangs 10.000 Lehrerstellen abzubauen, erfolgreich zur Wehr, woraufhin 3.500 Stellen weniger abgebaut wurden (Interviewaussage). Langfristige Prägewirkungen vor allem auf die Struktur der Bildungsausgaben ergaben sich aus der Amtszeit (1964-78) von Kultusminis-

---

310 Auch die Wissenschaftsministerin und derzeitige KMK-Präsidentin Johanna Wanka war zum Zeitpunkt ihres Amtsantritts als Ministerin im Oktober 2000 noch nicht Mitglied ihrer heutigen Partei, der CDU.

311 Ein weiterer Interviewpartner führte hierzu (und zur Frage nach Ausgabensteigerungen nach Wahlen) an: „Es hat in der Tat beispielsweise bei der Landtagswahl voriges Jahr Aussagen im Wahlprogramm gegeben, beispielsweise der SPD, nicht nur Programmaussagen, sondern auch Bestrebungen, die sich schon in der Planung abgebildet haben hier bei uns, einen zusätzlichen Standort einer Fachhochschule im Harz aufzumachen, in Goslar. Da hat man ganz eindeutig, der damalige Ministerpräsident, jetzige Fraktionsvorsitzende der SPD, kommt aus Goslar, zufälligerweise, man hat also dann im Zusammenwirken mit der Hochschule festgestellt, dass Goslar ein hervorragender Standort noch mal für diese Fachhochschule in Wolfenbüttel sein könnte. Das gibt es. Das ist natürlich weit entfernt von irgendwelchen Wahlgeschenken. Kann man gar nicht sagen. Das ist dann aus finanziellen Gründen nicht weiterverfolgt worden nach der Wahl und dem Regierungswechsel. Denn man kann nicht auf der einen Seite 40 Millionen in einem Hochschulstrukturprogramm einsparen und gleichzeitig einen neuen Standort aufmachen, während man an anderen Stellen schließt, das geht nicht zusammen."

ter Wilhelm Hahn (CDU), unter dessen Ägide „Baden-Württemberg plötzlich bundesweit bildungspolitisch Furore machte" (Knab 1991: 111). Das Bundesland betonte bei seinen (von der von Hahn eingerichteten Planungsabteilung[312], einer der ersten ihrer Art, vorbereiteten) Bildungsreformen und Expansionsaktivitäten besonders den Sektor der beruflichen Bildung, der deutschlandweit am dichtesten ausgebaut wurde, und die serielle Durchlässigkeit des Schulsystems (ibid.: 111ff.). Diesen beiden Merkmalen konnte auch die baldige konservative Gegenreaktion zur Reformeuphorie nichts anhaben, sie prägen das baden-württembergische Bildungswesen bis heute und unterscheiden es beispielsweise vom bayerischen, das zwar ebenso leistungsbetont ist, aber bei deutlich stärkerer sozialer Selektion weit weniger Abiturienten hervorbringt.

Auch auf der Bundesebene können solche Personeneffekte beobachtet werden, wo sich Bildungsministerin Bulmahn (SPD) im Kabinett Schröder schwer tat:

> „Besonders schwer machen es Frau Bulmahn ausgerechnet die Kabinettskollegen, die ihr mangelndes Profil attestieren. [...] [So] sagte zum Beispiel Bundesumweltminister Trittin (Grüne), es sei doch egal, ob man ‚der guten Edelgard' ein paar Millionen oder Milliarden mehr gebe – in der Bevölkerung erfahre davon ohnehin niemand etwas, keiner kenne die für das Zukunftsressort zuständige Ministerin. Die Minister Fischer und Künast nickten zustimmend. Auch der Bundeskanzler hat sich so geäußert: Bulmahn solle weniger Akten studieren und stattdessen Erfolge vermitteln, trug er ihr auf." (Schwägerl 2004)[313]

Die parteipolitische Zugehörigkeit der in diesem Abschnitt angesprochenen Personen mag unausgewogen verteilt sein. Deshalb sei ausdrücklich klargestellt, dass es an dieser Stelle nicht um Argumente zur Parteiendifferenz geht, sondern um die Bedeutung der persönlichen Machtposition bildungspolitischer Akteure für die Entwicklung der Bildungsausgaben. Besonders wichtig sind dabei im Übrigen Schnittstellenakteure, die Funktionen in verschiedenen Are-

---

312 Zur reformvorbereitenden und -begleitenden, von der CDU-Fraktion und dem Landesrechnungshof kritisch betrachteten Rolle des ebenfalls von Hahn initiierten (und ab 1968 weit weniger geschätzten) Beirats für Bildungsplanung, in dem u.a. Georg Picht und Ralf Dahrendorf mitwirkten, siehe Rudloff 2005: 20ff.

313 Vor diesem Hintergrund nimmt es nicht Wunder, dass die Hochschulbaumittel 2003 rückläufig waren und in die Etatentwürfe für 2004 die ursprüngliche Zusage, Bulmahns Haushalt um drei Prozent zu erhöhen, nicht erfüllt wurde. Stattdessen ging er sogar leicht zurück.

nen (etwa Kabinett, Fraktion und Partei) und auf verschiedenen Ebenen wahrnehmen:

> „Die Handlungsarenen werden in den Bundesländern insbesondere dadurch
> miteinander verknüpft, dass die Verhandlungsspitzen von Koalitionsparteien
> gleichzeitig auch andere zentrale Funktionen auf den anderen ‚Spielfeldern‘
> ausüben. [...] Es ist ein überschaubarer, zumeist hoch professionalisierter Per-
> sonenkreis, der den Schlüsselakteuren zugerechnet werden kann, die an den
> Schnittstellen der jeweils bedeutsamen Handlungsarenen agieren." (Kropp
> 2001: 88)

5.6 Länderspezifika

Neben über alle Länder beobachtbaren Faktoren spielen für die Position
einzelner Länder im Bildungsausgabenvergleich auch diesen eigene Sonderfaktoren eine Rolle. Bei der Darstellung derselben wird wegen der in der Residuendiagnostik in Abschnitt 4.5 festgestellten Sonderrolle dieser beiden
Länder besonders (aber nicht ausschließlich) auf Thüringen und Brandenburg
eingegangen.

Thüringen ist das einzige ostdeutsche Bundesland, das nach der Wieder-
vereinigung die Institution der Horte an Schulen aufrechterhalten hat. Diese
Betreuungseinrichtungen sind organisatorisch und räumlich den Schulen an-
gegliedert, und ihr Personal wird sowohl vom Land bezahlt als auch (vom
Land und dem Statistischen Bundesamt) im Bildungshaushalt verbucht.[314]
Dadurch entstehen jährliche Ausgaben von ca. 30 Mio. € (die in den letzten
Jahren des Untersuchungszeitraums demographisch bedingt um ca. 3 Mio.
zurückgegangen sind). Fünf bis zehn Prozent der überdurchschnittlichen Ausgaben Thüringens werden durch diesen Sachverhalt erklärt; eine Korrektur
hierfür entspräche in Abbildung 4-1-1 einer Verschiebung des Punktes Thüringen um etwa einen halben Zentimeter nach links unten. Auch existieren in
Thüringen vier Gymnasien in Landesträgerschaft (drei mit Sport- und eines

---

314 „Ausgaben für die Schülerbetreuung außerhalb des Unterrichts (z.B. während
     der Kernzeiten) sind grundsätzlich nur dann in den Schulausgaben enthalten,
     wenn die Betreuungsleistungen von der Schule erbracht werden." (Hetmeier
     2000b: 233) Dies ist in Thüringen durch die Horte an Schulen in weitaus grö-
     ßerem Umfang der Fall als in anderen Bundesländern.

mit Musikschwerpunkt), für die einem Interviewpartner aus dem Kultusministerium zufolge jährlich 15-20 Millionen € ausgegeben werden.

Des Weiteren wurde in zwei Experteninterviews auf das besonders ambitionierte thüringische Schulgesetz aus der Wendezeit verwiesen, das der finanziellen Ausstattung des Schulwesens starke Priorität gab.[315] Außerdem weist
Thüringen bundesweit die höchste Sonderschülerquote auf (und hat den relativ kostenintensiven Sonderschulbereich besonders gut ausgestattet; Interviewaussage; siehe auch S. 194f.). Kropp schließlich identifiziert in Thüringen in der Bildungspolitik stärkere Fachbruderschaften über Parteigrenzen
hinweg als in allen anderen Politikfeldern außer der Landwirtschaft (Kropp
2001: 224).

Brandenburg profitiert im Hochschulbereich stark von der Berliner Infrastruktur und verfügte zur Wendezeit über eine vergleichsweise schwache
Hochschultradition. Ohne die Ausbau- und Neugründungsaktivitäten[316] gerade im technischen und Fachhochschulbereich schmälern zu wollen kann gesagt werden, dass die Brandenburger Hochschullandschaft weiterhin unterdurchschnittlich ausgeprägt und deutlich auf Berlin ausgerichtet ist. Beispielsweise gibt es in Brandenburg nicht die Möglichkeit, Medizin zu studie-
ren, was ein (für die anbietenden Länder) relativ teurer Studiengang ist.

In Brandenburg wurden außerdem, anders als in den anderen Ostländern,
keine Bedarfskündigungen im Schulbereich vollzogen[317], sondern es wurde
stattdessen eine pauschale Teilzeitlösung, das sogenannte 80 %-Modell, (mit
schulbedarfsspezifischer Anpassungsmöglichkeit) umgesetzt und in der Folge
an die Schülerzahlenentwicklung adaptiert:

„Das drastische Zurückgehen der Schülerzahlen gerade im Grundschulbereich
wird zur Anwendung der 1995 zwischen der Landesregierung und den Lehrerverbänden getroffenen Übereinkunft der weiteren Reduzierung von Teilzeitar-

---

315 Dem Wortlaut des vorläufigen Bildungsgesetzes (so der eigentliche Name)
von 1991 ist nicht unbedingt zu entnehmen, warum die Bildungsausgaben
deutlich höher sein sollten als anderswo. Das Gesetz symbolisierte wohl eher
als solches den Stellenwert der Bildung für Thüringen

316 Die jüngst eingeweihte, spektakuläre neue Bibliothek der Cottbuser Techni-
schen Universität kann als Beispiel dafür und für den typisch Brandenburger
Versuch der Modernisierung über Großprojekte (vgl. z.B. Lausitzring, Cargo-
Lifter und Chip-Fabrik Frankfurt/Oder) gelten.

317 In Sachsen-Anhalt wurde dagegen ganz im Gegenteil „tarifvertraglich der
Vollbeschäftigten-Status der Lehrkräfte, unabhängig von ihrer tatsächlich geleisteten Unterrichtsstundenzahl, festgelegt" (Renz 1998a: 995).

beitsverhältnissen auf 60 % führen. Einerseits brachte diese Entscheidung Arbeitsplatzsicherheit unter der Lehrerschaft, andererseits entstanden durch die damit verbundene Differenzierung unter den Lehrern Unzufriedenheit und Spannungen." (Büchner/Franzke 2002: 135f.)[318]

Auch in Interviews wurde auf damit verbundene Motivationsschwierigkeiten verwiesen. Für die hier interessierenden (Personal-) Ausgaben des Landes bedeutete die Regelung aber eine ungewöhnlich große Flexibilität.[319] Von daher überrascht es nicht, dass Brandenburg das einzige Bundesland ist, in dem die Personalausgaben im Schulbereich von Mitte der 1990er Jahre bis zum Ende des Beobachtungszeitraums deutlich sanken (um knapp 15%) – und

---

318 Die Einigung von 1995 zwischen Bildungsministerium und Personalrat wurde in mehreren Schritten fortgeschrieben: Zunächst wurde der Sockel der garantierten Beschäftigung auf 68 % abgesenkt (Muszynski 2000: 2). Da der Schülerrückgang in Brandenburg regional stark asymmetrisch verteilt ist, standen und stehen viele Lehrer vor allem im Schulamtsbereich Cottbus vor der Wahl zwischen weiterer Deputatsreduzierung oder Versetzung. Der Staatssekretär im brandenburgischen Bildungsministerium, Gorholt, bemerkte dazu: „Ich bin erleichtert, dass wir den eingeschlagenen gemeinsamen Weg fortsetzen können, um einen Personal- bzw. Stellenabbau sozialverträglich hinzubekommen, der in der Bundesrepublik im öffentlichen Dienst in dieser Größenordnung beispiellos ist. Der seit sechs Jahren permanente Stellenabbau wird schon 2008 mit dann nur noch rund 17.000 für die Unterrichtsversorgung benötigten Stellen zu einer Halbierung der 35.000 Stellen, die wir 1991 für die Schulen gebraucht haben, führen; das ist ein Sparprogramm, das in dieser Weise wohl noch nie ohne Kündigungen bewältigt werden konnte." (Presseerklärung des Brandenburger Bildungsministeriums vom 6.1.2005)

319 Die Flexibilität der inhaltlichen Planung ist allerdings nicht entsprechend gewachsen, was aus Qualitätsgesichtspunkten in einem Interview wie folgt kritisiert wurde: „Wir machen zeitweise Schule für Lehrer und nicht Schule für Schüler, weil die Gewerkschaften erst einmal darauf achten, dass die Lehrer ihre Stellen erhalten und möglichst mit einem hohen Beschäftigungsumfang eingestellt werden. Das führt also zu solchen Extremfällen, man könnte also an einer Schule einen Musiklehrer auslasten, wenn er zu 100 % eingesetzt wäre, das würde aber dazu führen, dass der Geschichtslehrer nur zu 50% eingesetzt wird, obwohl er also zwei Drittel der Stelle bezahlt kriegen muss, weil er dazu einen Arbeitsvertrag hat, und dann muss er eben Musik oder Physik oder andere Mangelfächer unterrichten, obwohl er dafür nicht ausgebildet ist, nur um seinen Arbeitsvertrag zu erfüllen, und der Fachlehrer wird geringer beschäftigt, obwohl für sein Fach ein Bedarf für einen hundertprozentigen Beschäftigungsumfang besteht. Und das ist natürlich eigentlich eine Katastrophe." (Interviewaussage)

das trotz deutlicher Tarifanhebung in Richtung Westniveau.[320] Wohl auch aufgrund dieser Vorbildwirkung strebt der sächsische Kultusminister Flath (CDU) eine ähnliche Regelung zum Abbau von 7.500 der 33.000 Lehrerstellen in Sachsen bis 2009 an (vgl. Boecker 2005).

Außerdem weist Brandenburg eine sehr niedrige Wiederholerquote im allgemeinbildenden Schulwesen auf. Sie liegt mit ca. einem Prozent z. B. bei unter einem Drittel des Werts für Bayern und einem Viertel desjenigen Bremens (das allerdings inzwischen Fördermaßnahmen zur Senkung derselben eingeleitet hat). Auch bei der kumulierten Wiederholerquote der 15-Jährigen meldete Brandenburg 2001 mit 11,2 den niedrigsten Wert (Avenarius et al. 2003a: 298). Der Leiter des Weiterbildungszentrums der Universität Potsdam schreibt dazu:

> „Es gibt in der Tat keine seriösen Hinweise darauf, dass brandenburgische Schülerinnen und Schüler ihren Klassenkameraden in Bremen und Bayern überhaupt – und dann noch so deutlich – überlegen wären. Viel plausibler ist da schon die Annahme, brandenburgische Lehrkräfte gingen mit den Leistungsgrenzen ihrer Schülerinnen und Schüler weitaus großzügiger um als ihre Kollegen in anderen Bundesländern." (Muszynski 2000: 5)

Unter sonst gleichen Bedingungen senken niedrigere Wiederholerquoten die Schülerzahlen und damit die Bildungsausgaben.

Die Stundentafel der Grundschüler hatte in Brandenburg des Weiteren in den 1990er Jahren mit den geringsten Umfang im Bundesländervergleich (wurde seither allerdings von 83 auf 91 Stunden aufgestockt), was einen Teil der gerade im Vergleich zu Thüringen geringeren Bildungsausgaben erklären kann:

> „Ich nehme mal ein Beispiel: In der dritten Klasse haben die Schüler in Thüringen 27 Wochenstunden. Bei uns waren es 22 Wochenstunden." (Interviewaussage)

Zur Auswirkung der Parteiendifferenz wies ein Interviewpartner darauf hin, dass die SPD in Brandenburg zwei Koalitionsoptionen hat und dadurch die CDU durch die Drohung mit einer Koalition mit der den Sozialdemokraten in bildungspolitischen Angelegenheiten oft näher stehenden PDS zu Zugeständnissen bewegen konnte.

---

320 Wenn die kleinen Nachwendejahrgänge aus dem Schulsystem gealtert sein werden, könnte der Brandenburger Weg auch eine leichtere Behebung des für diesen Zeitpunkt prognostizierten Lehrermangels ermöglichen.

Ein letzter Grund für die gemäß der Residuendiagnostik unter den Erwartungen liegenden (gemessenen) Bildungsausgaben Brandenburgs liegt – wegen der oben diskutierten statistischen Erfassungsprobleme – in seiner für ein ostdeutsches Bundesland sehr hohen Beamtenquote im Schulbereich (2002 lag sie bei 53 %, in allen anderen Ost-Ländern dagegen unter 20 %).

Zu Bremens Bildungsausgabenanstieg gegen Ende des Untersuchungszeitraums sei angeführt, dass diese aus dem Hochschulbereich und der Kategorie ‚Sonstiges Bildungswesen' stammen (während die Schulausgaben rückläufig waren).[321] Zu dieser Zeit erhielt die International University Bremen (IUB) vom Land eine – umstrittene – Anschubfinanzierung in Höhe von 214,5 Mio. DM (Wissenschaftsrat 2001: 5).[322]

In verschiedenen Bundesländern wurden im Untersuchungszeitraum Lehrkräfte nicht in der Schule, sondern in der Verwaltung eingesetzt oder sogar für bildungsfremde Zwecke[323] freigestellt, während ihre Bezahlung aber dennoch über den Bildungshaushalt erfolgte (Hetmeier 2000b: 240). Dadurch werden die Ausgaben für den (jeweiligen) Bildungsbereich überzeichnet. Besonders verbreitet war diese Praxis in Bremen (und wurde erst nach schwierigen politischen Debatten abgeschafft):

> „Bremen hat in den Jahren, als es so war, dass man keine Lehrer einstellte, dass Lehrer sozusagen über waren, in dieser Zeit hat Bremen Lehrer abgeordnet, zum Beispiel an den Kulturbereich oder an den Wissenschaftsbereich. [...] Das waren schon an die hundert [Stellen].[324] Und dieses hat über Jahre den Schulbereich belastet. [...] Das war bis vor drei Jahren, 2001 hat der Senat einen Beschluss gefasst, dass alles sozusagen umgewidmet wird, und dass die einzelnen Ressorts und die einzelnen Bereiche, die dieses Personal haben, wenn sie es denn weiter haben wollen, dass sie es dann auch bezahlen müssen. Und ent-

---

321 Nach den Planungen für den Doppelhaushalt 2006/07 werden auch die gesamten Bildungsausgaben Bremens in diesem Zeitraum (um ca. 3,5% gegenüber 2005) sinken (Presseerklärung des Senats vom 9.06.2005).

322 Außerdem strebten Bremen und die IUB Hochschulbaufördermittel gemäß HBFG in Höhe von 155 Mio. DM an (Wissenschaftsrat 2001: 5), von denen ein Gutteil floss, und die landeseigene Bremer Aufbaubank gewährte der IUB einen Kredit in Höhe von 50 Mio. €., für den das Land bürgt (Pressemitteilung des Bremer Senats vom 15.07.2003).

323 In Bremen etwa wurden beispielsweise lange Zeit Lehrkräfte voll zur Betreuung von schulexternen Bibliotheken eingesetzt (Interviewaussage).

324 Ein anderer Interviewpartner sprach von 150 Stellen, durch deren Rückführung in den Schulbereich sich auch die Schüler-Lehrer-Relation deutlich verbessert habe.

sprechend sind entweder die Leute wieder in die Schule gegangen, oder die Bereiche haben das selbst bezahlt. [...] Das war ein ziemliches Drama. Politisch war das außerordentlich schwierig umzusetzen, das war schon ein kleiner Akt, das hinzukriegen. Die anderen Ressorts fanden das ja immer gut, die Leistungen zu kriegen und nichts dafür zu bezahlen. Aber dazu muss man einfach auch wissen, früher hieß dieses Ressort Bildung, Wissenschaft und Kultur. Und die meisten Lehrer, die das betraf, waren im Wissenschaftsbereich und im Kulturbereich. So, und dann ist der Kulturbereich zu einem anderen Ressort gekommen, das läuft ja dann politisch nach Wahlen, und früher sagte man immer o.k., wenn man sich die Finanzeckwerteplanung ankuckt gibt es so etwas wie ein Senatorenbudget, und wenn der Senator eben drei Bereiche hat, dann muss er sowieso innerhalb dieser Bereiche hin und her kucken, wie es geht. Und wenn aber ein Willi Lemke nun Bildung und Wissenschaft hat, dann will er nicht auch noch für Kultur bezahlen. Und das ist dann umgesetzt worden, und das war eine ziemlich schwerwiegende, komplizierte politische Geschichte." (Interviewaussage)

Ebenfalls geplant ist die Abschaffung der im Ländervergleich überdurchschnittlichen Bezahlung der Grundschullehrer in Bremen. Zugleich war Bremen im Jahr 2000 das Land mit der höchsten Zahl an Unterrichtsstunden je Vollzeitlehrer-Einheit.

„Dahinter steckt, dass wir die Lehrerarbeitszeit erhöht haben auf das höchste Niveau aller Bundesländer, dahinter steckt, dass wir Haushaltsnotlageland sind. Also sprich das ist eine gezielte politische Entscheidung gewesen. Es gab einen erbitterten Widerstand, aber das ist in Anführungszeichen das Schicksal der Beamten. Man kann sich nur in einem begrenzten Maße dann wehren." (Interviewaussage)

Im Übrigen ist Bremen neben Hessen eines der Länder mit besonders starken ideologischen Konflikten in der Bildungspolitik. Hier gab es allerdings gerade keine parteipolitischen Wechsel, sondern die SPD stellte ab urbe condita den Bildungssenator. Wohl auch deshalb wurde in mehreren Interviews der Einfluss der GEW in Bremen (und das Eigengewicht der dortigen Bildungsverwaltung) als relativ groß dargestellt.

Ein Bereich, in dem in den letzten Jahren in mehreren Ländern Sparmaßnahmen ergriffen wurden, ist die Lernmittelfreiheit. So besteht in Niedersachsen (wo sie erst 1990 eingeführt und schon von der Regierung Schröder wieder eingeschränkt worden war) seit 2004 die Wahl zwischen dem Kauf der Schulbücher und einer ‚entgeltlichen Lernmittelausleihe', für die pro Kind

durchschnittlich 37 € im Schuljahr zu zahlen ist (Presseerklärung des Nieder-
sächsischen Kultusministeriums vom 26.10.2004). Ähnliche Kostenbeteili-
gungsregelungen existieren in Berlin, Nordrhein-Westfalen, Hamburg und
Thüringen. Das Saarland und Rheinland-Pfalz hatten die allgemeine Lernmittelfreiheit gleich gar nie eingeführt (und waren damit 1991 noch die Ausnahme). Auch in Bremen wird ab 2007 eine Elternbeteiligung an den Lernmittel-
kosten eingeführt (Presseerklärung des Senats vom 24.06.2005), und in weiteren Ländern gibt es entsprechende Pläne. Nur noch in Baden-Württemberg,
Hessen, Schleswig-Holstein und Sachsen besteht die traditionelle Lernmittelfreiheit, aber auch hier gibt es Debatten über ihre Ausgestaltung, z.B. hinsichtlich der Geringfügigkeitsgrenze, unterhalb derer der Staat die Kosten
dann doch nicht trägt. In Bayern wurde an dem zum Schuljahr 2005/06 einge-
führten Büchergeld in Höhe von 40 € an weiterführenden Schulen besonders
das datenschutzrechtlich fragwürdige Verfahren kritisiert, das einkommens-
schwache Eltern verpflichtet, „für Befreiungsanträge zum Büchergeld den
Lehrkräften ihrer Kinder Nachweise über ihre Bedürftigkeit, z.B. Sozialhilfe-
bescheide, vorzulegen" (Presseerklärung des Bayerischen Landesbeauftragten
für den Datenschutz vom 11.11.2005). Hier führen – vom Finanzaufkommen
her gar nicht so bedeutende – Sparmaßnahmen zu deutlichen Einschnitten in
bislang gewohnte Freiheitsrechte.

Deutliche Unterschiede lassen sich auch in der Öffentlichkeitsarbeit der
bildungsrelevanten Ministerien der Länder ausmachen: Während in Brandenburg bei fünf- und sogar vierstelligen Zuschüssen (meist für einzelne Schulen)
regelmäßig vom Bildungsministerium Pressemitteilungen herausgegeben werden und bei sechsstelligen der Staatssekretär oder der Minister zur symboli-
schen Übergabe anreist, bedarf es für einen ähnlichen Aufwand in Baden-
Württemberg schon eines zwei- bzw. dreistelligen Millionenbetrags.

Bayern hat 1999 seine Buchungspraxis im Hinblick auf die in Abschnitt
2.1 diskutierten Unterschiede zwischen Angestellten und Beamten geändert
und die entsprechenden Pensionslasten dem Bildungsbereich zugerechnet. Für
die als Basis der Analysen in dieser Arbeit verwendeten Daten des SBA macht
das keinen Unterschied, da das SBA die Vergleichbarkeit wieder herstellt,
aber für die Außendarstellung des bayerischen Kultusministeriums boten sich
dadurch neue Opportunitäten an: Von 2004 auf (die Planungen für) 2005
konnte nur aus diesem Grund eine Steigerung der Bildungsausgaben bekannt
gegeben werden, und auch der letzte größere Sprung des Haushaltsansatzes
von 1998 auf 1999 war vor allem diesem Effekt zu verdanken. (SZ vom

21.12.2004) Weitere kleinere Vergleichbarkeitseinschränkungen bestehen verschiedenen Interviews zufolge hinsichtlich der Verwaltungsstrukturen in Nordrhein-Westfalen (so habe die Bezirksregierung Düsseldorf für Schulaufgaben 800 Mitarbeiter, die im Innenministerium bzw. seinem Haushalt gebucht würden) und in Bayern durch die nur dort anzutreffenden Volksschullehrer im kommunalen Dienst. Zwei bildungsausgabenrelevante niedersächsische Besonderheiten sind zudem der Sonderweg in der Berufsbildung über das (inzwischen außer in den Bereichen Holz und Bau, wo es tariflich abgesichert ist, wieder abgeschaffte) voll vom Land finanzierte Berufsgrundbildungsjahr und im Hochschulbereich das Stiftungsmodell:

> „Wir haben in Niedersachsen als erstem Bundesland 1995 den Schritt gewagt, damals drei Hochschulen als Modellversuch, später dann alle Hochschulen, umzuwandeln in kaufmännische Landesbetriebe. Das ist ein Modell gewesen, das hat es in anderen Bundesländern noch nicht gegeben. Mit diesem Modell haben wir zunächst einmal eine gewisse Finanzautonomie herbeigeführt, das heißt, die Hochschulen konnten im Sinne eines Gesamtbudgets ein wenig freier schalten und walten, als sie es in der Kameralistik tun konnten. Wir haben Ende der 90er Jahre bis 2001 alle Hochschulen umgewandelt, parallel dazu hat Hessen das gleiche gemacht im Jahr 2000. Der [Wissenschaftsminister] Oppermann war dann, auch aufgrund seiner eigenen Erlebnisse und Erfahrungen insbesondere in den Vereinigten Staaten, zu der Überzeugung gekommen, dass man die Hochschulen, ich sag das jetzt mal etwas salopp, ein wenig mehr noch vor dem Staat, insbesondere vor dem Finanzminister, schützen muss. Und ist zu dem Ergebnis gekommen, das kann man am besten in Form einer Stiftung machen, die also rechtlich unabhängig ist, im Grunde genommen nicht den normalen Einflüssen, auch unterjährigen Einflüssen eines Finanzministers oder auch eben eines Wissenschaftsministeriums unterliegt, sondern eben einmal im Jahr eine Summe als Zuwendung bekommt, und dann mit dieser Summe unbeirrt arbeiten kann." (Interviewaussage)

Für Teile der bereits im Abschnitt 5.2 angesprochenen Zukunftsoffensive-Sondermittel in Baden-Württemberg gab es eine Bewirtschaftungsbefugnis der Fachressorts im Haushaltskapitel Allgemeine Finanzwirtschaft. Trotz Rückfrage beim Statistischen Bundesamt konnte leider nicht geklärt werden, ob diese Mittel in der Jahresrechnungsstatistik korrekterweise dem Bildungsbereich zugeschlagen wurden. Politisch interessant ist an diesen Sondermitteln zudem, dass sich der Ministerrat ihre Bewirtschaftung vorbehalten hat und sie selbst auf die Ministerien verteilte.[325]

Besonders ungünstig kann sich die föderale Struktur dann auswirken, wenn die Entscheidung eines Landes zum Ausstieg aus einer gemeinsam finanzierten Einrichtung einen Domino-Effekt auslöst. Dem renommierten Georg Eckert-Institut für internationale Schulbuchforschung in Braunschweig droht ein solcher, seit sich Berlin 2003 aus dem Kreis der Förderer zurückzog und auch Nordrhein-Westfalen den Ausstieg beschloss (vgl. SZ vom 8.12.2003 und Gaschke 2004). Gleich die gesamte Kultusministerkonferenz in Angst und Schrecken versetzte 2004 der niedersächsische Ministerpräsident Wulff mit der Kündigung des Abkommens über das Sekretariat der KMK (mit dem Ziel, bei Neuverhandlungen Einsparungen zu erreichen).

Ein prägender Einfluss auf die Bildungssysteme und -politiken der ostdeutschen Bundesländer wurde von mehreren Interviewpartnern den Länderpatenschaften (bzw., mit der Zeit mehr und mehr: Partnerschaften) in den frühen 1990er Jahren zugeschrieben. Das erste der folgenden beiden Zitate hierzu stammt von einem früheren Kabinettsmitglied eines West-, die zweite von einem eines Ost-Landes:

„Ja, die haben ganz viel gemacht in den 90er Jahren, auch mit unserer Hilfe. Hessen, wir haben 300 Millionen DM alleine an direkten Zuschüssen [gegeben] und dann noch mal Darlehen und die ganzen Hilfen aus den Ministerien, zum Beispiel auch aus dem Wissenschaftsministerium zur Evaluation, zur Aufarbeitung, zur Ausarbeitung von Studienordnungen etc. [...] Und in diesem Zusammenhang gab es dann folglich auch Berufungen und Assistenten, die dann in Thüringen lange Zeit oder ganz dort geblieben sind. Und in der ersten Regierung war der Wissenschaftsminister ein FDP-Mann, der sich einen hessischen Staatssekretär geholt hat." (Interviewaussage)

„Wenn wir Bayern als Partnerland gehabt hätten, wären wir nicht Drittletzter bei der PISA-Studie. Wir haben ja bekanntermaßen Nordrhein-Westfalen gehabt, und es waren von dort auch nicht die crème de la crème der Leute, die gekommen sind, das haben uns ja die Leute aus Nordrhein-Westfalen hinter vorgehaltener Hand auch gesagt, dass sich ihre Qualität der Verwaltung spürbar verbessert hat, durch die Partnerschaft mit Brandenburg." (Interviewaussage)

---

325 Verpflichtende Ausgaben durften mit den Zukunftsoffensive-Mitteln nicht finanziert werden.

Stadtstaaten schließlich wirken mit ihren großstädtischen Bildungsangeboten (vor allem im Hochschulbereich) auch ins angrenzende Umland hinein und bewirken dort positive externe Effekte, da Einpendler diese Angebote nutzen. Daher könnte man vermuten, dass dadurch die Bildungsausgaben der Stadtstaaten etwas höher und diejenigen der benachbarten Flächenländer Brandenburg, Niedersachsen und Schleswig-Holstein etwas geringer ausfallen, zumal bisher lediglich im Schulbereich Kompensationsmechanismen bestehen. Hinsichtlich der Bildungsverwaltung in Stadtstaaten beklagte ein Interviewpartner zudem eine Überlastung mit kommunalen Aufgaben und zu geringe Kapazitäten für die eigentlichen ministeriellen Aufgaben.

Selbstverständlich kann man solcherlei Erkenntnisse aus qualitativen Analysen, wie sie in diesem Kapitel vorgestellt wurden, als nicht-repräsentative anekdotische Evidenz abtun. Der Verfasser ist jedoch der Auffassung, dass sie zum einen die makroquantitativen Analysen durch Rückkopplungseffekte bereichert, zum anderen – und vor allem – diese aber auch durch in ihnen nicht erfassbare Aspekte ergänzt haben und dass dadurch ein umfassenderes Bild von den Bestimmungsgründen der Bildungsausgabenvariation zwischen und in den Bundesländern gezeichnet werden konnte.

6   Zusammenfassung und Ausblick

Die Bildungsausgaben der Bundesländer weisen vor allem im Querschnittsvergleich, aber auch über die Zeit eine beachtliche Variation auf. Fünf Faktorengruppen sind für die Erklärung dieser Variation zentral: Das Politikerbe, die wirtschaftliche Leistungskraft, der demographische Nachfragedruck, die Finanzierungsbedingungen und schließlich Parteiendifferenzeffekte. Die Bildungsausgaben im Jahr zuvor stellen in jedem einzelnen Jahr die stärkste Vorhersagegröße dar. Allerdings sind auch diese unter dem Einfluss anderer Größen so hoch oder niedrig geworden, wie sie sind, was die Bedeutung dieser Variable im Vergleich zu anderen Größen relativiert. Die hohen Bildungsausgabenquoten der neuen Länder vor allem in den ersten Jahren nach der Wiedervereinigung gehen zu einem Gutteil auf das Konto des Nachholbedarfs aufgrund des politischen Erbes der DDR (den zu befriedigen die Transfers aus Westdeutschland ermöglichten). Mit höherer wirtschaftlicher Leistungskraft der Bundesländer gehen höhere Pro-Kopf-Bildungsausgaben einher. Aufgrund von Sättigungseffekten und wegen des nivellierenden Finanzausgleichs übersetzt sie sich aber nicht wie im internationalen Vergleich in höhere, sondern im Gegenteil in niedrigere Bildungsausgabenquoten. Außerdem liefert die demographisch bedingte Nachfrage in der Form des Bevölkerungsanteils der 6-24-Jährigen einen erheblichen Erklärungsbeitrag zur Bildungsausgabenvariation in beiden Messgrößen: Je jünger die Bevölkerung eines Bundeslandes ist, desto höher sind seine Bildungsausgaben. Neben dem bundesstaatlichen Finanzausgleich, der wirtschaftlich schwächeren Bundesländern überproportionale Bildungsausgaben ermöglicht, wirken sich auch die Höhe der Steuereinnahmen und der Nettokreditaufnahme positiv auf die Bildungsausgaben aus.[326] Eine Programmkonkurrenz ist nur in einem Teil der Analyseperspektiven festzustellen. Stärker ist sie zu den Sicherheits- als zu den Sozialausgaben ausgeprägt, und am deutlichsten tritt sie in der Veränderungsbetrachtung zu Tage. Die wachsende Staatsverschuldung verstärkt die Konkurrenzeffekte. (Ihr eigenständiger negativer Einfluss auf die Bildungsausgaben hängt allerdings von der zugespitzten Finanzsituation Berlins ab –

---

326 Auch eine kumulierte Finanzkraftvariable (die Summe aus Steuereinnahmen, Finanzausgleichssaldo, Nettokreditaufnahme abzüglich der Zinsausgaben) erbrachte ein hochsignifikant positives Ergebnis.

exkludiert man dieses Land, verschwindet das negative Vorzeichen.) Und SPD-regierte Bundesländer geben – entgegen dem positiven Sozialdemokratieeffekt im internationalen Vergleich – signifikant weniger für Bildung aus als CDU-regierte[327], während mit höheren Kabinettssitzanteilen der FDP spürbar höhere Bildungsausgaben einhergehen. Nicht nachweisen lässt sich ein negativer SPD-Effekt allerdings im reinen Westländervergleich und ein positiver FDP-Effekt auf die Hochschulausgaben. Erklärungsfaktoren aus der zweiten Reihe mit nicht unerheblichem Einfluss sind blinde Stellen der statistischen Erfassung, der Säkularisierungsgrad bzw. der Kirchenmitgliederanteil sowie im Hinblick auf die Pro-Kopf- und die Hochschulausgaben die internationale Wettbewerbsfähigkeit, bemessen an der Exportstärke. (Zu den Effekten dieser Größen sei auf Abschnitt 4.4.6 zurück verwiesen.) Eine Übersicht über die Ergebnisse des quantifizierenden Hypothesentests, in der neben den bisher genannten auch alle weiteren in Kapitel 3 diskutierten Faktoren aufgegriffen werden, bietet Tabelle 6-1.

Anhand der Erkenntnisse aus der qualitativen Analyse der Willensbildungs- und Entscheidungsprozesse und insbesondere den Fallstudien wurde deutlich, wie der Haushaltsprozess, das Verhältnis zwischen Exekutive und Legislative sowie länderspezifische Faktoren und Konstellationen die Bildungsausgabenentwicklung beeinflussen und dass unter bestimmten Umständen auch Interessenverbände, die öffentliche Meinung und einzelne handelnde Personen darauf einwirken können. Die Haushaltsaufstellung orientiert sich – aus bürokratischer Routine ebenso wie wegen gesetzlicher Festlegungen – am Haushalt des Vorjahres. Die Veränderungen gegenüber diesem sind zumeist inkrementell. In Zeiten knapper Länderkassen hat, insbesondere durch Haushaltsbegleitgesetze, der Spielraum der Exekutiven gegenüber den Landesparlamenten zugenommen. Interessengruppen und öffentliche Meinung haben immer wieder – vor allem im Vorfeld von Wahlen – mit finanziell überschaubaren Initiativen Erfolg. Sind Bildungspolitiker machtpolitisch in Regierung, Partei und Fraktion gut positioniert, schlägt sich dies oft auch in der Ressourcenzuteilung nieder. (Zu den schwer generalisierbaren Länderspezifika siehe Abschnitt 5.6) Alle diese Faktoren halfen auch dabei, die in der Residuendiagnostik identifizierte Sonderstellung der ‚Ausreißerländer' Thüringen und Brandenburg zu erklären.

---

327 Dies gilt insbesondere auch für SPD-geführte Regierungen mit vergleichsweise hohen Steuereinnahmen, wie die Analyse von Interaktionseffekten zeigte.

Tabelle 6-1:   Hypothesen, Indikatoren und Ergebnisse

Hypothese	Indikator	Wirkung	Ergebnis
H_1 Statistische Erfassungsdefizite	Beamtenquote im Schulbereich	negativ	nicht ganz auszuschließen[328]
H_2 Politikerbe 1: Pfadabhängigkeit der öffentlichen Ausgaben	Vorjahres-Bildungsausgaben	positiv	bestätigt
H_3 Politikerbe 2: Konvergenz	Bildungsausgaben zu Beginn des Untersuchungszeitraums	negativ	bestätigt
H_4 Politikerbe 3: Nachholbedarf nach Diktatur	Ost-Länder-Dummy	positiv	bestätigt
H_5 Sozioökonomie: Wirtschaftskraft	BIP/Kopf	PKBA: positiv BAQ: negativ	bestätigt bestätigt
H_6 Soziodemographie 1: Größe der Hauptnachfragegruppe	Anteil der 6-24-Jährigen an der Bevölkerung	positiv	bestätigt
H_7 Soziodemographie 2: Größe der Hauptnachfragegruppe für sonstige Sozialausgaben	Anteil der über 65-Jährigen an der Bevölkerung	negativ	bestätigt
H_8 Soziodemographie 3: Geringere Bildungsnachfrage von Ausländern	Ausländeranteil an der Bevölkerung	negativ	nicht bestätigt
H_9 Institutionen 1: Wahltaktisches Ausgabenverhalten	Wahljahres-Dummy	positiv	nicht bestätigt
H_{10} Institutionen 2: Finanzkraft	Steuereinnahmen	positiv	bestätigt
H_{11} Institutionen 3: Kreditfinanzierung öffentlicher Aufgaben	Nettokreditaufnahme	positiv	bestätigt
H_{12} Institutionen 4: bundesstaatlicher Finanzausgleich	Finanzausgleichssaldo	positiv	bestätigt
H_{13} Institutionen 5: Programmkonkurrenz zu den (übrigen) Sozialausgaben	Sozialausgaben	negativ	teilweise bestätigt
H_{14} Institutionen 6: Programmkonkurrenz zu den Ausgaben für Innere Sicherheit	Ausgaben für Innere Sicherheit	negativ	teilweise bestätigt
H_{15} Institutionen 7: Olsson'sche (bildungssystemstrukturelle) Quellen	diverse Parameter, siehe S. 90ff. und 193ff.	unterschiedlich	siehe S. 193ff.
H_{16} Machtressourcen: Gewerkschaftsmacht	gewerkschaftlicher Organisationsgrad	uneindeutig	keine Hinweise auf systematischen Zusammenhang
H_{17} Geschlechterverhältnis 1: Bildungsbeteiligung von Frauen	Schülerinnen- und Studentinnenanteil	positiv	nicht bestätigt
H_{18} Geschlechterverhältnis 2: Erwerbsbeteiligung von Frauen	Frauenerwerbsquote	positiv	einzelne Hinweise auf ein Zutreffen
H_{19} Parteiendifferenz: Parteipolitische Färbung der Landesregierungen	Kabinettssitzanteile	CDU: negativ SPD: positiv FDP: positiv Grüne: offen	Gegenteil bestätigt Gegenteil bestätigt bestätigt keine Hinweise auf systematischen Zusammenhang
H_{20} Soziokulturelles 1:Konfessionelle Prägung	Protestantenanteil, Katholikenanteil	uneindeutig	jeweils negativer Zusammenhang
H_{21} Soziokulturelles 2: Kirchenbindung	Kirchenmitgliederanteil	negativ	bestätigt
H_{22} Soziokulturelles 3: private Bildungsfinanzierung	stellvertretend für private Bildungsausgaben: Privatschülerquote	negativ	keine Hinweise auf systematischen Zusammenhang
H_{23} Denationalisierung: Internationale Verflechtung und Wettbewerbsfähigkeit der Wirtschaft	Exportquote, Ausländische Direktinvestitionen (FDIs)	positiv	bestätigt hinsichtlich des Zusammenhangs zwischen Exporten und PKBA
H_{24} ‚New Politics' 1: Verschuldung	Schuldenstand	negativ	bestätigt
H_{25} ‚New Politics' 2: Zinslast	Zinsausgaben	negativ	bestätigt
H_{26} ‚New Politics' 3: Austerität	Gesamtausgaben	positiv	bestätigt

Mit Wirkung ist die aufgrund der theoretischen Überlegungen erwartete Wirkungsrichtung des Zusammenhangs gemeint. Bestätigung ist hier nicht als (im Popper'schen Sinne unmögliche) Verifikation zu verstehen, sondern als vorläufige Untermauerung und Nicht-Falsifikation. Die Aussagen dazu beziehen sich auf den Vergleich der gesamten Bildungsausgaben aller Bundesländer. (Für Differenzierungen siehe die Ausführungen in Kapitel 4). BAQ steht für die Bildungsausgabenquote, PKBA für die Pro-Kopf-Bildungsausgaben. Zum Test von H_6 und H_7 wurde außerdem auch auf die Relation zwischen beiden Altersgruppen zurückgegriffen.

---

328 Dieser Faktor erklärt potenziell bis zu einem Sechstel der Variation der Bildungsausgabenquote.

Das für die vorliegende Arbeit gewählte methodenverbindende Vorgehen hat sich als fruchtbar erwiesen. Weder makroquantitative Regressionsanalysen noch tiefschürfende Fallstudien allein schöpfen den Möglichkeitsraum politikwissenschaftlicher Erkenntnis vollständig aus, außerdem haben sie sich in der Praxis auch gegenseitig bereichert. Die Arbeit war dabei nicht ausschließlich Y-orientiert, sondern hatte aufgrund der zuvor nur in manchen Bereichen erfolgten Übertragung der theoretischen Erklärungsansätze der (Sozial-) Staatstätigkeitsforschung auf die Bildungspolitik auch X-orientierte Bestandteile und hat daher auch insofern Neuland vermessen. Theoretischer Rekalibrierungsbedarf kann vor allem hinsichtlich der Parteiendifferenzhypothese diagnostiziert werden, da die Sozialdemokratie in den deutschen Ländern einen zum internationalen Vergleich gegenteiligen Effekt auf die Bildungsausgaben aufweist. Daraus erwächst auch ein Forschungsdesiderat für die international vergleichende Staatstätigkeitsforschung, da diese auch bei föderalen Staaten bisher in der Regel schlicht die parteipolitischen Mehrheitsverhältnisse auf der Bundesebene als Indikator verwendet hat, was für Politikfelder mit starken Kompetenzen auf regionaler Ebene im Lichte dieses abweichenden Sozialdemokratieeffekts als fragwürdiges Vorgehen erscheint.

Nicht zuletzt kann der Bundesländervergleich auch mit zur Erklärung der – unterdurchschnittlichen – Position Deutschlands im internationalen Vergleich der Bildungsausgaben beitragen. Weder das längerfristige politische Erbe noch das seit Jahren vergleichsweise geringe Wirtschaftswachstum noch die demographische Konstellation verschaffen der finanziellen Ausstattung des Bildungswesens hierzulande Rückenwind. Besonders sind angesichts ihrer Hauptrolle in der Bildungspolitik außerdem die einnahmeseitigen Restriktionen der Landespolitik zu nennen. Bedenkt man zudem, dass die Steuerquote in Deutschland seit Jahrzehnten stagniert (während die politisch-institutionell leichter zu erhöhenden und bei den Wählern weniger unbeliebten Sozialversicherungsbeiträge als Anteil am BIP stark wuchsen), so erkennt man die missliche Situation steuerfinanzierter Landesausgaben.

Wie sieht aber vor dem Hintergrund der hier vorgestellten Ergebnisse die Zukunft der Bildungsausgaben der Bundesländer aus? Extrapoliert man die wichtigsten erklärenden Größen in die Zukunft, so ist insgesamt eine weiter rückläufige Entwicklung der Bildungsausgabenquote und ein – wenn überhaupt – nur leichter Zuwachs bei den Pro-Kopf-Ausgaben zu erwarten. Auch die auf die Länderhaushalte zurollende Pensionslastwelle (vgl. dazu Bajohr

2003: 209f.) spricht gegen eine Trendumkehr.[329] Hinsichtlich der Folgen dieser Konstellation für das Bildungswesen als Ganzes lässt sich mit den Worten des ersten von der KMK in Auftrag gegebenen Bildungsberichts sagen, dass die „Entwicklung der öffentlichen Haushalte und das – im internationalen Vergleich – geringe Gewicht der öffentlichen Bildungsausgaben [...] die Umsetzung intendierter Reformen des Bildungssystems [gefährdet]." (Avenarius et al. 2003a: 18)[330] Im Verteilungswettstreit um knapper werdende nicht festgelegte Haushaltsmittel ist die Bildungspolitik von vergleichsweise volatilen Wählererwartungen abhängig, die in wirtschaftlich schwierigen Zeiten den Erhalt des Status Quo zu einem Erfolg der Bildungspolitiker machen würden. Etwas finanziellen Spielraum könnte allenfalls der für die kommenden Jahre vorhergesagte Rückgang der Schülerzahlen schaffen (für 2020 rechnet die KMK gegenüber 2000 mit fast 20 % weniger Schülern), sofern die Mittel im Bildungsbereich gehalten (und dabei eventuell innerhalb desselben, etwa auf die Hochschulen, umverteilt) werden können. Die Variation der Bildungsausgaben zwischen den Ländern wird dagegen vermutlich andauern, solange die ihnen zugrunde liegenden Unterschiede in den erklärenden Größen fort bestehen, wobei die asymmetrische Verteilung des Schülerrückgangs eine Annäherung der Bildungsausgabenquoten der Ost-Länder an die niedrigeren West-Werte zur Folge haben könnte.

---

329 Weiß warnt noch drastischer: „In ca. 40 Jahren wird auf jeden aktiven Beamten ein Versorgungsempfänger kommen. Blieben Volumen und Struktur der Beschäftigung im öffentlichen Dienst konstant, dann müssten die Länder im Jahr 2040 (bei konstant angenommener Steuerquote) ihre gesamten Steuereinnahmen für Personal aufwenden" (Weiß 1995a: 38).

330 Zur Bildungspolitik in Zeiten der Haushaltsknappheit siehe auch Böttcher/Weishaupt/Weiß 1997. Besonders bedauern sie Folgendes: „Die Diskussion von Prioritäten innerhalb des Bildungswesens war eine zentrale Aufgabe der gesamtstaatlichen Bildungsplanung. Der Verlust, den die Beendigung der Bildungsplanung durch die BLK bedeutet, wird an dieser Stelle besonders deutlich: Es fehlt eine bildungsbereichsübergreifende Diskussion und Abstimmung der Entwicklungsprobleme im Bildungswesen." (ibid.: 14)

Verzeichnis der Datenquellen[331]

6-24-Jährige und über 65-Jährige	Statistische Jahrbücher des SBA
Ausländer	Statistische Jahrbücher des SBA
Beamtenanteil im Schulbereich	Eigene Berechnung auf der Basis von SBA: Fachserie 14, Reihe 6: Personal der Länder
Bildungsausgaben	Statistisches Bundesamt (SBA): Jahresrechnungsstatistik (Fu 01110, 012, 013, 014 und 015 bis 2001; 2002 VÖ 1100, 1200, 1300, 1400)
Bruttoinlandsprodukt	Arbeitskreis ‚Volkswirtschaftliche Gesamtrechnung der Länder' der Statistischen Landesämter
Exporte	Statistische Jahrbücher des SBA
Finanzausgleichssaldo	Eigene Berechnungen auf der Basis von freundlicherweise von BMF, Finanzministerium Baden-Württemberg (FiMiBW) und SBA zur Verfügung gestellten Daten[332]
Frauenerwerbsquote	Eigene Berechnung auf der Basis von Daten aus den Statistischen Jahrbüchern des SBA
FDIs (Ausländische Direktinvestitionen)	Eigene Berechnung (der jährlichen Veränderungen) auf der Basis der Bestandserhebung über Direktinvestitionen (vom Juni 2004) der Deutsche Bundesbank sowie von der Bundesbank freundlicherweise zur Verfügung gestellten älteren Tabellen hierzu
Gesamtausgaben	Statistische Jahrbücher des SBA
Gesamtbevölkerung	Statistische Jahrbücher des SBA
Gewerkschaftlicher Organisationsgrad	Eigene Berechnung auf der Basis der DGB-Mitgliederstatistik und der Erwerbstätigendaten aus den Statistischen Jahrbüchern des SBA
Kabinettssitzanteile der Parteien	Datenbank am Lehrstuhl von Prof. Manfred G. Schmidt
Kirchenmitglieder	EKD-Statistik und Kirchliche Statistik der (Katholischen) Bistümer in Deutschland
Nettokreditaufnahme	Eigene Berechnung auf der Basis der Daten zum Schuldenstand
Preisindex	Statistische Jahrbücher des SBA
Privatschüler	BMBF: Grund- und Strukturdaten (diverse Jahrgänge)
Schuldenstand	SBA: Fachserie 14, Reihe 5: Entwicklung der öffentlichen Schulden (Kreditmarktschulden im weiteren Sinne)
Schüler	Statistische Jahrbücher des SBA
Sicherheitsausgaben	Statistische Jahrbücher des SBA
Sozialausgaben	Statistische Jahrbücher des SBA
Steuereinnahmen	Statistische Jahrbücher des SBA
Studierende	Statistische Jahrbücher des SBA
Zinsausgaben	BMBF: Grund- und Strukturdaten (diverse Jahrgänge; werte für 2001 linear intrapoliert)
Daten zu den Olssonschen Quellen (siehe Abschnitte 3.4.2 und. 4.3.4)	Diverse KMK- und SBA-Publikationen; BMBF: Berufsbildungsbericht; Avenarius et al. 2003a: Anhang

331 Die Aufbereitung als Anteil am BIP und preisbereinigte Pro-Kopf-Ausgaben wurde jeweils selbst berechnet. Dasselbe gilt für Anteile an der Gesamtbevölkerung.

332 Umsatzsteuerausgleich (Differenz zwischen Verteilung nach geltendem Recht und vollständiger Verteilung nach Einwohnern; laut BMF und FiMiBW) plus Beiträge/Zuweisungen im Länderfinanzausgleich (laut BMF) plus Beiträge/Zuweisungen im Länderfinanzausgleich zwischen den Ost-Ländern 1992-1994 (laut FiMiBW) plus Beiträge der West-Länder zum Fonds Deutsche Einheit (laut FiMi BW) plus Bundesergänzungs-zuweisungen (laut SBA)

7   Literatur

Achen, Christopher H. 2000: Why Lagged Dependent Variables Can Suppress the Explanatory Power of Other Independent Variables, Vortrag beim Jahrestreffen der Sektion Political Methodology der American Political Science Association, veröffentlicht im Internet unter: http://polmeth.wustl.edu/workingpapers.php (09.06.2005).

Adorno, Theodor W. (Hg.) 1969: Der Positivismusstreit in der deutschen Soziologie, Neuwied: Luchterhand.

Alber, Jens 1986: Germany, in: Flora (Hg.) 1986, 1-154.

Albers, Willi et al. 1969: Sozialprodukt, öffentliche Haushalte und Bildungsausgaben in der Bundesrepublik. Eine Projektion bis 1975, Gutachten und Studien der Bildungskommission des Deutschen Bildungsrates 5, Stuttgart: Klett.

Alemann, Ulrich von (Hg.) 1995: Politikwissenschaftliche Methoden, Opladen: Westdeutscher Verlag.

Allmendinger, Jutta 1999: Bildungsarmut: Zur Verschränkung von Bildungs- und Sozialpolitik, in: Soziale Welt 50:1, 35-50.

Allmendinger, Jutta/Aisenbrey, Silke 2002: Soziologische Bildungsforschung, in: Tippelt (Hg.) 2002, 41-60.

Allmendinger, Jutta/Leibfried, Stephan 2002: Bildungsarmut im Sozialstaat, in: Burkart/Wolf (Hg.) 2002, 287-315.

Allmendinger, Jutta/Leibfried, Stephan 2003: Education and the Welfare State: Germany's Poverty and Plenty and the Many Worlds of 'Competence Distribution' in the EC and the OECD, in: Journal of European Social Policy 13:1, 63-81.

Amenta, Edwin 2003: What We Know about the Development of Social Policy: Comparative and Historical Research in Comparative and Historical Perspective, in: Mahoney/Rueschemeyer (Hg.) 2003, 91-130.

Andersen, Uwe 1999: Finanzierung der Einheit, in: Weidenfeld/Korte (Hg.) 1999: 368-383.

Anweiler, Oskar 1988: Schulpolitik und Schulsystem in der DDR, Opladen: Leske + Budrich.

Anweiler, Oskar 1999: Bildung und Wissenschaft, in: Weidenfeld/Korte (Hg.) 1999, 72-85.

Anweiler, Oskar im Erscheinen: Bildungspolitik, in: BMA und Bundesarchiv (Hg.), Bände 3-7.

Assenmacher, Walter 2002: Einführung in die Ökonometrie, 6.Auflage, München: Oldenbourg.

Avenarius, Hermann et al. 2003a : Bildungsbericht für Deutschland: Erste Befunde, Opladen: Leske + Budrich.

Avenarius, Hermann et al. 2003b: Bildungsbericht für Deutschland: Erste Befunde (Zusammenfassung), Bonn: KMK.

Backhaus, Klaus et al. 2003: Multivariate Analysemethoden. Eine anwendungsorientierte Einführung, 10. Auflage, Berlin: Springer.

Baethge, Martin 2003: Das berufliche Bildungswesen in Deutschland am Beginn des 21. Jahrhunderts, in: Cortina et al. (Hg.) 2003, 525-580.

Bajohr, Stefan 1999: Öffentliche Investitionen: Fiktion und Realität oder „reich gerechnet, arm geworden", in: Wirtschaftsdienst 1999/VI, 386-392.

Bajohr, Stefan 2003: Grundriss Staatliche Finanzpolitik. Eine praktische Einführung, Opladen: Leske + Budrich.

Ball, Stephen J. 1994: What is Policy? Texts, Trajectories and Toolboxes, in: Marshall/Peters (Hg.) 1999, 3-18.

Baltagi, Badi H. 1995: Econometric Analysis of Panel Data, Chichester: John Wiley & Sons.

Barro, Robert J. 1997: Determinants of Economic Growth. A Cross-Country Empirical Study, Cambridge (Mass.): The MIT Press.

Batt, Helge 2004: Bundesverfassungsgericht und Föderalismusreform: Stärkung der Länder in der Gesetzgebung. Zum Urteil vom 27. Juli 2004 – 2 BvF 2/02, in: Zeitschrift für Parlamentsfragen 35:4, 753-760.

Baum, Britta/Seitz, Helmut 2003: Demographischer Wandel und Bildungsausgaben: Empirische Evidenz für die westdeutschen Länder, in: Vierteljahreshefte zur Wirtschaftsförderung 72:2, 205-219.

Baumert, Jürgen/Cortina, Kai S./Leschinsky, Achim 2003: Grundlegende Entwicklungen und Strukturprobleme im allgemein bildenden Schulwesen, in: Cortina et al. (Hg.) 2003, 52-147.

Bayerisches Staatsministerium für Unterricht und Kultus 2002: Schule und Bildung in Bayern 2002, Schriften des Bayerischen Staatsministeriums für Unterricht und Kultus, Reihe A: Bildungsstatistik, Heft 42, München.

Bayerisches Staatsministerium für Unterricht und Kultus 2003: Schule und Bildung in Bayern 2003. Statistische Übersichten, München.

Beck, Nathaniel 2001: Time-Series–Cross-Section Data: What Have We Learned in the Past Few Years?, in: Annual Review of Political Science 4, 271-293.

Beck, Nathaniel/Katz, Jonathan N. 1995: What to Do (and Not to Do) with Time-Series-Cross-Section Data in Comparative Politics, in: American Political Science Review 89:3, 634-647.

Beck, Nathaniel/Katz, Jonathan N. 1996: Nuisance vs. Substance: Specifying and Estimating Time-Series-Cross-Section Models, in: Political Analysis 6:1, 1-36.

Beck, Nathaniel/Katz, Jonathan N. 2001: Throwing Out the Baby with the Bath Water: A Comment on Green, Kim, and Yoon, in: International Organization 55:2, 487-495.

Beck, Nathaniel/Katz, Jonathan N. 2004: Random Coefficient Models for Time-Series-Cross-Section Data, Social Science Working Paper 1205, Pasadena: California Institute of Technology.

Becker, Winfried et al. (Hg.) 2002: Lexikon der Christlichen Demokratie in Deutschland, Paderborn: Schöningh.

Becker, Winfried/Gretschmann, Klaus/Mackscheidt, Klaus 1992: Präferenzen für Staatsausgaben. Zur theoretischen und empirischen Bestimmung der Nachfrage nach öffentlichen Gütern, Baden-Baden: Nomos.

Behnke, Joachim 2003a: Kausalprozesse und Identität. Über den Sinn von Signifikanztests und Konfidenzintervallen bei Vollerhebungen, veröffentlicht im Internet unter: http://www.uni-bamberg.de/sowi/poltheory/meth/papers/kausal.pdf (16.11.2004).

Behnke, Joachim 2003b: Lassen sich Signifikanztests auf Vollerhebungen anwenden? Einige Anmerkungen, veröffentlicht im Internet unter: http://www.uni-bamberg.de/sowi/poltheory/meth/papers/signif.pdf (16.11.2004).

Benz, Arthur/Lehmbruch, Gerhard (Hg.) 2002: Föderalismus. Analysen in entwicklungsgeschichtlicher und vergleichender Perspektive, PVS-Sonderheft 32, Opladen: Westdeutscher Verlag.

Benz, Arthur/Scharpf, Fritz W./Zintl, Reinhard (Hg.) 1992: Horizontale Politikverflechtung. Zur Theorie von Verhandlungssystemen, Frankfurt a. M.: Campus.

Benz, Artur 1992: Mehrebenen-Verflechtung: Verhandlungsprozesse in verbundenen Entscheidungsarenen, in: Benz/Scharpf/Zintl (Hg.) 1992, 147-205.

Berg-Schlosser, Dirk/Müller-Rommel, Ferdinand (Hg.) 2003: Vergleichende Politikwissenschaft, 4.Auflage, Opladen: Leske + Budrich.

Beyme, Klaus von/Schmidt, Manfred G. (Hg.) 1990: Politik in der Bundesrepublik, Opladen: Westdeutscher Verlag.

Blais, André/Nadeau, Richard 1992: The Electoral Budget Cycle, in: Public Choice 74:4, 389-403.

Blanke, Bernhard/Wollmann, Hellmut (Hg.) 1991: Die alte Bundesrepublik. Kontinuität und Wandel, Opladen: Westdeutscher Verlag.

BLK siehe unter Bund-Länder-Kommission für Bildungsplanung und Forschungsförderung..

Block, Rainer/Ehsmajor-Griesmann, Herbert/Klemm, Klaus 1993: Perspektiven der Bildungsfinanzierung, in: Recht der Jugend und des Bildungswesens 41:1, 2-18.

Bodenhöfer, Hans-Joachim 1985: Probleme der Bildungsfinanzierung – Zum Stand der Diskussion, in: Brinkmann (Hg.) 1985, 9-38.

Boecker, Arne 2005: Hubschrauber statt Fahrrad. Proteste gegen geplante Schulschließungen in Sachsen, in: Süddeutsche Zeitung Nr. 115 vom 21.5.2005.

Böttcher, Wolfgang/Budde, Hermann/Klemm, Klaus 1988: Schulentwicklung im Ländervergleich: Föderalismus, Nord-Süd-Gefälle und Schulentwicklung, in: Rolff et al. (Hg.) 1988, 49-74.

Böttcher, Wolfgang/Klemm, Klaus (Hg.) 1995: Bildung in Zahlen. Statistisches Handbuch zu Daten und Trend im Bildungsbereich, Weinheim: Juventa.

Böttcher, Wolfgang/Klemm, Klaus/Rauschenbach, Thomas (Hg.) 2001: Bildung und Soziales in Zahlen. Statistisches Handbuch zu Daten und Trends im Bildungsbereich, Weinheim: Beltz.

Böttcher, Wolfgang/Weishaupt, Horst/Weiß, Manfred (Hg.) 1997: Wege zu einer neuen Bildungsökonomie. Pädagogik und Ökonomie auf der Suche nach Ressourcen und Finanzierungskonzepten, Weinheim: Juventa.

Böttcher, Wolfgang/Weishaupt, Horst/Weiß, Manfred 1997: Bildung und Finanzkrise, in: dieselben (Hg.) 1997, 9-17.

Böttcher, Wolfgang/Weiß, Manfred 1997: Sparstrategien und aktuelle Sparpolitik, in: Böttcher/Weishaupt/Weiß (Hg.) 1997, 61-71.

Boix, Charles 1997: Political Parties and the Supply Side of the Economy: The Provision of Physical and Human Capital in Advanced Economies, 1960-90, in: American Journal of Political Science 41:3, 814-845.

Boix, Charles 1998: Political Parties, Growth and Equality. Conservative and Social Democratic Economic Strategies in the World Economy, Cambridge: Cambridge University Press.

Bollen, Kenneth A./Jackman, Robert W. 1985: Regression Diagnostics. An Expository Treatment of Outliers and Influential Cases, in Sociological Methods & Research 13:4, 510-542.

Bonin, Holger/Raffelhüschen, Bernd 2000: Sozialtransfers und Bildungsausgaben in der demographischen Zwickmühle, in: Lüdecke/Scherf/Steden (Hg.) 2000, 271-291.

Bortz, Jürgen 1999: Statistik für Sozialwissenschaftler, 5. Auflage, Berlin: Springer.

Bos, Wilfried/Lehmann, Rainer H. (Hg.) 1995: Reflections on Educational Achievement. Papers in Honor of T. Neville Postlethwaite, Münster: Waxmann.

Brachinger, Hans W. 1990: Identifikation einflussreicher Daten. Ein Überblick über die Regression Diagnostics (Teil 1), in: Allgemeines Statistisches Archiv 74:2, 188-212.

Braun, Dietmar (Hg.) 2000: Public Policy and Federalism, Aldershot: Ashgate.

Braun, Dietmar 1993: Zur Steuerbarkeit funktionaler Teilsysteme: Akteurstheoretische Sichtweisen funktionaler Differenzierung moderner Gesellschaften, in: Héritier (Hg.) 1993, 199-222.

Braun, Dietmar 2000: The Territorial Division of Power in Comparative Public Policy Research: An Assessment, in: Braun (Hg.) 2000, 27-56.

Braun, Dietmar 2002: Finanzpolitik und makroökonomische Steuerung in Bundesstaaten, in: Benz/Lehmbruch (Hg.) 2002, 333-362.

Brinkmann, Gerhard (Hg.) 1985: Probleme der Bildungsfinanzierung, Berlin: Duncker & Humblot.

Broscheid, Andreas/Gschwend, Thomas 2003: Augäpfel, Murmeltiere und Bayes: Zur Auswertung stochastischer Daten aus Vollerhebungen (MPIfG Working Paper 03/7), Köln: Max-Planck-Institut für Gesellschaftsforschung.

Brugger, Pia 1996: Einnahmen und Ausgaben der öffentlichen und öffentlich geförderten Einrichtungen für Wissenschaft, Forschung und Entwicklung, in: Wirtschaft und Statistik Nr. 10/1996, 648-657.

Brugger, Pia 1998: Öffentliche Ausgaben für Bildung, Wissenschaft und Kultur 1992 bis 1995, in: Wirtschaft und Statistik Nr. 3/1998, 249-258.

Büchner, Christian/Franzke, Jochen 2002: Das Land Brandenburg. Kleine politische Landeskunde, 3. Auflage, Potsdam: Brandenburgische Landeszentrale für Politische Bildung.

Buck, Hansjörg F. 1987: Zur Struktur der Staatsausgaben des öffentlichen Gesamthaushalts der DDR, in: Deutschland Archiv 20:12, 1274-1287.

Budde, Hermann/Klemm, Klaus 1994: Zur Entwicklung der Bildungsfinanzierung: Stagnierende Bildungsausgaben – Privatisierung – Aufgabenreduzierung, in: Rolff et al. (Hg.) 1994, 99-123.

Budge, Ian/Robertson, David/Hearl, Derek (Hg.) 1987: Ideology, Strategy and Party Change: Spatial Analyses of Post-War Election Programmes in 19 Democracies, Cambridge: Cambridge University Press.

Bull, Hans Peter 1999: Die Ein-Partei-Regierung – eine Koalition eigener Art. Beobachtungen eines Teilnehmers, in: Sturm/Kropp (Hg.) 1999, 169-179.

Bundesministerium der Finanzen (Hg.) 2002: Bund-Länder Finanzbeziehungen auf der Grundlage der geltenden Finanzverfassungsordnung, 4. Auflage, Berlin: BMF.

Bundesministerium für Arbeit und Sozialordnung und Bundesarchiv (Hg.) 2001: Geschichte der Sozialpolitik in Deutschland seit 1945, Baden-Baden: Nomos.

Bundesministerium für Bildung und Forschung (Hg.) diverse Jahrgänge: Grund- und Strukturdaten, Bonn: BMBF.

Bundesministerium für innerdeutsche Beziehungen (Hg.) 1985: DDR Handbuch, Köln: Verlag Wissenschaft und Politik.

Bund-Länder-Kommission für Bildungsplanung und Forschungsförderung 1973: Bildungsgesamtplan, Stuttgart: Klett.

Bund-Länder-Kommission für Bildungsplanung und Forschungsförderung 2000: Vorschläge zur Verbesserung der Bildungsfinanzstatistiken für die nationale und internationale Berichterstattung, Bonn: BLK.

Bund-Länder-Kommission für Bildungsplanung und Forschungsförderung 2003: BLK-Bildungsfinanzbericht 2001/2002, Bonn: BLK.

Bund-Länder-Kommission für Bildungsplanung und Forschungsförderung 2004: BLK-Bildungsfinanzbericht 2002/2003, Bonn: BLK.

Burkart, Günther/Wolf, Jürgen (Hg.) 2002: Lebenszeiten. Erkundungen zur Soziologie der Generationen. Martin Kohli zum 60. Geburtstag, Opladen: Leske + Budrich.

Busch, Andreas 2003: Staat und Globalisierung. Das Politikfeld Bankenregulierung im internationalen Vergleich, Wiesbaden: Westdeutscher Verlag.

Busch, Ulrich 2002: Am Tropf. Die ostdeutsche Transfergesellschaft, Berlin: Trafo.

Cameron, David R. 1978: The Expansion of the Public Economy, in: American Political Science Review 72:4, 1243-1261.

Cameron, David R./Hofferbert, Richard I. 1974: The Impact of Federalism on Education Finance: A Comparative Analysis, in: European Journal of Political Research 2, 225-258.

Capros, Pantélis/Meulders, Danièle (Hg.) 1997 : Budgetary Policy Modelling. Public Expenditures, London: Routledge.

Castles, Francis G. 1989: Explaining Public Education Expenditure in OECD Nations, in: European Journal of Political Research 17:4, 431-448.

Castles, Francis G. 1998: Comparative Public Policy. Patterns of Post-war Transformation, Cheltenham (Mass.): Edward Elgar.

Castles, Francis G. 2004: The Future of the Welfare State. Crisis Myths and Crisis Realities, Oxford: Oxford University Press.

Castles, Francis G./Marceau, Jane 1989: The Transformation of Gender Inequality in Tertiary Education, in: The Journal of Public Policy 9:4, 493-508.

Chatterjee, Samprit/Price, Bertram 1995: Praxis der Regressionsanalyse, 2.Auflage, München: Oldenbourg.

Codd, John A. 1988: The Construction and Deconstruction of Educational Policy Documents, in: Marshall/Peters (Hg.) 1999, 19-31.

Collier, David 1993: The Comparative Method, in: Finifter (Hg.) 1993, 105-119.

Colomer, Josep M. (Hg.) 2002: Political Institutions in Europe, 2. Auflage, London: Routledge.

Connell, R. W. 1994: Poverty and Education, in: Marshall/Peters (Hg.) 1999, 681-705.

Corneo, Giacomo 2003: Öffentliche Finanzen: Ausgabenpolitik, Tübingen: Mohr Siebeck.

Cortina, Kai S./Baumert, Jürgen/Leschinsky, Achim/Mayer, Karl Ulrich/Trommer, Luitgard (Hg.) 2003: Das Bildungswesen in der Bundesrepublik Deutschland. Strukturen und Entwicklungen im Überblick. Ein Bericht des Max-Planck-Instituts für Bildungsforschung, Reinbek: Rowohlt.

Crepaz, Markus M. L./Lijphard, Arend 1995: Linking and Integrating Corporatism and Consensus Democracy: Theory, Concepts and Evidence, in: British Journal of Political Science 25:2, 281-288.

Cusack, Thomas R./Fuchs, Susanne 2003: Parteien, Institutionen und Staatsausgaben, in: Obinger/Wagschal/Kittel (Hg.) 2003, 321-354.

Czada, Roland/Schmidt, Manfred G. (Hg.) 1993: Verhandlungsdemokratie, Interessenvermittlung, Regierbarkeit. Festschrift für Gerhard Lehmbruch, Opladen: Westdeutscher Verlag.

Dahrendorf, Ralf 1965: Bildung ist Bürgerrecht. Plädoyer für eine aktive Bildungspolitik, Hamburg: Nannen.

Deutsche Bundesbank 2003: Zur Entwicklung und Bedeutung der Bildungsausgaben in Deutschland, in: Monatsbericht Nr. 10, 57-70.

Deutscher Bundestag 1978a: Bericht der Bundesregierung über die strukturellen Probleme des föderativen Bildungssystems, Bundestags-Drucksache 8/1551 vom 23.2.1978.

Deutscher Bundestag 1978b: Ergänzung und Schlußfolgerungen zum Bericht der Bundesregierung über die strukturellen Probleme des föderativen Bildungssystems, Drucksache 8/1956 vom 21. 6.1978.

Deutsches PISA-Konsortium (Hg.) 2001: PISA 2000. Basiskompetenzen von Schülerinnen und Schülern im internationalen Vergleich, Opladen: Leske + Budrich.

Deutsches PISA-Konsortium (Hg.) 2002: PISA 2000 - Die Länder der Bundesrepublik Deutschland im Vergleich, Opladen: Leske + Budrich.

Deutsches PISA-Konsortium (Hg.) 2003: PISA 2000 - Ein differenzierter Blick auf die Länder der Bundesrepublik Deutschland, Opladen.

Dewe, Bernd/Wiesner, Gisela/Wittpoth, Jürgen (Hg.) 2003: Erwachsenenbildung und Demokratie, Literatur- und Forschungsreport Weiterbildung 26:1, Bielefeld.

Dierkes, Meinolf/Weiler, Hans N./Antal, Ariane B. (Hg.) 1987: Comparative Policy Research. Learning from Experience, Aldershot: Gower.

Edding, Friedrich 1985: Alternative Definitionen von Bildung und einige Auswirkungen auf die Zurechnung von Kosten und Nutzen, in: Brinkmann (Hg.) 1985, 39-56.

Egle, Christoph 2006: Deutschland, in: Merkel et al. 2006, 148-190.

Egle, Christoph/Ostheim, Tobias/Zohlnhöfer, Reimut (Hg.) 2003: Das rot-grüne Projekt, Wiesbaden: Westdeutscher Verlag.

Egle, Christoph/Zohlnhöfer, Reimut (Hg.) i.E.: Ende der rot-grünen Episode? Eine Bilanz der Regierung Schröder 2002-2005, Wiesbaden: VS Verlag für Sozialwissenschaften.

Ehmann, Christoph 2001: Bildungsfinanzierung und soziale Gerechtigkeit. Vom Kindergarten bis zur Weiterbildung, Bielefeld: W. Bertelsmann.

Eigler, Herbert/Hansen, Rolf/Klemm, Klaus 1980: Quantitative Entwicklungen: Wem hat die Bildungsexpansion genutzt?, in: Rolff et al. (Hg.) 1980, 45-71.

Eliason, Leslie C. et al. 1987 : Education, Social Science, and Public Policy: a Critique of Comparative Research, in: Dierkes/Weiler/Antal (Hg.) 1987, 244-261.

Engel, Uwe (Hg.) 2005: Bildung und soziale Ungleichheit. Methodologische und strukturelle Analysen, Bonn: IZ Sozialwissenschaften.

Erk, Jan 2003: Federal Germany and Its Non-Federal Society: Emergence of an All-German Educational Policy in a System of Exclusive Provincial Jurisdiction, in: Canadian Journal of Political Science 36:2, 295-317.

Esping-Andersen, Gösta 1990: The Three Worlds of Welfare Capitalism, Cambridge: Polity Press.

Essig, Hartmut 1976: Erfassung der Hochschulfinanzen nach dem Hochschulstatistikgesetz, in: Wirtschaft und Statistik Nr. 1/1976, 47-50.

Essig, Hartmut 1977: Methodische und statistische Möglichkeiten zur Messung von Forschungsaktivitäten, in: Wirtschaft und Statistik Nr. 10/1977, 627-635.

Ewerhart, Georg 2003: Ausreichende Bildungsinvestitionen in Deutschland? Bildungsinvestitionen und Bildungsvermögen in Deutschland 1992-1999 (= Beiträge zur Arbeitsmarkt- und Berufsforschung 266), Nürnberg: Bundesanstalt für Arbeit.

Falch, Torberg/Rattsø, Jørn 1997: Political Economic Determinants of School Spending in Federal States: Theory and Time-Series Evidence, in: European Journal of Political Economy, 13:2, 299-314.

Faltlhauser, Kurt 2001: Der neue Finanzausgleich ab 2005. Daten und Fakten, Informationen und Argumente zur Finanzverwaltung, Nr. 17, München: Bayerisches Staatsministerium der Finanzen.

Färber, Gisela 1997: Wie kann ein leistungsfähiges Bildungssystem finanziert werden? Eine kritische Bestandsaufnahme der Bildungsfinanzierung in Deutschland, in: Der Bürger im Staat Nr. 4/1997, 216-223.

Faulstich, Peter 2003: Weiterbildung, in: Cortina et al. (Hg.) 2003, 625-660.

Fechner, Frank 2002: Auswirkungen des europarechtlichen Diskriminierungsverbots auf die Bildung, in: Recht der Jugend und des Bildungswesens 50:3, 339-348.

Fehr, Hans/Tröger, Michael 2003: Wer finanziert den Fonds „Deutsche Einheit"? Die Gemeindefinanzen im Zeichen der Bund-Länder-Finanzbeziehungen, veröffentlicht im Internet unter http://www.wifak.uni-wuerzburg.de/wilan/wifak/vwl/fiwi/downloads/Fonds.pdf (23.1.2004).

Fernández, Raquel/Rogerson, Richard 1997: The Determinants of Public Education Expenditures: Evidence from the States, 1950-1990, NBER Working Paper Nr. 5995, Cambridge (Mass.): National Bureau of Economic Research.

Fichter-Wolf, Heidi 2005: Bildung und Wissenschaft im 'Aufbau Ost', in: Aus Politik und Zeitgeschichte Nr. 40/2005, 26-33.

Finifter, Ada W. (Hg.) 1993: Political Science: The State of the Discipline II, Washington D.C.: The American Political Science Association.

Firebaugh, Glenn 1980: Cross-National versus Historical Regression Models: Conditions of Equivalence in Comparative Analysis, in: Comparative Social Research 3, 333-344.

Flora, Peter (Hg.) 1986: Growth to Limits. The Western European Welfare States Since World War II. Volume 2: Germany, United Kingdom, Ireland, Italy, Berlin: Walter de Gruyter.

Flora, Peter et al. (Hg.) 1983: State, Economy and Society in Western Europe 1815-1975. A Data Handbook, Bd. 1, Frankfurt a. M.: Campus.

Flora, Peter/Heidenheimer, Arnold J. (Hg.) 1981: The Development of Welfare States in Europe and America, New Brunswick: Transaction Books.

Foders, Federico 2001a: Bildungspolitik für den Standort D, Heidelberg: Springer.

Foders, Federico 2001b: Zum Zusammenhang zwischen Bildungsqualität und Bildungsausgaben, in: Hansel (Hg.) 2001, 99-110.

Forum Bildung 2001: Empfehlungen des Forum Bildung, Bonn: Arbeitsstab Forum Bildung in der Geschäftsstelle der Bund-Länder-Kommission für Bildungsplanung und Forschungsförderung.

Franke, Siegfried F. 2000: (Ir)rationale Politik? Grundzüge und politische Anwendungen der Ökonomischen Theorie der Politik, Marburg: Metropolis.

Fränz, Peter/Schulz-Hardt Joachim 1998: Zur Geschichte der Kultusministerkonferenz 1948-1998, in: KMK (Hg.) 1998, 177-227.

Freitag, Markus/Bühlmann, Marc 2003: Die Bildungsfinanzen der Schweizer Kantone, in: Swiss Political Science Review, Sonderband, 139–168.

Freund, Elmar 1966: Öffentliche Ausgaben für Bildung und Wissenschaft, in: Wirtschaft und Statistik Nr. 6/1966, 367-371.

Freund, Elmar 1969: Finanzwirtschaftliche Aspekte der Aufgaben- und Lastenverteilung im Unterrichtswesen, in: Wirtschaft und Statistik Nr. 12/1969, 671-674.

Freund, Elmar/Reum, Rolf-Rüdiger 1971: Bildung und Wissenschaft als finanzstatistisches Problem, in: Wirtschaft und Statistik Nr. 6/1971, 335-339.

Friedeburg, Ludwig von 1989: Bildungsreform in Deutschland. Geschichte und gesellschaftlicher Widerspruch, Frankfurt a. M.: Suhrkamp.

Friedrichs, Jürgen/Lepsius, M. Rainer/Mayer, Karl-Ulrich (Hg.) 1998: Die Diagnosefähigkeit der Soziologie, Kölner Zeitschrift für Soziologie und Sozialpsychologie-Sonderheft 38, Opladen: Westdeutscher Verlag.

Fuchs, Hans-Werner/Dorner, Martina/Petermann, Eberhard 1992: Bildungspolitik in Deutschland 1945-1990. Ein historisch-vergleichender Quellenband, Opladen: Leske + Budrich.

Fuchs, Hans-Werner 1997: Bildung und Wissenschaft seit der Wende. Zur Transformation des ostdeutschen Bildungssystems, Opladen: Leske + Budrich.

Führ, Christoph 1997: Deutsches Bildungswesen seit 1945. Grundzüge und Probleme, Neuwied: Luchterhand.

Führ, Christoph 1998: Einleitung. Zur deutschen Bildungsgeschichte seit 1945, in: Führ/Furck (Hg.) 1998a, 1-24.

Führ, Christoph/Furck, Carl-Ludwig (Hg.) 1998a: Handbuch der deutschen Bildungsgeschichte. Band VI: 1945 bis zur Gegenwart. Erster Teilband: Bundesrepublik Deutschland, München: C.H. Beck.

Führ, Christoph/Furck, Carl-Ludwig (Hg.) 1998b: Handbuch der deutschen Bildungsgeschichte. Band VI: 1945 bis zur Gegenwart. Zweiter Teilband: Deutsche Demokratische Republik und Neue Bundesländer, München: C.H. Beck.

Futász, Mira 1995: Lehrergleichstellung im Osten – ein Bubenstück des Föderalismus, in: Deutsche Lehrerzeitung Nr. 25 vom 03.06.1995.

Galli, Emma/Rossi, Stefania P.S. 2002: Political Budget Cycles: The Case of the West German Länder, in: Public Choice 110:3-4, 283-303.

Ganghof, Steffen 2005: Kausale Perspektiven in der vergleichenden Politikwissenschaft: X-zentrierte und Y-zentrierte Forschungsdesigns, in: Kropp/Minkenberg (Hg.) 2005, 76-93.

Garrett, Geoffrey/Mitchell, Deborah 2001: Globalization, government spending and taxation in the OECD, in: European Journal of Political Research 39:2, 145-177.

Gaschke, Susanne 2004: Der falsche Erfolg. Das Georg-Eckert-Institut will mit Schulbüchern Frieden stiften. In den Krisengebieten ist seine Arbeit willkommen. In Deutschland droht ihm die Schließung, in: Die Zeit Nr. 16 vom 7. April 2004.

Gauger, Jörg-Dieter 2002: Bildung, Bildungspolitik, in: Becker et al. (Hg.) 2002, 434-438.

Geertz, Clifford 1983: Dichte Beschreibung. Beiträge zum Verstehen kultureller Systeme, Frankfurt a. M.: Suhrkamp.

Geißler, Rainer 2002: Die Sozialstruktur Deutschlands, 3. Auflage, Bonn: Bundeszentrale für politische Bildung.

Geißler, Rainer 2004: Bildungsexpansion und Bildungschancen, in: Derselbe 2004, 45-53.

Geißler, Rainer 2004: Sozialer Wandel in Deutschland. Informationen zur politischen Bildung 269, Bonn: Bundeszentrale für politische Bildung.

Gellert, Claudius 1984: Politics and Higher Education in the Federal Republic of Germany, in: European Journal of Education, 19:2, 217-232.

Gellert, Claudius/Rau, Einhard 1992: Diversification and Integration: the Vocationalisation of the German Higher Education System, in: European Journal of Education 27:1, 1992, 89-99.

Gellert, Claudius/Ritter, Raimund 1985: The Private School System of the Federal Republic of Germany, in: European Journal of Education 20:4, 339-349.

Gewerkschaft Erziehung und Wissenschaft (Hg.) 2004: Bildung 2015. Entwurf eines Bildungskonzeptes der GEW, Frankfurt a. M.

Gohr, Antonia/Seeleib-Kaiser, Martin (Hg.) 2003: Sozial- und Wirtschaftspolitik unter Rot-Grün, Wiesbaden: Westdeutscher Verlag.

Gottschall, Karin 2002: Flexible Erwerbsbürgerschaft auch für Frauen? Herausforderungen der Arbeitsmarkt-, Familien- und Bildungspolitik in Deutschland, in: Arbeit 11:2, 89-100.

Green, Donald P./Kim, Soo Yeon/Yoon, David H. 2001: Dirty Pool, in: International Organization 55:2, 441-468.

Greene, William H. 1997: Econometric Analysis, 3. Auflage, Upper Saddle River (N.J.): Prentice-Hall International.

Greven, Michael Th. (Hg.) 1998: Demokratie- eine Kultur des Westens? 20. Wissenschaftlicher Kongress der DVPW, Opladen: Leske + Budrich.

Grimm, Dieter (Hg.) 1994: Staatsaufgaben, Frankfurt a. M.: Suhrkamp.

Gros, Jürgen/Wagner, Peter M. 1999: Verträge zur deutschen Einheit, in: Weidenfeld/Korte (Hg.) 1999, 817-828.

Große-Oetringhaus, Hans-Martin/Hetzel, Michaele/Schlünder, Georg 1979: Mehr Bundeskompetenz im Bildungswesen. Machtstreben oder Sachzwang? Die Diskussion um den Mängelbericht, Münster: DIP-Dokumentation.

Grottian, Peter/Murswieck, Axel (Hg.) 1974: Handlungsspielräume der Staatsadministration. Beiträge zur politologisch-soziologischen Verwaltungsforschung, Hamburg: Hoffmann & Campe.

Grottian, Peter/Murswieck, Axel 1974: Zur theoretischen und empirischen Bestimmung von politisch-administrativen Handlungsspielräumen, in: Dieselben (Hg.) 1974, 15-36.

Gujarati, Damodar N. 2003: Basic Econometrics, 4. Auflage, Boston: McGraw-Hill.

Gundlach, Erich/Wossmann, Ludger/Gmelin, Jens 2001: The Decline of Schooling Productivity in OECD Countries, in: The Economic Journal 111, C135-C147.

Gunlicks, Arthur B./Voigt, Rüdiger (Hg.) 1994: Föderalismus in der Bewährungsprobe: Die Bundesrepublik Deutschland in den 90er Jahren, 2. Auflage, Bochum: Brockmeyer.

Gurtz, Johannes/Kaltofen, Gotthold 1977: Der Staatshaushalt der DDR. Grundriß, Berlin: Verlag Die Wirtschaft.

Haase, Herwig E. 1985: Staatshaushalt, in: Bundesministerium für innerdeutsche Beziehungen (Hg.) 1985, 1280 – 1296.

Hall, Peter A. 2003: Aligning Ontology and Methodology in Comparative Politics, in: Mahoney/Rueschemeyer (Hg.) 2003, 373-404.

Hansel, Toni (Hg.) 2001: Schulprofil und Schulqualität. Perspektiven der aktuellen Schulreformdebatte, Herbolzheim: Centaurus.

Hearnden, Arthur 1977: Bildungspolitik in der BRD und DDR, Düsseldorf: Pädagogischer Verlag Schwann.

Hega, Gunther M./Hokenmaier, Karl G. 2002: The Welfare State and Education: A Comparison of Social and Educational Policy in Advanced Industrial Societies, in: German Political Studies 2:1, 143-173.

Heidenheimer, Arnold J. 1981: Education and Social Security Entitlements in Europe and America, in: Flora/Heidenheimer (Hg.) 1981, 269-304.

Heidenheimer, Arnold J. 1993: External and Domestic Determinants of Education Expansion: How Germany, Japan and Switzerland have Varied, in: Governance 6:2, 194-219.

Heidenheimer, Arnold J. 1994: Bildungspolitik in der Bundesrepublik Deutschland, Japan und der Schweiz: 'Innenpolitische' Staatsaufgaben im Wandel, in: Grimm (Hg.) 1994, 585-611.

Heidenheimer, Arnold J. 1996: Throwing Money and Heaving Bodies: Heuristic Callisthenics for Comparative Policy Buffs, in: Imbeau (Hg.) 1996, 13-25.

Heidenheimer, Arnold J. 1997: Disparate Ladders. Why School and University Policies Differ in Germany, Japan, and Switzerland, New Brunswick-London: Transaction Books.

Heinrich, Gudrun 1999: Der kleine Koalitionspartner in den Ländern: Koalitionsstrategien von F.D.P. und Bündnis 90/Die Grünen im Vergleich, in: Sturm/Kropp (Hg.) 1999, 120-145.

Henkes, Christian/Kneip, Sascha 2003: Bildungspolitik, in: Egle/Ostheim/Zohlnhöfer (Hg.) 2003: Das rot-grüne Projekt, Wiesbaden, 283-303.

Héritier, Adrienne (Hg.) 1993 : Policy-Analyse. Kritik und Neuorientierung, PVS-Sonderheft 24, Opladen: Westdeutscher Verlag.

Hernes, Helga M. 1989: Wohlfahrtsstaat und Frauenmacht, Baden-Baden: Nomos.

Herwartz-Emden, Leonie 2003: Einwandererkinder im deutschen Bildungswesen, in: Cortina et al. (Hg.) 2003, 661-709.

Herz, Wilfried 2004: Die Herren der großen Löcher. Was 17 Finanzminister von Bund und Ländern zusammenschweißt: Geldnot und begehrliche Kabinettskollegen, in: Die Zeit Nr. 38 vom 9.09.2004.

Hetmeier, Heinz-Werner 1987: Hochschulfinanzen 1978 bis 1985, in: Wirtschaft und Statistik Nr. 10/1987, 791-796.

Hetmeier, Heinz-Werner 1990: Öffentliche Ausgaben für Forschung und experimentelle Entwicklung 1987, in: Wirtschaft und Statistik Nr. 2/1990, 123-129.

Hetmeier, Heinz-Werner 1992: Finanzstatistische Kennzahlen für den Hochschulbereich, in: Wirtschaft und Statistik Nr. 8/1992, 545-556.

Hetmeier, Heinz-Werner 1994: Methodik, Erhebungs- und Aufbereitungsprogramm der Hochschulfinanzstatistik seit 1992, in: Wirtschaft und Statistik Nr. 11/1994, 911-922.

Hetmeier, Heinz-Werner 1998a: Methodik der Berechnung der Ausgaben und des Personals der Hochschulen für Forschung und experimentelle Entwicklung ab dem Berichtjahr 1995, in: Wirtschaft und Statistik Nr. 2/1998, 153-163.

Hetmeier, Heinz-Werner 1998b: Zur sozialen Lage in den neuen Ländern und Berlin-Ost. Bildung: Öffentliche Finanzen für Bildung und Wissenschaft, in: Wirtschaft und Statistik Nr. 4/1998, 307-308.

Hetmeier, Heinz-Werner 2000a: Bildungsausgaben im Vergleich, in: Zeitschrift für Pädagogik 46:1, 19-38.

Hetmeier, Heinz-Werner 2000b: Methodische Probleme der Ermittlung von Ausgaben je Schüler, in: Weiß/Weishaupt (Hg.) 2000, 213-249.

Hetmeier, Heinz-Werner/Brugger, Pia 1997: Auswirkungen der Flexibilisierung und Globalisierung der Haushalte auf die Darstellung der Ausgaben für Bildung, Wissenschaft und Kultur in den Finanzstatistiken, in: Wirtschaft und Statistik Nr. 11/1997, 775-784.

Hetmeier, Heinz-Werner/Schmidt, Pascal 2000: Budget für Bildung, Forschung und Wissenschaft nach dem Durchführungs- und Finanzierungskonzept, in: Wirtschaft und Statistik Nr. 7/2000, 500-508.

Hetmeier, Heinz-Werner/Weiß, Manfred 2001: Bildungsausgaben, in: Böttcher/Klemm/Rauschenbach (Hg.) 2001, 39-55.

Hicks, Alexander M. 1994: Introduction to Pooling, in: Janoski/Hicks (Hg.) 1994, 169-188.

Hidien, Jürgen W. 1999: Der bundesstaatliche Finanzausgleich in Deutschland. Geschichtliche und staatsrechtliche Grundlagen, Baden-Baden: Nomos.

Hockerts, Hans Günter 2002: Zugänge zur Zeitgeschichte: Primärerfahrung, Erinnerungskultur, Geschichtswissenschaft, in: Jarausch/Sabrow (Hg.) 2002, 39-73.

Hörner, Walter/Brings, Stefan 1995: Entwicklung und Aufgaben der amtlichen Hochschulstatistik, in: Wirtschaft und Statistik Nr. 4/1995, 267-278.

Hörner, Wolfgang 1996: Einführung: Bildungssysteme in Europa – Überlegungen zu einer vergleichenden Betrachtung, in: Anweiler et al. 1996, 13-29.

Hokenmaier, Karl G. 2002: Education, Social Security, and the Welfare State: Alternative Policy Choices in the United States and Germany, Ann Arbor: UMI.

Horst, Patrick 1995: Haushaltspolitik und Regierungspraxis in den USA und der Bundesrepublik Deutschland. Ein Vergleich des haushaltspolitischen Entscheidungsprozesses beider Bundesrepubliken zu Zeiten der konservativen Regierungen Reagan/Bush (1981-92) und Kohl (1982-93), Frankfurt a. M.: Peter Lang.

Hovestadt, Gertrud/Klemm, Klaus 2002: Schulleistungen in Deutschland: Internationales Mittelmaß und innerdeutsche Leistungsspreizung, in: Rolff et al. (Hg.) 2002, 51-74.

Hsiao, Cheng 1986: Analysis of Panel Data, Cambridge: Cambride University Press.

Hsiao, Cheng/Sun, Baohong 2000: To Pool or Not to Pool Panel Data, in: Krishnakumar/Ronchetti (Hg.) 2000, 181-198.

Huber, Evelyne/Stephens, John D. 2001: Development and Crisis of the Welfare State. Parties and Policies in Global Markets, Chicago: The University of Chicago Press.

Imbeau, Louis M. (Hg.) 1996: Comparing Government Activity, New York: St. Martin's Press.

Inglehart, Ronald 1977: The Silent Revolution: Changing Values and Political Styles Among Western Publics, Princeton, N.J.

Institut der deutschen Wirtschaft Köln (Hg.) 2003: Wissen, wie man lernt. Was macht das Ausland besser? Köln: IW.

Institut für Schulentwicklungsforschung diverse Jahrgänge: IFS-Umfrage: Die Schule im Spiegel der öffentlichen Meinung, in: Rolff et al. (Hg.) diverse Jahrgänge.

Ishida, Hiroshi/Müller, Walter/Ridge, John M. 1995: Class Origin, Class Destination, and Education: A Cross-National Study of Ten Industrial Nations, in: American Journal of Sociology 101:1, 145-93.

Iversen, Torben/Soskice, David 2001: An Asset Theory of Social Policy Preferences, in: American Political Science Review 95:4, S. 875-893.

Jackman, Robert W. 1987: The Politics of Economic Growth in the Industrial Democracies, 1974-80: Leftist Strength or North Sea Oil?, in: Journal of Politics 49:1, 242-256.

Jägers, Thomas 1993: Öffentliche Ausgaben für Bildung, Wissenschaft und Kultur 1975 bis 1990, in: Wirtschaft und Statistik Nr. 2/1993, 103-112.

Jaich, Roman 2003: Finanzierung der Kindertagesbetreuung in Deutschland. Gutachten im Rahmen des Projektes „Familienunterstützende Kinderbetreuungsangebote" des Deutschen Jugendinstituts, veröffentlicht im Internet unter http://www.dji.de/bibs/42_1459FamunterstExpertise.pdf (30.1.2004).

Janoski, Thomas/Hicks, Alexander M. (Hg.) 1994: The Comparative Political Economy of the Welfare State, Cambridge: Cambridge University Press.

Jarausch, Konrad H. 2002: Zeitgeschichte und Erinnerung. Deutungskonkurrenz oder Interdependenz?, in: Jarausch/Sabrow (Hg.) 2002, 9-37.

Jarausch, Konrad H./Sabrow, Martin (Hg.) 2002: Verletztes Gedächtnis. Erinnerungskultur und Zeitgeschichte im Konflikt, Frankfurt a. M.: Campus.

Judt, Matthias (Hg.) 1998: DDR-Geschichte in Dokumenten, Bonn: Bundeszentrale für politische Bildung.

Kaganovich, Michael/Zilcha, Itzhak 1999: Education, social Security, and Growth, in: Journal of Public Economics 71:2, 289-309.

Karakasoglu-Aydin, Yasemin 2001: Kinder aus Zuwandererfamilien im Bildungssystem, in: Böttcher/Klemm/Rauschenbach 2001 (Hg.), 273-302.

Kaufmann, Franz-Xaver 2001: Der deutsche Sozialstaat im internationalen Vergleich, in: BMA und Bundesarchiv (Hg.) 2001, Band 1, 799-990.

Kaufmann, Franz-Xaver 2005: Schrumpfende Bevölkerung. Vom Bevölkerungsrückgang und seinen Folgen, Frankfurt a. M.: Suhrkamp.

Kemnitz, Alexander 2000: Bildungspolitik in alternden Gesellschaften. Eine ökonomische Analyse, Aachen: Shaker.

Kempkes, Gerhard/Seitz, Helmut 2005: Auswirkungen des demographischen Wandels auf die Bildungsausgaben: Eine empirische Analyse der Ausgaben im Schulbereich auf der Länder- und Gemeindebene, veröffentlicht im Internet unter: http://www.tu-dresden.de/wwvwlemp/publikation/KempkesSeitz.pdf (21.04.2005).

Kersbergen, Kees van 1995: Social Capitalism, London: Routledge.

King, Gary 1990: On Political Methodology, in: Political Analysis 2:1, 1-29.

King, Gary/Keohane, Robert O./Verba, Sidney 1994: Designing Social Enquiry. Scientific Inference in Qualitative Research, Princeton: Princeton University Press.

Kirchgässner, Gebhard/Pommerehne, Werner W. 1997: Public Spending in Federal States: A Comparative Econometric Study, in: Capros/Meulders (Hg.) 1997, 179-213.

Kittel, Bernhard 1999: Sense and Sensitivity in Pooled Analysis of Political Data, in: European Journal of Political Research 35:2, 225-253.

Kittel, Bernhard 2003: Perspektiven und Potenziale der vergleichenden Politischen Ökonomie, in: Obinger/Wagschal/Kittel (Hg.) 2003, 385-414.

Kittel, Bernhard 2005: Pooled Analysis in der ländervergleichenden Forschung: Probleme und Potenziale, in: Kropp/Minkenberg (Hg.) 2005, 96-115.

Kittel, Bernhard/Obinger, Herbert 2003: Political Parties, Institutions, and the Dynamics of Social Expenditure in Times of Austerity, in: Journal of European Public Policy 10:1, 20-45.

Kittel, Bernhard/Winner, Hannes 2002: How Reliable is Pooled Analysis in Political Economy? The Globalization-Welfare State Nexus Revisited, MPIfG Discussion Paper 02/3, Köln: Max Planck-Institut für Gesellschaftsforschung.

Klemm, Klaus 1986: Was 1985 hätte sein sollen – Zielwerte des Bildungsgesamtplans von 1973 im Vergleich zur realen Schulentwicklung, in: Rolff (Hg.) 1986, 50-69.

Klemm, Klaus 1997: Geld – Macht – Zeit. Bildungsexpansion: Eine Erfolgsgeschichte, in: Böttcher/Weishaupt/Weiß (Hg.) 1997, 98-104.

Klemm, Klaus 2001: Bildungsexpansion, Erfolge und Misserfolge sowie Bildungsbeteiligung, in: Böttcher/Klemm/Rauschenbach (Hg.) 2001, 331-342.

Klemm, Klaus 2003: Bildungsausgaben: Woher sie kommen, wohin sie fließen, in: Cortina et al. (Hg.) 2003, 214-251.

Klieme, Eckhard et al. 2003 : Zur Entwicklung nationaler Bildungsstandards. Eine Expertise, Frankfurt a. M.: Deutsches Institut für Internationale Pädagogische Forschung.

Klingemann, Hans-Dieter 1987: Electoral Programmes in West Germany 1949-1980: Explorations in the Nature of Political Controversy, in: Budge/Robertson/Hearl (Hg.) 1987, 294-323.

KMK (Hg.) diverse Jahrgänge: Schüler, Klassen, Lehrer und Absolventen der Schulen 1992-2001, Statistische Veröffentlichungen der KMK, Bonn: Sekretariat der KMK.

KMK (Hg.) 1998: Einheit in der Vielfalt. 50 Jahre Kultusministerkonferenz 1948-1998, Neuwied: Luchterhand.

KMK 1978: Stellungnahme der Kultusministerkonferenz zum Bericht der Bundesregierung über die strukturellen Probleme des föderativen Bildungssystems, Beschluss der Kultusministerkonferenz vom 20./21.4. 1978.

KMK 2001: Schule in Deutschland. Zahlen, Fakten, Analysen. Analyseband zur Dokumentation, Statistische Veröffentlichungen der Kultusministerkonferenz Nr. 155, Bonn: Sekretariat der KMK.

KMK 2002a: Schule in Deutschland. Zahlen, Fakten, Analysen. Analyseband zur Dokumentation, Statistische Veröffentlichungen der Kultusministerkonferenz Nr. 161, Bonn: Sekretariat der KMK.

KMK 2002b: Vorgaben für die Klassenteilung im Schuljahr 2002/2003, Bonn: Sekretariat der KMK.

KMK 2002c: Wochenpflichtstunden der Schüler im Schuljahr 2002/2003, Bonn: Sekretariat der KMK.

KMK 2002d: Übersicht über die Pflichtstunden der Lehrer an allgemeinbildenden und beruflichen Schulen sowie Ermäßigungen für bestimmte Altersgruppen der Voll- bzw. Teilzeitlehrer und besondere Arbeitszeitmodelle im Schuljahr 2002/03, Bonn: Sekretariat der KMK.

KMK 2003a: Vorgaben für die Klassenteilung im Schuljahr 2003/2004, Bonn: Sekretariat der KMK.

KMK 2003b: Wochenpflichtstunden der Schüler im Schuljahr 2003/2004, Bonn: Sekretariat der KMK.

KMK 2003c: Übersicht über die Pflichtstunden der Lehrer an allgemeinbildenden und beruflichen Schulen sowie Ermäßigungen für bestimmte Altersgruppen der Voll- bzw. Teilzeitlehrer und besondere Arbeitszeitmodelle im Schuljahr 2003/04, Bonn: Sekretariat der KMK.

KMK 2003d: Das Bildungswesen in der Bundesrepublik Deutschland 2002. Darstellung der Kompetenzen, Strukturen und bildungspolitischen Entwicklungen für den Informationsaustausch in Europa – Auszug, Bonn, Sekretariat der KMK.

Knab, Doris 1991: Bildungslandschaft Baden-Württemberg, in: Landeszentrale für Politische Bildung Baden-Württemberg (Hg.) 1991, 110-123.

Knutsen, Oddbjörn 1995: Value Orientations, Political Conflicts and Left-Right Identification: A Comparative Study, in: European Journal of Political Research 28:1, 63-93.

Köcher, Renate 2003: Gleichmut im Umgang mit einem Schicksalsthema, in: Frankfurter Allgemeine Zeitung Nr. 192 vom 20. August 2003.

Kommission von Bundestag und Bundesrat zur Modernisierung der bundesstaatlichen Ordnung 2004: Stenographischer Bericht der 5. Sitzung am 11. März 2004 in Berlin, Berlin: Bundesrat.

Konrad-Adenauer-Stiftung (Hg.) 1978: Christliche Demokratie in Deutschland. Analysen und Dokumente zur Geschichte und Programmatik der Christlich Demokratischen Union Deutschlands und der Jungen Union Deutschlands, Melle: Ernst Knoth.

Korff, Hans Clausen 1975: Haushaltspolitik. Instrument öffentlicher Macht, Stuttgart: W. Kohlhammer.

Korpi, Walter 1983: The Democratic Class Struggle. London: Routledge & Kegan Paul.

Krishnakumar, Jaya/Ronchetti, Elvezio (Hg.) 2000: Panel Data Econometrics: Future Directions. Papers in Honour of Professor Pietro Balestra, Amsterdam: Elsevier.

Kropp, Sabine 2001: Regieren in Koalitionen. Handlungsmuster und Entscheidungsfindung in deutschen Länderregierungen, Wiesbaden: Westdeutscher Verlag.

Kropp, Sabine/Sturm, Roland 1998: Koalitionen und Koalitionsvereinbarungen. Theorie, Analyse und Dokumentation, Opladen: Leske + Budrich.

Kropp, Sabine/Minkenberg, Michael (Hg.) 2005: Vergleichen in der Politikwissenschaft, Wiesbaden: VS Verlag für Sozialwissenschaften.

Kuhlenkamp, Detlef 2003a: Von der Strukturierung zur Marginalisierung. Zur Entwicklung der Weiterbildungsgesetze der Länder, in: Hessische Blätter für Volksbildung Nr. 2/2003, 127-138.

Kuhlenkamp, Detlef 2003b: Weiterbildung als Teil öffentlicher Wohlfahrt? In: Dewe/Wiesner/Wittpoth (Hg.) 2003, 25-41.

Landeszentrale für Politische Bildung Baden-Württemberg (Hg.) 1991: Baden-Württemberg. Eine politische Landeskunde Teil II, Stuttgart: Kohlhammer.

Landon, Stuart 1998: Institutional Structure and educational Spending, in: Public Finance Review 26:5, 411-446.

Lane, Jan-Erik/McKay, David/Newton, Kenneth (Hg.) 1997: Political Data Handbook. OECD Countries, 2.Auflage, Oxford: Oxford University Press.

Landtag Mecklenburg-Vorpommern 1997: Unterrichtung des Landtags von Mecklenburg-Vorpommern durch den Landesrechnungshof vom 16.09.1997, Drucksache 2/3000.

Lange, Hermann 1987: Die Rolle der Verwaltung bei der Aufstellung des Haushalts, in: Mäding (Hg.) 1987, 51-67.

Langewiesche, Dieter 2005: Schöne neue Hochschulwelt, in: Frankfurter Allgemeine Zeitung Nr. 143 vom 23. Juni 2005.

Lehmbruch, Gerhard 2000: Parteienwettbewerb im Bundesstaat. Regelsysteme und Spannungslagen im politischen System der Bundesrepublik Deutschland, 3.Auflage, Opladen: Westdeutscher Verlag.

Lehmbruch, Gerhard 2002: Der unitarische Bundesstaat in Deutschland: Pfadabhängigkeit und Wandel, in: Benz/Lehmbruch (Hg.) 2002, 53-110.

Leibfried, Stephan 2003: Umspecken? Bildungspolitik im Sozialstaats-Umbau, in: Erziehung und Wissenschaft Nr. 6/2003, 12.

Leibfried, Stephan/Pierson, Paul 2000: Social Policy. Left to Courts and Markets? in: Wallace/Wallace (Hg.) 2000, 268-292.

Leibfried, Stephan/Castles, Francis G./Obinger, Herbert 2005: 'Old' and 'New Politics' in Federal Welfare States, in: Leibfried/Castles/Obinger (Hg.) 2005, 307-355.

Leibfried, Stephan/Castles, Francis G./Obinger, Herbert (Hg.) 2005: Federalism and the Welfare State. New World and European Experience, Cambridge: Cambridge University Press.

Leitner, Sigrid 1999: Frauen und Männer im Wohlfahrtsstaat, Frankfurt a. M.: Peter Lang.

Lenhardt, Gero 1991: Bildungspolitik und Schulentwicklung in der BRD, in: Blanke/Wollmann (Hg.) 1991, 389-408.

Lenk, Thomas 2001: Aspekte des Länderfinanzausgleichs. Tarifgestaltung, Gemeindefinanzkraft, Fonds „Deutsche Einheit", Frankfurt a. M.: Peter Lang.

Leschinsky, Achim 2003: Der institutionelle Rahmen des Bildungswesens, in: Cortina et al. (Hg.) 2003, 148-213.

Leszczensky, Michael 2004: Paradigmenwechsel in der Hochschulfinanzierung, in: Aus Politik und Zeitgeschichte Nr. 25/2004, 18-25.

Lijphart, Arend/Crepaz, Markus M. L. 1991: Corporatism and Consensus Democracy in Eighteen Countries: Conceptual and Empirical Linkages, in: British Journal of Political Science 21:2, 235-256.

Lindert, Peter H. 2003: Why the Welfare State Looks like a Free Lunch, NBER Working Paper 9869, Cambridge, MA: National Bureau of Economic Research.

Lindert, Peter H. 2004: Growing Public. Social Spending and Economic Growth Since the Eighteenth Century, Cambridge: Cambridge University Press.

Lüdecke, Reinar 1985: Theorie der staatlichen Bildungsfinanzierung im Rahmen einer Theorie der Staatsaufgaben, in: Brinkmann (Hg.) 1985, 57-156.

Lüdecke, Reinar/Scherf, Wolfgang/Steden, Werner (Hg.) 2000: Wirtschaftswissenschaft im Dienste der Verteilungs-, Geld- und Finanzpolitik. Festschrift für Alois Oberhauser zum 70. Geburtstag, Berlin: Duncker & Humblot.

Lünnemann, Patrick 1997: Ansatz für einen vollständigeren Nachweis der öffentlichen Bildungsausgaben in Deutschland: Verfahren zur Schätzung der Altersversorgung der Beamten, in: Wirtschaft und Statistik Nr. 12/1997, 857-864.

Lünnemann, Patrick 1998: Methodik zur Darstellung der öffentlichen Ausgaben für schulische Bildung nach Bildungsstufen sowie zur Berechnung finanzstatistischer Kennzahlen für den Schulbereich, in: Wirtschaft und Statistik Nr. 2/1998, 141-152.

Lünnemann, Patrick/Hetmeier, Heinz-Werner 1996: Methodik zur Abgrenzung, Gliederung und Ermittlung der Bildungsausgaben in Deutschland, in: Wirtschaft und Statistik Nr. 3/1996, 166-180.

Maaß, Jürgen 1973: Die Flexibilität der Staatsausgaben. Ein Beitrag zur Theorie der öffentlichen Ausgabepolitik, Opladen: Westdeutscher Verlag.

Maddala, Gangadharrao S. 1998: Recent Developments in Dynamic Econometric Modelling: A Personal Viewpoint, in: Political Analysis 7:1, 59-87.

Maddala, Gangadharrao S. 1999: On the Use of Panel Data Methods with Cross-Country Data, in: Annales d'économie et de statistique Nr. 55/56, 429-448.

Maddala, Gangadharrao S./Hu, Wanhong 1995: The Pooling Problem, in: Matyas/Sevestre (Hg.) 1995, 307-322.

Mäding, Heinrich 1979: Bildungspolitik im föderativen Staat, Bonn: Konrad Adenauer-Stiftung.

Mäding, Heinrich 1985: Die Finanzkrise und das Scheitern der Fortschreibung des Bildungsgesamtplanes, in: Brinkmann (Hg.) 1985, 209-233.

Mäding, Heinrich (Hg.) 1987: Haushaltsplanung – Haushaltsvollzug – Haushaltskontrolle. XI. Konstanzer Verwaltungsseminar 1986, Baden-Baden: Nomos.

Mäding, Heinrich 1994: Föderalismus und Bildungsplanung in der Bundesrepublik Deutschland, in: Gunlicks/Voigt (Hg.) 1994, 147-170.

Mahoney, James/Rueschemeyer, Dietrich (Hg.) 2003: Comparative Historical Analysis in the Social Sciences, Cambridge: Cambridge University Press.

Mahoney, James/Rueschemeyer, Dietrich 2003: Comparative Historical Analysis: Achievements and Agendas, in: Mahoney/Rueschemeyer (Hg.) 2003, 3-38.

Maier, Hans 1998: Die Kultusministerkonferenz im föderalen System, in: KMK (Hg.) 1998, 21-33.

Maier, Ralf W. 2003: Bildung und Forschung im kooperativen Föderalismus. Zu den Finanzierungskompetenzen des Bundes, in: Öffentliche Verwaltung 56:19, 796-803.

Maritzen, Norbert 1996: Im Spagat zwischen Hierarchie und Autonomie. Steuerungsprobleme in der Bildungsplanung, in: Die Deutsche Schule 88:1, 22-36.

Marshall, James/Peters, Michael (Hg.) 1999: Education Policy, Cheltenham: Elgar.

Marshall, James/Peters, Michael 1999: Studies in Educational Policy at the End of the Millenium, in: Dieselben (Hg.) 1999, xv-xxxv.

Marshall, Thomas H. 1949: Staatsbürgerrechte und soziale Klassen, in: Derselbe 1992, 33-94.

Marshall, Thomas H. 1992: Bürgerrechte und soziale Klassen. Zur Soziologie des Wohlfahrtsstaates, herausgegeben von Elmar Rieger, Frankfurt a. M.: Campus.

Massing, Peter 2003a: Einleitung: Bildungspolitik in der Bundesrepublik Deutschland, in: Massing (Hg.) 2003, 5-8.

Massing, Peter 2003b: Konjunkturen und Institutionen der Bildungspolitik, in: Massing (Hg.) 2003, 9-53.

Massing, Peter (Hg.) 2003: Bildungspolitik in der Bundesrepublik Deutschland. Eine Einführung, Schwalbach/Taunus: Wochenschau Verlag.

Matyas, Laszlo/Sevestre, Patrick (Hg.) 1995: The Econometrics of Panel Data, Boston: Kluwer.

Max-Planck-Institut für Bildungsforschung (Hg.) 1980: Bildung in der Bundesrepublik Deutschland. Daten und Analysen. Band 2: Gegenwärtige Probleme, Reinbek: Rowohlt.

Mayer, Karl Ulrich 2003: Das Hochschulwesen, in: Cortina et al. (Hg.) 2003, 581-624.

Mayntz, Renate (Hg.) 2002: Akteure – Mechanismen – Modelle. Zur Theoriefähigkeit makro-sozialer Analysen, Frankfurt a. M.: Campus.

Mayntz, Renate 2002: Zur Theoriefähigkeit makro-sozialer Analysen, in: Mayntz (Hg.) 2002, 7-43.

Mayntz, Renate/Scharpf, Fritz W. 1995 (Hg.): Gesellschaftliche Selbstregelung und politische Steuerung, Frankfurt a. M.: Campus.

Mayntz, Renate/Scharpf, Fritz W. 1995: Der Ansatz des akteurszentrierten Institutionalismus, in: Mayntz/Scharpf (Hg.) 1995, 39-72.

Merkel, Wolfgang/Egle, Christoph/Henkes, Christian/Ostheim, Tobias/Petring, Alexander 2006: Die Reformfähigkeit der Sozialdemokratie. Regierungspolitik in Westeuropa, Wiesbaden: VS Verlag für Sozialwissenschaften.

Meulemann, Heiner 2004: Bildung als Wettlauf der Nationen? Die Zufriedenheit mit dem Bildungswesen in Deutschland und Europa von 1973 bis 2002, Köln (unveröffentlichtes Manuskript).

Mickel, Wolfgang W. 1990: Die Herausforderung des Erziehungs- und Bildungssystems durch den Europäischen Binnenmarkt. Multinationale Erziehung als Voraussetzung für Mobilität, in: Bildung und Erziehung 43:3, 249-266.

Mickel, Wolfgang W. 2003: Bildungspolitik, in: Nohlen (Hg.) 2003, 32-35.

Milbradt, Georg 1996: Aktuelle finanzpolitische Probleme der neuen Bundesländer – insbesondere beim Aufbau Sachsens, in: Oberhauser (Hg.) 1996, 9-35.

Ministerium für Kultus, Jugend und Sport Baden Württemberg 2003 (Hg.): Pisa-E. Vertiefender Länderbericht, Magazin Schule extra, Stuttgart: Ministerium für Kultus, Jugend und Sport Baden Württemberg.

Mitter, Wolfgang 1998: Schlussbetrachtungen. Das deutsche Bildungswesen in internationaler Perspektive, in: Führ/Furck (Hg.) 1998b, 409-428.

Mösch, Bettina 1998: Zur sozialen Lage in den neuen Ländern und Berlin-Ost. Bildung: Hochschulen, in: Wirtschaft und Statistik Nr. 4/1998, 305-307.

Morgan, Kimberley J. 2002: Forging the Frontiers between State, Church, and Family: Religious Cleavages and the Origins of Early Childhood Education and Care Policies in France, Sweden, and Germany, in: Politics and Society 30:1, 113-148.

Müller, Walter 1998: Erwartete und unerwartete Folgen der Bildungsexpansion, in: Friedrichs/Lepsius/Mayer (Hg.) 1998, 81-112.

Müller, Walter/Haun, Dietmar 1994: Bildungsgleichheit im Sozialen Wandel, in: Kölner Zeitschrift für Soziologie und Sozialpsychologie 46:1, 1-42.

Müller-Merbach, Heiner 2001: Hochschulfinanzen im Ländervergleich, in: Forschung & Lehre, Nr. 5/2001, 254-257.

Muszynski, Bernhard 2000: Bildungspolitik in Brandenburg und anderswo, Vortrag im Pädagogischen Landsinstitut Brandenburg, im Internet veröffentlicht unter: www.uni-potsdam.de/u/sozpol/E.PDF (16.11.2005).

Nohlen, Dieter (Hg.) 2003: Kleines Lexikon der Politik, 3.Auflage, München: C.H. Beck.

North, Douglass C. 1992: Institutionen, institutioneller Wandel und Wirtschaftsleistung, Tübingen: Mohr Siebeck.

O'Keeffe, Roger 2003: Handel mit Dienstleistungen: Die Rolle der Europäischen Kommission, in: Recht der Jugend und des Bildungswesens 51:1, 100-105.

Oberhauser, Alois (Hg.) 1996: Finanzierungsprobleme der deutschen Einheit IV. Spezielle Finanzierungsaspekte im Zeitlauf, Berlin: Duncker & Humblot.

Obinger, Herbert 2004: Politik und Wirtschaftswachstum. Ein internationaler Vergleich, Wiesbaden: VS Verlag für Sozialwissenschaften.

Obinger, Herbert/Wagschal, Uwe/Kittel, Bernhard (Hg.) 2003: Politische Ökonomie. Demokratie und wirtschaftliche Leistungsfähigkeit, Opladen: Leske + Budrich.

OECD 1985: Social Expenditure 1960-1990. Problems of Growth and Control, Paris: OECD.

OECD 1988: Education in OECD Countries 1984-85. Comparative Statistics, Paris: OECD.

OECD 1988: Education in OECD Countries 1985-86. Comparative Statistics, Paris: OECD.

OECD 1989: Education in OECD-Countries 1986-1987. A Compendium of Statistical Information, Paris: OECD.

OECD 1990: Education in OECD Countries 1987-88. A Compendium of Statistical Information, Paris: OECD.

OECD 1992: Public Educational Expenditure, Costs and Financing: An Analysis of Trends 1970-1988, Paris: OECD.

OECD 1993: Education in OECD Countries 1988/89-1989/90. A Compendium of Statistical Information, Paris: OECD.

OECD 1998: Education Policy Analysis 1998, Paris: OECD.

OECD 2000a: Bildung auf einen Blick. OECD-Indikatoren 2000, Paris: OECD.

OECD 2000b: Investing in Education: Analysis of the 1999 World Education Indicators, Paris: OECD.

OECD 2001a: Education at a Glance. OECD Indicators 2001, Paris: OECD.

OECD 2001b: The Well-being of Nations: The Role of Human and Social Capital, Paris: OECD.

OECD 2001c: Social Expenditure Data Base, CD-ROM, Paris: OECD.

OECD 2001d: OECD in Figures - Statistics on Member Countries, 2001 edition, Paris: OECD.

OECD 2001e: Tax and the Economy. A Comparative Assessment of OECD Countries, Paris: OECD.

OECD 2002: Education at a Glance. OECD Indicators 2002, Paris: OECD.

OECD 2003a: Education at a Glance. OECD Indicators 2003, Paris: OECD.

OECD 2003b: OECD Economic Surveys 2001-2002. Germany, Paris: OECD.

OECD 2003c: The Sources of Economic Growth in the OECD Countries, Paris: OECD.

OECD 2003d: Education Policy Analysis 2003, Paris: OECD.

OECD 2004: Education at a Glance. OECD Indicators 2004, Paris: OECD.

OECD 2005: Education at a Glance. OECD Indicators 2005, Paris: OECD.

Offe, Claus 1975:   Berufsbildungsreform. Eine Fallstudie über Reformpolitik, Frankfurt a. M.: Suhrkamp.

Olson, Mancur 1982: The Rise and Decline of Nations. Economic Growth, Stagflation, and Social Rigidities, New Haven: Yale University Press.

Oschatz, Georg-Berndt 1998: Zusammenarbeit der KMK mit anderen Institutionen, in: KMK(Hg.) 1998, 143-150.

Palm, Günter 1966: Die Kaufkraft der Bildungsausgaben. Ein Beitrag zur Analyse der öffentlichen Ausgaben für Schulen und Hochschulen in der Bundesrepublik Deutschland 1950 bis 1962, Olten: Walter.

Patzelt, Werner 1985: Einführung in die sozialwissenschaftliche Statistik, München: Oldenbourg.

Patzig, Werner 1981: Haushaltsrecht des Bundes und der Länder. Grundriß, Baden-Baden: Nomos.

Pedroni, Peter 2000: Fully Modified OLS for Heterogeneous Cointegrated Panels, in: Advances in Econometrics 15, 93-130.

Peters, Michael/Marshall, James 1996: Educational Policy Analysis and the Politics of Interpretation, in: Marshall/Peters (Hg.) 1999, 67-84.

Picht, Georg 1964: Die deutsche Bildungskatastrophe. Analyse und Dokumentation, Olten: Walter.

Pierson, Paul (Hg.) 2001: The New Politics of the Welfare State, Oxford: Oxford University Press.

Pierson, Paul 1994: Dismantling the Welfare State? Reagan, Thatcher, and the Politics of Retrenchment, Cambridge: Cambridge University Press.

Pierson, Paul 1996: The New Politics of the Welfare State, in: World Politics 48:2, 143-179.

Pierson, Paul 2001a: Coping with Permanent Austerity: Welfare State Restructuring in Affluent Democracies, in: Pierson (Hg.) 2001, S. 410-457.

Pierson, Paul 2001b: Investigating the Welfare State at Century's End, in: Pierson (Hg.) 2001, 1-14.

Pierson, Paul 2001c: Post-Industrial Pressures on the Mature Welfare States, in: Pierson (Hg.) 2001, 80-104.

Pierson, Paul 2003: Big, Slow-Moving, and ... Invisible: Macrosocial Processes in the Study of Comparative Politics, in: Mahoney/Rueschemeyer (Hg.) 2003, 177-207.

Plümper, Thomas/Troeger, Vera/Manow, Philip 2005: Panel Data Analysis in Comparative Politics: Linking Method to Theory, in: European Journal of Political Research 44:2, 327-354.

Podestà, Federico 2002: Recent Developments in Quantitative Comparative Methodology: The Case of Pooled Time Series Cross-Section Analysis, DSS Papers Soc   3-02,   veröffentlicht   im   Internet   unter: http://www.eco.unibs.it/segdss/paper/pode202.pdf (22.11.2004).

Poeppelt, Karin S. 1978: Zum Bildungsgesamtplan der Bund-Länder-Kommission. Die Einfügung des Artikels 91b in das Grundgesetz und der Prozeß der Bildungsplanung für den Elementar-, Primar- und Sekundarbereich in der Bund-Länder-Kommission für Bildungsplanung, Weinheim: Beltz.

Popper, Karl R. 1969: Die Logik der Sozialwissenschaften, in: Adorno (Hg.) 1969, 103-123.

Projektgruppe Bildungsbericht am Max-Planck-Institut für Bildungsforschung (Hg.) 1980: Bildung in der Bundesrepublik Deutschland. Daten und Analysen. Band 1: Entwicklung seit 1950, Reinbek: Rowohlt.

Pütz, Helmuth 1978: Vom christlichen Humanismus zur sozialen Bildungsgesellschaft. Die Programmentwicklung der CDU in der Kultur-, Bildungs- und Wissenschaftspolitik seit 1945, in: Konrad-Adenauer-Stiftung (Hg.) 1978, 145-169.

Ragin, Charles C. 2000: Fuzzy-Set Social Science, Chicago: University of Chicago Press.

Raschert, Jürgen 1980: Bildungspolitik im kooperativen Föderalismus. Die Entwicklung der länderübergreifenden Planung und Koordination des Bildungswesens der Bundesrepublik Deutschland, in: Projektgruppe Bildungsbericht am Max-Planck-Institut für Bildungsforschung (Hg.) 1980, 101-215.

Recum, Hasso von 1991: Planning and Financing a Shrinking Educational System: The Case of West Germany, in: Recum/Weiß (Hg.) 1991, 109-119.

Recum, Hasso von 1997: Bildungspolitische Steuerung oder Die Kunst, das Unmögliche möglich zu machen, Frankfurt a. M.: Deutsches Institut für Internationale Pädagogische Forschung.

Recum, Hasso von/Weiß, Manfred (Hg.) 1991: Social Change and Educational Planning in West Germany, Frankfurt a. M.: Deutsches Institut für Internationale Pädagogische Forschung.

Renz, Marianne 1998a: Struktur und Entwicklung des Lehrerbestandes, in: Wirtschaft und Statistik Nr. 12/1998, 993-998.

Renz, Marianne 1998b: Zur sozialen Lage in den neuen Ländern und Berlin-Ost. Bildung: Schulen, in: Wirtschaft und Statistik Nr. 4/1998, 302-305.

Renzsch, Wolfgang 1994: Föderative Problembewältigung: Zur Einbeziehung der neuen Länder in einen gesamtdeutschen Finanzausgleich ab 1995, in: Zeitschrift für Parlamentsfragen 25:1, 116-138.

Renzsch, Wolfgang 1998: Die Finanzierung der deutschen Einheit und der finanzpolitische Reformstau, in: Wirtschaftsdienst 1998/VI, 348-356.

Renzsch, Wolfgang 2004: Was kann und soll die Föderalismuskommission? In: Zeitschrift für Staats- und Europawissenschaft 2:1, 94-105.

Reuter, Lutz R. 2002: Politik- und rechtswissenschaftliche Bildungsforschung, in: Tippelt (Hg.) 2002, 169-181.

Richter, Ingo 2003: Nach dem Schock – über die Verarbeitung von PISA in jüngsten bildungspolitischen Publikationen, in: Recht der Jugend und des Bildungswesens 51:2, 256-261.

Rodden, John 2002: Repainting the Little Red Schoolhouse. A History of Eastern German Education 1945-1995, Oxford: Oxford University Press.

Rodden, Jonathan 2001: And the Last Shall be First: Federalism and Fiscal Outcomes in Germany, veröffentlicht im Internet unter: http://web.mit.edu/jrodden/www/materials/firstlast.pdf (24.02.2005).

Rodden, Jonathan 2002: The Dilemma of Fiscal Federalism: Grants and Fiscal Performance around the World, in: American Journal of Political Science 46:3, 670-687.

Rolff, Hans-Günter et al. (Hg.) diverse Jahrgänge: Jahrbuch der Schulentwicklung. Daten, Beispiele und Perspektiven, Weinheim: Beltz/Juventa.

Rose, Richard/Davies, Phillip L. 1994: Inheritance in Public Policy: Change without Choice in Britain, New Haven: Yale University Press.

Rudloff, Wilfried 2005: Does Science Matter? Zur Bedeutung wissenschaftlichen Wissens im politischen Prozess. Am Beispiel der bundesdeutschen Bildungspolitik in den Jahren des ‚Bildungsbooms', Speyer: FÖV Discussion Paper 19.

Rudolph, Hedwig 1969: Finanzierungsaspekte der Bildungsplanung dargestellt am Beispiel des Schulsystems in Bayern (Institut für Bildungsforschung in der Max-Planck-Gesellschaft: Studien und Bericht 15), Berlin: Institut für Bildungsforschung in der Max-Planck-Gesellschaft.

Rueschemeyer, Dietrich 2003: Can One or a Few Cases Yield Theoretical Gains? In: Mahoney/Rueschemeyer (Hg.) 2003, 305-336.

Rürup, Bert 1971: Die Programmfunktion des Bundeshaushaltsplanes. Die deutsche Haushaltsreform im Lichte der amerikanischen Erfahrungen mit dem Planning-Programming-Budgeting System, Berlin: Duncker & Humblot.

Rux, Johannes 2003: PISA und das GATS als Katalysator für die weitere Privatisierung des Bildungswesens, in: Recht der Jugend und des Bildungswesens 51:2, 239-251.

Sachverständigenrat zur Begutachtung der gesamtwirtschaftlichen Entwicklung 2001: Für Stetigkeit – gegen Aktionismus. Jahresgutachten 2001/2002, Stuttgart: Metzler-Poeschel.

Sachverständigenrat zur Begutachtung der gesamtwirtschaftlichen Entwicklung 2002: Zwanzig Punkte für Beschäftigung und Wachstum. Jahresgutachten 2002/2003, Stuttgart: Metzler-Poeschel.

Sachverständigenrat zur Begutachtung der gesamtwirtschaftlichen Entwicklung 2003: Staatsfinanzen konsolidieren – Steuersystem reformieren. Jahresgutachten 2003/2004, Wiesbaden: Statistisches Bundesamt.

Sachverständigenrat zur Begutachtung der gesamtwirtschaftlichen Entwicklung 2004: Erfolge im Ausland – Herausforderungen im Inland. Jahresgutachten 2004/2005, Wiesbaden: Statistisches Bundesamt.

Sala-i-Martin, Xavier X. 1997: I Just Ran Two Million Regressions, in: The American Economic Review 87. Papers and Proceedings of the Hundred and Ninth Annual Meeting of the American Economic Association, 178-183.

Sartori, Giovanni 2004: Where is Political Science Going? In: Political Science & Politics 27:4, 785-787.

Sayer, Andrew 1992: Method in Social Science. A Realist Approach, 2. Auflage, London: Routledge.

Sayrs, Lois W. 1989: Pooled Time Series Analysis, Newbury Park: Sage Publications.

SBA siehe unter Statistisches Bundesamt.

Scharpf, Fritz W. 1976: Theorie der Politikverflechtung, in: Scharpf/Reissert/Schnabel 1976, 13-70.

Scharpf, Fritz W. 1985: Die Politikverflechtungs-Falle: Europäische Integration und deutscher Föderalismus im Vergleich, in: Politische Vierteljahresschrift 26:4, 323-356.

Scharpf, Fritz W. 1988: Verhandlungssysteme, Verteilungskonflikte und Pathologien der politischen Steuerung, in: Schmidt (Hg.) 1988, 61-87.

Scharpf, Fritz W. 1989: Politische Steuerung und Politische Institutionen, in: Politische Vierteljahresschrift 30:1, 10-21.

Scharpf, Fritz W. 1992: Koordination durch Verhandlungssysteme: Analytische Konzepte und institutionelle Lösungen, in: Benz/Scharpf/Zintl (Hg.) 1992, 51-96.

Scharpf, Fritz W. 1993: Versuch über Demokratie im verhandelnden Staat, in: Czada/Schmidt (Hg.) 1993, 25-50.

Scharpf, Fritz W. 1994: Optionen des Föderalismus in Deutschland und Europa, Frankfurt a. M.: Campus.

Scharpf, Fritz W. 1997a: Games Real Actors Play. Actor-Centred Institutionalism in Policy Research, Boulder: Westview Press.

Scharpf, Fritz W. 1997b: Economic Integration, Democracy and the Welfare State, in: Journal of European Public Policy 4:1, 18-36.

Scharpf, Fritz W. 1997c: Introduction: The Problem-Solving Capacity of Multi-Level Governance, in: Journal of European Public Policy 4:4, 520-538.

Scharpf, Fritz W. 1999: Föderale Politikverflechtung: Was muß man ertragen – was kann man ändern? MPIfG Working Paper 99/3, Köln: Max Planck-Institut für Gesellschaftsforschung.

Scharpf, Fritz W. 2000a: Interaktionsformen. Akteurszentrierter Institutionalismus in der Politikforschung, Opladen: Leske + Budrich.

Scharpf, Fritz W. 2000b: The Viability of Advanced Welfare States in the International Economy: Vulnerabilities and Options, in: Journal of European Public Policy 7:2, 190-228.

Scharpf, Fritz W. 2000c: Institutions in Comparative Policy Research, in: Comparative Political Studies 33:6, 762-790.

Scharpf, Fritz W. 2002: Kontingente Generalisierung in der Politikforschung, in: Mayntz (Hg.) 2002, 213-235.

Scharpf, Fritz W./Reissert, Bernd/Schnabel, Fritz 1976: Politikverflechtung: Theorie und Empirie des kooperativen Föderalismus in der Bundesrepublik, Kronberg im Taunus: Scriptor.

Scherrer, Christoph 2003: Bildung als Handelsware? Die neue GATS-Verhandlungsrunde, in: Recht der Jugend und des Bildungswesens 51:1, 86-100.

Schleicher, Andreas 1995: Comparability Issues in International Educational Comparisons, in: Bos/Lehmann (Hg.) 1995, 216-229.

Schluchter, Wolfgang 1996: Neubeginn durch Anpassung? Studien zum ostdeutschen Übergang, Frankfurt a.M.: Suhrkamp.

Schmid, Josef 1990: Bildungspolitik der CDU. Eine Fallstudie zu innerparteilicher Willensbildung im Föderalismus, in: Gegenwartskunde 39:3, 303-313.

Schmid, Josef 1995: Expertenbefragung und Informationsgespräch in der Parteienforschung, in: Alemann (Hg.) 1995, 293-326.

Schmidt, Manfred G. (Hg.) 1988: Staatstätigkeit. International und historisch vergleichende Analysen, PVS-Sonderheft 19, Opladen: Westdeutscher Verlag.

Schmidt, Manfred G. (Hg.) 1992: Die westlichen Länder (Lexikon der Politik, Bd. 3), München: C.H. Beck.

Schmidt, Manfred G. (Hg.) 2001: Wohlfahrtsstaatliche Politik: Institutionen, politischer Prozess und Leistungsprofil, Opladen: Leske + Budrich.

Schmidt, Manfred G./Zohlnhöfer, Reimut (Hg.) i.E. 2006: Regieren in der Bundesrepublik Deutschland. Innen- und Außenpolitik seit 1949, Wiesbaden: VS Verlag für Sozialwissenschaften.

Schmidt, Manfred G. 1980: CDU und SPD an der Regierung. Ein Vergleich ihrer Politik in den Ländern, Frankfurt a. M.: Campus.

Schmidt, Manfred G. 1982: Wohlfahrtsstaatliche Politik unter bürgerlichen und sozialdemokratischen Regierungen. Ein internationaler Vergleich, Frankfurt a. M.: Campus.

Schmidt, Manfred G. 1990: Staatsfinanzen, in: von Beyme/Schmidt (Hg.) 1990, 36-73.

Schmidt, Manfred G. 1991: Machtwechsel in der Bundesrepublik (1949-1990). Ein Kommentar aus der Perspektive der vergleichenden Politikforschung, in: Blanke/Wollmann (Hg.) 1991, 179-203.

Schmidt, Manfred G. 1993: Theorien in der international vergleichenden Staatstätigkeitsforschung, in: Héritier (Hg.) 1993, 371-393.

Schmidt, Manfred G. 1995: The Parties-Do-Matter Hypothesis and the Case of the Federal Republic of Germany, in: German Politics 4:3, 1-21.

Schmidt, Manfred G. 1996: When Parties Matter: A Review of the Possibilities and Limits of Partisan Influence on Public Policy, in: European Journal of Political Research 30:2, 155-183.

Schmidt, Manfred G. 1997: Determinants of Social Expenditure in Liberal Democracies: The Post World War II Experience, in: Acta Politica 32:2, 153-173.

Schmidt, Manfred G. 1998a: Sozialpolitik in Deutschland. Historische Entwicklung und internationaler Vergleich, 2. Auflage, Opladen: Leske+Budrich.

Schmidt, Manfred G. 1998b: Das politische Leistungsprofil der Demokratien, in: Greven (Hg.) 1998, 181-199.

Schmidt, Manfred G. 1999: Warum die Gesundheitsausgaben wachsen. Befunde des Vergleichs demokratisch verfasster Länder, in: Politische Vierteljahresschrift 40:2, 229-245.

Schmidt, Manfred G. 2001: Ursachen und Folgen wohlfahrtsstaatlicher Politik, in: Schmidt (Hg.) 2001, 33-53.

Schmidt, Manfred G., 2002a: Germany. The Grand Coalition State, in: Colomer (Hg.) 2002, 57-93.

Schmidt, Manfred G. 2002b: Warum Mittelmaß? Deutschlands Bildungsausgaben im internationalen Vergleich, in: Politische Vierteljahresschrift 43:1, 3-19.

Schmidt, Manfred G. 2003a: Bildungsausgaben im internationalen Vergleich. Bestimmungsfaktoren öffentlicher und privater Bildungsausgaben in demokratischen Staaten, DFG-Projektantrag.

Schmidt, Manfred G. 2003b: Political Institutions in the Federal Republic of Germany, Oxford: Oxford University Press.

Schmidt, Manfred G. 2003c: Rot-grüne Sozialpolitik, in: Egle/Ostheim/Zohlnhöfer (Hg.) 2003, 239-258.

Schmidt, Manfred G. 2003d: Vergleichende Policy-Forschung, in: Berg-Schlosser/Müller-Rommel (Hg.) 2003, 261-276.

Schmidt, Manfred G. 2004: Die öffentlichen und privaten Bildungsausgaben in Deutschland im internationalen Vergleich, in: Zeitschrift für Europa- und Staatswissenschaften 2:1, 7-31.

Schmidt, Manfred G. 2005: Warum die öffentlichen Bildungsausgaben in Deutschland relativ niedrig und die privaten vergleichsweise hoch sind – Befunde des OECD-Länder-Vergleichs, in: Engel (Hg.) 2005, 105-120.

Schmidt, Manfred G./Nikolai, Rita/Busemeyer, Marius/Wolf, Frieder 2006: Bildungsausgaben im internationalen und intranationalen Vergleich. Bestimmungsfaktoren öffentlicher Bildungsausgaben in OECD-Demokratien. Bericht über ein durch eine Sachbeihilfe der DFG gefördertes Forschungsprojekt (Jahre 1 und 2 der Förderung), Institut für Politische Wissenschaft, Universität Heidelberg.

Schmidt, Pascal 1999: Methodik zur Berechnung der Bildungsausgaben Deutschlands im Rahmen der internationalen Bildungsberichterstattung, in: Wirtschaft und Statistik Nr. 5/1999, 406-414.

Schmidt, Pascal 2001: Zur finanziellen Lage der Hochschule, in: Wirtschaft und Statistik Nr. 12/2001, 1021-1026.

Schmitz, Enno 1969: Projektion der Bildungsausgaben bis 1975. Ein Beitrag zur Diskussion der Bildungsfinanzierung in der Bundesrepublik Deutschland, in: Albers et al. 1969, 127-170.

Schmoll, Heike 2000: Die Bildung von Kopf, Herz und Hand, in: Frankfurter Allgemeine Zeitung Nr. 275 vom 25. November 2000.

Schmoll, Heike 2001: Nachhaltige Bildung. Die schulpolitischen Aussagen in der baden-württembergischen Koalitionsvereinbarung, in: Frankfurter Allgemeine Zeitung Nr. 86 vom 11. April 2001.

Schneider, Hans-Peter 2005: Struktur und Organisation des Bildungswesens in Bundesstaaten. Ein internationaler Vergleich, Gütersloh: Forum Föderalismus.

Schneider, Reinhart 1983: Public Education, in: Flora et al. (Hg.) 1983, 345-450.

Schneider, Reinhart 1992: Bildungspolitik, in: Schmidt (Hg.) 1992, 59-69.

Schröder, Gerhard 2002: Ein Gesetz für alle Schulen. Pisa und die Konsequenzen für das deutsche Schulsystem, in: Die Zeit Nr. 27 vom 27.06.2002.

Schwägerl, Christian 2004: Bulmahns bescheidene Forderung. Die kleinen Schritte der Bundesbildungsministerin. Forschungsbericht 2004, in: Frankfurter Allgemeine Zeitung Nr. 105 vom 6. Mai 2004.

Seitz, Helmut 2000: Fiscal Policy, Deficits and Politics of Subnational Governments: The Case of the German Länder, in: Public Choice 102:3-4, 183-218.

Seldon, Anthony 1988: Contemporary History. Practice and Method, Oxford: Blackwell.

Shalev, Michael 2005: Limits and Alternatives to Multiple Regression in Comparative Research, erscheint 2006 in Comparative Social Research 26, veröffentlicht im Internet unter: http://www.geocities.com/michaelshalev/Papers/Shalev_Regression_31Jul05.pdf (10.08.2005).

Siegel, Nico A. 2002: Baustelle Sozialpolitik. Konsolidierung und Rückbau im internationalen Vergleich, Frankfurt a. M.: Campus.

Sinz, Manfred/Steinle, Wolfgang J. 1989: Regionale Wettbewerbsfähigkeit und europäischer Binnenmarkt, in: Raumforschung und Raumordnung 47:1, 10-21.

Skocpol, Theda 2003: Doubly Engaged Social Science: The Promise of Comparative Historical Analysis, in: Mahoney/Rueschemeyer (Hg.) 2003, 407-428.

Smolka, Dieter 2002: Die PISA-Studie: Konsequenzen und Empfehlungen für Bildungspolitik und Schulpraxis, in: Aus Politik und Zeitgeschichte Nr. 14/2002, 3-11.

Snyder, Richard 2001: Scaling Down: The Subnational Comparative Method, in: Studies in Comparative International Development 36:1, 93-110.

Sommer, Bettina/Voit, Hermann 1998: Zur sozialen Lage in den neuen Ländern und Berlin-Ost: Bevölkerungsentwicklung, in: Wirtschaft und Statistik Nr. 4/1998, 285-287.

Staatliche Zentralverwaltung für Statistik (Hg.) 1989: Statistisches Jahrbuch 1989 der Deutschen Demokratischen Republik, Berlin: Staatsverlag der Deutschen Demokratischen Republik.

Statistisches Bundesamt (Hg.) 1994: Sonderreihe mit Beiträgen für das Gebiet der ehemaligen DDR. Heft 12: Einnahmen und Ausgaben des Staatshaushalts 1970 bis 1989, Wiesbaden: SBA.

Statistisches Bundesamt (Hg.) diverse Jahrgänge: Bevölkerungsstruktur und Wirtschaftskraft der Bundesländer, Stuttgart: Metzler.

Statistisches Bundesamt (Hg.) diverse Jahrgänge: Statistisches Jahrbuch für die Bundesrepublik Deutschland, Stuttgart: Kohlhammer/Metzler.

Statistisches Bundesamt 1970: Ausgaben für Bildung und Wissenschaft 1968, in: Wirtschaft und Statistik Nr. 9/1970, 477-480.

Statistisches Bundesamt 2001: Ausgaben für Bildung, Wissenschaft und Kultur 1975 bis 1998, CD-ROM, Wiesbaden: SBA.

Staupe, Jürgen 1980: Strukturen der Schulträgerschaft und der Schulfinanzierung, in: Max-Planck-Institut für Bildungsforschung (Hg.) 1980, 867-933.

Steinbauer, Agnes 2004: Geld, Geld, Geld. Wie die GEW Bildung in Deutschland retten will, in: Süddeutsche Zeitung Nr. 112 vom 17.05.2004.

Stern, Jutta 2000: Programme versus Pragmatik. Parteien und ihre Programme als Einfluß- und Gestaltungsgröße auf bildungspolitische Entscheidungsprozesse, Frankfurt a. M.: Peter Lang.

Stimson, James A. 1985: Regression in Space and Time: A Statistical Essay, in: American Journal of Political Science 29:4, 914-947.

Sturm, Roland 1988: Der Haushaltsausschuss des Deutschen Bundestages. Struktur und Entscheidungsprozeß, Opladen: Leske + Budrich.

Sturm, Roland 1989: Haushaltspolitik in westlichen Demokratien. Ein Vergleich des haushaltspolitischen Entscheidungsprozesses in der Bundesrepublik Deutschland, Frankreich, Großbritannien, Kanada und den USA, Baden-Baden: Nomos.

Sturm, Roland/Kropp, Sabine (Hg.) 1999: Hinter den Kulissen von Regierungs-bündnissen. Koalitionspolitik in Bund, Ländern und Gemeinden, Baden-Baden: Nomos.

Sturm, Roland/Kropp, Sabine 1999: Zum Erkenntniswert der Innenseite des Regie-rungshandelns von Koalitionen, in: Sturm/Kropp (Hg.) 1999, 7-14.

Swaan, Abram de 1993: Der sorgende Staat. Wohlfahrt, Gesundheit und Bildung in Europa und den USA der Neuzeit, Frankfurt a. M.: Campus.

Tanzi, Vito/Schuknecht, Ludger 2000: Public Spending in the 20th Century. A Global Perspective, Cambridge: Cambridge University Press.

Thatcher, David/Rein, Martin 2004: Managing Value Conflict in Public Policy, in: Governance 17:4, 457-486.

Thränhardt, Dietrich 1990: Bildungspolitik, in: von Beyme/Schmidt (Hg.) 1990, 177-202.

Thränhardt, Dietrich 1991: Länder-Differenzen in der Bildungspolitik, in: Blan-ke/Wollmann (Hg.) 1991, 409-419.

Tidick, Marianne 1998: Die ständige Konferenz der Kultusminister der Länder als ständige Verschwörung gegen die Öffentlichkeit?, in: Sekretariat der Stän-digen Konferenz der Kultusminister der Länder in der Bundesrepublik Deutschland (Hg.) 1998, 151-160.

Timmermann, Dieter 2002: Bildungsökonomie, in: Tippelt (Hg.) 2002, 81-122.

Tippelt, Rudolf (Hg.) 2002: Handbuch Bildungsforschung, Opladen: Leske + Budrich.

Titze, Hartmut 2004: Bildungskrisen und sozialer Wandel 1780-2000, in: Ge-schichte und Gesellschaft 30:2, 339-372.

Uebersohn, Gerhard 2001: Europarechtliche Entwicklungen im Bildungsrecht und in der Bildungspolitik, in: Recht der Jugend und des Bildungswesens 49:1, 94-100.

UNESCO 1958-1966: World Survey of Education, 4 Vols., Paris: UNESCO.

UNESCO 1997: International Standard Classification of Education ICSED 1997, Paris: UNESCO.

Verner, Joel G. 1979: Socioeconomic Environment, Political System, and Educati-onal Policy Outcomes. A Comparative Analysis of 102 Countries, in: Com-parative Politics 11:2, 165-187.

Verbeek, Marno 2000: A Guide to Modern Econometrics, New York: Wiley.

Vesper, Dieter 1992: Perspektiven der Länderfinanzen bis 1995 und Konsequenzen für die Bildungsausgaben, Frankfurt a. M.: Bildungs- und Förderungswerk der GEW.

Wachendorfer-Schmidt, Ute 2003: Politikverflechtung im vereinigten Deutschland, Wiesbaden: Westdeutscher Verlag.

Wagschal, Uwe 1999: Statistik für Politikwissenschaftler, München: Oldenbourg.

Wagschal, Uwe 2005: Steuerpolitik und Steuerreformen im internationalen Ver-gleich. Eine Analyse der Ursachen und Blockaden, Münster: Lit Verlag.

Wallace, Helen/Wallace, William (Hg.) 2000: Policy-Making in the European Uni-on, 4. Auflage, Oxford: Oxford University Press.

Wallace, T. D./Hussain, Ashiq 1969: The Use of Error Component Models in Combining Cross Section with Time Series Data, in: Econometrica 37:1, 55-72.

Walter, Michael 1999: Verhandlungen zur deutschen Einheit: Innerer Prozess, in: Weidenfeld/Korte (Hg.) 1999, 780-794.

Walther, Peter Th. 1998: Bildung und Wissenschaft, in: Judt (Hg.) 1998, 225-291.

Wasner, Barbara 1998: Parlamentarische Entscheidungsfindung. Einblicke in das schwierige Geschäft der Mehrheitsbeschaffung, Passau: Wissenschaftsverlag Richard Rothe.

Wawro, Gregory 2002: Estimating Dynamic Panel Data Models in Political Science, in: Political Analysis, in Political Analysis 10:1, 25-48.

Weber, Max 1988 [erste Auflage: 1922]: Gesammelte Aufsätze zur Wissenschaftslehre (hg. von Johannes Winckelmann), Tübingen: Mohr.

Weidenfeld, Werner/Korte, Karl-Rudolf (Hg.) 1999: Handbuch zur deutschen Einheit 1949 – 1989 – 1999, Bonn: Bundeszentrale für politische Bildung.

Weiß, Manfred 1991: Educational Expansion and Reform in the Federal Republic of Germany. Outcomes and Implications for Future Policy, in: Recum/Weiß (Hg.) 1991, 9-27.

Weiß, Manfred 1995a: Bildungsausgaben und –finanzierung, in: Böttcher/Klemm (Hg.) 1995, 26-39.

Weiß, Manfred 1995b: Der Zusammenhang zwischen Schulausgaben und Schulqualität – Eine Auswertung empirischer Analysen, in: Zeitschrift für internationale erziehungs- und sozialwissenschaftliche Forschung 12:2, 335-350.

Weiß, Manfred 1997: Mehr Ressourcen = mehr Qualität?, in: Böttcher/Weishaupt/Weiß (Hg.) 1997, 161-170.

Weiß, Manfred/Mattern, Cornelia: The Situation and Development of the Private School System in Germany, in: Recum/Weiß (Hg.) 1991, 41-62.

Weiß, Manfred/Weishaupt, Horst (Hg.) 2000: Bildungsökonomie und Neue Steuerung, Frankfurt a. M.: Peter Lang.

Weiß, Manfred/Weishaupt, Horst 1991a: Economic Austerity in West German Education?, in: Recum/Weiß (Hg.) 1991, 95-108.

Weiß, Manfred/Weishaupt, Horst 1991b: Experiences with Comprehensive Educational Planning: Lessons form the Federal Republic of Germany, in: Recum/Weiß (Hg.) 1991, 77-94.

Weiß, Manfred/Weishaupt, Horst 1991c: The Organization of Educational Reform in the Federal Republic of Germany, in: Recum/Weiß (Hg.) 1991, 29-40.

West, Klaus-W. 2003: Kontinuität und Wandel in der Bildungspolitik, in: Gohr/Seeleib-Kaiser (Hg.) 2003, 229-247.

Wex, Peter 2005: Bachelor und Master. Ein Handbuch, Berlin: Duncker & Humblot.

Wieland, Joachim 2002: Extreme Haushaltslage des Landes Berlin, Rechtsgutachten auf der Grundlage der Rechtsprechung des Bundesverfassungsgerichts und des Maßstäbegesetzes, im Internet veröffentlicht unter http://www.berlin.de/senfin/Download/Presse/2002/ extremehaushaltsnotlagegutachten2002.pdf (26.4.2004).

Wild, Peter 1997: Die Probleme der Bildungsfinanzierung aus Ländersicht, in: Böttcher/Weishaupt/Weiß (Hg.) 1997, 41-60.

Wildavsky, Aaron 1964: The Politics of the Budgetary Process, Boston: LB.

Wilensky, Harold L. 1975: The Welfare State and Equality. Structural and ideological Roots of public Expenditures, Berkeley: University of California Press.

Wilensky, Harold L. 2002: Rich Democracies. Political Economy, Public Policy, and Performance, Berkeley: University of California Press.

Wilensky, Harold L. et al. 1987: Comparative Social Policy: Theories, Methods, Findings, in: Dierkes/Weiler/Antal (Hg.) 1987, 381-457.

Wilhelmi, Hans-Herbert 1977: Entscheidungsprozesse in der staatlichen Bildungsfinanzierung. Ein interdisziplinärer Beitrag zur Erforschung der finanzpolitischen Willensbildung in der Exekutive, Berlin: Duncker & Humblot.

Wilson, Sven E./Butler, Daniel M. 2004: The Promise and Peril of Panel Data in Political Science, veröffentlicht im Internet unter http://www.stanford.edu/class/polisci353/2004spring/reading/Wilson_Butler .pdf (22.11.2004).

Windolf, Paul 1990: Die Expansion der Universitäten 1870-1985: ein internationaler Vergleich, Stuttgart: Enke.

Winter, Thomas von 1997: Sozialpolitische Interessen. Konstituierung, politische Repräsentation und Beteiligung an Entscheidungsprozessen. Baden-Baden: Nomos.

Wissenschaftsrat 2000: Drittmittel und Grundmittel der Hochschulen 1993 bis 1998, Köln: Wissenschaftsrat.

Wissenschaftsrat 2001: Stellungnahme zur befristeten Aufnahme der International University Bremen (IUB) in das Hochschulverzeichnis des Hochschulbauförderungsgesetzes, Berlin: Drucksache 5069/01 des Wissenschaftsrats.

Wolf, Frieder 2005: Die Bildungsausgaben der Bundesländer im Vergleich, in: Gesellschaft. Wirtschaft. Politik Nr. 4/2005, 411-423.

Wolf, Frieder 2006: Bildungspolitik: Föderale Vielfalt und gesamtstaatliche Vermittlung, in: Schmidt/Zohlnhöfer (Hg.) 2006, 219-239.

Wolf, Frieder/Henkes, Christian i.E.: Die Bildungspolitik der rot-grünen Bundesregierung 2002-2005: Eine (Miss-)Erfolgsgeschichte und ihre Ursachen, in Egle /Zohlnhöfer (Hg.) i.E.

Wooldridge, Jeffrey M. 2002: Econometric Analysis of Cross Section and Panel Data, Cambridge (Mass.): The MIT Press.

Zohlnhöfer, Reimut 2001: Die Wirtschaftspolitik der Ära Kohl. Eine Analyse der Schlüsselentscheidungen in den Politikfeldern Finanzen, Arbeit und Entstaatlichung, 1982-98, Opladen: Leske + Budrich.

Zöllner, Detlev 1963: Öffentliche Sozialleistungen und wirtschaftliche Entwicklung. Ein zeitlicher und internationaler Vergleich, Berlin: Duncker & Humblot.